U0596899

文明对话 论丛

Dialogue
of
Civilizations
Series

02

武汉大学文明对话高等研究院 主办

The Civilization of China
and Civilizations for the World

我们的文明与世界的文明

吴根友 主编

中国出版集团
东方出版中心

图书在版编目（CIP）数据

我们的文明与世界的文明 / 吴根友主编. －上海：
东方出版中心, 2023.3
（文明对话论丛）
ISBN 978-7-5473-2153-9

Ⅰ.①我… Ⅱ.①吴… Ⅲ.①东西文化－比较文化－
研究 Ⅳ.①G04

中国国家版本馆CIP数据核字（2023）第015712号

我们的文明与世界的文明

主　　编　吴根友
策　　划　刘佩英
特约编辑　刘　旭
责任编辑　冯　媛
封面设计　周伟伟

出版发行　东方出版中心有限公司
地　　址　上海市仙霞路345号
邮政编码　200336
电　　话　021-62417400
印 刷 者　上海盛通时代印刷有限公司

开　　本　710mm×1000mm　1/16
印　　张　23
字　　数　290千字
版　　次　2023年3月第1版
印　　次　2023年3月第1次印刷
定　　价　88.00元

总　序

在全球化的语境里，谈论"文明对话"，是非常复杂而又十分困难的。因为这既涉及"文明"一词在不同民族、国家的文化传统中的语义差异，对话的过程中发生的语义偏差；更重要的是文明承载者的复杂，作为文明承载者的民族、国家，与作为小团体、个人的承载者，他们的言说方式有很大的区别，因而其对话的效果与结果也大不相同。每个个人都不能代表一个文明，然而有资格作为文明代表的国家、民族，又总是通过一些具体的个人来表达他们的"文明"。因此，作为建构人类命运共同体的方式、方法之一的"文明对话"活动，其理想与目标是美好的，然而一旦付之于人类社会的实践活动，则将会遇到各种意想不到的困难与阻碍。

人类文化的历史很长，然而人类从野蛮状态进入到文明状态，实际的历史过程却很短。而即使在迈入了所谓的"文明"门槛之后，人类的很多行为并不合乎"文明"一词的内在要求。远古氏族社会之间的厮杀，将战败的异族首领的头颅制成酒杯，是经常性的事情。世界范围内的游牧与农耕文明之间的反复争战，大规模的抢劫与杀戮，一次次地推翻不同的王朝，那种残酷与血腥，在不同民族的历史与传说中都有记载。近四百年来资本主义文明的兴起，在世界范围内的殖民、掠夺、杀戮，并假借"文明"的名义对被征服者冠以落后、野蛮的称谓，不仅在肉身方面侮辱、杀戮他们，而且在精神与文化上侮辱、践踏他们。"文明"与"文明"之间，战争、冲突、征服是常态，而对话、交流、互鉴则往往是短暂的、临时的。而正是这些短暂的文明间歇期，为人类文明的进步与发展带来了无法估量的积极作用。

20世纪50年代以后，伴随着大国的竞争，核武器的出现，人类大国之间的文明竞争出现了新的均衡态势。20世纪90年代，伴随着苏联的解体，国际上大国之间的竞争出现了"一超多强"的新局面，而作为"一超"的美国社会反而担心世界格局会朝向不利于美国的方向发展，代表美国国家利益的亨廷顿提出了"文明冲突"说，预言未来国际社会之间的战争将会在文明的断层线之间发生，民族国家的冲突会让位于"文明冲突"。自20世纪90年代以来，美国发动的几场海外战争，实际上并非什么"文明的冲突"，而只是美国的国家利益在不同地区与当地的民族、国家的利益主体发生的冲突而已。文明之间并没有什么冲突，一些国家只是假借"文明"的名义发动战争，实际上是在争夺国家的利益而已。而作为现代社会典型的自由资本主义国家，其所谓的国家利益也只是极少数资本集团的利益而已。

回顾秦汉以后传统中国与周边民族交流与交往的历史，文明之间的和平交往不仅是可能的，而且是有效的。由传统中国与世界各国共同开辟的"丝绸之路"（或曰瓷器之路），各民族之间的茶马之路，其主流就是一条"文明对话"的和平之路。郑和下西洋，带到世界各地的也是和平的福音与商业贸易互利的福祉。16世纪末、17世纪初，欧洲耶稣会传教士来华传教，中国文化则借助传教士带回欧洲，这个一百三十多年的中欧文明交流史，其主流也是和平的文明对话、交流、互鉴的历史。只是由于当时罗马教廷坚持保守的传教政策，干涉当时中国的内政，改变了利玛窦当初提出的正确的传教路径，才导致了中国与欧洲文明交流的中断。当然，也由于当时中国清政府的乾隆皇帝昧于对世界发展大势的认知，几次拒绝英国政府提出的商贸往来请求，才导致了中国社会与现代工商业文明发展大势的脱节，最后被资本主义的列强用炮火打开国门、丧权侮国，让文明古国遭受了列强一百多年的蹂躏。直到 1949 年 10 月，在中国共产党领导下建立起了社会主义新中国，才在政治上初步站立起来，逐步摆脱被资本主义列强以及其他强国欺侮的命运。

改革开放的中国，经过四十余年的努力，让古老的中国重回世界政治、经济、文化的中心，以一个现代性的文明型国家屹立于现代世界各民族国家之林。当代中华民族总结自己民族的发展历史，借鉴人类文明的发展史，特别是吸取 20 世纪以来两次世界大战的经验与教训，寻找一条既适合于中国自身，也将会给世界带来福音与福祉的和平发展之路，倡导文明之间的对话、交流与互鉴，努力探索并积极构建人类命运共同体。

人类从来都没有像今天这样迫切需要对话、交流与理解。"地球村"的实际自然处境将人类命运紧紧地联系在一起。除非人类不想以集体的方式继续生活下去，仍然肆意地破坏地球的环境，甚至发动核战争。否则，各大文明之间就只能采取和平的对话、交流与互鉴，以增进人类的福祉。虽然目前人类的文明之间有"种差"与"代差"（如工业文明与农业文明之间），但只要本着"人类共命运、同呼吸"的基本共识，坚持自己的文化传统、宗教信仰或其他信仰的同时，放弃古老的"异教徒"观念，坚持以"对话"的方式展开各种形式的交流，则人类的前途将会逐渐走向光明的境界。

战争可以发泄不满，但丝毫不能给战争的双方带来自己想要的东西，只会给对方送去流血、死亡与痛苦，只会增加相互之间的怨恨与敌视。以民族、国家为承载者的文明之间展开对话，其道路漫长、曲折，绝非一帆风顺，甚至还会出现误解。但只要行驶在"对话"的正确道路上，民族、国家之间的一些误解就会伴随着交流的深入而逐步地化解。人类的文明能够发展到今天的地步，其主要功绩还是得力于文明之间的和平交流与互鉴。

三十多年前，当杜维明先生在美国哈佛大学用英语向世界提倡"文明对话"的主张时，应者寥寥，而正当其时的享廷顿提出"文明冲突"说，甚为热闹。三十多年过去了，对于人类社会的进步事业与福祉而言，享廷顿的"文明冲突"论越来越遭到学人与政治家的批评，而"文明对话"的主张越来越受到学人与政治家的青睐。这种带有戏剧性的历史转换，不是因为"文明对话"的理论有多么高深，而只是因为这一理论主张合乎人类一体化的共同命运，能给一体化的人类世界带来和平的福音与生活的福祉。今天，我们在中华的大地上，接过杜先生当年提出的主张，将"文明对话"作为一项学术事业加以推进，希望能够得到更多关怀人类前途的学人与其他有识之士的支持与帮助。

愿我们的《文明对话论丛》辑刊，能为增进人类福祉尽自己的一份绵薄之力。

是为序。

吴根友

2021 年 1 月

《我们的文明与世界的文明》
（《文明对话论丛》第二辑）序言

"文明对话"是一个比喻性的说法，将不同的文明体或文明单位看作是一个具有思维与言说能力的个人之间的对话。实际上，它是描述不同的文明体或文明单位之间的文化交流活动而已。文明的基础是文化。凡文化中合乎人性、彰显人性，使全人类在整体上朝向更加合理化方向变化的文化成果，似乎都可以称之文明。它在早期的突出代表是语言与文字、城邦与国家、技术与人造器物三种物态化的表征。而作为一个描述人类文化整体进步过程与结果的"文明"概念，其实包含着精神的辩证法原理，即文明的进程中包含着某种不文明的内容与现象。因此，我们对人类文明的每一次进步都应当保持一种审慎的批判态度与眼光。

文明是文化中具有结构性但又不容易看见的某种带有整体性特征的精神成果，这就决定了文明对话既是一个持续性、整体性的文化交流活动，也是一种在不同领域展开的物质与精神的交流活动。如果上述我们对文明特征的概述大体上是可接受的正确陈词，则我们对当前世界范围内逆全球化运动所带来的"文明对话"的艰难性，就不必抱有过度的悲观态度。

现代世界的全球化运动，并不是一种人的主观之思和主观想象的精神产物，而是伴随着现代资本主义的大生产方式而逐步产生，并迅速展开的。到今天为止，资本主义的社会化大生产已经远远地超越民族国家政治版图的限制而变成世界性的资本主义生产方式。不理解现代资本主义全球化的客观历史进程，就不理解现代人类的全球化运动，当然也就无法理解全球范围内人类文化交流与文明对话这一精神性的全球化运动。2019 年底以来全球新冠疫情爆发，美国政府从特朗普到拜登，对中国进行全方位的围堵，2022 年 2 月俄乌冲突爆发，这三件特大的世界性的历史事件，可以说对当前人类的全球化运动产生了巨大的阻碍力量，"逆全球化"已经成为当前国际社会的真实现象与主要潮流，使得人类的全球化运动进程再次陷入了一个十分艰难的历史阶段。但是，从现代历史的进程来看，这些逆全球化的人为活动，从根本上无法阻止人类的全球化运动向前推展，因而人类的各大文明之间的对话活动，也必将伴随着这种全球化的客观历史进程，而以新的、曲折的方式展开。这一预言与断言，并非出于盲目的乐观与善良的愿望，而是基于对资本的全球化运动的客观历史进程的认识，以及出于资本的逐利性质，而展开的理论思考。

仅就目前全球新冠疫情爆发以来的三年时间里国际贸易的三组数据来看，逆全球化运动可以暂时降低或减少全球的贸易量，但无法阻止全球必需的经贸往来活动。

第一组数据是中国对外贸易总额。根据世贸组织的统计：2019 年中国商品出口总额为 2 499 457 百万美元，进口总额为 2 078 386 百万美元，贸易总额为 4 577 843 百万美元。2020 年商品出口总额为 2 589 952 百万美元，进口总额为 2 065 964 百万美元，贸易总额为 4 655 916 百万美元。2021 年商品出口总额为 3 363 959 百万美元，进口总额为 2 687 529 百万美元，贸易总额为 6 051 488 百万美元。三年的贸易总额在整体上保持增长趋势，而 202´ 的增长幅度接近 1.4 亿万美元。[①]

第二组数据是中美之间的贸易数据。2019 年，中国对美国出口额为 28 865 亿元（占中国全部出口的 16.7%），进口额为 8 454 亿元（占中国全部进口的 5.9%），则贸易总额为 37 319 亿元。2020 年，中国对美国出口额为 31 279 亿元（占中国全部出口的 17.4%），进口额为 9 319 亿元（占中国全部进口的 6.6%），贸易总额为 40 598 亿元。2021 年，中国对美国出口额为 37 224 亿元（占中国全部出口的 17.1%），进口额为 11 603 亿元（占中国全部进口的 6.7%），则贸易总额为 48 827 亿元。[②] 另外，2019 年中国同美国进出口总额为 54 156 028 万美元。2020 年中国同美国进出口总额为 58 697 967 万美元。[③]

我们知道，美国自 2019 年以来对中国贸易关税的增加史无前例，再加上全球新冠疫情。即使有如此双重重大的阻力也没能阻止中美之间贸易增长的总趋势，可见中美之间客观的经贸往来需求是多么的强劲！中美之间的科技交流因美方的人为阻挠而出现大面积的中断，人文交流也受到巨大影响，但在整体上还是保持着交流的状态。

① 数据来源：世界贸易组织数据库 https：//stats. wto. org/.
② 国家统计局：《中华人民共和国 2019 年国民经济和社会发展统计公报》，http：//www. stats. gov. cn/xxgk/sjfb/tjgb2020/202006/t20200617 _ 1758655. html.
国家统计局：《中华人民共和国 2020 年国民经济和社会发展统计公报》，http：//www. stats. gov. cn/tjsj/zxfb/202102/t20210227 _ 1814154. html.
国家统计局：《中华人民共和国 2021 年国民经济和社会发展统计公报》，http：//www. stats. gov. cn/xxgk/sjfb/zxfb2020/202202/t20220228 _ 1827971. html.
③ 数据来源：国家统计局数据库，https：//data. stats. gov. cn/index. htm.

第三组数据中国对欧盟的经贸往来数据。2019 年，中国对欧盟出口额为 29 564 亿元（占中国全部出口的 17. 2%），进口额为 19 063 亿元（占中国全部进口的 5. 5%），贸易总额为 48 627 亿元。2020 年，中国对欧盟出口额为 27 084 亿元（占中国全部出口的 15. 1%），进口额为 17 874 亿元（占中国全部进口的 12. 6%），则贸易总额为 44 958 亿元。2021 年，中国对欧盟出口额为 33 483 亿元（占中国全部出口的 15. 4%），进口额为 20 028 亿元（占中国全部进口的 11. 5%），则贸易总额为 53 511 亿元。这一组数据中，2020 年相较于 2019 年而言，略有下降，但 2021 年迅速反弹。2020 年的略有下降，可能主要是因为疫情影响的结果。[1] 中欧之间的贸易往来，人文交流虽然也受到美国的阻挠而有所降低或减少，但整体上还是保持着平稳的状态。

在当前的国际环境里讨论"文明对话"，我们必须面对两个现实问题，一是美国执政精英开启的对于中国发展的全面围堵，二是俄乌战争还在继续的糟糕局面。这两股巨大的逆全球化浪潮，似乎要全面否定人类之间的文明对话，但实际上只是一种人为的政治逆流。这两股逆流，只可能改变人类各文明体之间交流、对话的形式，增加对话的难度，但不可能彻底阻止人类各大文明之间的对话。因为，相对于资本的全球化运动而言，俄乌战争只能是人类全球化运动中的一个插曲，它会造成区域性的短时间的经贸、政治、与文化交流

---

[1] 国家统计局：《中华人民共和国 2019 年国民经济和社会发展统计公报》，http：//www. stats. gov. cn/xxgk/sjfb/tjgb2020/202006/t20200617 _ 1768655. html.

国家统计局：《中华人民共和国 2020 年国民经济和社会发展统计公报》，http：//www. stats. gov. cn/tjsj/zxfb/202102/t20210227 _ 1814154. html.

国家统计局：《中华人民共和国 2021 年国民经济和社会发展统计公报》，http：//www. stats. gov. cn/xxgk/sjfb/zxfb2020/202202/t20220228 _ 1827971. html.

的巨大障碍，但不会，也不可能从整体上阻止人类文明之间对话、交流的趋势与潮流。公正地讲，俄乌战争的根本原因是由美国主导的北约东扩导致的结果，表面上看是一种军事行为，实际上是美欧的大资本势力试图借助政治势力的垄断而达到对技术与利益的垄断，进而彻底地困死具有巨大发展潜力与竞争潜力的俄罗斯民族，因而可以说是欧美大资本所主导的利益格局与利益竞争所导致的局部问题。这个局部问题在特定的历史阶段以民族国家的政治与领土安全焦虑的方式表现出来，但最终必将与新的资本的全球化运动同步而得到一个恰当的解决方案。马克思对于资本主义发展总体趋势的预测，在原则上仍然没有过时。因此，这一新的资本全球化运动，可能将以新的社会化的市场经济方式在全球推广开来，而中国目前所坚持的社会主义市场经济，可能正是这种社会化的市场经济的特殊表现形式之一。

当代中国始终奉行以和平的、合乎生态要求的方式发展经济，惠及民生，以文明交流互鉴的方式与不同国家、地区的人民展开经贸、文化的交流与互惠活动，代表了世界文明在当代及未来的发展方向。我们深信，伴随着以中国为代表的国际和平力量的增长，世界各民族之间的文明交流互鉴活动，将会在新高度与广度上进一步推展开来，我们所坚持与努力的文明对话的学术研究亦为这个时代的到来贡献自己的绵薄之力。

目　录

I

Contents

『文明』视野下的人类精神及其现象

Part 1

作为世界历史精神的"天心"

"代差""种差"交织的文明地理与共享的
世界未来

关于"文明与质量"的对话

浅析非洲文明的沧桑变幻

作为世界历史精神的"天心"

　　司马迁《报任安书》云:"欲以究天人之际,通古今之变,成一家之言。"[①] 此中的天人之际与古今之变乃是中国思想的两大主题。钱穆指出:"所谓'天人之际'者,'人事'和'天道'中间应有一分际,要到什么地方才是我们人事所不能为力,而必待之以'天道',这一问题极重要。太史公父亲看重道家言,道家就侧重讲这个天道,而太史公则看重孔子儒家,儒家注重讲人事。'人事''天道'中间的这个分际何在? 而在人事中则还要'通古今之变'——怎么从古代一直变到近代,中间应有个血脉贯通。此十个字可以说乃是史学家所要追寻的一个最高境界,亦可说是一种历史哲学。西方人讲历史哲学乃是一套哲学,只把历史来讲。若说中国人也有历史哲学,应该不是一套哲学,而仍是一番历史,只是从历史里透出一套思想来。即如说'究天人之际''明古今之变',这才真是中国人的历史哲学。"[②] 钱穆的意思是,西方的历史哲学本质上是以哲学看待历史,因而其实是以历史隶属于哲学,哲学为本,而历史为末;而中国之历史哲学则以历史为本而哲学为末,历史之理是具体的事理,理在事中,即事穷理,而不是以理限事。

　　尽管"究天人之际"与"通古今之变"是并列的两大历史哲学主题,但透过《史记》的书写亦可理解为,通古今之变本身就是究天人之际的方式,天人之际必须放在古今之变的历史大视域中才能

---

① [汉] 班固撰,[唐] 颜师古注:《汉书》卷 62《司马迁传》,北京:中华书局,1962 年,第 2735 页。
② 钱穆:《中国史学名著》,北京:生活·读书·新知三联书店,2000 年,第 75 页。

展开。的确，如果不是从人类已有的经验中开启对天人之际的认识，那么我们就不得不求助于概念性的理想化建构，即那种抽离经验内容而仅仅在语言及其逻辑层面，通过思想方式与概念方式构建天人之际的情况。这种情况在绝对哲学式微之后的西方，在思辨的历史哲学衰退的现代，已经同处退潮，历史的思考事实上已经不得不诉诸实证主义，以至于最终拒绝了天人之际（神人关系）的主题，历史哲学也完全变成了社会内部的事业，不仅宇宙意识褪色，甚至连世界精神也不再被纳入视野。相反，在古典中国的历史思考中，既没有求助于形而上学的绝对，但也从来没有放弃天人之际的宏大主题。只不过，这一主题被纳入到历史视界中加以思考，至少没有从历史意识中被剥离出来。赵汀阳在其"渔樵历史观"中也表达了类似的意思："中国有个以历史为本的精神世界，或者说，历史乃中国精神世界之根基……中国文明之所以始终以历史为本，在于把历史变成了方法。方法不是教义，而是不断生长的开放经验。"① 这意味着，天人之际的问题无法从古今之变的历史视域中剥离，但这样所得的却不是一切都是相对性的历史主义，相反，是作为世界历史精神的"天心"，只不过，此"天心"并非在黑格尔意义的"思想"中呈现，而是在人类文明的历史进程中随时而逐渐开显。

一、作为世界精神的"天心"与大写之人

船山道出了中国思想的一个共同信念："盖天下者，天之天下，抑天下之天下也。"② 就天下作为天下之天下而言，它意味着天下并非一人之天下，一姓一家之天下，而是天下人的天下。说天下是天下人的天下，意味着天下之统治权力应当是天下之公，而不是一人一家一族之私。这就是"天下为公"的理念，天子或君主治理天下，治权虽然在人和人之间有所转移，但究其实质不过是"代天理

---

① 赵汀阳：《历史·山水·渔樵》，北京：生活·读书·新知三联书店，2019 年，第 1—2 页。
② ［明］王夫之：《船山全书》第 8 册《四书训义》卷 33《孟子·万章章句上》，长沙：岳麓书社，2011 年，第 593 页。

民"①"代天理物"② 而已，即君主乃是天之所子，代天而治理天下，因而是执行者而不是立法者。言天下者天之天下，乃是强调世界历史秩序中存在着一个不能仅仅从"人的机制"加以理解的视角，即其过程有着不能从人的欲望、利益与认识等方面加以讨论的维度，它有自身的秩序，即"天的机制"。"天化之神妙，在天即为理；人事之推移，唯人之所造也。"③ 理解历史过程有两个视角，一个是人事变迁的视角，一个是"天的机制"下自然之化的视角。人事虽然是人之所造，但其推移变化从而形成了历史的秩序，这里面又有超出了人的意志、欲望与理解的范围的自然演化向度。换言之，历史不仅仅是人的事情，不能仅仅从人类社会的内在视角加以理解，因为生活在社会中的人还是时时刻刻与天发生关联的存在者。从"人的机制"来看，"天的机制"与"人的机制"并非绝对者和有限者的关系，而是在各有其能、各有分工基础上的合作关系；但从"天的机制"来看，"人的机制"乃是"天的机制"运作的载体，最终天道通过人在"人的机制"中展开活动，而人在此活动同时也与天道发生交互关系，而显示自身。这个意义上的"天"看起来似乎像一个有着主宰性功能的意志，但由于天本无心而成化，所以并不存在天的如具体个人般的意志。所谓"天心"或"天地之心"必须在其他意义上加以理解。

主导自然世界与历史世界的"天"本为无心之天，它显现在阴阳大化的品物流行之中，因为无心，故而虽然鼓荡万物然而却无择无忧："天地无心而成化，故其于阴阳也，泰然尽用之而无所择：晶耀者极崇，而不忧其浮也；凝结者极

---

① ［明］王夫之：《船山全书》第 2 册《尚书引义》卷 5《立政周》，长沙：岳麓书社，2011 年，第 398 页。
② 船山多次表达这一点，参见［明］王夫之：《船山全书》第 6 册《四书笺解》卷 3《上论·泰伯》，长沙：岳麓书社，2011 年，第 210 页；《船山全书》第 7 册《四书训义》卷 12《论语泰伯》，长沙：岳麓书社，2011 年，第 550 页；等等。
③ ［明］王夫之：《船山全书》第 1 册《周易内传》卷 6 上《系辞下传》，长沙：岳麓书社，2011 年，第 605 页。

卑，而不忧其滞也。"① 天道自身其实没有一个终极目的，而只有无尽的变化过程，"易，变也，变无心而成化，天也"②。但这种变化虽然没有目的，却不是没有秩序，这就是天生成万物，万物莫不各有其本性，由此而形成世界的自然秩序。与其他存在者一样，"人受形于天地，成质于五行"③，也是一种自然的存在，但由万物及其交互关系所显现的自然秩序并不能构成其生存的最终根据。

人以外的万物生活在世界中，各不相知，各自生活在自己的天地里，哪怕是天地本身也好像如此判然分立，由此而言，似乎并没有一个对所有存在者而言的共同世界，因而也谈不上这个共同世界的历史。这种不相与、不相知作为现象即"迹"显现的正是"天心"在世界历史中的缺位。④ 然而，从人的视角切入世界，会发现不同的结果：天、地彼此交相感应融合生成万物，人在这个过程中产生，而能将判然不相与、不相知的天地万物斟酌会通，与大化相与，与大化之理相知，从而使得共同世界及其秩序和意义得以显现，人在本质上便不是一个从世界万物及其关联中能够抽离的一物，而是与世界的秩序与意义之显现不可分离的，人之成就、人之本性与彰显世界秩序及其意义乃同一过程，在这个意义上，人就是"天地之心"，"天地之生，以人为始。故其吊灵而聚美，首物以克家，聪明睿哲，流动以入物之藏，而显天地之妙用，人实任之。人者，天地之心也。故曰：'复，其见天地之心乎！'圣人者，亦人也；反本自立而体天地之生，则全乎人矣。"⑤ 天地生物而展现的至善大美，只有在人这里才得到集中的显现，人能够依据天地万物之大本而以其生命体现天地生物之德，而圣人，则能以其人道而充分体现天地之生物的大德，并以此达到人的完全性。因而人，尤其是完全意义上的

---

① ［明］王夫之：《船山全书》第 1 册《周易外传》卷 5《系辞上传》，长沙：岳麓书社，2011 年，第 1011 页。
② ［明］王夫之：《船山全书》第 2 册《尚书引义》卷 4《洪范一》，长沙：岳麓书社，2011 年，第 338 页。
③ "故人者天地之心也，五行之端也。"［明］王夫之：《船山全书》第 13 册《船山经义》，长沙：岳麓书社，2011 年，第 693 页。
④ ［明］王夫之：《船山全书》第 13 册《船山经义》，长沙：岳麓书社，2011 年，第 693 页。
⑤ ［明］王夫之：《船山全书》第 1 册《周易外传》卷 2《复》，长沙：岳麓书社，2011 年，第 882 页。

人，可以视为"天地之心"，即世界精神。

人之成为人的人性，乃是回应天之生其为人的赓续。一方面，"天地之心，性所自出也。父母载乾坤之德以生成，则天地运行之气、生物之心在是，而吾之形色天性，与父母无二，即与天地无二也"①，人皆为天地之子，承载着世界及其历史的绵延；另一方面，人必在体性为德中显现其天地之子的身份，"性之得者，非静存动察以见天地之心者，不足与于斯也"，"唯知德者，则灼见夫所性之中，知、仁、勇之本体，自足以行天下之达道"②。"天地之心"也就是世界精神的内涵是生生不息之仁，"天地之心，以仁为复"③，它既是"天地之大德曰生"（《周易·系辞下传》）——天地在生物过程中展现出来的伟大品质，也是人之所以为人的本质。必须注意，仁作为"天心"——世界精神，乃是天对人而显现之品质，因而这里所说的是对人而显的"天心""天地之心"。

作为"天心"体现者的人并不是一个可以在认识论意义上讨论的作为客体的现成存在者，人的生存不仅仅关联着自身，而且连接起整个世界。《荀子·王制》云："水火有气而无生，草木有生而无知，禽兽有知而无义，人有气、有生、有知，亦且有义，故最为天下之贵也。"从天道而言，人是自然界发展的最高成就，人的出现乃是作为一个复合体，即将所有存在者层级包含在自身之内，气、生、知、义并且拥有在其他存在者层次所不能拥有的独有者。在这个意义上，人的存在不能理解为现成性的一物，而是一个存在区域，在这个区域内，所有存在者会通而成为世界整体。其实在亚里士多德那里，也可以发现类似的看法："在人这个生存之域遭遇到亚里士多德所说的人的复合本性（synthetic nature）——人具有人类灵魂的、动物的、植物的、无机物的【存在】这多个存在层级

---

① ［明］王夫之：《船山全书》第 12 册《张子正蒙注》卷 9《乾称篇》，长沙：岳麓书社，2011 年，第 354 页。
② ［明］王夫之：《船山全书》第 6 册《读四书大全说》卷 6《论语·卫灵公篇》，长沙：岳麓书社，2011 年，第 823 页。
③ ［明］王夫之：《船山全书》第 10 册《读通鉴论》卷 10《三国》，长沙：岳麓书社，2011 年，第 380 页。

(seinsschichten)。存在等级的这些层级彼此有如下关系:【甲】各高层级以各低层级为基础;【乙】各低层级受到高层级的组织。这些关系不可逆。一方面,如果没有 zēn【生命、生活】作为基础,便不会有亚里士多德意义上的 eu zēn［好的生活］;另一方面,好的生活的秩序,不出自躯体基础,而是只有当整个生存都受到生存张力这个中心整饬后,它才会出现。无论人、社会还是历史,都需要躯体基础;有鉴于此,我们沿着这些实事线条所区分的各个实事领域便彼此交叠,并结合为一个整体结构——人这个存在之域。"① 正因为人是一个复合性存在区域,人才不能被理解为一个对象化的客体,而是被视为一个缩微的小宇宙。其存在不仅承负自己,而且承负世界整体。在这个意义上,人(不是一个现成的存在者的人,而是承负着自己与宇宙,并将宇宙的承负界定为自我的承负的内在本性)是"天心",即"世界精神",当人以此为自我成就的目标时,它也就提升了人自身。② "性虽在人而小,道虽在天而大,以人知天,体天于人,则天在我而无小大之别矣。"③

"世界精神"本身已内蕴一天人统合的视域,它不是自天道之本然观之,也不是在"人的机制"内可以获得理解的,而是在天人之际的视域内才能得到充分的解释。它作用于人,并且通过人的行事,而将本来是人道的历史进程纳入到天道的架构之内,从而使得人道的历史本身成为天道的展开方式。世界历史作为一种在时间过程中的历史变化,就是"易",而"易者,天人之合用也。天成乎天,地成乎地,人成乎人,不相易者也。天之所以天,地之所以地,人之所以人,不相离者也。易之则无体,离之则无用。用此以为体,体此以为用。所以然者,彻

---

① ［美］沃格林著,朱成明译:《记忆》,上海:华东师范大学出版社,2017 年,第 488 页。
② 朱一新云:"天不言而有日月星辰之行,雨旸寒燠之应。万物之精,上为列星,其本在地,人尤万物之灵。既禀阴阳之气以生,天与人自有息息相通之理。"［清］朱一新著,吕鸿儒、张长法点校:《无邪堂答问》卷 4《答问训俗遗规》,北京:中华书局,2000 年,第 152 页。
③ ［明］王夫之:《船山全书》第 12 册,《张子正蒙注》卷 3《诚明篇》,长沙:岳麓书社,2011 年,第 113 页。

乎天地与人，惟此而已矣。故易显其用焉"。① 人之所以是"天心"，乃在于人合天地之用，将变易的天地一同带入历史过程。易道绝不只是自然界的纯粹变化方式，还是历史过程中生存的人以其人道与于天地之道的方式，正是在天人相与的过程中才有真正的易道："圣人与人为徒，与天通理。与人为徒，仁不遗遇；与天通理，知不昧初。将延天以佑人于既生之余，而易由此其兴焉。"② 历史过程作为易道的展开，它具有延天、佑人的意义，而延天与佑人也只有结合起来才各自得以可能。"易兼常变"③，然而，"变在天地，而常在人"④，只有人才能存天地之至变以为常，成就其历史性的生存。人之所以具体"天心"，乃是因为其在变化的世界历史中，能够纵浪大化之中，而又贞于大常。

二、世界精神与文明论的功德

"天心"对历史进程的介入往往是通过帝王之受命：

> 天曰难谌，匪徒人之不可狃也，天无可狃之故常也；命曰不易，匪徒人之不易承也，天之因化推移，斟酌而曲成以制命，人无可代其工，而相佑者特勤也。帝王之受命，其上以德，商、周是已；其次以功，汉、唐是已。《诗》曰："鉴观四方，求民之莫。"德足以绥万邦，功足以戡大乱，皆莫民者也。得莫民之主而授之，授之而民以莫，天之事毕矣。⑤

---

① ［明］王夫之：《船山全书》第 1 册《周易外传》卷 5《系辞上传》，长沙：岳麓书社，2011 年，第 983 页。
② ［明］王夫之：《船山全书》第 1 册《周易外传》卷 5《系辞上传》，长沙：岳麓书社，2011 年，第 993 页。
③ ［明］王夫之：《船山全书》第 1 册《周易外传》卷 6《系辞上传》，长沙：岳麓书社，2011 年，第 1057 页。
④ ［明］王夫之：《船山全书》第 1 册《周易外传》卷 6《系辞上传》，长沙：岳麓书社，2011 年，第 1059 页。
⑤ ［明］王夫之：《船山全书》第 11 册《宋论》卷 1《太祖》，长沙：岳麓书社，2011 年，第 19 页。

天命之所以难测，是因为其往往随时而变化无常。这是中国思想自其开端就关切的重大问题："天难谌斯"（《诗·大雅·大明》）；"天难谌，命靡常"（《尚书·咸有一德》）；"天命靡常"（《诗经·大雅·文王》）。其内涵是政治性的，天下的统治权力在最终的意义上在于天本身，因而地上的统治权力的转移，不能仅仅从人的得失祸福的角度加以理解，而是人得之乃"天与"、人失之系"天夺"；哪怕统治权力在人那里仅仅是代理，而不是所有，也必须看到它不可能恒定持久地被一家一姓一国把持。董仲舒解释说："天之无常予，无常夺也。故封泰山之上，禅梁父之下，易姓而王，德如尧舜者七十二人。王者，天之所予也，其所伐皆天之所夺也。"① 虽然天之予和夺变化无常，不可测度，然而，从人的视角观看，基于"天心"而展现的功与德则是配享天命的在人之根据。

董仲舒曾揭示德的原则对于人配天的重要性："且天之生民，非为王也，而天立王以为民也。故其德足以安乐民者，天予之；其恶足以贼害民者，天夺之。"② 这也是对"皇天无亲，惟德是辅；民心无常，惟惠之怀"（《尚书·蔡仲之命》）的解释。船山则进而揭示，配享天命，也就是天予的原则不仅有德，而且还有功，功、德两者皆为"惠民之怀"的方式。"商、周之德，汉、唐之功，宜为天下君者，皆在未有天下之前，因而授之，而天之佑之也逸。"③ 商之代夏、周之代商，皆因夏、商失德，而不能怀惠天下之民，因而天夺失德之夏而予有德之商、夺失德之商而予有德之周。即以周为例，"前自太王、王季而开王业，后至武王、周公而成王道，以见积数世圣贤之功德以建治统，而文王适际夫俟命之时也"④，周德是世代累积而形成的，正是长期的积德而使得周获得天命，"继世而

---

① 苏舆：《春秋繁露义证》卷7《尧舜不擅移、汤武不专杀》，钟哲点校，北京：中华书局，1992年，第221页。
② 苏舆：《春秋繁露义证》卷7《尧舜不擅移、汤武不专杀》，长沙：岳麓书社，2011年，第220页。
③ ［明］王夫之：《船山全书》第11册《宋论》卷1《太祖》，长沙：岳麓书社，2011年，第20页。
④ ［明］王夫之：《船山全书》第6册《读四书大全说》卷2《中庸》第18章，长沙：岳麓书社，2011年，第510页。

有天下者，其先世皆有大功德于民，故必有大恶如桀、纣，则天乃废之"。① 相比之下，汉唐的开国者不是以其世代累积之德，而是以其大定天下的事功而拯救生民于乱世倒悬之中，因而获得了天与的统治权力。有大功德者当有天下，乃是天下之统治权力转移的深层逻辑；而所谓功德，则是能够通天下之志而成天下之物、以成一世之治者，则其功德与"天心"相通，"道之大既与天道同其功，德之大亦与天载而同其实"②，"尧、舜之德，汤、武之功，以于变而移易之者，大造于彝伦、辅相乎天地"③，此为天予之根本。换言之，正是功德使得人能契合天心而得天命。而人之功德所以通于天心，乃在于其能合天地之德以成其为大写之人。船山有谓："后稷因天之能，尽地之利，以人能合而成之，凡圣人所以用天地之神而化其已成之质，使充实光辉，皆若此。"④ 天心之实质为仁，"仁之用在爱民，而其体在无私"⑤。因其无私，而能爱民，因其爱民，而能通于"天心"之"仁"。汉高祖之除秦之苛政，乘时势而伐项羽，不管其主观意愿如何，皆可谓得天理之正，这正如武王克殷，不去推戴禄父，而是代殷而治，同样是奉天下之公理，而非守一己之私意。

"人所有事于天者，心而已矣。"⑥ 李唐之有天下，通常的解释是秦王李世民之勇略志大而功成，但这种在"人的机制"内部的解释，却不足以解释天下的转移兴替，因为后者并非人的智慧与勇武所能实现的，更重要的是上合天心。船山

① ［明］王夫之：《船山全书》第 8 册《四书训义》卷 33《孟子万章章句上》，长沙：岳麓书社，2011 年，第 592 页。
② ［明］王夫之：《船山全书》第 7 册《四书训义》卷 4《中庸三》，长沙：岳麓书社，2011 年，第 235 页。
③ ［明］王夫之：《船山全书》第 10 册《读通鉴论》卷 20《唐太宗》，长沙：岳麓书社，2011 年，第 762 页。
④ ［明］王夫之：《船山全书》第 12 册《张子正蒙注》卷 8《乐器篇》，长沙：岳麓书社，2011 年，第 317 页。
⑤ ［明］王夫之：《船山全书》第 6 册《读四书大全说》卷 10《孟子·尽心下篇》，长沙：岳麓书社，2011 年，第 1137 页。
⑥ ［明］王夫之：《船山全书》第 6 册《读四书大全说》卷 10《孟子·告子上篇》，长沙：岳麓书社，2011 年，第 1076 页。

看到："有唐三百载之祚，高祖一念之慎为之。"① 这就是说，高祖慎之又慎，等之又等，"与道相会，而天命自集"②。本来李唐为隋之世臣，但唐之取天下，迟迟疑疑地起兵，似乎不足以和天下英雄争先，但其与天时人事恰好相应终致成功，"高祖意念之深，诚不可及也"③。隋炀帝无道时，唐以臣子身份而不能相诘，隋炀帝猜忌高祖而屡欲杀之，而高祖却设法逃避祸患；当天下分崩离析、群雄蜂起的时候，高祖却卑微潜伏而不遽起，安于臣服而镇守太原以防御突厥。当隋炀帝杨广放弃两都而流落到江都时，李密已经进入洛阳的外城，那时的天下已经没有一寸安土，百姓流离失所，累累白骨积于郊野荒原。当时荼毒天下的已经不是隋杨而是起兵而争夺天下的群盗了。唐高祖为求得劫后余生的百姓的生存而夺取隋曾经拥有的地盘，但仍然慎之又慎，迟回而不迫起，即便在秦王李世民交接天下豪杰时，高祖仍然"坚忍自持，姑且听之而以静镇之也。不贪天方动之几，不乘人妄动之气，则天与人交应之而不违"④。唐高祖由于应天而佑民，起兵后很快就攻入长安，但却不称王而是立代王杨侑，直到次年宇文化及弑杀杨广于江都，越王杨侗被王世充挟持，早晚会被杀死，其与代王杨侑均不足以兴隋，隋已无君，关东无尺寸之土为隋所有，这时候高祖才平定群雄，拯民于战乱水火之中，而有天下。高祖之兴，与杨玄感、李密的反叛可谓一顺一逆，有天壤之别。灭隋的不是高祖而是起兵的群雄，当群雄变成群盗时，唐之起兵，则为拨乱反正。在整个过程中，唐高祖一再等待，到了上合天理、下契人情的时候，才以道义起事，比志在争夺天下的群雄或群盗不知要高明多少。高祖能够明察时代的疾苦，审时度势，以待应和天理人情的恰当时机，时刻注意与民休息，即便使民从军也不会招致神、人的义愤；降服李密、擒获王世充、杀死窦建德、俘获萧铣，等等，都是众望所归，彼时的天下舍唐而谁归？如果说"革命者，应乎天，顺乎

---

① ［明］王夫之：《船山全书》第 10 册《读通鉴论》卷 20《唐高祖》，长沙：岳麓书社，2011 年，第 735 页。
② 嵇文甫：《船山哲学》，参见《船山全书》第 16 册，长沙：岳麓书社，2011 年，第 1056 页。
③ ［明］王夫之：《读通鉴论》卷 20《唐高祖》，长沙：岳麓书社，2011 年，第 733 页。
④ ［明］王夫之：《船山全书》第 10 册《读通鉴论》卷 20《唐高祖》，长沙：岳麓书社，2011 年，第 734 页。

人，乃以永世。天者，无能名者也。民者，不知有名而好之考也。故应天者以心，顺人者以事。无怍于心，无歉于事，天人皆应之"①，那么，"有唐三百载之祚，高祖一念之慎为之，则汤、武之行法以俟命，其静审天人之几者，亦可骎骎遇之矣"。② 在这个意义上，李唐之所以能统治天下三百年，高祖之应天合人的"一念之慎"可谓至关重要，此"一念之慎"造就李唐有天下之大功，而天之所以以天下与李唐者，在此。帝王英雄的功德，在治统上通达天心，实是因为这种功德给出了天之天下与天下之天下，世界历史由于此天下在治统上的给出而进入人类文明的历史进程，由此生民之意得以在历史中赓续。

三、即戒惧意识而见"天心"之启牖

如果说殷周之得天下以德，汉唐之得天下以功，没有功德的积累，而能有天下以成一代之治则是宋太祖。宋太祖的案例是"天心"通过入介入历史的又一类型。表面上看，宋之得天下似乎纯属偶然，然而这一看法无法洞察到天命曲成的维度。"宋兴，统一天下，民用宁，政用乂，文教用兴，羞于是而益以知天命矣。天曰难谌，匪徒人之不可狃也，天无可狃之故常也；命曰不易，匪徒人之不易承也，天之因化推移，斟酌而曲成以制命，人无可代其工，而相佑者特勤也。"天之降命并没有固定的模式，也并不是仅仅可以"惟德是辅"的公式加以概全的，而是随着时势之变化而推移，根据具体的情势而斟酌改易，这正是天心对人始终保持为奥秘的缘故。宋太祖既没有累世的大德，又没有平定天下的大功，他以行伍起家，两代人都是军中的偏将，与乱世一同沉浮，其姓名几乎不为人所知，也未能以恩德惠及下民。上天在无人可托的情境下，选择了没有功德声闻的赵匡胤，这是上天的自信，非人所能预先理解。"宋无积累之仁，无拨乱之绩，

---

① ［明］王夫之：《船山全书》第 2 册《尚书引义》卷 4《泰誓牧誓》，长沙：岳麓书社，2011 年，第331 页。

② ［明］王夫之：《船山全书》第 10 册《读通鉴论》卷 20《唐高祖》，长沙：岳麓书社，2011 年，第735 页。

乃载考其临御之方，则固宜为天下君矣；而凡所降德于民以靖祸乱，一在既有天下之后。是则宋之君天下也，皆天所旦夕陟降于宋祖之心而启迪之者也。故曰：命不易也。"① 既有天下之后，宋太祖之所以能够开一代之治世，乃在于上天从早到晚降临在其心里而对其不断启发诱导的结果。

　　可以如此理解船山的这个说法：在以德功而后方能配天的文化意识的宇宙内，宋太祖在无功德的前提下，而能如此轻易地得天下，反而让其有大不安，此忐忑不安之情时刻伴随着得失天下之警惧。"夫宋祖受非常之命，而终以一统天下，底于大定，垂及百年，世称盛治者，何也？唯其惧也。惧者，恻悱不容自宁之心，勃然而猝兴，怵然而不昧，乃上天不测之神震动于幽隐，莫之喻而不可解者也。"② 既偶然从天那里得到统治天下的大权，也极有可能偶然失之；而天之所以眷顾其本人者，其理何在？所有这些，都不能不使宋太祖的内心充满了警惧，这是一种恻隐担忧而又难以自安的心境。在仓促之间突然产生，然而又不可能被遗忘而消失，因而宋太祖常常处在战战兢兢、如临深渊的心境中。这种心境正是太祖本人以其心应天而天也不断启发他、教导他、鼓舞他的互动性表现。船山称宋太祖的这种警惧为"乾龙之惕"③，即具有龙德之人才有的那种警惧，在这种警惧中深怀着的是对上天的敬畏，其核心是生怕自己的所作所为割断了与天心的联系，而遭天夺与天弃。拥戴宋太祖的是他那些不曾作为部下而可驱使之同伴，所统御的是那些素不知其名的兆民百姓，与其共同治天下的是那帮朝秦暮楚的宰辅文官，他所要平定的是那些威望从未加于其上的敌国……一旦岌岌然立身于这些人之上，那么，宋太祖所处的就是天下很难有一日之安的岌岌可危之情势。这种情势也激发了太祖之警惧，使之有所不敢为："权

---

① ［明］王夫之：《船山全书》第 11 册《宋论》卷 1《太祖》，长沙：岳麓书社，2011 年，第 20 页。
② ［明］王夫之：《船山全书》第 11 册《宋论》卷 1《太祖》，长沙：岳麓书社，2011 年，第 20 页。
③ "然而人之能不忘此心者，其唯上哲乎！得之也顺，居之也安，而惧不忘，干龙之惕也；汤、文之所以履天佑人助之时，而惧以终始也。下此，则得之顺矣，居之安矣，人乐推之而己可不疑，反身自考而信其无歉；于是晏然忘惧，而天不生于其心。"（［明］王夫之：《船山全书》第 11 册《宋论》卷 1《太祖》，长沙：岳麓书社，2011 年，第 21 页）

不重，故不敢以兵威劫远人；望不隆，故不敢以诛夷待勋旧；学不夙，故不敢以智慧轻儒素；恩不洽，故不敢以苛法督吏民。"①

由此，"惧以生慎，慎以生俭，俭以生慈，慈以生和，和以生文。而自唐光启以来，百年嚣陵噬搏之气，寝衰寝微，以消释于无形。盛矣哉！天之以可惧惧宋，而日夕迫动其不康之情者，'震惊百里，不丧匕鬯'。帝之所出而天之所以首物者，此而已矣。然则宋，即受命之余，天且若发童蒙，若启甲坼，萦回于宋祖之心不自谋，而天岂易易哉！"② 天之启发、鼓舞太祖，以可惧之事让太祖日生其惧，日日搅动其不安之情。自太祖言之，没有配天之功德的太祖，面对如此复杂而未能稳定的形势，念念之惧实以通天；自天心而言，上天如启蒙学童那样启发太祖，如开启植物种子外壳而使之萌芽那样开启太祖。正是太祖以其心之惧应天之所牗，故而能够以人合天，而后开一世之治。宋太祖兵不血刃地平定了各地的割据势力，刑罚还没有试用就让剽悍的军中将领顺服，没有象甘盘那样有学问者辅助就能兴盛文教，在感染了掠杀余风的时代里还能够兴起宽厚和顺之风，所有这些难道都是那个忽然之间有了兵权却没有显示出任何卓越德能的都检点所能做到的吗？"启之、牗之、鼓之、舞之，俾其耳目心思之牗，如披云雾而见青霄者，孰为为之邪？非殷勤佑启于形声之表者，日勤上帝之提撕，而遽能然邪！佑之者，天也；承其佑者，人也。于天之佑，可以见天心；于人之承，可以知天德矣。"③ 这里的表层话语是说"天"启发、引导、鼓舞、激励宋太祖，这些都是隐喻性或比拟性的叙述，其内蕴则是说宋太祖以一心之警惧，自我提撕点醒，戒慎恐惧，小心翼翼，对于天子之大位，敬之若天，而能感通"天心"。即人之承天之佑，以其天德而见天心。赵匡胤有此常警醒在心的忧惧，才是其与天通理的关键。"无赫奕之功而能不自废也，无积累之仁而能不自暴也，故承天之佑，战战栗栗，持志于中而不自溢。则当世无商、周、汉、唐之主，而天可行其郑重仁民

① ［明］王夫之：《船山全书》第 11 册《宋论》卷 1《太祖》，长沙：岳麓书社，2011 年，第 21 页。
② ［明］王夫之：《船山全书》第 11 册《宋论》卷 1《太祖》，长沙：岳麓书社，2011 年，第 21 页。
③ ［明］王夫之：《船山全书》第 11 册《宋论》卷 1《太祖》，长沙：岳麓书社，2011 年，第 20 页。

之德以眷命之，其宜为天下之君也，抑必然矣。"① 宋太祖其心与天通理，虽无显赫之功而不自废，虽无累积之仁德而能不自暴，以其怀有的警惧之心而能够战战兢兢、小心翼翼，固执其志而不自满，这才是他能够得到天命眷顾的必然性，尽管这些在他接受了天命之后才表现出来。宋太祖将三条法规（即保全柴氏子孙、不杀士大夫、不加农田之赋），刻成石碑，藏之殿中，让继位的子孙进殿跪读碑文，确立神圣的祖先之法。"若此三者，不谓之盛德也不能。德之盛者，求诸己而已"，这些法规都是对统治者自身的劝勉与警醒，这种内向性的自我要求"以忠厚养前代之子孙，以宽大养士人之正气，以节制养百姓之生理"②，从而开启了一世之治。

总而言之，太祖之得天下，更是显现了天命之不测，即以人的理性来说，它远远超出了人的理解能力，但在其经历了长时段的展开之后，才能得其仿佛。这一点从侧面显示了历史的过程不仅仅有"人的机制"的一面，更有"天的机制"的一维，换言之，仅仅从人的知情意角度，或仅仅在人的机制的架构内，无法理解历史的演化。然而，在宋太祖的例子里，正如天对天下的介入是曲成，即采取了迂回的间接路径，"天欲静，必人安之；天欲动，必人兴之"③；对人而言，感知天心只能转向人的自身，宋太祖"一念戒惧，震动怵惕，昭昭不昧，自为天命所凝集，天心所眷佑。而实则即此戒惧之一念就是天，更不必另外求天了"④。

---

① ［明］王夫之：《船山全书》第 11 册《宋论》卷 1《太祖》，长沙：岳麓书社，2011 年，第 21 页。
② ［明］王夫之：《船山全书》第 11 册《宋论》卷 1《太祖》，长沙：岳麓书社，2011 年，第 23 页。
③ ［明］王夫之：《船山全书》第 3 册《诗广传》卷 4《大雅·论皇矣一》，长沙：岳麓书社，2011 年，第 446 页。
④ 嵇文甫：《船山哲学》，《船山全书》第 16 册，长沙：岳麓书社，2011 年，第 1058 页。当然，宋太祖的一念戒惧本身也是在一个特定的时势下发生的。一方面，自唐代后期始，"强臣擅兵以思篡夺者相沿成习，无有宁岁久矣"，"延及于石（石敬瑭）、刘（刘知远）之代，而无人不思为天子矣"，天下大乱久矣，其间"主臣蹀血以竞雌雄，败则族，胜则帝，皆徼幸于不可知之数。幸而伏诛，国亦因是而卒斩。流血成川，民财括尽，乃仅夷一叛臣，而叛者又起"。李业、郭允明在没有审慎之思的情况下杀戮权臣，似乎有上天在诱导之以平息百余年来积弊已久的飞扬盘踞恶习，事情达到了极端，也就无往不复，譬如在这种情况下，文官走上了历史舞台，杨邠、王章、史弘肇死后，社会风气大变，吴、蜀、楚、粤渐次平定，天下渐宁。另一方面，当郭威建立后周，颁布法令，自唐宣宗以后无法无序的状态始有改变，柴氏在此基础上有所增益，"嗣是而王朴、窦俨得以修其文教，而宋乃因之以定一代之规。故曰：天下将治，先有制法之主，虽不善，贤于无法也。"换言之，郭威、柴氏之法改变无序状（转下页）

四、"天心"对深与天人之际者敞开

"三代而下,取天下者,唯光武独焉,而宋太祖其次也。不无小疵,而大已醇矣。"[①] 光武帝刘秀取天下比汉高祖要难得多,建武二年,光武帝定都洛阳时,天下之乱方兴,光武帝所能利用的地盘只有河北地区,而各种势力都在牵制着刘秀,如果说当年汉高祖出关之后强敌只有项羽,那么刘秀面对的则是四面八方、左起右伏的"丛生之敌"。光武帝是如何克敌制胜的呢?"乃微窥其所以制胜而荡平之者,岂有他哉!以静制动,以道制权,以谋制力,以缓制猝,以宽制猛而已。帝之言曰:'吾治天下以柔道行之。'非徒治天下也,其取天下也,亦是而已矣。柔者非弱之谓也,反本自治,顺人心以不犯阴阳之忌也。孟子曰:'行法以俟命。'光武其庶几乎!"[②] 光武帝制敌之法在于以道术制权谋,以虚静制妄动,以谋略制强力,以舒缓制猝然,以宽厚制猛武,一言以蔽之,以柔道治天下,其核心是顺人心而遵循天道(即"不犯阴阳之忌")。"盖以柔道治天下,即以人而顺天也;天之表现为人心与时势(所谓'阴阳'),故顺人心而不违时,即所以顺天而行道。顺天而无私,无私则镇静从容而规模宏远。以临天下,则民心翕服,而怀私者沮而自解。而究其所以翕服,所以沮而自解,则仍以人心之中,自有天则故也。故必顺天行道,始足以取天下。取天下者,得民心之谓也;得天下民心者,发凡人之心所皆有之仁义,而直与天下民心相感格也。"[③] 光武乘思汉之民心以兴,但当时打着光复汉室的旗帜的势力有很多,比如刘玄、刘盆子、孺子婴、刘永、刘嘉等等,皆是如此,光武的名分并没有成为天下共识。在"天下方

(接上页)态,也为宋代制定一代之法提供了历史前提。所有这些都为宋太祖的龙德之惧提供了社会历史的积淀与前提。(详细讨论参见王夫之:《船山全书》第 10 册《读通鉴论》卷 30《五代下》,长沙:岳麓书社,2011 年,第 1149—1151、1154—1156 页)

① [明]王夫之:《船山全书》第 10 册《读通鉴论》卷 6《后汉光武帝》,长沙:岳麓书社,2011 年,第 224 页。

② [明]王夫之:《船山全书》第 10 册《读通鉴论》卷 6《后汉光武帝》,长沙:岳麓书社,2011 年,第 223 页。

③ 曾昭旭:《王船山哲学》,台北:里仁书局,2008 年,第 267 页。

割裂而聚斗"时，"而光武以道胜焉"；其"即位未久，修郊庙，享宗祖，定制度，行爵赏，举伏湛，征卓茂，勉寇恂以绥河内，命冯异使抚关中，一以从容镇静结已服之人心，而不迫于争战。然而桀骜强梁之徒，皆自困而瓦解。是则使高帝当之，未必其能奢定如此也。而光武之规模宏远矣"①。

光武帝得天下之难，史所罕见，就是因为投奔他的各路降军几近数十万，但这些军人大都是不逞之徒②。如何安顿他们，对于天下的统治是一个很重要也很棘手的问题："战胜矣，威立矣，乃几十万不逞之徒听我羁络，又将何以处之邪？"③ 毕竟老百姓易动而难静，乱世之民尤其如此，这些人当他们从农民变成士兵时，或许也有不得已的难言之隐，但相当一部分是游手好闲、桀骜不驯者。戎马生涯中，反而养成了抢吃抢喝、劫掠妇女、驰骋喧哗、行歌坐傲的习性，当初不得已的苦衷与初心也早就忘记了。如果将这些人全编入军队，那么农夫生产的粮食、织妇编织的布帛、军需供应等根本无法满足。想将他们全部解甲归田，然而田园早已荒芜，他们也是四肢懒惰、骄横放荡，不再受制于父兄乡党了，到了乡间必成大害。光武帝就面临着如此棘手的难题。"故一聚一散，倾耳以听四方之动而随风以起，诚无如此已动而不复静之民气何矣！而光武处之也，不十年而天下晏然，此必有大用存焉。"④ 面对这种棘手的难题，光武帝用了不到十年的时间就使得天下安宁。这是何等的智慧？光武帝使用的方法是"奖重厚之吏以抚难驭之众"："……征伏湛，擢卓茂，奖重厚之吏，以调御其嚣张之气，使惰归而自

---

① ［明］王夫之：《船山全书》第 10 册《读通鉴论》卷 6《后汉光武帝》，长沙：岳麓书社，2011 年，第 223 页。

② "光武之始徇河北，铜马诸贼几数百万；及破之也，溃散者有矣，而受其降者数十万人。斯时也，光武之众未集，犹资之以为用也。已而刘茂集众十余万而降于京、密；朱鲔之众且三十万而降于雒阳；吴汉、王梁击檀乡于漳水，降其众十余万于邺东；五校之众五万人降于弇音希阳；余贼之拥立孙登者五万人，降于河北；赤眉先后降者无算，其东归之余尚十余万人，降于宜阳；吴汉降青犊，冯异降延岑、张邯之众，盖延降刘永之余，王常降青犊四万余人，耿弇降张步之卒十余万，盖先后所受降者，指穷于数。"［明］王夫之：《船山全书》第 10 册《读通鉴论》卷 6《后汉光武帝》，长沙：岳麓书社，2011 年，第 225 页。

③ ［明］王夫之：《船山全书》第 10 册《读通鉴论》卷 6《后汉光武帝》，长沙：岳麓书社，2011 年，第 225 页。

④ ［明］王夫之：《船山全书》第 10 册《读通鉴论》卷 6《后汉光武帝》，长沙：岳麓书社，2011 年，第 226 页。

得其安全；民无怀怨怒以摈之不齿，吏不吝教导以纳之矩矱，日渐月摩而消其形迹，数百万人之浮情害气，以一念敛之而有余矣。盖其觌文匿武之意，早昭著于战争未息之日，潜移默易，相喻于不言，当其从戎之日，已早有归休之志，而授以田畴庐墓之乐，亦恶有不帖然也？自三代而下，唯光武允冠百王矣。何也？前而高帝，后而唐、宋，皆未有如光武之世，胥天下以称兵，数盈千万者也。通其意，思其变，函之以量，贞之以理，岂易言哉！岂易言哉！”① 对于数百万人的浮情害气，光武帝以一念敛之仍然绰绰有余。其重文匿武的战略在战争还没有结束时就确立了，他只是以潜移默化、不动声色的方式安顿人心。历代帝王都没有遇到如此高度棘手的难题，而光武帝却举重若轻。还有一事，颇能显现光武帝卓绝的德能，当王邑、王寻的百万大军压其项背时，光武帝的诸将领都迫不及待地要解散，但假如临阵而退，则汉军的覆亡必将接踵而至。光武帝明知诸将要散去，但如果急切地与他们争论，军队必定会更加泄气，不争论还有可能得到众将的相助同心抗敌。这可以说是到了刘秀慷慨以争、痛哭流涕以求诸将听从安排的时候了。可是刘秀却“微笑而起”，“绰有余地”，“此大有为者所以异于一往之气矜者也”②。

刘秀乃是真正深与天人之际的人：“得失者，人也；存亡者，天也；业以其身任汉室之兴废，则寻、邑果可以长驱，诸将无能以再振，事之成败，身之生死，委之于天，而非人之所能强。苟无其存其亡一笑而听诸时会之量，则情先靡于躯命，虽慷慨痛哭与诸将竞，亦居然一诸将之情也。以偶然忆中之一策，怀愤而求逞，尤取败之道，而何愈于诸将之纷纭乎？天下之大，死生之故，兴废之几，非旷然超于其外者，不能入其中而转其轴。故武王之诗曰：‘勿贰尔心。’慎谋于未举事之前，坦然忘机于已举事之后，天锡帝王以智，而必锡之以勇。勇

① ［明］王夫之：《船山全书》第10册《读通鉴论》卷6《后汉光武帝》，长沙：岳麓书社，2011年，第226页。

② ［明］王夫之：《船山全书》第10册《读通鉴论》卷6《后汉光武帝》，长沙：岳麓书社，2011年，第215页。

者，非气矜也，泊然于生死存亡而不失其度者也。光武之笑起而不与诸将争前却，大有为者之过人远也，尤在此矣。"[1] 正是能深与天人之际，深切明晰尽人事与听天命各自的边界，刘秀才能在人事所当尽之区域内竭尽心力，而将生死成败这些属于天命时运者一律委之于天。如果不能旷然超脱于成败生死兴废之外，那么就不可能入其中而转动天命的枢轴，光武帝之泊然于生死存亡而不失其度，正是他不与众将领争论而能付之一笑的根源。

作为中国历史上仅有的三个"起于学士大夫、习经术、终陟大位者"[2] 之一（其他两人为昭烈帝刘备和梁武帝），光武帝完全不同于从草莽中发迹的英雄豪杰。英雄豪杰以气魄承担，他们或许偶能与天理暗合然而却不自知；也不同于刘备与梁武帝。刘备习于儒术也浸淫于申、韩法家之术，阅历丰富但满脑子权术，他所重用的诸葛亮年少而又急于建功立业，浓厚的刑名思想坑害了他；梁武帝篡位之后儒家的伦理使其名义无以自容，转而求佛教"心亡罪灭"的说法以自覆，托以自饰其恶，但是他看到士大夫解除丧服来晋见时，对那些面容不憔悴者，终身不用，其不忍大伦绝灭于天下，人道借以仅存，远远胜过唯利是图的萧道成。光武帝又远在刘备、萧衍之上，不忘其所学，当天下未定、战争仍在进行时，他就"汲汲然式古典，修礼乐，宽以居，仁以行，而缘饰学问以充其美，见龙之德，在飞不舍，三代以下称盛治，莫有过焉。故曰：光武远矣"[3]。光武帝与那些崇尚权谋术的统治者表现出了不同的气象："此非权术之为也，恃在己而不幸人之弗相害，洞然知合离得失之数，仰听之天，俯任之人，术也而道在其中。此光武之奇而不诡于正者与！"[4] 当王朗派遣杜威向光武帝纳降时，恳请封王朗为万户

---

[1]　[明]王夫之：《船山全书》第 10 册《读通鉴论》卷 6《后汉光武帝》，长沙：岳麓书社，2011 年，第 216 页。

[2]　[明]王夫之：《船山全书》第 10 册《读通鉴论》卷 6《后汉光武帝》，长沙：岳麓书社，2011 年，第 229 页。

[3]　[明]王夫之：《船山全书》第 10 册《读通鉴论》卷 6《后汉光武帝》，长沙：岳麓书社，2011 年，第 230 页。

[4]　[明]王夫之：《船山全书》第 10 册《读通鉴论》卷 6《后汉光武帝》，长沙：岳麓书社，2011 年，第 229 页。

侯，光武帝却说王朗只要保全性命就足够了，当刘恭为刘盆子请降询问如何安排刘盆子时，光武帝的回答是保证其不死。光武帝的回答之所以伟大，正因为他的回答，"奉天以行赏罚，而意智不与焉，斯乃允以继天而为之子"①。不是以私心苟且地讲定互惠的条件，而是奉天意以行赏罚，"所尤难者，光武决于一言，而更无委曲之辞以诱之，明白洞达，与天下昭刑赏之正，故曰：大哉王言，体天无私而为之子也"②。光武帝能够体天之命，而为真正意义上的天之子，代天治民，为天下人而治理天下，而体天之命，成人之德，则是其彰显天心之关键。

五、"天心"之开放与文明之承担

如前所述，帝王之受命，或以德，如商周；或以功，如汉唐；帝王以功德配天，受命皆在未有天下之前，天之佑之也逸；至于宋祖与光武，则体现了天道之曲成下民的自谌："天之所以曲佑下民，于无可付托之中，而行其权于受命之后，天自谌也，非人之所得而豫谌也，而天之命之也亦劳矣！"③ 天心之所以难测，乃是因为其因时势而有不同的授受方式。但总体而言，历史进程中，以人合天者，能显"天心"于天下，"天心"因人而显，而成一世之治；至于在人不能自觉以功、德、贤、能体"天心"、承天德之时代，"天心"似乎冥而不彰，然而"天心"却又未尝不在，其在幽冥之中，"假手"于人。此为船山承继《尚书》以来中国思想中的"假手"④ 之说，而张"天心"于天下。"假手"说最为引人注目的是关于从三代封建到秦汉郡县的历史演化。封建到郡县的演变，是时势使然，也是人心所安："郡县之制，垂二千年而弗能改矣，合古今上下皆安之，势之所

---

① ［明］王夫之：《船山全书》第 10 册《读通鉴论》卷 6《后汉光武帝》，长沙：岳麓书社，2011 年，第 217 页。
② ［明］王夫之：《船山全书》第 10 册《读通鉴论》卷 6《后汉光武帝》，长沙：岳麓书社，2011 年，第 218 页。
③ ［明］王夫之：《船山全书》第 11 册《宋论》卷 1《太祖》，长沙：岳麓书社，2011 年，第 20 页。
④ 《尚书·伊训》："于其子孙弗率，皇天降灾，假手于我有命"；《春秋左传》隐公十一年"天祸许国鬼神实不逞于许君而假手于我寡人"；春秋左传昭公十一年："克哉，蔡侯获罪于其君，而不能其民，天将假手于楚以毙之"，等等。

趋，岂非理而能然哉？"① 然而，郡县制的达成却是上天借助秦人追求一姓一家永固其统治天下的私欲来达成："秦以私天下之心而罢侯置守，而天假其私以行其大公，存乎神者之不测，有如是夫！"② 秦以郡县而代封建，本来是成其私天下之主观意图，然而天却以此实现了自己的"天心"。秦人永固天下的主观意图没能实现，秦至二世而解体，被汉所替代，但上天通过秦人却实现了从封建到郡县的历史演变。

船山指出：历史过程中那些具有历史性意义的人之行事，固然为行事者之主观意图所驱动，然而在其背后尚有一自行于人事之中的"天心"："天欲开之，圣人成之；圣人不作，则假手于时君及智力之士以启其渐。以一时之利害言之，则病天下；通古今而计之，则利大而圣道以弘。"③ 汉武帝为求良马而派张骞出使西域，为满足奇货欲望而南诛瓯、越，讨伐西南夷国，驰情于大宛、大夏、身毒、月氏等绝远国家，在天下思静时代汉武帝思动，以至于民怨沸腾。"虽然，抑岂非天牖之乎？……若夫駹也、冉也、邛筰也、越嶲也、滇也，则与我边鄙之民犬牙相入，声息相通，物产相资，而非有驵戾冥顽不可向迩者也。武帝之始，闻善马而远求耳，骞以此而逢其欲，亦未念及牂柯之可辟在内地也。然因是而贵筑、昆明垂及于今而为冠带之国，此岂武帝、张骞之意计所及哉？故曰：天牖之也。"④ 上天借助汉武帝的私意而实现了将云南、贵州地区纳入文明开化的范围。这就是船山所说的"天牖"。正是"天牖"，才可以理解汉代帝王的征伐客观上开启了南方蛮夷地区的文明化过程："江、浙、闽、楚文教日兴，迄于南海之滨、

---

① ［明］王夫之：《船山全书》第 10 册《读通鉴论》卷 1《秦始皇》，长沙：岳麓书社，2011 年，第 67 页。
② ［明］王夫之：《船山全书》第 10 册《读通鉴论》卷 1《秦始皇》，长沙：岳麓书社，2011 年，第 68 页。
③ ［明］王夫之：《船山全书》第 10 册《读通鉴论》卷 3《汉武帝》，长沙：岳麓书社，2011 年，第 138 页。
④ ［明］王夫之：《船山全书》第 10 册《读通鉴论》卷 3《汉武帝》，长沙：岳麓书社，2011 年，第 138 页。

滇云之壤，理学节义文章事功之选，肩踵相望，天所佑也，汉肇之也。"① 而所有这些都远远超出了当事人的意图。船山列举天所假手于人而实现其意图的其他例子还有，"（裴）炎之诛死，天其假手武氏以正纲常于万世"②，"天未厌唐，启裴（冕）、杜（鸿渐）之心，使因私以济公，未尝不为唐幸也"③，等等。所有这些都意味着天假手人之私而行其大公。至于"（陈）胜、（吴）广、（杨）玄感、（韩）山童、（徐）寿辉者，天贸其死以亡秦、隋"④，则天之欲亡秦、亡隋、亡元，通过犯天下之险而以首先举事的人的败亡来做陪葬，这些人都怀有一个侥幸之心以求实现其政治上的野心，但上天却通过这些怀着个人情欲的人之间的相互争斗来消耗他们，通过他们来使得时代鼎革更新。

天通过人而达成历史的演化，又无一定之常式，"天之因化推移，斟酌而曲成以制命，人无可代其工"⑤，可谓极尽变化曲折，故而于人而言乃为"存乎神者之不测"，而其最大之不测，乃是生成了人，人是天地世界的变量，既是天心的体现，又是天心的变量；既是可以合天、背天的存在者，同时也是天所假手以理天下的存在者。"天无可推，则可云'不待推'。天虽无心于尽，及看到'鼓之以雷霆、润之以风雨'、纲缊化醇、雷雨满盈处，已自尽著在，侣无己而已。只此是命，只此是天，只此是理，只此是象数，只此是化育亭毒之天。此理落在人

---

① ［明］王夫之：《船山全书》第 10 册《读通鉴论》卷 3《汉武帝》，长沙：岳麓书社，2011 年，第 138—139 页。
② ［明］王夫之：《船山全书》第 10 册《读通鉴论》卷 21《唐中宗》，长沙：岳麓书社，2011 年，第 802 页。
③ ［明］王夫之：《船山全书》第 10 册《读通鉴论》卷 23《唐肃宗》，长沙：岳麓书社，2011 年，第 862 页。
④ ［明］王夫之：《船山全书》第 10 册《读通鉴论》卷 5《汉平帝》，长沙：岳麓书社，2011 年，第 207 页。船山云："陈涉、吴广败死而后胡亥亡；刘崇、翟义、刘快死死而后王莽亡；杨玄感败死而后杨广亡；徐寿辉、韩山童败死而后蒙古亡；犯天下之险以自首，未有不先自败者也。乱人不恤其死亡，贞士知死亡而不畏，其死亡也，乃暴君篡主相灭之先征也，先死以殉之可矣。胜、广、玄感、寿辉、山童，皆挟徼幸之心以求逞其志，非其能犯难以死争天下者也；天将亡秦、隋、蒙古而适承其动机也。"（同上书，第 206 页）
⑤ ［明］王夫之：《船山全书》第 11 册《宋论》卷 1《太祖》，长沙：岳麓书社，2011 年，第 19 页。

上，故为诚，为仁，为忠恕，而一以贯之，道无不立，无不行矣。"① 唯人能诚、能仁、能忠恕，而与天相通、与天相合，故天之生人，亦足以见"天无可狃之故常也"②。支配历史过程的天，远远超出了人的可理解性。在历史的衰世，当上天借助于私欲者之相互消耗以亡其自身而终结旧时代的时候，志士仁人如"二刘、翟义不忍国髌，而奋不顾身，以与逆贼争存亡之命，非天也，其志然也；而义尤烈矣。义知事不成而忘其死，智不逮子房而勇倍之矣"，他们并非天假手以实现天道之工具，而是在衰微的时代"天心"的承担者、文明的担纲者，"而义也、崇也、快也，自输其肝脑以拯天之衰而伸莽之诛者也。不走而死，义尤烈哉！"③ "不惟不是被动的为天所假借利用并加以否定的工具，而且乃是绝对的自身肯定，'独握天枢''拯天之衰'的刚健的行为。"④ 贺麟指出，依照船山的历史哲学，在天心主导下有两种人，对应两种不同的生存方式："一种是天理、理性的负荷者、把握者，甚至当天理晦否微弱、天下纷乱无真是非之时，他们又是理性的拯救者、保持者，其自身即是目的。另一种人只是工具，被理性利用假借之，同时又惩罚之、废弃之，以达到理性的目的。"⑤ 尽管这里对船山哲学的表述完全是黑格尔式的——贺麟未言及船山与黑格尔的区别，而以为船山历史哲学中最有创意的部分，就是默契黑格尔的部分，也就是他的辩证观与理性的机巧说；然而事实是，王船山去世之日（1692 年 2 月 18 日）又过了将近 78 年，黑格尔（于 1770 年 8 月 27 日）才诞生——但贺麟的确揭示了两种在天心主导下的历史世界中的生存方式，尤其是前一种值得特别注意。

作为民族的或国家的、文明的担纲者，能够在"天下分崩、人心晦否之日，

① [明]王夫之：《船山全书》第 6 册《读四书大全说》卷 4《论语·里仁篇》，长沙：岳麓书社，2011 年，第 642—643 页。
② [明]王夫之：《船山全书》第 11 册《宋论》卷 1《太祖》，长沙：岳麓书社，2011 年，第 19 页。
③ [明]王夫之：《船山全书》第 10 册《读通鉴论》卷 5《汉平帝》，长沙：岳麓书社，2011 年，第 206—207 页。
④ 贺麟：《王船山的历史哲学》，张学智编：《贺麟选集》，长春：吉林人民出版社，2005 年，第 197 页。
⑤ 贺麟：《王船山的历史哲学》，张学智编：《贺麟选集》，长沙：岳麓书社，2011 年，第 197—198 页。

独握天枢以争剥复，功亦大矣"①。譬如管宁就是卓著的例子。东汉末年的管宁在辽东一代专讲诗书、修习礼乐，外地来访者非学者不见，有人以为管宁是在乱世全身之术，而不知其所存者道："天下不可一日废者，道也；天下废之，而存之者在我。故君子一日不可废者，学也；舜、禹不以三苗为忧，而急于传精一；周公不以商、奄为忧，而慎于践笾豆。见之功业者，虽广而短；存之人心风俗者，虽狭而长。一日行之习之，而天地之心，昭垂于一日；一人闻之信之，而人禽之辨，立达于一人。其用之也隐，而抟挽清刚粹美之气于两间，阴以为功于造化。君子自竭其才以尽人道之极致者，唯此为务焉。"② 周公并不担心商、奄的叛乱，所忧者在礼；管宁在战乱的时代里不是去参与或建立政治的伟业，而是自竭其才以尽人道之极致，即建立道德人格、承担斯文延续，以至于船山感慨系之："汉末三国之天下，非刘（备）、孙（权）、曹氏（操）之所能持，亦非荀悦、诸葛孔明之所能持，而宁（管宁）持之也。宁之自命大矣，岂仅以此为祸福所不及而利用乎！邴原持清议，而宁戒之曰：'潜龙以不见成德。'不见而德成，有密用也；区区当世之得失，其所矜而不忍责，略而不足论者也。白日之耀，非镫烛之光也。宁诚潜而有龙德矣，岂仅曰全身而已乎！"③ 管宁是真正具有龙德的人，在那个斯文扫地、仁天下之道几穷的战乱时代里，他以一人之身维系斯文于不坠，所以从历史进程来看，其意义远远大于刘备、孙权和曹操，更非荀彧、诸葛亮所能比；如果说刘备等乃是上天借以实现其"意图"（"天心"）的假借之工具，那么管宁则以其生命上达"天心"，并以此"天心"内化于己而成就其历史性生存。

在天下大乱的世代，权术奸诈兴起于上，偷薄之习浸染于下，"君不可事"而"民不能使"，"君子仁天下之道几穷"，"穷于时，因穷于心，则将视天下无一

---

① ［明］王夫之：《船山全书》第 10 册《读通鉴论》卷 9《后汉献帝》，长沙：岳麓书社，2011 年，第346 页。
② ［明］王夫之：《船山全书》第 10 册《读通鉴论》卷 9《后汉献帝》，长沙：岳麓书社，2011 年，第346 页。
③ ［明］王夫之：《船山全书》第 10 册《读通鉴论》卷 9《后汉献帝》，长沙：岳麓书社，2011 年，第346 页。

可为善之人"，在这种情势下，就只求早点拒绝行仁于身，"焦先、孙登、朱桃椎之类，所以道穷而仁亦穷也"。然而，真正的君子，其"视天下，人犹是人也，性犹是性也，知其恶之所自熏，知其善之所自隐，其熏也非其固然，其隐也则如宿草霜凋而根荄自润也。无事不可因，无因不可导，无导不可善，喻其习气之横流，即乘其天良之未丧，何不可与以同善哉？此则盎然之仁，充满于中，时雨灌注而宿草荣矣。惜乎时无可事之君，而宁仅以此终；非然，将与伊（尹）、傅（说）而比隆矣"①。"管宁之仁"虽然上达"天心"，但由于当时的时势，"终不能善魏之俗"②，然而管宁却竭尽心力，道穷于时而不穷于己，以己之一身存斯道。"若夫抱独立之素者，则无闷以自安。必将远而不与之迹，别而不与之同，离乎险以全乎己，而后闷不足以加之。闷不足以加，则离人珍独，亦足以伸正气而为流俗之砥柱。"③ 管宁之所以独立不倚地屹立于历史的滚滚洪流中，而为向上者之中流砥柱者，盖在此也。

船山距离管宁，中间隔了 1 400 年左右，以五百年为单位的历史大年而言，其间有近三个大时代，在船山隐居撰作《读通鉴论》大约 300 年之后的 1981 年，钱穆再次论及管宁："黄巾乱后，继之以魏、蜀、吴三国，曹操、刘备、孙权皆士也。一时群臣荀彧、诸葛亮、鲁肃莫非士。有一诸葛，已可使三国照耀后世，一如两汉。而犹有一士，曰管宁。始避于辽东，老归中土，汲井躬耕，曹操召之不出。后世尊之，谓其犹出诸葛之上。诸葛终为一政治人物，虽曰鞠躬尽瘁，死而后已，而终亦无救于世乱。管宁则为一草野人物，虽乱世，使社会得保留一完人。则此社会终未全坏，尚有将来之后望。孔子欲居九夷，又曰：'道之不行，

---

① ［明］王夫之：《船山全书》第 10 册《读通鉴论》卷 10《三国》，长沙：岳麓书社，2011 年，第 403 页。
② 船山云："呜呼！不得之于君，可得之于友，而又不可得矣；不得之荐绅，可得之于乡党，而又不可得矣；不得之父老，可得之童蒙，而又不可得矣；此则君子之抱志以没身，而深其悲闷者也。友之不得，君锢之；乡党之不得，荐绅荧之；童蒙之不得，父老蔽之；故宁之仁，终不能善魏之俗。君也，荐绅也，父老也，君子之无可如何者也。吾尽吾仁焉，而道穷于时，不穷于己，亦奚忍为焦先、孙登、朱桃椎之孤傲哉？"（《船山全书》第 10 册《读通鉴论》卷 10《三国》，长沙：岳麓书社，2011 年，第 404 页。
③ ［明］王夫之：《船山全书》第 1 册《周易外传》卷 4《艮》，长沙：岳麓书社，2011 年，第 952 页。

我知之矣。'是虽至圣如孔子，亦无奈于世之乱。然而孔子又曰：'后生可畏，焉知来者之不如今。'三国之乱，甚于春秋之末，而管宁则孔子所谓之后生可畏矣。举世之乱，而有一士之屹立。后人欲效诸葛，则难得有如刘先主之三顾于茅庐。然欲为管宁，则可无待于外。司马迁作《史记》，创列传体，后世奉为正史之首。而七十列传，首之以伯夷，亦不用于世者。司马迁以言李陵事获罪，以宫刑免死。虽为武帝内朝中书，然不复有意于政事。非有求于当世，乃求表于后人。其《报任少卿书》，畅言之。管宁则能自表显于文字著作之外。司马迁亦已陷身于政界，不如管宁之萧然事外，仍不失为一社会人物之易于自成其志，自完其身，不饿死而与伯夷相抗衡。"① 由于中国思想中所理解的"天下"，并不是通常意义上由国家与国家之间构成的世界秩序及其整体，"亡国"与"亡天下"之分辨所指向的，仍在以"文化"充实天下之内涵，则天下乃以"文"化人之文教与文明，"文化即人道。而其发展与变化，其主要关捩，则在少数人身上。中国人称此少数人则曰圣曰贤"②。船山有谓："极乱之世，独立以导天下于恻隐羞恶之中，勿忧其孤也，将有继起而成之者，故行密之后，必有徐温。此天地之心也，不可息焉者也。"③ 即便在世乱无道之时，"天心"仍能在一两人物之生命人格中彰显，甚至在只言片语中显现④，历史性生存以不朽为盛，而不朽之首则为立德，其远在立功、立言之上，司马迁著《史记》藏之名山，以立言见诸后世，管宁则既不待立言，更不待立功，其以一立德之"完人"而屹立历史，其生命本身即成为

---

① 钱穆：《国史新论》，北京：生活·读书·新知三联书店，2001 年，第 190—191 页。
② 钱穆：《晚学盲言》下篇《德性行为修养之部》六五《孟子论三圣人》，桂林：广西师范大学出版社，2004 年，第 496 页。
③ ［明］王夫之：《船山全书》第 10 册《读通鉴论》卷 28《五代上》，长沙：岳麓书社，2011 年，第 1101—1102 页。
④ 船山提供的例子是徐温："徐温大破钱镠，知诰请乘胜东取苏州，温念杂乱久而民困，因镠之惧，戢兵息民，使两地各安其业，而曰'岂不乐哉'？蔼然仁者之言乎！自广明丧乱以来，能念此者谁邪？而不谓温以武人之能尔也。均与人为伦，则不忍人之死，人之同心也，而习气能夺之。天方降割于民，于是数不仁之人倡之，而鼓动天下，以胥流于残忍，非必有利存焉，害且随之如影响。而汶汶逐逐，唯杀是甘，群起以相为流转。乃习气者，无根株者也。有一人焉，一念之明，一言之仁，一事之顺，幸而有其成效，则相因以动，而恻隐羞恶之天良复伸于天下，随其力之大小、心之醇疵而其感动之远近，苟被其泽，无不见功于当时，延及于数世，则杨行密是已。"［明］王夫之：《船山全书》第 10 册《读通鉴论》卷 28《五代上》，长沙：岳麓书社，2011 年，第 1100 页。

"斯文"之在身，即此生命而传承中华文明于一己之生命，此其自身所以即为"天心"之所在，而能为向上之生人指明历史性生存的方向。

陈赟（华东师范大学哲学系）

"代差""种差"交织的文明地理与共享的世界未来[①]

美国著名记者托玛斯·弗里德曼曾于十六年前写过一本书，名叫《世界是平的》[②]，书中非常乐观地讲述了网络技术时代下世界的均质或匀质化的现象与趋势。虽然作者也清醒地意识到，现实世界是不平的，更非是平等的。但由于该书的重点是揭示网络技术朝代下的世界匀质化趋势，因此，它给人的整体感觉仍然是以乐观的情绪为基调的。作者看问题的视角可能决定了他的判断在一定意义上是对的。但如果转换一下视角，即从文明的视角看，人类真实世界恰恰是一个"代差"与"种差"交织的文明地理分布，因而呈现出一种凹凸不平的代差、种差交织的文明地貌。正是因为这种"凹凸不平的代差、种差交织的文明地貌"，引发了我们人类在相互交往过程中发生的误解、产生矛盾和冲突，甚至导致战争的爆发。因此，当全球化的现实和趋势将人类不断地、更加紧密地联系在一起的时候，如何从真实的凹凸不平的文明地貌出发，探讨人类共享的世界未来？将是一件具有现实意义的学术事业。换句话讲，如何在世界变得平坦的过程中，认真面对文明的"代差"与"种差"的真实地貌，让世界在各自的文明中拥有属于自己的未来？而不是用一种文明取消、抹杀其他文明，用单一的文明形态作为唯一的未来让人们

---

① 本文是国家社会基金一般项目期中成果。项目号：22BX066，项目名称："文明多样性与交流互鉴问题的汉语哲学透视研究。"
② 该书有 2005 年、2007 年、2008 年三个版本，作者自己称之为 2.0 版本和 3.0 版本。可见此书的畅销程度。中文版应该是根据第一版翻译的，2007 年出版。

去接受而不是共享？这也是我们继承文明对话理论，超克文明冲突理论，以文明共享的理论来谋划人类的现实，追求更加美好的"共享世界未来"的目的。

一、从"世界是平的"的乐观文明地理观谈起

"世界是平的"是一个隐喻，虽然弗里德曼也清楚世界真实现状是不平的，但他仍然概述了导致世界变平的"十大"因素，和立体的"三重"整合。

（一）敉平世界的"十大"动力

弗里德曼列举了敉平世界的十大正面力量，而这十大正面力量全是与电脑及其操作系统有关，与其他的自然科学的发现和思想的创新毫无关系，但也与一些旧制度的消失有关。有人可能不同意弗里德曼的说法，这没有关系，我们可以暂时将其观点作为一家之言对待，不信者可以姑妄听之。

使世界变平的前三大力量依次是：其一，柏林墙的倒塌（1989.11.9）和比尔·盖茨改良版的 Windows 3.0 版操作系统与 IBM 家用电脑的结合投入市场（1990.5.22）；其二，互联网时代的到来：Web 的出现与网景公司的上市——发明网址 HTTP（1995.8.9）；其三，工作软件流——让你我的应用软件相互对话。

"工作流软件的革命是这样发生的：柏林墙倒塌后，个人电脑、Windows 和网景浏览器让人们可以用前所未有的方式相互联络，然而人们很快就不再满足于浏览和发送电子邮件、实时信息、图片和音乐，他们希望能通过网络平台进行设计、创造、买卖、记录存货、替别人申报纳税、在世界的另一端帮别人读 X 光片等。他们希望在任何两地的任何两台计算机间完成这些操作。"

接下来的七大力量分别是：其四，上传（uploading）驾驭社区的力量；其五，外包：Y2K——一些具体的低端的业务向经济与技术相对落后的地区转移，以减少费用、降低成本，提高工作效率；其六，离岸经营：和瞪羚一起赛跑，和狮子一起捕食；其七，供应链的出现。在阿肯色州吃寿司。

最后三大力量：其八是内包——一种水平合作和创造价值的形式，它既是世界变平坦的结果，也令世界变得更加平坦，美国的 UPS 公司创造出的"同步商务

解决方案";其九是提供信息的搜索引擎如 google、雅虎和 MSN;其十是数字的、移动的、个人虚拟的类固醇。

（二）敉平世界的"三重汇合"

弗里德曼在此所讲的"三重汇合"，主要是指如下三个方面力量的汇合，其一是十大动力因素的汇合，创造了一个全新世界平台。这是第一重汇合。其次是在这些全新的世界平台上，商家与个人接受了新习惯、技术和流程，他们从一个垂直的价值创造模式转换为更为水平的模式。新的世界平台和新的经营方式互相结合，从而让世界变得更加平坦。这是第二重汇合。

第三重汇合，即是指当世界在变平坦的过程中，来自中国、印度和苏联的三十多亿人走上竞争场地，他们很快就利用平坦世界的一切新工具与其他人开展竞争和合作，从而形成了第三重的汇合。

在笔者看来，这一重汇合才刚开始，后面拉丁美洲、非洲等更多人口加入其中，世界的竞争与合作还将变得更加激烈，世界也将因此变得更加平坦。柏林墙的倒塌只是一个象征，更多阻碍世界变得平坦的围墙都应当逐步拆除。平坦的世界应该是一个在尊重人的基本权利基础上的可畅通的世界。谭嗣同在《仁学》中提出"仁以通为第一义"的内外上下人我男女的"八通"理想，或许是世界变平坦的一种理想状态。

二、"代差"与"种差"交织的现实文明地貌

（一）何谓文明的"代差"与"种差"

借助于历史学与人类学的研究成果，我们权且将采集文明到狩猎文明再到农业文明/游牧文明，再到现代的工商业文明之间的差别，称为文明的"代差"。而将同一代文明之间，因地域的差异而造成的文明形态差异，称之为文明的"种差"。举例言之，以农业文明为例，在西亚美索不达米亚周围地带，因驯化了野生麦类，发展出以种植小麦、大麦为主的农耕文明，与包括中国在内的东亚、东南亚以种植稷——小米，和中国长江流域、印度恒河带以种植水稻为主的农业文

明，以及以墨西哥为代表的拉丁美洲以种植玉米为中心的农业文明之间的差异，都属于文明的"种差"。

而介于文明的"代差"与"种差"之间的文明类型差别，将是游牧文明与农业文明之间的差别。从驯化自然物的角度看，游牧文明与农业文明在性质上是同一的，其间的差别在于，游牧文明驯化的是动物，农业文明驯化的是植物。由此角度看，游牧文明与农业文明处于同一代的文明之中。但如果从社会组织制度、社会动员能力、单位土地面积养育人口数量等角度看，农业文明在整体上又高于游牧文明，因而包含着"代差"的因素。但是，在关键的冶铁与武器制造技术的角度看，游牧文明与农业文明之间并没有多少差别，而从军事的层面看，游牧民族所具有的机动性反而超过农业文明，这是游牧文明民族常常战胜农业文明民族的关键之处①。因此，代差与种差的分别，在原则上是能成立的，而具体到每一种类型的分别时，会出现混合型的差别类型。

当然，有关"文明"的分类问题，还可以从地理上加以考虑，使得文明的"代差"与"种差"概念变得更加丰满，如海洋文明与陆地文明、平原文明与山地文明、大河文明与海洋文明等，当属种差。现代文明中的技术迭代更新所形成的工业体系的1.0、2.0、3.0版本上的差异，如果借用"代差"的概念，似乎也可以，但实际上并不构成文明学意义上的"代差"。要而言之，这些分类并不否定文明的"代差"与"种差"概念的有效性，而只是要迫使这两个概念更具有说服力与概括力。

（二）多元的农业文明与多元的现代工商业文明——文明的"种差"

1. 基于农业文明/游牧文明的种差与多元性，推知现代工商业文明的多元性

农业文明的多元性，主要受制于地理环境，陆地环境受高山、丘陵、河流、湖泊、海洋等自然地理环境的巨大影响，使得农业文明出现了以麦为中心、以稻为中心和以玉米为中心的不同形态的农业文明。再加上山区、海洋等巨大的自然地理环境的影响，农业文明内部的海洋文明、山地文明与平原文明，也有相当大

---

① 此处所阐述的道理，可参见吴于廑先生《世界历史上的游牧世界与农耕世界》一文，《吴于廑文选》，武汉：武汉大学出版社，2007年。

的差异。但这些差异都不是文明的"代差"，而只能归属于文明的"种差"。因而，从人与自然的关系而言，农业与游牧文明在利用自然资源的层级上，都是利用现成的自然资源如土地、风能、水能，基本不具备规模化的利用煤炭、石油等地下资源（准确地说是地下能源）的能力，尤其是无法凭借新能源的使用而发展出新的技术与社会组织制度。

2. 多元现代工商业文明的可能性

多元现代工商业文明的可能性，是基于多元农业文明的历史基础。濒临海洋的农业文明与深处内陆的大河农业文明，沙漠、山地、草原游牧与农业相结合的次生形态的农业文明之间，因为宗教、社会制度的差异，导致了不同形态下的农业文明，在这些文明中的人民具有一定的精神差异性。比如，环大西洋地中海一带的海洋文明民族，由于哲学、宗教的不同，具有一种积极征服自然、向外探索的精神。经过公元3世纪后基督宗教世界主义或曰普世主义的精神洗礼，再加上古代城市文明或商业文明的作用，使之具有较强的扩张性格。地理大发现并不始于欧洲基督教文明，但将地理大发现与商业财富的增值和宗教精神的推广结合起来，则始于古希腊加基督教的欧洲文明。中亚的伊斯兰文明也有极强的商业动力、宗教扩张意识，但伊斯兰教在公元16世纪左右缺乏一种类似基督教的世俗化运动，没有出现宗教改革，因而在人类文明处于古代的向现代转化的转型期，丧失了世界化的一次契机。儒家文明虽然带有极强的世俗化与人间化特色，但缺乏向外传播的内在动力，尤其是轻视商业而重视农业，使其丧失了在文明转型过程的首发机遇。佛教与印度教更加缺乏用物质的力量改造世俗社会的内在动力与技术手段。现代工商业文明以文明发展的整体性、有机性方式发源于希腊-基督教文明类型之内，似乎就带有某种自然的合理性与人类文明的偶合性。

但是，现代工商业文明本身具有某种普遍性，它可以在不同的农业文明形态上加以嫁接，衍生出与不同的农业文明相结合的现代工商业文明。

多元的现代工商业文明是基于多元的农业文明及其精神传统，而多元的农业文明则主要是基于不同的地理环境，然后才是文化传统的影响。

3. 农耕与游牧平行、农业文明与现代工商业文明交织——文明的"代差"和"种差"交织的现代文明百衲图[1]

——按照文明史的历程来看，农耕文明与游牧文明平行的历史过程很长，大约经历了两千多年。

——农业文明与现代工商业文明平行的历史过程还将延续几百年，而农业的彻底工业化，并走向生态性的工业化，可能还需要更长的历史过程。

——非洲、拉丁美洲、太平洋诸岛的少数原住民的生活状态，还停留在比较原始的狩猎、游牧和农耕的文明状态，其人口总数量约 1.5 亿，占现在全球 70 多亿人口的 2.14%，虽然不算很多，但也是绝对不能忽视的一部分人类存在。

1. 非洲

非洲约占 5 600 多万较为原始农业、游牧业的人口，他们主要分布在：

(1) 苏丹 (Sudan)，人口 3 911.7 万 (2009 年)，农业人口占 70%，城市人口占 30%，有 19 个种族、597 个部落，经济结构单一，以农牧业为主[2]。

(2) 几内亚比绍 (Guinea-Bissau)，2008 年人口 1 723 023 人，国内有 27 个民族，为农业国，是世界上最不发达国家之一。农村基础设施极其落后，农业工具原始，主要以手工加工稻谷、玉米等农产品[3]。

(3) 索马里 (Somalia)，2018 年，索马里人口为 1 518 万。长期以来，索马里大多数居民以游牧为生。独立以后，由于内战，不少城市居民回到农村。目前全国人口中，游牧民约占 60%，农民占 20%，城市居民约占 20%。其至今仍保留按父系追溯血统的习俗，每个部落有若干支系（即氏族），仍以父系血缘为促使政治效忠与联合的依据[4]。索马里的主体部落包括萨马勒 (Samale) 和萨布

---

① 下列数据均由我的学生陈瀚钊君推供，在此表示感谢。
② 参见农业部国际交流服务中心编著：《非洲农业国别调研报告集（第一辑）》，北京：中国农业科学技术出版社，2012 年，第 189—210 页。
③ 参见农业部国际交流服务中心编著：《非洲农业国别调研报告集（第三辑）》，北京：中国农业科学技术出版社，2012 年版，第 95—122 页。至 2015 年，其人口已达 1 777 000 人。（舒运国、张忠祥主编：《非洲经济发展报告（2015—2016）》，上海：上海社会科学院出版社，2016 年，第 348 页）
④ 顾章义、安春英编著：《索马里》，北京：社会科学文献出版社，2020 年，第 10—12 页

(Sab)。前者又由迪尔（Dir）、伊萨克（Isaq，人口近 75 万）、哈威耶（Hawiye）和达罗德（Darod，约 150 万）4 个氏族集团组成，绝大部分是游牧民。后者部落总人口不超过 50 万，主要采取农牧结合的生活方式。另有索马里化的班图人，约 8 万人，主要从事农耕[①]。

另外还有一些处于部落与民族水平的人口，有 3 200 多万。他们分处以下五大部落或民族形态：

（1）苏丹的贝贾部落（Beja）：苏丹东部人口约 600 万，至少一半是贝贾人，主要生活在红海沿岸的苏丹东部高地。有三大次支部落：第一，哈丹达瓦（Hadendowa）、比沙林（Besharin）和艾姆拉拉（Amarar）部落，以农耕和放牧为主；第二，巴尼阿米尔（Beni Amer）部落，存在贵族与农奴的等级体系；第三，加贝尔乌赫拉（Gabail Ukhra）部落，以耕种和经商为主[②]。

（2）阿马齐格人，或称"柏柏尔人"，为非洲马格里布地区（主要指摩洛哥、阿尔及利亚和突尼斯一带）的原住民。全球的马格里布原住民人口总数超过 2 000 万，包括摩洛哥 40%—60% 的人口，阿尔及利亚 25%—30% 的人口，以传统的农耕、游牧、捕鱼为生[③]。

（3）刚果民主共和国的俾格米族（Pygmy）：在班图族和苏丹语系的各族体进入刚果后，刚果的土著族体大多被同化，而此族体却未被同化，"因为他们躲进了赤道密林里，过着某种与世隔绝的生活"。俾格米族"是中部非洲最原始的民族，目前约有 5 万人，主要分布在南、北基武和班顿杜等省的原始森林中，以群居性的采集和狩猎为生，并在其内部保持一种原始民主制度。……刚果政府曾采取措施，想让俾格米人离开森林，但绝大多数俾格米人似乎不愿意放弃他们传统

①　［英］约安·刘易斯著，黄承球译：《索马里人》，《世界民族》1997 年第 2 期，第 68—72 页。
②　参见梁娟娟：《苏丹贝贾部落的历史演变与现状困境》，《世界民族》2020 年第 1 期，第 115—126 页。
③　参见朱文珊：《从柏柏尔人到阿马齐格人——突尼斯阿马齐格族群形成过程研究》，中央民族大学 2018 年博士论文；朱文珊：《成为阿马齐格人——论非洲马格里布地区原住民变迁中的族群建构》，《世界民族》2020 年第 4 期，第 69—80 页。

37

的生活方式"①。

（4）布隆迪的特佤族：布隆迪人口截至 2015 年是 9 422 000 人，（舒运国、张忠祥主编《非洲经济发展报告（2015—2016）》，上海：上海社会科学院出版社，2016 年版，第 347 页），特佤族约占全国人口 1%，换算到 2015 年约有 94 220 人。最早定居，属俾格米人种，以狩猎和采集为生，属原始部落群。起初在热带雨林生活，随着胡图人和图西人的进入和挤压，森林消失，"目前，部分特佤人仍旧在残存的森林中保持原始的生活方式，其他定居的特佤人主要以制陶等手工业为生"②。

（5）赞比亚的西方省洛齐族：赞比亚人口至 2015 年达到 16 212 000 人（舒运国、张忠祥主编《非洲经济发展报告（2015—2016）》，上海：上海社会科学院出版社，2016 年版，第 349 页），洛齐人占赞比亚人口的 5.6%，折算过来 2015 年约有 907 872 人。"大部分洛齐族的传统结构并未受到殖民主义影响，英国当时通过间接统治的方式对其进行治理。洛齐族的国王是利通加，由其主持隶属于王室的酋长会议。……洛齐国王和传统酋长仍在其社区内具有相当的权威和影响力。"③

2. 拉丁美洲

拉丁美洲有接近 5 200 万的原始农业、游牧业和部落状态的人口，分布的范围比较广泛。

（1）土著人口，约 4 180 万。

世界银行根据拉丁美洲各国人口普查的统计数据，推测各国在 2010 年的土著人口如下：

墨西哥：16 830 000 人，占墨西哥人口的 15%。

---

① 李智彪编著：《刚果民主共和国》，北京：社会科学文献出版社，2004 年，第 19—20 页。
② 于红、吴增田编著：《卢旺达布隆迪》，北京：社会科学文献出版社，2011 年，第 229 页。
③ ［英］泰勒著，曾芳芝、李杭蔚译：《赞比亚的风俗与文化》，北京：民主与建设出版社，2018 年，第 9—10 页。

秘鲁：7 600 000 人，占秘鲁人口的 26％。

危地马拉：5 880 000 人，占危地马拉人口的 41％。

玻利维亚：4 120 000 人，占玻利维亚人口的 41％。

哥伦比亚：1 530 000 人，占哥伦比亚人口的 3.3％。

厄瓜多尔：1 020 000 人，占厄瓜多尔人口的 7％。

阿根廷：950 000 人，占阿根廷人口的 2.4％。

巴西：820 000 人，占巴西人口的 0.5％。

委内瑞拉：720 000 人，占委内瑞拉人口的 2.8％。

智利：790 000 人，占智利人口的 4.6％。

洪都拉斯：550 000 人，占洪都拉斯人口的 7.2％。

巴拿马：420 000 人，占巴拿马人口的 12.2％。

尼加拉瓜：350 000 人，占尼加拉瓜人口的 6％。

巴拉圭：110 000 人，占巴拉圭人口的 1.7％。

哥斯达黎加：100 000 人，占哥斯达黎加人口的 2.4％。

萨尔瓦多：10 000 人，占萨尔瓦多人口的 0.2％。

推测拉丁美洲整体在 2010 年有土著人口 41 810 000 人，占拉丁美洲总人口数的 7.8％[①]。

（2）部落与民族，其人口大约 100 万。

① 玻利维亚

a. 乌鲁族，分布于安第斯山地区的土著民族，包括伊鲁伊托人（Iruitos，已被同化，只有数十人）、穆拉托人（Muratos，在的的喀喀湖东部地区，400 多人）和奇帕亚人（Chipayas，2000 人左右，独居、与外界联系少。大都居住于德萨瓜德罗河下游沿岸和波波湖附近，保持了其部族语言奇帕亚语的纯洁性）。

b. 乌罗族（Uro），居住于的的喀喀湖中的漂浮岛，漂浮岛用香蒲草扎成。

---

① 参见 International Bank for Reconstruction and Development/The World Bank，*Indigenous Latin America in the Twenty-First Century*：*The First Decade*，2015，p. 25.

以捕鱼为生，且有相关的祭湖仪式。人数少，与外界很少往来①。

② 巴西的印第安人，在殖民的杀戮之后，生存空间逐渐减少。"到 1999 年巴西共有印第安人 35.02 万……亚马孙州是印第安居民集聚的州，居住着全国 25%的印第安人。……亚马孙州的保留地面积最大。……除了被官方确认的印第安居民外，到 2000 年还有 46 个至今既未申报，也不与外人接触的部落……在朗多尼亚州确认了两个新的部落：卡诺埃部落和阿孔苏部落（Canoe e Akuntsu）；在亚马孙州确认一个新部落哥鲁巴部落（Corubo）。但是到目前为止，尚不知他们有多少人，也不知道他们使用什么语言。"②

③ 委内瑞拉的印第安部族雅诺马米人（Yanomami），约 1.4 万人，生活在奥里诺科-马瓦卡地区，1758 年开始与外界接触逐渐增多，大多生活在帕里亚山脉和奥里诺科河之间，以及委内瑞拉和巴西边境。以农业为生，种植香蕉、芭蕉、苦木薯、甜木薯和烟草，也采集、狩猎和捕鱼③。

④ 阿根廷的印第安人，有土著民族 16 个，共计 30 万人，主要集中于西部安第斯山区和北部地区，尤其"在西北部的胡胡伊省，北部的森林地带，巴拉那河沿岸的米西奥内斯、恩特雷里奥斯、科连特斯和圣菲省以及南部的巴塔哥尼亚高原等地区，存在着一些规模较大的印第安土著民族，他们居住在与外界联系不多的地区，因自然条件恶劣，生活十分困难。他们基本上保留着自己的血统和文化传统"④。

⑤ 秘鲁的印第安民族

阿沙宁卡人（Ashaninka），"是秘鲁林区人口最多的印第安民族之一，也是'人数最多的尚未进入现代社会的印第安人'，数目'估计在 8 万—10 万之间'……'主要集中在萨迪波以东中部热带林区'。'他们中的许多人以一位族长

---

① 曾昭耀编著：《玻利维亚》，北京：社会科学文献出版社，2005 年，第 43 页。

② 吕银春、周俊南编著：《巴西》，北京：社会科学文献出版社，2004 年，第 54—55 页。

③ 焦震衡编著：《委内瑞拉》，北京：社会科学文献出版社，2005 年，第 24 页。

④ 宋晓平编著：《阿根廷》，北京：社会科学文献出版社，2005 年，第 19 页。

统治的家族方式生活，从事渔猎和少量种植业'……是亚马孙地区所有印第安民族中最完好地保存了其传统文化的民族之一"①。

秘鲁尚未进入现代社会的印第安人主要集中居住于亚马孙林区，官方认为秘鲁还有 72 个印第安民族，其中 65 个居住在亚马孙林区，另据研究印第安人的学者阿本西奥·比利亚莱霍的说法，还另外存在着 46 个已经辨认和分类的部落与次部落，其中约 20 个（约 6 500 人）仍然自愿隔绝于现代文明之外，主要分布于洛雷托省的林区②。

⑥ 厄瓜多尔的萨帕拉族，因被殖民者及西方文化冲击和剥夺，目前仅剩下200 多人，居住于科南波河和品多亚库河流域，生活在亚马孙原始森林。厄瓜多尔与秘鲁的边境冲突将其分割为分属两国的两部分，其文化被列为人类非物质文化遗产③。

厄瓜多尔的安多阿斯族，生活在帕斯塔萨省帕斯塔萨河和波伯纳萨河岸边，约 800 人，有自己的服饰和语言，占土地约 10 万公顷，均为原始森林④。

⑦ 巴拉圭的印第安人，现在主要集中于查科和边远的东北部地区，仍然过着原始生活。据美洲印第安人研究所统计，1992 年巴拉圭共有 ~9.47 万印第安人，占全国人口的 1.96％，包括了 17 个部族⑤。

3. 太平洋岛国

据不完全统计，太平洋诸岛大约有 900 多万人口处在原始部落阶段，他们分布状况如下。

（1）巴布亚新几内亚，据联合国统计，2017 年巴布亚新几内亚人口为 793.38 万人。原住民民族有百余个，大部分是原始部落，最大民族是巴布亚人，还有美

---

① 白凤森编著：《秘鲁》，北京：社会科学文献出版社，2006 年，第 43 页。其中单引号部分转引自 Economist Intelligence Unit：*The Economist*，*Country Profile*，*Peru*，2004，p. 17。
② 白凤森编著：《秘鲁》，北京：社会科学文献出版社，第 44—45 页。
③ 宋晓平、张颖编著：《厄瓜多尔》，北京：社会科学文献出版社，2020 年，第 15 页。
④ 宋晓平、张颖编著：《厄瓜多尔》，北京：社会科学文献出版社，2020 年，第 16 页。
⑤ 杨建民编著：《巴拉圭》，北京：社会科学文献出版社，2005 年，第 25 页。

拉尼西亚人、密克罗尼西亚人、波里尼西亚人等。经济上有出口自然资源与自给或半自给的农村经济的二元化特征,同时主体经济部门主要是矿业部门,经济开放水平较高[1]。

(2) 斐济的斐济族,截至 2007 年底,斐济全国人口为 837 271 人,其中斐济族人占 56.8%,即约 475 570 人。斐济族为土著居民,大部分是满足于维持生计的农民,关心食用作物的生产,总体上约 90% 的人住在农村,以种植芋头、木薯等为生。由于几乎与世隔绝,产生如教育等问题,近 200 年接触移民,故不断流入首都苏瓦地区[2]。

(3) 瓦努阿图 (The Republic of Vanuatu),28.2 万人。至 20 世纪初仍处于原始社会形态,政治上是以氏族、部落为基础的酋长制。经过英法殖民与美国的进入,1980 年成立共和国。经济上以旅游业为主,第一、二产业落后。至今仍有 15% 的居民 (折算约 42 300 人) 处于与世隔绝的原始状态[3]。

(4) 纽埃 (Niue),境内人口 1 618 人 (2017 年人口普查数据),由于恶劣生存条件而导致海外移民,大部分人口迁居新西兰,在新西兰的纽埃人为 23 838 人 (2013 年数据)。纽埃由 14 个村庄构成,经济落后,以旅游业、农业、渔业为主,土地贫瘠限制农业生产[4]。

通过以上文明地貌的初步描述可以得知,将今天人类文明的整体形象视为一件百衲衣,还是比较贴切的。但其主色调是现代工商业,也合乎现代世界的整体状态。就人类文明发展的趋势看,这些非洲与拉丁美洲的农业文明人口,没有理由不让他们慢慢地步入现代的工商业文明。

---

[1] 韩锋、赵江林编著:《巴布亚新几内亚 (第二版)》,北京:社会科学文献出版社,2018 年,第 10—11、16、66—78 页。

[2] 吕桂霞编著:《斐济》,北京:社会科学文献出版社,2015 年,第 9 页。

[3] 参见《瓦努阿图的历史与现实》,载《太平洋岛国国情研究》,北京:时事出版社,2019 年,第 57—81 页。

[4] 参见《纽埃概览》,载《太平洋岛国国情研究》,北京:时事出版社,2019 年,第 120—140 页。

三、"共享的世界未来"模式之展望——"天下一家，和而不同"抑或自由民主的世界蓝图？

（一）从"天圆地方"到地球是圆的，再到世界是平的——文明视野里的"地球观"

在地理大发现之前，绝大多数中国人，包括国家的主流意识，都认为地球是方的。这一点，欧洲社会也不例外。大航海时代到来之前，人类大体上都认为"地球是方"的。《周易·坤卦》以"直方大"三个特性来描述大地。明末清初，只有极少数学人，如方以智等才朦胧地意识到地球是圆的。耶稣会传教士虽然带给了中国人"地球是圆的"观念，但深闭于宫廷之中，广大民众并不知道，也没有成为主流意识，更没有因为地球是圆的而产生航行世界的冲动。

麦哲伦、哥伦布等人的成功，不只是在观念上改变了人们地球是方的的观念，而且推动了世界贸易。"地球是圆的"的地理学知识，对于促进欧洲资本主义的贸易，从而推动现代文明的发展起到了至关重要的作用。知识与经济的发展、文明的进步，发生了内在而直接的联系。

在网络技术飞速发展的今天，人们重新提出"世界是平坦"的，表面上看又回到了地球是方的或平的古老命题上，但实质上是完全不同的。这是在以现代电子通信技术与制度做保障的前提下，人类更进一步消除了多层面交流、互通、通利、通智的障碍，实现互利共赢共创的新局面。"世界是平坦的"只是一个隐喻，它指向的是利益、机会、智慧在更短的时间内为人类所共享。地理、民族、政治、宗教、文化之墙在人类的福祉面前逐渐被拆除与瓦解。

（二）万物一体、天下一家、和而不同——中国人的"共享世界"

对于"共享世界未来"的模式，不同的民族或不同的文明体，一定会有不同的愿景。基于中华文明的"天下"观念，对于共享世界的未来，或许是万物一体、天下一家、和而不同的世界图景。

"万物一体"是由宋明儒发明的"仁者以万物为一体"或一体之仁的观念发展出来的，这也是张世英先生晚年提出的哲学本体论的想法。笔者认为，这一具有"横向超越"特征的本体论思想，可以为共享世界未来提供哲学本体论的支持。

"天下一家"亦是宋儒张载提出的新理想。这一理想将天底之下的所有人设想为一个大家庭的关系，家庭内部有大宗、小宗之别，有家臣与家相之别。虽与基督教人皆为上帝子民的观念相似，但有实质上的不同。"人类一体"的基本思想要素是相通的或相似的。只是对"一体"的具体解读不同，体现了人类文明史在经验层面的凹凸不平而非是平坦的特征。

（三）自由、民主世界——启蒙运动以来欧美人的"共享世界"

这是自西方文艺复兴，特别是启蒙运动以来的主流思想观念与价值理想，今天的美国以及欧洲的政治精英与文化精英仍然奉之为圭臬的观念与价值。在此无需详论。

需要注意的是，自由、民主是具有普遍性的共享价值，但人类共享世界的未来不只是需要这一点点的精神观念就可以和平相处，并拥有未来与全人类的福祉。人类还需要从不同的文明体与民族文化中，提炼出更多的具有普遍性的价值与观念，以使人类共享的未来是和平的、健康的、生态的和持久的。中华文明应当对此有更多的贡献。现代新儒家群体前赴后继，深度开发了儒家文明的内涵，正在为共享世界未来提供更多的价值。杜维明先生的"精神人文主义"是当下阶段的新努力、新尝试。印度文明、伊斯兰文明也当如是，但需要他们世界与社会中的精英从事自己文明体中具有普遍意义的价值与观念的提纯工作。

（四）基于"人类命运共同体"基础上的共享世界

"人类命运共同体"是中国政府提出的一种关于共享世界未来的观念图景，具有奠基的意义。如果地球的生态持续恶化，以至于在整体上不适合人类的居住，人类就没有共享未来的客观基础。人类共享世界的未来，必须以地球生态的维持与保护为基本的生态前提，否则无法讨论共享世界的未来。

"人类命运共同体"的官方英文表达式——A Community of Shared Future for Mankind，缺乏汉语中"命运"一词的神圣性。这可能是因为"命运"一词在中西文化传统中的意味不太一致所导致的，但共享的未来本身是值得期待的。

结语

（1）共享的世界未来，应该是一个多元文化的世界。这个多元的文化世界有一个强有力的良好地球生态作为保证。

（2）这个多元世界有共享的互联网技术，以及与之相应的、具有普适性的平坦世界的共享规则。世界公民将在互联网的平坦世界里，从各自文明的传统出发，参与世界范围内的竞争与获利的活动。

（3）这个多元的共享世界，有丰富的但不是相互冲突的精神价值，可以采用中国人提出的"和而不同"的思想原则共享世界范围内的精神价值。且这些精神价值应当基于每个个人的基本权利、自由的基础上，性别歧视将被抛弃，一些原教旨主义的精神内容必须存放在人类精神的博物馆之中。

（4）共享的平坦的世界，最终将是一个具有丰富精神内涵的平等世界。基于互联互通的现代网络技术、制度与个人终端掌上电脑时代，再加上新技术的发展，人脑与电脑对接，平等、自由、个体精神特质与丰富性的养成，共享世界不是一个平面化的、单向度的世界，而是一个丰富的、互联互通的世界，网络技术可能出于技术的原因有中枢神经区域，但人的存在与活动，将是一个去中心化的存在。任何一个存在之点可以作为互联互通世界的起点。

（5）这个共享的世界并不意味着没有风险。一体化世界的风险是存在的。近两年的新冠疫情可能只是一种预演。未知的风险是共享的世界未来需要未雨绸缪之事。

吴根友（武汉大学文明对话高等研究院院长、哲学学院教授）

关于"文明与质量"的对话

一

吴根友：今天下午，主要从五个方面讨论"文明与质量"这个主题。我们知道，"质量"不仅是一个社会科学的指标，它还关乎人类文明和社会发展的多个方面，我们需要从人类文明史的角度来分析这一问题。为此，想请问程虹教授的第一个问题就是，人类文明是从什么时候开始，比较明确地提出要重视"质量"？

程虹：哲学和数学一样，都是一个基础且重要的学科，武汉大学的哲学学科在全国高校哲学学科中位居前列，吴教授也是我国知名哲学家。今天，您能来到我们这个相对微观和偏技术性的研究领域进行交流，我感到非常荣幸。在很多人看来，质量是一个技能性的问题，但是您一开始就把质量问题提到人类文明的高度，认为文明是质量的一个非常重要的内核，我对您的这个观点非常认同。

应该说，我国早在西周时期就已经开始关注质量问题。西周是我国最早设立官府机构来进行质量检测的朝代。仅从文字构成来看，"质"的左边是"人"，加上一个"贝"，外面是一个"金"。这就表明，要获得"质"，就需要用某些东西来做质押。因为在古代社会，没有我们今天这样的信用机制，所以需要用相应的物品来质押。西周时期我国已经有了关于质量的文明记载，《后汉书》对质量的记载则更加明确，其中有很多词汇都描述了人的质量问题。我们今天所讲的质量，在西汉时期是以人为标志的，它主要是指一个人的信用

46

和人的自律，而不局限于外在的约束，这也是我们与西方文明的区别，是中国质量文明的一个重要特征。比如，《大学》提到的"诚于中者，形于外"，《周易》提到的"人之所助者，信也"，孔子提出的"无信不立"，孟子提出的"诚者，天之道也"，等等。因此，应该说，中华文明从起源开始，就已经在强调质量的建设。只不过当时的质量，更多强调的是一种信用，是一种抵押物。我们今天仍然有很多词汇都与这一层意思有关，比如"质押"。

实际上，中国古代文明的灿烂与质量有着很大的关系。比如，河南省博物院馆藏的商周青铜器、安阳出土的司母戊鼎……这些"国之重器"既是商周文明的见证，也是人类在青铜铸造工艺上的经典之作。又如，秦始皇统一全国后，统一度量衡、制作标准器，并建立了一套严格的度量衡管理制度，《秦律》就曾明确规定，少斤缺两者一律要用非常极端的刑法加以处理。这充分说明自秦朝开始，我国历代统治者对质量问题和质量建设就已经有了足够的重视。

而在西方文明中，自古希腊以来的诸多文明，也同样体现了对质量问题的高度重视，包括中亚文明、远东文明，以及两河流域孕育的伊拉克古代文明，等等。每个文明都孕育了最能反映当时质量成就的杰出代表作品。即便是今天，人们去希腊和罗马观赏帕特农神庙、罗马斗兽场等建筑，依然会为它们的宏伟而赞叹不已。此外，人类最古老的《汉谟拉比法典》也曾明确规定，对作假者要处以极刑，体现了"契约"与质量思想的萌芽。

总的来说，人类的古代文明，无论是东方文明还是西方文明，都有很多关于质量方面的记载。世界七大奇迹之一的埃及金字塔，至今仍保留了一些古代的建造仪器、施工周期和工匠技术等记载。在我国，"物勒工名（将工匠的名字刻在所生产的器物上）"是当时官营手工业作坊为保证产品质量而采取的一种制度，这一做法一直延续保留到明朝。比如，已有 600 多年历史的南京中华门砖块上，就刻满了工匠名字。

二

吴根友：我非常赞同程院长刚才的观点，人类文明从什么时候开始，我们的质量观也就随之开始了。正如恩格斯所说"历史从哪里开始，思想进程也应当从哪里开始"，其中道理是一样的。其实，程院长在回答第一个问题时，已经涉及了我想提的第二个问题和第三个问题。下面我就把这两个问题一并提出来。正如程院长刚提到的，在中国文明中，人类在早期更多关注的是人的主观性，特别是信用层面，并伴随着出现了质押的行为，这与我们今天所关注的质量侧重点并不完全一致。既然在国家层面和统治者很早就关注到了质量的重要性，那么，消费者又是从什么时候开始关注质量的呢？在不同的历史阶段、不同的社会阶层，对质量问题的侧重点有什么区别？西方文明中的文艺复兴时期、17—19世纪的质量观，与我们今天对质量的关注和侧重点等方面又有什么差异？

程虹：无论是东方文明还是西方文明，在远古时代，质量的侧重点主要都是为了满足官方的需要。中国灿烂的古代文明在各个领域都非常突出，比如在建造方面，有至今仍在发挥作用的都江堰、明长城；在丝绸制造方面，有距今已2 100多年的马王堆汉墓出土的丝绸织物，质地精良、巧夺天工，还有湖北随州出土的越王勾践剑，虽历经千年却不锈蚀且锋利无比。

从以上这些质量的事例中我们可以看出，古代质量更侧重对官方需求的满足。这一质量文明的思想对我们今天仍有深刻影响，也是当今中国质量为什么依然如此依赖政府的一个深层次原因。相较于官方供需品的工艺质量而言，民间工艺的进步更为缓慢，因为早期的质量主要就是为了满足朝廷和官方的需要。古代那些精美无比的器物、建筑、丝绸、陶瓷，包括茶叶等贡品，也大都是为满足官方需求且由官方组织生产制造的，并没有广泛地进入民间生活。

其实，中西文明在古希腊和古罗马时期就开始产生分歧。古希腊和古罗马是市民社会，强调城邦建设和外部约束，他们的很多交易都是建立在市场约束基础之上。而中国在秦朝就实现了大一统，建立了皇权，形成了官方对质量的绝对控制。几千年来，中国人习惯于为官方生产，在强制的行政压制下，生产出了一个个令世人震撼的高质量产品。从我国古代文明的历史进程来看,官方制品的质量普遍要好于民间制品的质量,民间制品质量相对更差,甚至不乏粗制滥造。可以说,中国古代的质量制造是在官府和民间两条路上并行着,是一种"二元制"模式。

在我看来,中国的质量直到今天仍未走向现代化,某种程度上原因就是受到中国古代质量文化的约束,也就是血缘的约束。中国人常常以血缘关系和亲疏关系来论证关系质量的好坏。对于有血缘关系的人或是熟悉的人,商家所提供的质量可能就更好,反之则不然。这种现象的出现,很大程度上归咎于我们缺乏一种市场的契约意识,因为,质量的背后是对陌生人的约束。

另外,我们说中国古代的质量更多强调和推崇的是经验主义,而相对缺少解构主义和流程主义。自古以来,我们在一些领域更多奉行的是一种感性认识和经验积累,我们对质量的认识是一种大的整体观,对质量的内在原则、内在结构和内在逻辑关系等涉及不多。基于满足官府需求而生产的产品,其打造质量的技艺也主要是对一些制作经验的长期积累与传承,直到洋务运动之后,中国才进入近代质量观时期。的确,从《营造法式》到明朝的建造,我们创造了很多文明成就,仅郑和下西洋时建造的"宝船",排水量就已达 2 500 多吨。在郑和下西洋 87年之后才发现新大陆的哥伦布的船只,排水量最大的也只有 100 吨。然而,我们对传播宝船建造结构和工艺的历史文字记载很少,大部分是师徒传承的经验主义,缺少原理性、结构性的记载。

中世纪以来,特别是文艺复兴之后,在中国追求以山川自然景观为对象所绘水墨画的意境美的同时,西方开始更多地发展科学和文明。我们所熟知的顶级医学期刊《柳叶刀》,早期其实不是一本医学杂志,而是与显微镜对食品的观察有关的刊物。19 世纪,英国的食品安全问题非常严重,有一位科学家在市场上购买了多种食品,然后在显微镜下对这些食品进行观察和化验,并在《泰晤士报》上发表了他的各项检测报告。当时的《柳叶刀》主编受到这一事件的启发,花费整整 4 年时间,每两周对市面上的食品开展一次检测,直到把英国当时市面上的所有食品，甚至包括自来水都检测完。他的检测结果表明，在显微镜的观察下，当时的食品质量问题对人体的危害程度令人惊骇。自此，《柳叶刀》奠定了基于检测和实证的文风和创作格调，随后才渐渐发展成为世界顶尖的医学杂志。

人类进入工业文明后，随着物质文明的极大丰富，西方人渐渐开始探寻事物的本质和质量的本质，也就是文化因素。"德国制造"实际上是黑格尔、康德、马克思、恩格斯等哲学家对事物本质及规律进行不断探寻的结果。质量的定义是"一种固有特性满足要求的程度"。那么，什么是固有特性？从哲学层面解释，固有特性就是事物的本质。在古代，产品的质量代表了匠人的信用，值得他们倾尽心血去捍卫，他们哪怕不赚钱，也要把质量做好。但在今天，有一些企业却以模仿生产为主，试图通过低价竞争、投机取巧等方式来获得一时的利益，而无暇静下心来思考产品质量背后反映的哲学内涵。

可以说，中华文明的质量观更大程度上是一种实用主义和经验主义。而质量是一种哲学，是人类对物最本质的固有特性的把握。企业在提供产品或服务质量之前，应该先把产品的固有特性是什么这一问题思考清楚。

最近，中国科学院面向国家战略需求成立了中国科学院哲学研究所，我对此非常赞成。哲学是所有学科的基础，是人类认识中最高的智慧，我们应该进一步加强哲学修养。如果缺少逻辑性，没有底层的哲学思维做支撑，就没有对产品本质内涵的深入思考，这种情况下生产出来的产品也很难成为精品。

当物质财富积累到一定程度时，我们就应该开始关注如何才能更好地满足需求这一哲学问题。我们都知道，我国中产阶层的人数目前已达到 4.7 亿，这说明我国的物质财富积累是相对充裕的。在此背景下，我们急需关注的是消费者的需求，企业对这一需求的把握程度怎么样？两千年来的中国质量文明很大程度上是基于对人们基本生存需要的满足，首要亟须解决的是"有没有"的问题，而不是"好不好"的问题。改革开放以来，我国的物资日益丰富，生产供给能力持续提升，随之人们对高质量产品的需求也越来越急迫，如果我们还将质量需求的标准停留在解决温饱的层面上，这是远远不够的。

我认为,质量的需要包括三个层面:第一个层面就是生存,是一种对功能的基本需求,比如话筒能扩音、钢笔能写字之类。这种需要的满足相对比较廉价,小商品和服装的批发市场就是为满足这种质量需求,比如"浙江模式""义乌模式"。质量的第二个层次是对美的需要。很多国人之所以选择出国购买 LV、Dior,从产品功能上来说,不见得这些奢侈品就一定比国内的普通产品好,但它们满足了消费者的审美需要。这些品牌在成立第一天就提出,他们的产品不仅仅是要满足功能需求,而且要满足人类对自我实现、精神愉悦和审美的需求。最近,国外某企业新推出的一款新能源汽车,开放预订不到 10 小时,订单量就超过 10 万辆。这样的结果,同样是因为这家企业的产品质量能够满足消费者超越物质需求的对美的追求。质量的第三个层面是对社会群体性需求的满足。实际上,有些商品已经超出了作为商品本身的意义,它们已经逐渐成为一种符号和身份的象征。我们发现,有一些在相对高档写字楼工作的女性行政人员,虽然她们的收入并不那么可观,但她们背的包却都是国际奢侈品牌,可能一个包就需要花费几个月的工资。为什么她们宁愿啃几个月的面包,也要买一个奢侈品牌呢?因为这是她们进入同一社会人群的公共需要,是她们进出高端写字楼的社会符号与身份象征。而这也恰恰就是一个好的产品质量能给人们带来的价值所在。

目前,中华文明的产品质量正面临着一个现实问题,那就是尽管我们在快速生产、快速复制、大规模制造、低成本制造等方面已经有很大发展,但我们的质量创新能力却仍然不足,与发达国家仍存在一定差距。为此,我们必须积蓄力量,争取从模仿质量走向一种引领质量,走向一种创新质量,进一步拓展这个各国都正在为之努力,却并未实现的"无人区"。

三

吴根友:我也同样认为,我们目前的质量问题已经不只关乎一款产品"好不好用"这么简单,而是与整个人类文明以及文明背后的哲学思考紧密联系的。如果我们能够把握这个观点,也就能把握质量与文明的关系。您的解答对我非常有启发，特别是您对质量定义的阐释，真正地从哲学意义解释了质量的本质。在与您交流之前，我专门让我的工作助手董锦程（Elliot O'Donnell）和硕士生分别搜索总结了"质量"一词从古希腊以来在英语语系中的演变，以及"质量"在古汉语中的概念表述的演变。我们发现，中国在古代并没有明确提出"质量"的定义。

我最近正在看李约瑟的《中国科学技术史》，书中提到，从公元前 2 世纪到公元 15 世纪，中华文明在经验层面取得了辉煌成就，但 16—17 世纪之后，中华文明的创造力却明显减弱。我认为，其中的原因可能与您刚才分析的内容有很大关系。您刚刚谈到，中国无论是现代文化的发展，还是产品生产的能力，都已经超越了当初最基本的实用功能这一需求。我对此非常认同。刚才在您讲的时候，我萌生一个想法，就是我们可以利用一些更大的、更公开的平台，比如凤凰国学、人民网等，将质量与我们的文明结合在一起开展一系列对话，从不同的角度去分析这两者之间的关系，我相信这对企业家、消费者乃至社会各层面都是有启发意义的。

全球新冠疫情爆发，让我对传播方式有了一个全新认识。我们之前举办讲座，现场参加的人数为 50—100 人，最多也就 100 多一点。但今年因为疫情的关系，我们的讲座变成了线上方式，参与人数远远超出预期。我们在 B 站（哔哩哔哩）开设的一场讲座，在线参加人数高达 4 000—5 000 人。之前我们以为，哲学是个冷门学科，除了我们这些研究它和学习它的人，可能没有多少人对哲学感兴趣，并去主动地思考哲学。但一系列在线讲座举办下来，我们发现真实情况并不是如此。从去年以来，我的一些亲身经历，让我对哲学的传播有了新的认识和新的信心，实际上并不是大家真的不需要哲学，而是我们过去的对哲学的传播方式存在问题，即便是好的思想和文化，也需要好的传播手段。2019 年 6 月下旬，我接受凤凰国际网邀请作了一次演讲，开播不到半分钟，在线观看人数达到 17 万人，整场演讲的参与人数也保持在 30 万人左右。2019 年 12 月 26 日下午，我在福建平潭作"《论语》《道德经》中人生智慧"主题演讲，人民网、新华网进行直播，两小时的演讲，在线参与人数达到 350 万人。当时，还有一位南京大学的教授在晚上开讲，我们两个人的演讲流量就达到 800 万。

因为您长期关注宏观质量领域的研究，所以我还想请问您一个宏观性的问题，您认为我们的质量体系主要有哪些类型？

程虹： 当今世界进入工业 4.0 时代，智能化、互联网化、全球化是非常明显的特征。在这个大背景之下，我们的质量体系也正在发生颠覆性的变化。进入近代工业革命后，以英国为代表的检验认证质量体系支撑了整个工业革命的发展，美国、日本、德国等也纷纷提出了相关的质量管理理论，包括朱兰的质量管理法、克劳士比的零缺陷管理、费根鲍姆的全面质量管理、戴玥质量管理原则、ISO9000 质量管理体系等。

可能有人会问，为什么产品质量好的国家，它们的工业、科学也都有好的发展？我认为，这与这些国家的质量体系能力有很大关系。比如，日本质量体系中最有影响的 PDCA 循环。它认为，整个质量从计划到检验就是一个循环，质量问题关乎企业中每个小组、每个环节的活动，这一管理思想实际上就是在质量的管理过程中构建了一个相对完整的哲学体系。

自古以来，我们在质量上更多追求的是道德上的自我完善，是诚实守信的修养内涵，在一定程度上忽略了对整个市场体系的约束，这也导致市场出现了一些恶意的造假行为、失信行为。目前，我们国家也正在为建立行之有效的市场体系而努力。当然，对市场体系的约束机制不可能仅仅靠政府或企业来完成，它需要全社会的参与和共治。

吴根友： 的确如此。对市场行为的约束不仅需要企业自身的认识提高，还需要政府监管部门、行业及社会组织和消费者等多方面的共同努力。

程虹： 今年以来，习近平总书记在多个场合对打造市场化、法治化、国际化营商环境提出重要要求，他强调，市场化、法治化、国际化的营商环境，核心就是诚信。中国加入中欧投资协定、签署区域全面经济伙伴关系协定（RCEP）、考虑加入跨太平洋伙伴关系协定等一系列举措都表明，我们希望通过更高的信用约束，让市场的诚信体系进一步完善，更好地发挥监督和约束作用。

我们说，WTO 有两个非常重要的质量体系：一是原产地规则，一是技术性贸易壁垒设置。实际上，技术性贸易壁垒的核心就是标准，以及基于标准的检验和认证。但全球融合发展的现状让我们发现，目前这个标准已经很难辨清谁是真正的承载者。我们都知道，苹果系列产品的质量深受消费者追捧，但是，苹果的标准是以他们自身作为标准的承载者吗？答案是模糊的。因为，苹果公司在完成手机设计、供应链管理和品牌塑造等核心环节之后，苹果手机的一些配件生产和组装等则是由富士康等企业来完成。虽然富士康可以说是苹果最大的代工厂，但是一些苹果手机的配件生产和组装并不是集中在一家富士康工厂完成，而是由分散在全球各地的多家工厂共同来生产加工完成的。哪怕只是一个金属按钮，可能就需要郑州、武汉、佛山等多个地方的富士康工厂来共同生产和组装。也正是这样复杂的生产合作模式，使得全球质量体系处在一个相对"混乱"的状态，很难形成一个绝对的标准和体系，甚至产品内部的质量体系归属也有些模糊不清。一些向消费者出售商品的企业，自身却并不生产产品，而是由其他企业进行生产。为此，面对这种全球化的质量问题，说到底，我们只能用三个字来概括——供应链。说得更直接一点，那就是，新的质量管理体系实际上是供应链，而且是全球化的供应链。

面对数字化、全球化、互联网化的飞速发展，目前各国普遍关注的质量体系是供应链质量管理体系。供应链质量管理是跨企业、跨国界的管理，是一种外向式的管理体系。这一背景也给中国的质量体系提供了一个很好的发展机遇。因为，中国拥有全球最好的、最全的供应链，我们的产业门类覆盖了所有工业领域的供应链。另外，中国的供应链场景也是非常真实的，我们可以认识每个供应链主体的环节与需求。当然，建立这个质量管理体系，我们还需要相当长的时间。

目前来看，全球化收缩已经是一个基本的事实，全球化、全球贸易投资、全球产业链、价值链、供应链的黄金时代或已结束。特别是新冠肺炎疫情之后，由信息化、互联网带来的，始于 20 世纪 70 年代末 80 年代的全球化已经结束。那么，新一轮的全球化是什么？它会来自哪里？中国的全球化是否需要形成一套新的体系？这些都是我一直在思考的问题。面对全球新的变化，我们国家也启动了一系列新的政策。比如，"一带一路"政策，我们与 60 多个国家签约，响应"一带一路"倡议的国家达到 100 多个，我们的国际贸易实现了新的发展与突破。

当前，全球的制造业和供应链中超过三分之一都在中国，我们应该如何把握这个机遇，构建一个具有全球视野的供应链质量管理体系呢？这既是摆在中华文明和中国人面前的一道难题，也是我们实现超越发展的大机遇。我认为，构建这个体系的价值观与愿景、质量理念和质量文化、管理战略、技术和管理手段，甚至是利益协同都必须一致。此外，我们还应该深入思考到底要建立一个什么样的质量观？我们的战略价值是要满足质量核心，还是战略愿景？建立在价值观上的价值链和利益分享机制应该如何设置？

在我看来，没有分享的质量利益，很大程度上就是"作假"。通过对国内几家大型电商平台的实证研究发现，这些平台上所谓的"高销量"，并不是源于产品的质量创新，而是来自于这些平台人为地要求商家降价，与其说是网络产生了销量，不如说是价格创造了销量。在互联网时代背景下，电商平台要真正发展，就应该学会用哲学思维、用逻辑思维去思考问题、解决问题、预测问题，如果没有这种系统思维，想在全球经济上领先是很难的。

基于以上分析，我们说，建立一个全球化的供应链质量体系是当务之急，也是世界各国都正在为之努力的方向。这也为中国质量实现全新超越提供了一个千载难逢的机会，因为在这个体系建立的过程中，中国与发达国家是站在同一起跑线上，甚至更具有供应链生产的现场优势。当然，建立这个系统的难度的确很大，我和团队也正在为此努力，争取有所突破。我们正在对一些非常具有代表性的企业开展案例研究，通过引入哲学思维对这些企业提出更完善的规划和管理方式，对其产品质量、供应链绩效进行更全面的评估。

四

吴根友：您刚才以一个新的全球化视角，详细分析了如何提升中国质量的竞争力，如何推动中国经济的发展。您的分析大大开阔了我的思路。特别是您刚刚谈到的，当前中国企业在国际上的发展正在进入一个"无人区"的状态，令我印象深刻。

因为您与企业、行业和社会结合比较紧密，您就质量与文明的分析视角与我们在哲学上所作的思考有一些区别。我们更多是思考一个抽象的、具有普遍意义的问题，也很少从一个非常微观的角度去思考一个很大的问题，而您的思考更实际、更有针对性。所以，我接下来还想问的问题是，如果从质量的角度考察人类文明史，您可以给我们提供哪些具有特殊意义的学术视角？

我们有很多精湛的制作工艺已经失传，其原因很大程度上可能与您谈到的中国古代官方的技术垄断和民间的普遍化相脱节有关。虽然研究人类文明的视角有很多，包括语言、传承性、历史积累、效能提升等，但不可否认的是，质量是研究人类文明的一个重要视角。立足质量问题去思考整个人类文明的发展，本身就是一个非常宏观且非常值得研究的大问题。农业文明时期因为物资相对匮乏，我们判断一件物品的质量好坏，往往是以其是否经久耐用为标准。今天，评价一件产品质量好坏的标准有很多，经久耐用已不是最重要的一个。所以，我想请您谈一谈，从质量的角度去思考人类文明，究竟可以给我们的生产、行为提供哪些有价值的思考维度？

程虹： 就质量本身而言，它是工业文明的一个重要基础。经过近三百年的工业文明时代，在全球化大趋势下，我们的工业文明已经达到了非常高的水平。特别是随着中国即将进入中高等收入国家行列，人类文明的版图可能也将会随之发生变化。但与此同时，虽然人们进入了消费主义时代，但那种能够满足人们相对纯粹的、体现精神享受的质量却并不多。为此，我们不禁要问，物质极大丰富、生产力高度发达的今天，在精神上的质量享受还不如古代吗？今后人类文明到底该往哪里走？质量的未来之路又在何方呢？

我认为我们未来的第一个方向就是，质量将把人类带到一个更高水平的全球化生活时代，质量文明的提升、不断优化的产品将把人类的物质文明推向一个更加现代、更加高水平的时代。我们今天探讨的一些问题属于超前的话题，比如"绿色"。之所以说它超前，是因为人们只有在解决了生存和温饱问题，才会去考虑这些问题，即使在发达国家也一样。为此，我们在思考人类文明和质量发展之路的同时，首先应该考虑目前的人类文明处于一个什么样的水平。我认为总体而言，目前人类文明还处在一个生存时代，因为全球还有一些国家，包括位于南亚、非洲、南美洲等地区的国家仍未解决国民的生存问题，很多人还处于非常低水平的生存状态。在这一背景下，人类仍然处于需要用消费品、工业品的质量来使人类进入小康社会的文明状态。

虽然中国在 2021 年已经摆脱绝对贫困，并且有一部分中产阶层已经在享受现代文明，但我们每天的人均纯收入只有 2 美元，也就是十二三元。尽管这十二三元可以让一个人维持最基本的温饱，但这能带来文明吗？肯定是不行的。市场调查数据告诉我们，对于我国相当一部分农民家庭而言，经久耐用仍是他们对消费品的首选标准。VIVO、OPPO 等国产手机之所以风靡印度等国家，也是因为它的价格相对较低，且能够满足消费者的基本需求。虽然从长远和历史的角度来看，质量能够让人类真正进入文明时代，但如果一个社会连人们的基本物质生存需求都无法满足，肯定不能算是一个文明的社会。为此，我们应该从一个更广泛的角度去看待质量文明，去思考未来的质量发展之路。

未来的第二个方向是质量文明的价值。我认为，质量文明的价值在于对诚信的追求，产品信号是传递质量文明价值的最好方式。市场经济发展的核心基础，来自于对陌生人群体的突破。比如，很多消费者常常习惯用"熟人"的标签来提供质量、判断质量的好坏，这就导致我们在购买商品或服务时不敢轻易进行交易，而情愿花较大成本去找熟人打听这些商品的质量信号，以增加购买的信心。此外，我认为还有一些更加深入的问题需要思考，比如，我们应该如何在人类社会的诚信文明中建立通过质量进行传递的有效机制？如何使消费者消除在与陌生人交易过程中产生的焦虑，如何在"双盲"交易中建立诚信？等等。

未来的第三个方向，也是我认为在质量文明中最为重要的一点，那就是追求卓越、追求极致。这一点对中华文明发展的影响非常大。人类今天正面临着一些全球性的困境和困惑。比如，日益加大的贫富差距、过度开采引起的全球变暖、温室效应，等等。人类要想实现以创新驱动增长，首先就需要建立一种基于创新驱动的经济文明和社会文明。我们今天强调的质量，说到底就是创新，是对卓越质量的极致追求。虽然我在前面也谈到，中国在全球化供应链质量体系的道路上已经进入到无人区，但我们在进入无人区所需的人才储备上仍需进一步加强。

质量为人类文明带来了一种创新的价值观。我们发现，那些卖得好的商品有一个共同特点，就是都具有创新的价值观。我国内需动力不足，并不仅仅是因为国民的收入不够高。收入是一个慢变量，我们不可能为了刺激消费，而一次性地将所有人的收入都全面提升。但是，质量是一个快变量，一件商品只要质量足够好，能够满足消费者更高层次的需求，就不乏购买者。

质量文化，代表的是人类最基础的共同文化，是让普通老百姓都能享受基本的工业文明。为此，我们的质量文化的形成必须要有底线思考。如果缺乏底线思考，一味地保持中庸主义的思维，不敢追求卓越和进行创新，那么，我们的质量文化则很难建立。我们院于 2013 年 3 月，创办了一本学术期刊《宏观质量研究》。创刊以来，我们聚焦宏观质量管理领域，围绕我国经济高质量发展，基于国家战略需求设计选题和组织约稿工作，在立足办刊特色的基础上，以追求卓越的办刊精神坚持创新，持续提升办刊质量。

从本质上来说，质量文明的传播就是要让大家树立追求卓越、追求诚信、追求人类共同的意识，这对人类文明的建设是非常重要的。虽然人类文明在很多方面具有多民族性，但在质量文明层面则更具有全球性。因为每件产品的质量，代表了生产者的诚信、卓越创新，以及他们对每一个普通消费者的底线思维。我们之所以尊重德国的质量、日本的质量、瑞士的质量，是因为他们的工匠精神值得我们尊重。而这些国家的产品质量之所以好，其中一个重要原因就是他们注重对匠人的培养。

基于以上分析，我认为，从全球文明的角度来看，人类文明的全球化趋势需要通过高质量的产品来推动和完成,我们需要通过持续地追求卓越和创新发展,以及健全诚信体系来构建一个全球化的基本运行体系。

<h1 style="text-align:center">五</h1>

吴根友: 如您所说,在质量问题上我们的文明应该怎么做,应该从哪里入手,是一个非常大的问题,我们的文明包含了人类文化进入文字记载之后的所有内容。您今天就"文明与质量"主题谈到了三个观点:第一,诚信是质量文明的基本观念;第二,质量文明对所有人群都适用;第三,质量是一个追求卓越和创新的引擎。您和您的团队也正在围绕这些问题开展深入研究,我们今后的研究也希望聚焦在质量这个问题上,将人类文明发展的方向和中国现代质量的发展方向结合起来。

您刚才谈到的一个观点对我也有非常大的启发,那就是文明的传递过程需要通过物质产品来体现,由物质产品带来的文明信息可能比一些观念性的精神教化的效果要更好。虽然产品本身是一个无言无声的东西,但它带来的文明信息量却不容置疑。一个好的产品,本身就能说话,其背后的质量观念被完美地凝聚在物质形态上,为我们的文明传播提供了一个非常有效的方式。

您对"一带一路"的质量思考对我也非常有启发。"一带一路"是各国文明之间的传递和对话,虽然在交流中我们可能会涉及宗教和其他一些方面,但我相信,不管是哪个民族、哪个党派,在产品质量面前,消费者都会很自然地倾向选择质量好的产品,因为对质量的需求,无关乎宗教信仰。只要中国生产了高质量、高性能的产品,"一带一路"的其他国家也一定会选择我们的产品。因此,我认为,质量作为文明的一个物质载体,它无声地切实承担了一种共同的、向底层传递的文化内涵,这一点是非常有价值的。

程虹: 今天,我们将一个技术性的问题提升到人类文明层面来进行对话是一个非常好的开始。人类发展到今天,一些基于文明而产生的矛盾已经开始显现。正如吴教授刚刚谈到的,哪怕是信仰完全不同的人,在对产品质量的选择上,即便对生产这一高质量产品的国家文明不认同，但并不妨碍他选择使用这个产品。从这一点来说，质量这种物化的文明传递能量是非常有力的。

与吴教授的对话让我们获得了很多启发，正如吴教授所说今天只是一个开始，今后我们要更多地向吴教授学习，更多地参与到质量文明、质量信仰和质量文化的研究中。质量的背后是人，而人的背后是文化。如果一味地就质量本身去谈质量，可能我们永远也找不到它背后的逻辑关系，永远也无法实现对质量的突破。因为如果质量背后的人和文化没有改变，我们的质量现状也很难得到彻底改变。

对话嘉宾：

吴根友教授（武汉大学哲学学院教授、文明对话高等研究院院长）

程虹教授（武汉大学质量研究院）

文字录入：

董锦程（Elliot O'Donnell）

浅析非洲文明的沧桑变幻

法语"文明"（Civilization）一词起源于古希腊的拉丁文（Civis），意思是城市的居民，其深层含义是指人们在一个组织化的社会里可以从事文化、艺术活动，具有生活于城市和社会集团中的能力。词典中"文明"通常有两个含义，一是指人类所创造的财富的总和，特指精神财富，如文学、艺术、教育、科学；二是指人类社会发展到较高阶段并具有较高文化的状态。文明是使人类脱离野蛮状态的所有社会行为和自然行为构成的集合，这些集合至少包括了以下要素：家族观念、工具、语言、文字、信仰、宗教观念、法律、城邦和国家，等等。因此，从历史范畴上讲，文明是和野蛮相对立的；从社会范畴上说，文明是人类社会发展到一定历史阶段的进步状态，更是一个文明化的过程。

如果按照地理位置划分非洲，可以分为北非、东非、西非、中非和南部非洲；如果按照种族来划分，可以分为北非和撒哈拉大沙漠以南的非洲。北非主要包括利比亚、突尼斯、阿尔及利亚、摩洛哥、苏丹等，该地区主要是以阿拉伯人和柏柏尔人为主，信仰阿拉伯文化和伊斯兰文化。撒哈拉以南的非洲地区绝大多数是黑种人，也被称为"黑非洲"。讲述非洲文明，本文一方面从时间上进行梳理，分为古代文明时期、奴隶贸易时期（16—19 世纪，前后四百年）、殖民征服时期（19 世纪末，前后七八十年）和殖民统治终结后的独立时期（20 世纪中叶）；另一方面，古代文明时期分别从两个区域展开，一个是北非地区，另一个是撒哈拉以南的"黑非洲"。

当下，非洲大陆大部分地区仍处于相对落后的状态，人们往往把这个归因于他们是黑种人或他们的文明程度低，这是错误且带有偏见性的认识。非洲文明之路是坎坷的、曲折的，非洲文明之光曾经光鲜耀眼过，也黯然失色过，但经历了最昏暗的几个世纪后，非洲文明的光芒又重新开始闪烁。历史进程中，非洲文明不断与世界上其他地区的文明碰撞、交流，这其中夹杂着冲突与交融，我们坚信非洲人会根除"黑人是低劣种族"的错误思想，逐渐形成与其他民族平等的民族自豪感和自信心，并对非洲传统文明推陈出新，使得非洲文明的现代复兴和快速发展尽快到来。

一、古代文明时期

阿拉伯历史哲学家伊本·赫勒敦曾说："自古以来，这一人种——柏柏尔人——就已经遍布马格里布的平原、山地、高原、乡村和城市。"的确，大约公元前3000年，柏柏尔人就生活在非洲北部地区。公元前332年，埃及被亚历山大的希腊军队征服，1世纪开始，基督教在北非传播，但发展缓慢，阿拉伯人的骆驼在北非开始被使用。4世纪，撒哈拉北部的大部分柏柏尔游牧民开始广泛使用骆驼，这对早期跨撒哈拉贸易产生了重要影响，此阶段的贸易通货主要是盐，北非的布匹、金属制品和西非的黄金、象牙等进行交换。5世纪，沙漠中主要的运输工具便是骆驼，撒哈拉以南地区的产品通过商道能够进入北部地中海地区，随着跨撒哈拉贸易路线的不断扩展，贸易点也不断在撒哈拉北部和南部增多。虽然许多柏柏尔游牧民承担沙漠中的运输工作和长途贸易，但他们的主要工作仍然是在绿洲地带放牧牛羊和骆驼。

作为北非的土著居民，柏柏尔人在历史上遭受过多次外来侵略，比如古罗马人、汪达尔人、阿拉伯人、奥斯曼人、法国人、西班牙人等，这些人和柏柏尔人共同生活在马格里布地区，或多或少影响着北非文明的进程。然而对柏柏尔人影响最深的是阿拉伯人，柏柏尔人在和阿拉伯人的冲突与融合中逐渐被伊斯兰教化。7世纪，阿拉伯军队征服了埃及和马格里布。7—11世纪，伊斯兰力量扩展到了北部非洲，北部非洲的通用语言为阿拉伯语，皈依了伊斯兰教。"到10世纪初，绝大部分埃及人和马格里布占领地上的居民已成为穆斯林"①。11世纪，大批阿拉伯人移民到马格里布，马格里布地区的居民不仅信仰伊斯兰教，还穿阿拉伯服装。1147年，阿卜杜拉·穆明·本·阿里率军队攻占马拉喀什，消灭了阿尔摩拉维德王朝，建立阿尔摩哈德王朝。12世纪末，他统一了马格里布，北非柏柏尔人在此期间被彻底伊斯兰化了。1147年，穆明修建了库图比亚（Koutoubiya）清真寺，北非人和西非人在此学习《古兰经》，提升了读写能力，也习得了伊斯兰世界的知识。阿尔摩哈德王朝时期代表了马格里布伊斯兰文明的黄金时代，经济、艺术、文学等都达到了前所未有的繁荣程度。在此期间，跨撒哈拉的黄金贸易也迅速发展，阿拉伯人主要出口黄金和奴隶，这些在北非和撒哈拉之间的贸易中起到了重要作用。不得不提的是，10世纪末，中国的棉花、纤维、造纸术传入北非，这项技术让北非不再使用埃及的纸草，这项技术的变革对非洲知识文化的普及产生了深远影响。

二、北非之外的非洲文明

（一）东非海岸文明

非洲东部地区，北部与阿拉伯半岛之间仅有一条狭长的红海相隔，南迄鲁伍马河，东部和印度洋毗邻，西至坦噶尼喀湖，无论是通往内陆还是海上都十分便利，得天独厚的地理优势让东非很早就被纳入到印度洋贸易体系中，同时印度洋贸易网的形成也推动了东非沿海城邦的发展与兴旺。

东非海岸文明也曾被很多历史学家称为"斯瓦希里文明""东非海洋贸易文明"等，"斯瓦希里"（swahili）这个词在阿拉伯语中意思是"海岸"，追溯源头，严格意义上说，斯瓦希里人是东非城邦讲班图语的黑人和阿拉伯人、波斯人，甚至印度人、马来人等混居的结果。通过印度洋贸易，斯瓦希里人是最早和亚洲接触的非洲黑人。斯瓦希里语吸收了很多外来词汇，主要是阿拉伯语和波斯语，也

---

① ［英］凯文·希林顿著，赵俊译：《非洲通史》第四版，北京：九州出版社，2021年，第87页。

有少量的马来语、印度语等。斯瓦希里语于13世纪完全形成，斯瓦希里语的文学作品也随之出现。斯瓦希里语对应的书写文字是斯瓦希里文。斯瓦希里语是非洲使用人数最多的语言之一，和阿拉伯语、豪萨语并列为非洲三大语言。斯瓦希里语先是以阿拉伯字母来拼写，19世纪随着欧洲殖民者的到来，斯瓦希里语改为以拉丁字母来拼写。

东非海岸交通便捷，人流量大，得益于印度洋的地理优势、穆斯林商人的贸易需求，多种文明在此互相渗透和吸收。东非沿岸的居民之前还停留在原始的图腾崇拜和万物有灵论阶段，阿拉伯半岛和波斯湾的商人常常随季风来到东非沿岸进行象牙、黄金、奴隶等的贸易，然后定居，带来了伊斯兰教和大食帝国的物质文明，这使得中国和阿拉伯世界的联系扩大了，延伸到东非沿岸一带。阿拉伯商人来到东非沿岸建立了许多居住地，12世纪末，这些居住地逐渐演变成了独立的城邦。15世纪末，这些城邦的数量已经达到37座。最为著名的城邦有：摩加迪沙（Mogadishu）、马林迪（Malindi）、帕特（Pate）、拉木（Lamu）、马菲亚（Mafia）、桑给巴尔（Zanzibar）、基尔瓦（Kilwa）等，这些城邦大多建在沿海岛屿或海滨上。城邦的经济活动多种多样，但对外贸易始终处于主导地位，东非成为了以阿拉伯—波斯为中心的印度洋贸易网中的重要一环，形成了四条主要的海上航线：红海—东非航线、阿曼—东非航线、南印度—东非航线以及印度、锡兰或东南亚经马尔代夫至东非沿岸航线。从波斯湾和阿拉伯半岛南部来的移民大多为男性，他们力图和当地黑人和谐共处，与黑人妇女通婚，产生了混血人种，即斯瓦希里人。阿拉伯人和非洲黑人的默契合作和共同劳动创造了繁荣的物质文明。

东非沿岸地区可以说是非洲本土文明和伊斯兰文明互相融合的一个典范，最明显之处体现在建筑风格上，比如基尔瓦城在建筑方面千古独步，该城的房屋鳞次栉比，有的高达三层或四层。据考古数据显示，公元前2世纪至公元15世纪的建筑中，这类遗址有63个。阿拉伯旅行家伊本·白图泰曾在1331年访问该城，他对东非沿岸的城邦啧啧称赞，甚至这样描绘基尔瓦："世界上最美丽、建筑得最好的城市之一。"东非的土著居民以前都是用树枝搭建茅舍，随着城邦经济的繁荣，茅舍逐渐被木石结构取代。阿拉伯人对有石头的地方情有独钟，尤其喜欢在这些地方建造清真寺，而当地黑人主要是建造木构建筑，尔后，当地人把木构建筑与石构建筑结合，创造出了一种新型的建筑方式。胡苏尼·库布瓦（Husuni Kubwa）的建筑遗址是基尔瓦统治者的宫殿，但很大一部分也用于商业活动，堪称东非建筑学的宏构。胡苏尼·库布瓦的兴盛一方面体现在建筑的宏伟上，另一方面还表现在奢侈品的进口方面，尤其是中国瓷器。当时把中国瓷器装饰在屋顶上，是很流行的一种建筑样式。东非的清真寺和北非的同期清真寺也大不相同，东非地区用中国的瓷器装饰墙体。还有很多地区的清真寺用青花碗来装饰，比如盖代清真寺南门门廊的三角拱壁上镶嵌着青花碗，安戈瓦那清真寺的前室顶棚上也点缀了青花碗。宋朝（10世纪后）之后，随着中国航海水平和造船技术的提高，中国与东非沿岸的往来日益增多，15世纪郑和远航东非时达到高潮。在15世纪的《郑和航海图》中有两个东非的地名，分别是麻林地和慢八散，它们就是现在东非肯尼亚境内的两个城市：马林迪和蒙巴萨。在中东许多地区都出土过中国的瓷器，无论是完整地保存下来还是残缺地散落在泥土里，中国瓷器在非洲东部的广泛分布、繁多的品种都是华夏文明在东非留下的深深印记，东非"沿海和基尔瓦岛……中国瓷器的碎片可以整铲整铲地铲起来"[①]。东非盛产香料、象牙、犀角等，这也是他们的主要输出物，而且这些象牙、香料的品质上乘，大的象牙重达50磅，这些物品正是中国宋代主要的进口物。东非商人主要进口中国的瓷器、丝绸、布匹，印度的宝石，中东的铁器、纺织品，他们再把这些物品运往内地销售。索法拉盛产黄金，有些阿拉伯作家赞美其为"金城索法拉"，它的黄金出口贸易在15世纪达到顶峰，稳定时每年可达5000公斤。考古资料显示，东非沿岸还发现了中国、波斯等国不同时期的铸币，这也反映了东非海岸与其他国家贸易往来的频繁。

---

① 巴兹尔·戴维逊著，屠佶译：《古老非洲的再发现》，北京：生活·读书·新知三联书店，1973年，第221页。

通过对东非文明的史料分析后，我们发现城邦的概念并非只属于西方世界，并不是只有古希腊、古罗马才有。一度被大家认为没有文明、十分落后的非洲地区也出现过富庶的城邦。据目前掌握的史料，非洲地区有包括东非沿岸城邦在内的三大城邦群，另两个分别是古地中海的迦太基和以乌提卡为代表的城邦群，还有西非的蒙萨城邦。从世界文化史的角度来看，古代东非海岸城邦国家、港口城市的兴起、发展和繁荣离不开东非本土文明与亚非各民族文明（包括阿拉伯半岛的穆斯林文明、华夏文明、印度西海岸文明、波斯文明等）的长期交流和融合，这也说明东非是将非洲内陆和世界其他地区连接的重要纽带，它是古代亚洲和非洲两大陆间密切而有深度的文化交往、互相影响的典范，是人类文明多样性交融的生动体现，也为世界文明的丰富和发展作出了贡献。有人认为东非海岸文明纯粹是依靠外来文明的植入，这种说法显然是片面的。东非沿岸地区的各文明和各民族的融合由两个文化过程构成，一个是东非沿岸本土居民（班图族黑人）吸收异邦文明的"斯瓦希里化"过程，阿拉伯文化的输入促进了东非沿海语言和文化的发展；另一个是阿拉伯人、波斯人或印度人等外来人受东非本土文明影响而融入其中的"东非化"过程。这两个过程可以说是同时发生的，也是相互推进的。英国东非史学家马修如此评论："无论如何，有两点看来是清楚的，第一，只有把东非沿海的历史当作印度洋历史的一部分来研究，才可以理解它。凡是刺激了它的各种文化的影响，例如各市镇的文化赖以奠定的财富那样，都是从与东方的贸易带来的。第二，它却一直还是非洲的一部分。"[①]

（二）西非早期文明

公元前 500 年至公元 1000 年前后可以称为西非早期铁器时代，诺克文化是这一时期的典型代表。恩格斯曾说，由野蛮转入文明是从铁矿的冶炼开始的。[②] 诺克人拥有较熟练的冶铁技术，并以此制造铁制工具和铁制武器，扩大了

---

① 格尔伐斯·马修：《桑给国》，载《亚非译丛》1964 年第 1 期。
② 参见杜桂林：《"奴隶创造文字"说质疑》，宁夏大学学报（社会科学版）第 15 卷，1993 年第 4 期（总第 58 期），第 76 页。

耕作面积，改善了房屋条件，带动了生产力的发展，扩大了生产生活的范围，也带动了物物交换贸易的发展。同时，诺克人擅长雕刻，例如赤陶雕像经历了两千多年依然被完好地保存下来，可以看出其品质的坚实和技术工艺的高超。"诺克文化，尤其是它的艺术，有那么多的特征在后来西非其他地方的文化中都有发现。那就很难不令人认为，我们所知道的那种诺克文化就是西非雕刻传统的始祖。"[①] 西非是撒哈拉以南非洲地区最早使用铁器的，后来随着班图人大迁徙，铁器被带入了东非、中非和南非。由此看出，铁器的传播和推广大大促进了黑非洲地区的经济发展，对文明水平的提高产生了积极影响。随后，伊费文化、贝宁文化和萨奥文化也出现了。

9 世纪，阿拉伯穆斯林商人来到西非，促进了贸易的发展，阿拉伯文字也随之被引入，西非进入了有文字文明的时代。同时，这些商人还随之传来了伊斯兰教。9—16 世纪，除了商人之外，还有一些传教士也来到西非传教，他们最先接触的是各个黑人王国的统治阶层。这期间的西非文明也可以说是经历了伊斯兰文化与当地传统文化的冲突和碰撞，最后才逐渐趋于融合。得益于尼日尔河流域、乍得湖盆地、塞内加尔河流域的年降雨量在 500 毫米左右，尼格罗黑人能够在固定的土地上获得较稳定的收成，他们逐渐由游牧的草原文明过渡到了定居的农耕文明。不过，这些稀树草原地区农耕文明的发展要比尼罗河附近和东非沿海地区慢很多。西非早期"古国"便在这样稳定的农业基础上应运而生，例如古加纳、马里王国和桑海帝国。桑海帝国是西非最后一个帝国，摩洛哥对富庶的桑海垂涎已久，1591 年，随着摩洛哥军队的入侵，桑海帝国瓦解。帝国经历兴起、强盛与衰亡，这符合历史发展的规律，桑海帝国也不例外，但不得不提的是，它曾经富甲一方，是西非第一强国，桑海文明的重要性不言而喻，无论是在行政体制、城市建设、社会文化、政治经济还是教育方面，桑海帝国都大大超越了马里帝国。比如，廷巴克图就有 180 所学校，吸引了各地学者来讲学。一个受过教育的摩洛

---

① 艾周昌、舒运国主编：《非洲黑人文明》，福州：福建教育出版社，2008 年，第 61 页。

哥人名叫哈桑·伊本·穆罕默德·法西,曾两次访问桑海帝国,描绘了全盛时期的廷巴克图:"当地人极其富有,国王甚至把两个女儿分别嫁给了两个富商。这里有很多井,井水甘甜。尼日尔河河水泛滥时,当地人开凿沟渠,引水入城。……汤姆布托王(Tombuto,廷巴克图总督)金头银面,富贵逼人。王宫雄伟,装饰华美。……这里有很多医生、仲裁员、神职人员和其他受过教育的人。他们由国王资助,生活优渥。"① 河流是文明的发源地,桑海文明孕育于尼日尔河,河流不仅灌溉出了肥沃土地,也便捷了与邻近地区的交通贸易。西非的北方沙漠地带有盐矿,南部的加纳盛产黄金,西非本土奴隶资源丰富,尼日尔河流域提供了农产品,粮食盈余,同时穿越撒哈拉沙漠的陆地绿洲商道密切了西非和沙漠部落的联系,大量的商旅在盐场购买食盐,进行粮食贸易。跨撒哈拉贸易增加了桑海的财富,伊斯兰教、北非、东方的文明成果在此交汇,这些都为桑海文明的繁荣贡献了力量。

1897 年 2 月 18 日,英国殖民者攻占了西非几内亚湾的贝宁城,也就是今日的西部非洲的尼日利亚,他们将王宫内珍藏的艺术品全部掠走,并用大火烧了这座黑人古城。之后在欧洲古玩市场上发现的 2 000 多件贝宁古国艺术藏品引起艺术家们的关注,这些铜雕、木雕、象牙雕刻的艺术品让大家叹为观止,工艺的精湛程度足以和古希腊发达的欧洲文明相媲美,雕刻图案栩栩如生,给世人展现了古代尼日利亚高度发达的文明。有鉴于此,在西方列强入侵之前,西非的整体文明已达到相当高的阶段,古代西非的文明史也是世界文明史的重要组成部分。

相较于东非和北非,西非的文明起步较晚,但由于北非和地中海文明成果的长期输入和影响,西非文明在不那么长的时间内已经发展到了相当高的程度。西非的地理位置与东非不同,东非文明主要得益于沿海贸易而发展,而西非主要依赖于尼日尔河流域而崛起。马里是西非文明的发源地,从 8 世纪起,先后出现了三个帝国:加纳帝国、马里帝国和桑海帝国。西非北临撒哈拉沙漠,西濒大西

① [英] 凯文·希林顿著,赵俊译:《非洲通史》第四版,北京:九州出版社,2021 年,第 115—116 页。

洋，这样的天然屏障保护了西非的本土文明，但西非内陆相对闭塞的状态也让它后劲不足，尤其是到近代，西非对外交流少，思想保守，没有持续发展的动力。桑海帝国在汤迪比战役中的溃败充分说明了它的武器落后，必然会被有火枪大炮的摩洛哥击退，相较之下北非的摩洛哥相对开放，对外部事物接受度高。我们大胆猜测，如果桑海在 16 世纪末未被摩洛哥军队入侵，它一直顺利地发展农业、贸易、文化等，那么它很有可能发展成一个现代化国家。

（三）班图人迁徙与黑人文明

非洲黑人分为班图和苏丹两大支，而班图人口占非洲总人口的三分之一，是非洲最大的民族集团。公元 1 世纪起，讲班图语的班图人以部落为单位不断迁徙，迁徙路线复杂，主要分为西线、南线和东线，迁徙时间很长，直到 19 世纪才停止。在长达十几个世纪的迁徙中，根据他们居住地的生态条件形成了三种经济结构：单纯农业的经济结构、牧农混合的经济结构和牧业的经济结构。他们的足迹遍布了撒哈拉沙漠以南的大部分非洲地区。

在大迁徙中，他们经常进行盐的交易，如果发觉某地有适合农耕的土地，他们便会在此定居。他们是农业种植的专家，深谙农业生产和种植技术。班图人在迁徙中熟练掌握了制铁和制陶技术，善于发现含铁含金的富矿区，生产熟铁和黄金，然后从索法拉港口输出，将铁器传播到撒哈拉以南地区。"铁的冶炼和使用，使非洲人在前人没有耕种过的土地上耕种，在没有人传授他们如何采矿的地方开采矿物；他们发现了有价值的药物；他们善于灌溉梯田和在陡峭的山坡上保持水土；他们建立了新的复杂的社会制度……发展起非洲独有的文明。"[①] 班图人迁徙的路线与铁器传播的路线大致吻合，铁器的广泛使用提高了人类改造自然的能力，刺激了农业、矿业、畜牧业、贸易等的发展。迁徙的过程也是各部落交流与融合的过程，班图人与其他土著民族、班图各部落之间都会因抢占耕地或猎场发生矛盾或暴力冲突，为了应付部落战争或适应新的局面，班图人逐渐建立了一些小王

---

① ［英］巴兹尔·戴维逊，屠估译：《古老非洲的再发现》，北京：生活·读书·新知三联书店，1973 年，第 39 页。

国和部落联盟，早期国家组织在某些地区也出现了，慢慢地从原始的氏族社会向国家社会过渡。班图黑人最具特色的非它的"非文字文化"莫属了，除东非沿海地区的班图人之外，其余的班图黑人都是靠口头表达或非文字的方式进行交流的。"但是这种无文字的文化确实给非洲文明的发展带来很大的特色，并走上一条异乎寻常的独特的途径。"[①] 负责记事的口传大师记忆力超群，可以一字不差地将过去的事件复述出来。班图人主要靠口头语言传递信息和文化，同时也借助音乐、舞蹈、服饰等丰富多彩的形式传播独特的文化，让班图族的无文字文明得以保存和传承。

班图人迁徙可以说是人类文明史上的一个奇迹，他们在浩浩荡荡的迁徙中将自身的文明传播到各地，同时学习当地的生产技术、融入当地文化，生产力的提高促进了人口增长，班图人自建的一些文明中心逐渐形成，比如伊费-贝宁文化、刚果文明、大津巴布韦文明、马蓬古布韦文化、马拉维文化，这些闻名于世的文明中心均是非洲灿烂古文明的杰出代表，代表了撒哈拉以南非洲地区文明发展的突出成就，反映出班图人在迁徙中蕴藏着巨大的文明潜力，彰显了班图文明的生命力。

三、黑暗的奴隶贸易时期

16—19 世纪，跨大西洋的奴隶贸易持续了四百年，在此期间上千万的非洲人死亡，一千多万的黑人奴隶在非洲以外的土地上从事生产劳动，奴隶贩子可以从中获得 100% 到 1000% 的利润，但非洲土地没有从中受惠，罪恶的黑奴贸易摧残了非洲原有的文化和经济政治文明，这种打击是具有毁灭性的，让非洲传统文明失去了光芒。马克思曾评价黑奴贸易中从非洲到美洲这一程是"丢掉了最后一点羞耻心和良心"，这充分说明资本主义为了疯狂对外扩张不惜一切代价，丝毫不顾印第安人和非洲人的性命，一心只为谋取利益发展种植园经济，利欲熏心，也指明了这场交易的肮脏。

近代最早从事殖民活动的国家是葡萄牙和西班牙，他们把目标瞄准了非洲大

---

① 郑家馨：《一方水土养育一方文明——非洲文明之路》，北京：人民出版社，2011 年，第 110 页。

陆。1497 年 7 月，葡萄牙国王派达·伽马绕过好望角，开辟通往印度的新航路。16 世纪上半叶，葡萄牙人用残暴野蛮的方式对东非发动战争，16 世纪 40 年代，东非沿海主要城市都被葡萄牙占领，东非沿海地区沦为葡萄牙的殖民地。葡萄牙殖民者在当地欺压百姓、横征暴敛，实行垄断贸易，导致阿拉伯商人的贸易活动被迫终止，严重影响了当地的正常经济体系，让人民遭受了巨大苦难。为了反抗葡萄牙人的殖民统治，当地非洲人和阿拉伯人联合起来发动起义，其中历史上最光辉的一页是 1631 年以素丹优素福·本·哈桑为首的蒙巴萨起义，他杀死了许多葡萄牙殖民者和葡驻蒙巴萨的军事长官。一系列的反葡斗争沉重打击了葡萄牙殖民者，再加上英国的东印度公司和荷兰东印度公司在印度洋东部海岸上逐渐取代了葡萄牙商人，葡萄牙的殖民据点逐渐被夺走。1698 年，蒙巴萨请阿曼苏丹·本·塞伊夫来援助，但由于当时阿曼国内有叛乱，阿曼苏丹的儿子最后攻下耶稣堡，在当地人和阿曼军队的配合下，葡萄牙殖民者最终在 1699 年从德尔加多角以北被赶了出去。此后，葡萄牙殖民者控制葡属东非（现莫桑比克一带），阿曼控制了其余东非沿海地区。东非沿海地区的繁荣景象在葡萄牙的殖民摧残下已化为乌有，但阿曼的控制让该地区的经济逐渐复苏，恢复了之前的经济生活。1806 年，阿曼苏丹被赛义德·萨伊德继任，他敏锐地发觉了东非沿海地区地理位置的优越性，于是 1840 年将阿曼首都迁往桑给巴尔，为了巩固统治，他鼓励阿曼阿拉伯人迁往东非定居，大量的阿拉伯移民来到了东非沿海地区。阿曼苏丹大力发展种植业和商业贸易，东非沿海地区的种植园经济在 19 世纪 30 年代后出现了。19 世纪中叶，东非沿海地区加强了与内陆地区的贸易往来，从沿海通往维多利亚湖、尼亚萨湖的商道也陆续被开辟，沿海和内陆经济得到极大发展，人口数量也大幅增加，在萨伊德的统治下，东非沿海地区在历史上首次成为一个政治经济的统一体。但痛心的是，这段时期繁荣的背后却有臭名昭著的奴隶贸易，摧残了非洲文明。1861 年，东非沿海地区脱离阿曼的统治，成为桑给巴尔苏丹国，西方殖民者完全控制了东非沿海地区，从此进入了半殖民地时期。

　　1441 年，在西非布朗角，葡萄牙的一支探险船队掳走了 12 名黑人，其中 2

名愿出赎金被放回，其余 10 名黑人被带到里斯本作为奴隶高价售出。西非沿岸的居民一看到葡萄牙船只靠岸就会发疯地往内陆跑，怕被抓走做奴隶，当地人称这些奴隶贩子为"抓人恶魔"。1492 年，哥伦布开辟了跨大西洋的新航路，1642年哥伦布为西班牙发现了加勒比群岛，1500 年卡布拉尔为葡萄牙发现了巴西，这些新大陆的发现和新航道的开辟都为西欧殖民者侵入美洲提供了便利。1501 年，西班牙殖民者从葡萄牙奴隶贩子手中买来了第一批黑奴并运往美洲，拉开了美洲实行黑人奴隶制的序幕。1518 年，黑奴直接从非洲被运往加勒比群岛。随后，西班牙美洲殖民地的黑人奴隶数量激增。

美洲种植园刚开办的时候，大批劳动力是印第安人，西班牙人企图严酷地对待印第安人，奴役他们使之屈服。16 世纪中期，欧洲人和非洲人带来的传染病和高强度的非人劳动让印第安人的死亡率高达 90% 以上。西班牙人意识到，土著印第安人不适合繁重的蔗田劳动，而从非洲运来的奴隶可以顶 4 个以上的印第安人。16 世纪中叶，非洲几内亚湾的圣多美岛是非洲向美洲贩卖黑奴的主要中转站。16 世纪下半叶，更多国家的殖民者卷入了这场惨绝人寰的奴隶贸易中，比如丹麦、荷兰、法国、英国等。为了维持输出非洲黑奴的垄断地位，也担心新加入的英国法国与之竞争，葡萄牙殖民者与非洲当地部落首领、国王勾结起来贩卖黑奴，修建了多个堡垒和商站，使当地的部落战争更加频繁，大大摧残了非洲本土的文明。比如 1576 年，在罗安达湾，葡萄牙殖民者修筑了圣米格尔堡作为奴隶、黄金和欧洲出口产品的贸易基地，刚果河口以南的黑奴从这里出发被运往美洲。

17 世纪，荷兰航海业发达，掌握着海上的商业霸权，被称为"海上马车夫"，荷兰人利用东印度公司低价将黑奴卖到美洲。17 世纪下半叶，荷兰从黑奴交易中获取了暴利，引起英法两国的忌惮。1651 年，在重商主义思潮的影响下，英国为了保护自己的利益，禁止外国船只和商人涉足与英国殖民地之间的贸易而颁布了《航海法令》，也为英国从事大规模奴隶贸易提供了契机。17 世纪中叶，加勒比海地区的甘蔗种植园经济日益繁荣，对奴隶的需求也日益增加，从而导致奴隶贸易的规模也逐渐扩大，尼日利亚的西部沿海地区是重要的奴隶来源地。随着欧洲生产水平的提高，人们对物质的需求也提高了，之前只有上等社会的王公贵族才能享用咖啡和罗姆酒，后来普通老百姓也有雅兴和经济条件品尝了。随着欧洲对蔗糖的需求急剧增大，欧洲殖民者在美洲的甘蔗种植园规模也就不断扩大，他们和非洲的酋长、非洲奴隶贩子配合起来形成了一套完备的抓捕黑奴体系，这就形成了以奴隶贸易为中心的三角贸易：欧洲→非洲→美洲→欧洲。英国船将英国生产的工业品运抵非洲沿海口岸，用这些工业品换来黑奴，将黑奴运往美洲种植园并换取殖民地的热带产品，最后将英国工业发展所需要的糖浆、棉花、烟草、蓝靛等运回英国或其他欧洲港口。在这种肮脏的贸易中，英国完成了资本原始积累，例如造船业、制造业（包括兵器、火药、纺织品等）迅猛发展，累积了巨额财富，为工业革命奠定了基础。即便如此，英国仍不满足，进行了三次商业战争来稳固自己的殖民霸主地位。巨额利润还吸引了很多小商贩自发地来到非洲做起贩奴的生意，比如利物浦一半的水手都参与了进来，一个小渔村一跃成为英国的第二大港，被称为"奴隶之港"。1999 年，利物浦市政厅曾公开道歉："为我们城市在这样一场人类悲剧的贸易中扮演的角色表示羞愧和懊悔。"

　　欧洲奴隶商通常只在沿海地区猎奴，不会深入内陆地区，这就需要和非洲中间商达成合作，从内陆的酋长、首领那里收购奴隶。这些王公首领们可能是被逼无奈，也可能是想从中获利，便和欧洲殖民者勾结，首领们想方设法地搜罗奴隶们，各个小部落之间战争越频繁，战俘也就越多，大部分黑奴都是源于战争中的俘虏。卢姆波拉黑奴交易市场中，许多卖主都是黑人。"欧洲人贩卖奴隶的行为也通常被限制在沿海贸易据点内。为了获得设立贸易据点的许可，他们不得不向当地非洲统治者进贡。总的来说，非洲统治者提供战俘；非洲奴隶贩子和非裔欧洲奴隶贩子再把俘虏运到沿海地区出售。"[①] 至今，许多卖到美洲的黑奴后代非常困惑，一直无法接受这样一个残酷的事实：黑人居然参与了黑奴贸易，他们为了

① ［英］凯文·希林顿著，赵俊译：《非洲通史》第四版，北京：九州出版社，2021 年，第 179 页。

贪欲贩卖同胞。但"这些文化心态都是对历史事实颠倒的结果，使'黑人文明'蒙羞的，是延续 4 个世纪的万恶的黑奴贸易，而始作俑者正是大西洋东岸的欧洲殖民主义国家"①。

在这场浩劫中，一方面，非洲人口锐减，被运往美洲种植园的奴隶都是青壮年劳动力，殖民者最大限度地压榨他们直至残废或死亡。非洲奴隶被非人般地折磨，从事着高强度体力劳动，他们的生命被践踏，过着连畜生都不如的生活，被当作商品一样交易。在《资本论》中，马克思曾引用凯尔恩斯的话："正是这个几世纪来成为富源的西印度农业，曾吞没了几百万非洲人。"② 另一方面，奴隶贸易时期，非洲的经济文化发展停滞不前甚至倒退，生产力被严重破坏，原本这些青壮年劳动力是社会生产的主力军，但他们却去非洲外的领土从事生产活动，于是非洲本土的经济活动终止了。而人是文明创造的主体，也是文明交流互鉴最好的载体，人口的减少意味着损失了传统文明的继承者和发扬者，更别谈文明的创新了。

美国黑人知识分子杜波依斯曾评论，"奴隶贸易在人类历史上造成了史无前例的经济、社会和政治灾难，它满足了美洲和欧洲的需要，榨干了整个非洲的血液，将非洲拒之于文明之外"。文明的对立面是野蛮，客观地说，非洲文明遭遇的劫难和欧洲白人的野蛮行径、奴隶主（黑人奴隶卖主）脱不了干系，塞内加尔前总统桑戈尔曾评价这段苦难的岁月是非洲人"被钉在十字架上的四百年"。

奴隶贸易带来的影响是长久而深远的，不良的后果接踵而至，非洲人民深受苦难。首先，它彻底改变了非洲和美洲的人口格局，人口骤减，使得非洲长时期缺乏青壮年劳动力去从事生产劳动，生产力下降，经济倒退，阻碍了社会文明的进步，文化发展受阻，导致政局不稳定、战乱频繁、社会动荡，人民生活贫苦；其次，非洲地区经济文化的衰退促进了西方经济的工业化发展和西方文明的演进，奴隶贸易打破了非洲传统社会经济的平衡，非洲本土传统的农业、畜牧业、

---

① 郑家馨著：《一方水土养育一方文明——非洲文明之路》，北京：人民出版社，2011 年，第 125 页。
② 《马克思恩格斯全集》第 23 卷，北京：人民出版社，1972 年，第 296 页。

手工业被摧毁，各部族之间的战争扰乱了社会秩序，早期民族国家的雏形也被破坏，阻碍了现代非洲民族国家一体化的进程；再次，奴隶贸易前的非洲文明还具有一定的本土特色，并有过不同程度的发展，但将近四个世纪的掠奴行为让非洲文明倒退、衰竭。然而从另一个层面说，传统的非洲文明也被运往美洲大陆的黑人带到了大西洋的另一端，这场奴隶贸易以罪恶的方式促进了世界文明的交融。毋庸置疑，它给非洲大地带来的创伤是很难愈合的，这场罪恶的贸易也是种族歧视和由于种族主义引发暴力冲突的深层原因，直到今日，一提及"奴隶"这个词，大部分人会立刻联想到非洲的黑种人。一代又一代的人对非洲黑人有歧视思想，认为他们是没有文明的劣等民族，是野蛮而无知的奴隶，却不曾知道古代加纳文明的兴盛、马里帝国的富庶和桑海文明的繁荣。奴隶贸易形成的非洲对西方经济的依附关系至今也仍未彻底改变。非洲人既是这场肮脏勾当的受害者，也是其后果的承担者，五个世纪后的今天，遗毒依然存在。"今天，种族主义的牺牲品是新大陆非洲奴隶的后裔和在祖国土地上的非洲人。"①

18 世纪末，废除奴隶贸易的呼声日益高涨，1890 年，反对奴隶贸易的决议书在布鲁塞尔的国际会议上通过，非洲奴隶贸易正式终结。实际上，奴隶贸易走向终点的一个内在原因是工业革命的成功，因为大机器生产逐渐取代了人工生产，种植园经济已经不再那么有利可图了。"反对输出奴隶的斗争，同非洲酋长签订禁止奴隶贸易的条约，这些是殖民主义者用以开始瓜分非洲的手段。因此，奴隶贸易的终结，也就是瓜分非洲殖民地时代的开始。"②

四、暴烈的殖民统治时期

1884 年 11 月 15 日由德国总理俾斯麦主持了柏林会议，此次历时 104 天的会

---

① ［苏］斯·尤·阿勃拉莫娃著，陈士林、马惠平译：《非洲：四百年的奴隶贸易》，北京：商务印书馆，1983 年，第 312 页。
② ［苏］斯·尤·阿勃拉莫娃著，陈士林、马惠平译：《非洲：四百年的奴隶贸易》，北京：商务印书馆，1983 年，第 4 页。

议实质上是当时世界上最强大的 15 个国家共同商讨瓜分非洲的准则，会议后欧洲殖民国家掀起了瓜分非洲的高潮。埃塞俄比亚成为 19 世纪末唯一一个未被欧洲殖民者占领的非洲国家。

马克思提出了殖民主义的"双重使命"，的确，殖民统治是一把双刃剑，一方面，它的剥削性和暴烈性摧毁了旧的非洲文明，给非洲大地造成了毁灭性的创伤；另一方面，它也给非洲文明注入了新生的力量。正如马克思评价殖民行为，"资本主义在它的萌芽时期，由于刚刚出世，不能单纯地依靠经济关系的力量，还要依靠国家政权的协助才能确保自己榨取足够的剩余劳动的权利"。这就说明，殖民是资本主义在其早期过程中的某种历史的必然要求。

法国是在非洲拥有殖民地最多的国家，控制了接近 36％的非洲土地，其中大部分地区是西非和北非。法国在非洲殖民地统治的特点主要有三个：①直接统治；②同化政策；③功利原则（对殖民地的开拓必须为法国带来实际效益）。法国的统治比英国的统治策略要直接很多，连医疗卫生标准、司法体系都必须按照法国国内的标准来执行。政治上，酋长制度被废除，改为总督制度并按照法国的制度执行；文化上，在各级学校推广法语教学，提倡非洲当地人学习法语。从某种程度上来说，法语成为了一种统治工具，从语言入手进行文化渗透。为了笼络上层社会，鼓励殖民地中的精英阶层获得法国公民身份。19 世纪末，殖民地国家的上层社会会选择把子女送往法国或上私立法语学校，直至今日也是如此，这反映了殖民地国家对法国文化地位的认同感是很高的。

在非洲的英属殖民地占非洲总面积的 29％，英国采用的是间接统治的方法，英国女王在各个殖民地委任总督，总督寻找听命并忠诚于他的"代理人"，最高权力实际上掌握在总督手里。英国政府允许殖民地国家原有的行政司法机构继续存在，表面上看似乎非常合乎情理，但前提是这些原有机构必须服从总督的要求，总督掌握着国家的经济命脉。尽管英法两国统治策略不同，但对殖民地国家产生的影响却是相同的，直至今日，虽然这些国家政治上获得了独立，但经济上仍然被英法控制，文化上也深深地被西方文明所影响。

欧洲殖民者鼓励非洲农民种植单一的经济作物，例如黄金海岸地区只产可可，利比亚和安哥拉只生产咖啡，乌干达主要种植棉花，冈比亚只种植花生，逐渐形成了依附性经济结构。殖民地只种植一两种农作物，非洲农民所种植的产品不够他们自己吃，就需要高价购买进口粮食。冈比亚和塞内加尔地区的农民没有吃花生的习惯，他们种植的花生全部运往了法国和英国，英法将其榨成花生油作为人造奶油的原料。19世纪中叶，阿尔及利亚进口的法国商品和出口到法国的商品都不需要交关税，阿尔及利亚的对外贸易额大幅增长，但阿尔及利亚仍然是以小麦和葡萄酒为主的单一出口结构，充分体现了其对法国的经济依附。单一经济农作物的生产模式让非洲成为了欧洲宗主国的原料产地，严重破坏了非洲传统农业文明，并且，非洲只能从宗主国进口粮食或衣物，比如非洲人穿的白袍主要是欧洲的织布机制成的，工业制成品不断涌入非洲，殖民地成为了欧洲商品的销售市场，阻碍了非洲传统手工业的发展。

19世纪，随着文明的传播和教育的发展，塞拉利昂和利比里亚涌现了很多有识之士，他们大多是从美洲回来的黑人或被释放的黑奴。爱德华·威尔莫特·布莱登（Edward Wilmot Blyden）是19世纪最有影响力的非洲知识分子代表。他是从美洲回来的非洲奴隶后裔，是非洲政治思想家，曾经做过中小学和大学教员，也是一位作家，出版过很多作品。他认为需要把像他那样受过西方思想影响的非洲人带回非洲，希望黑人中的有识之士能够在非洲教育非洲人，让非洲更多的人受到文明的洗礼。不过，他误以为英国会帮助非洲实现现代化，太过于相信欧洲帝国主义。实际上，宗主国在殖民地任命管理人员时是排斥非洲精英人士的。还有一位知识分子是詹姆斯·阿非利加努斯·霍顿（James Africanus Horton），1859年在爱丁堡大学获得博士学位，成为了西非英国军队中的军医，少校军衔。在英军服役期间，他积极倡导布莱登主张的非洲民族主义的思想和泛非主义。布莱登和霍顿都致力于吸取西方文明的精髓，结合非洲传统文明、非洲传统社会的现状进行调整和扬弃，努力实现"西方思想非洲化"，而不是全盘西化，走有非洲传统特色的"非洲文明之路"。

五、殖民统治终结，独立后的非洲（20 世纪中叶）

第二次世界大战后，北非率先掀起了独立运动的浪潮，随后，撒哈拉以南的非洲地区也逐渐为挣脱殖民枷锁而努力。1960 年，有 17 个非洲国家获得独立，被称为"非洲独立年"。1990 年，纳米比亚共和国是非洲最后一个独立的国家，标志着非洲殖民历史的终结。

1963 年，"非洲统一组织"成立，旨在统一和团结各个非洲国家，加强各国在经济、政治、外交等方面的合作，维护主权和领土完整。2002 年 7 月，该组织被"非洲联盟"取代，总部设在埃塞俄比亚首都亚的斯亚贝巴。2021 年 2 月 6 日，中国国家主席习近平致电第 34 届非洲联盟峰会，祝愿非洲国家和人民在团结自强、发展进步的道路上不断取得更大成就，中非各领域加强合作，推动中非共建"一带一路"合作向深走实、行稳致远，致力于构建更加紧密的中非命运共同体，造福中非人民。在泛非主义的指引下，非洲各国认识到，实行非洲经济一体化是非洲各国应对经济全球化的必要措施，是实现非洲复兴的重要举措。1991 年，《阿布贾条约》签订，此条约明确了实现非洲经济共同体目标的六个阶段。

独立后，虽然非洲人拥有了主权和治权，但大部分国家政局动荡、经济贫困，只有极少数的国家经济缓步发展。非洲各国选择走不同的"文明之路"，主要分为三类：一部分国家选择走社会主义道路，一部分选择走自由资本主义道路，还有一部分国家决定走中间道路，采取"有计划的自由主义"政策。

独立后的非洲各国政治文明的发展也举步维艰，受到多重因素的阻碍。20 世纪 90 年代，贝宁人民共和国掀起了民主化浪潮，此后是马里，实行多党选举，修订宪法，1992—2012 年间，马里成为西非多党民主制的楷模。大多数非洲国家都开始了政治变革，开启了新一波的民主化进程。尽管一党制变为多党制，多党制又变为一党制，这种更迭经常发生；尽管某些国家的局部地区仍有军事政变或内战，但独立后的非洲国家已经意识到确立和维护民主政治的重要意义，只有政治民主化，国家政局稳定，非洲的经济、社会、文化才能稳步发展。值得欣慰的是，大部分非洲国家宪法中都承认了人民普遍平等的原则，这是非洲政治文明迈出的重要一步。

六、结语

长久以来，人们对非洲文明存在着误解，认为非洲的文玥都是外来因素起着主导作用，或者非洲压根没有自己的传统文明，欧洲殖民者认为是因为殖民才给非洲带来了文明，这些观点是带有种族歧视的，或因为没有认真研读、分析历史资料和考古数据造成的。自古以来非洲就不是一座孤岛，公元前4世纪左右，非洲就与欧洲有了海上联系。非洲北临地中海，与欧洲能够便利地互通有无；非洲东北部通过苏伊士地峡和红海、西亚沟通；非洲东部濒临印度洋，和阿拉伯半岛、印度、中国交往密切。实际上，非洲文明历史悠久，非洲一些地区的古文明之光璀璨夺目，这些文明虽是在本土文明的基础上吸取了外来文明的精髓融合而成，但文明之根、文明之魂仍然是非洲本土的。虽然经过黑暗的奴隶贸易时期、残暴的殖民统治时期等沧桑岁月，大多数的文明已光芒不再，但它们留存的多元文明融合后的结晶和传统精神文化并未消失。法国史学家费尔南·布罗代尔强调，文明具有流动性，不是一成不变的，但同时也具有稳定性。世界文明的发展都离不开各地区文明的交流和互通，各个文明彼此吸收和借鉴，丢弃不适应本地区的，借鉴对自己有利的来丰富原有的文明，在创新和交融中让传统文明保有生机。非洲文明亦是如此，以非洲传统文明为基础，传承和发扬传统文明，但也应把握好扬弃，同时适应时代发展的潮流，结合本土特点吸纳新鲜血液丰富现有文明并创造新文明。在经济全球化的背景下，促进不同文明间的交流和对话，超越文明冲突和隔阂，平等互助，彼此借鉴，尊重包容，才能让世界文明之花更加绚烂多彩。

喻鼎鼎（江汉大学外国语学院）　王战（武汉大学外国语学院）

Part 2

「他者」眼中的中国形象期待

"他者"眼中的中国形象期待

（第一次圆桌对话）

讲座主题

1. 从欧美等发达的现代化民族国家的普通民众和知识分子的视角来看今天的中国，以及未来的中国，应该以什么样在形象活跃在世界的舞台上，才是合乎世界各种和平力量的期盼？

2. 中国自身的历史与现实相结合的真实历史进程，其逻辑是如何的？我们如何认识并评价这种历史与现实发展的逻辑？

3. 作为世界诸大文明的一支，如何认识中华文明对于世界的历史贡献与未来的可能贡献？

保罗·帕顿（Paul Patton）教授对讲座主题的回应

1. 从西方知识分子的角度来看，在今天和不久的将来，中国应该如何与世界其他国家互动，才有助于维护世界和平？

这个问题看似直截了当，实际上却相当复杂。中国应该如何与世界其他国家互动，才有助于维护世界和平？西方世界给出的普遍回答是：参与现有的"基于规则的秩序"（rules based order），努力支持那些致力于维护全球和平的机构。这些机构包括联合国（UN）、国际司法系统、世界卫生组织（WHO）。支持全球贸易的经济机构，如世贸组织、世界银行、国际货币基金组织以及一系列区域贸易协会（及其协议）。联合国及其机构（如国际法庭），一直在积极参与国际争端的解决，也在处理那些可能威胁到全球和平的问题。经济机构和区域协定促进了国际贸易，推动国家经济融入全球经济体系。国际关系理论中的一个众所周知的观点认为，拥有强大贸易和经济关系的国家基本上不会相互开战，因为这些国家在经济上相互依存，这大大增加了它们开战的成本。

以上回应面临着一个问题，批评者针对"基于规则的秩序"这个既存假设的中立性提出了他们的质疑。批评者指出，定义"基于规则的秩序"的许多机构和协议是美国及其盟国在第二次世界大战后建立起来的，都是维护其全球霸权的工具。如果这个说法是真的，那么中国应该如何与世界其他国家互动的问题就变得复杂了。除了有义务与那些的确为全球和平及安全事业服务的机构合作之外，中国也需要建立新的国际/跨国机构与网络。毕竟，这些行动既能维护世界和平，又能维持中国的经济和外交实力，是符合中国的正当利益的。

中国也的确积极参与了一些这样的建设，比如与"亚洲地区基础设施投资银行"互动，以及提出"一带一路"的倡议。有人认为，这些活动被政治化了，因为它确实是服务于中国的外交政策及目标的，中国也经常因此受到批评。然而，国际援助的政治化并不是什么新鲜事，遭受这样的批评并不是中国不主动采取这种行动的理由。中美竞争进行得如火如荼，在这种背景下，对外援助的政治化是不可避免的，它甚至可能为全球和平事业带来意想不到的好处。比如，中国积极响应"一带一路"倡议的方式是在世界各地进行基础设施建设，这种做法刺激了美国、欧盟及其他国家政府，他们纷纷开始为类似的发展项目作出努力。这些做法的动机当然是复杂的，但它所带来的最终结果是良性的竞争循环，为更多的欠发达国家的基础设施建设提供更多的资金。

这种另类的体制建设方法存在着一定的风险。比如，它可能会依照冷战期间的方式将世界划分为不同的政治、经济影响区域。这种做法可能会增大冲突的风险，因为它将地方冲突与全球力量格局联系起来。当然也有人认为，权力集团之间的结构化竞争实际上会限制冲突的蔓延及其严重程度。但不管怎样，对全球和平这一终极目标的承诺是需要谨慎的。各方都应提高警惕，不要让这种体制建设倡议最后导致不同国家集团各自发展、相互排斥。经济相互依存程度与战争发生的可能性之间呈反比关系，有鉴于此，结构化的竞争结合高水平的经济、社会与文化互动，在预防严重冲突方面可能更加有益且有效。

由于特定的全球问题让一大批非官方机构和倡议应运而生，我们可以用一个更高层次的复杂性来回应开头的那个问题。除前文提到的那些已成立的国际机构外，无论是全球变暖导致的气候变化，还是新冠病毒带来的公共健康危机和经济危机，抑或是未来有可能发生的大流行病，这些挑战都催生了一系列非官方组织及倡议。人们逐渐意识到全球变暖会威胁到国际安全与和平，无论是海平面上升还是淡水资源及粮食的短缺，都会威胁到人类生存。与其他国家一样，中国也会受到气候变化的影响。但鉴于其庞大的经济规模，中国将是可持续能源技术发展的主要推动者。考虑到全球应对这些问题的方式，倘若中国不仅能在本国作出积极响应，还能帮助其他国家行动起来，减轻气候变化给它们带来的影响，用可持续能源促进这些国家的经济发展，给他们的老百姓接种疫苗，等等——中国将在促进世界和平方面发挥着主导作用。当然，中国正在这些方面发挥着重要作用；但其贡献的性质却经常受到质疑，并在某些情况下被高度政治化了，比如世卫组织对新冠病毒的反应。然而，重申我的观点，所有这些质疑都不是中国停止作出贡献并继续以身作则的理由。

这个问题的第三个复杂性涉及本文开头的那个限定语——"从知识分子的角度"。我们应该如何去理解它？这仅仅是在邀请知识分子就那些对他们而言大多是非专业的问题发表武断言论吗，就像我在国际关系和政治经济学方面所作的那样？或者我们应该把它理解为，中国如何从纯粹的知识分子视角作出回应？从这种方式解读这个问题，将涉及中国和西方知识分子之间的互动形式。这是一个我们可以用一定的学术权威来回答的问题，而且答案是明确的：中国和西方的知识分子应该在他们产生分歧的所有问题上，尽可能广泛地、深入地、频繁地进行对话：比如经济增长的目的、环境问题、政府的目的及合法权力、个人权利、性别问题、少数民族文化群体的政治地位，等等。

中国的社会史、政治史及哲学思想史都有其自身的发展历程；虽然外来文化传统对其产生了部分影响，但它主要还是基于其内部传统以及它自身复杂的思想史。虽然有专门从事跨文化对话的学者正在建构一个对话网络，但在中国与西欧思想的漫长发展史中，这都是最近才出现的。当前，西方知识分子对中国文化知之甚少，对中国的知识传统及文化史也不太熟悉。他们对中国对待外部世界的态度也不够了解，而中国也并不清楚西方对待自己的态度，最后导致了两者之间的参与度较低。正因为如此，西方有关机构可能就它们获得的错误信息进行传播，将中国描述成一种威胁，认为中国的价值观与西方主流价值观是背道而驰的。知识分子的参与——特别是人文社会科学领域的知识分子以学术会议、联合研究项目、翻译与比较研究的形式进行参与——将会让中国和西方知识分子很难作出这种敌对的描述，这当然是有助于世界和平的维系的。2022 年，武汉大学哲学学院将与爱丁堡大学出版社合作推出《社会与政治哲学》期刊，这个计划正是基于上述目标，鼓励学界利用中国、东亚，包括西方在内的各种传统资源进行规范性研究，促进一些新领域的发展。

2. 如何结合中国历史和中国当前的发展来理解中国的崛起？

若想充分回答这个问题，我目前所知道的中国历史知识是远远不够的，还需要透彻了解全球经济和地缘政治发展的现状。这个问题不仅对中国来说是极其重要的，对世界其他地区也一样，因为所有这些国家都将受到当前世界秩序深刻变化的影响。从我相对无知的视角来看，充分理解这个问题至少涉及两个重要因素。首先，由于与西方资本主义崛起相关的技术、经济和社会变革从未出现在中国，我们需要回到那个久远的历史背景之下去理解中国当前的经济、技术和社会发展。

与内嵌于中国社会及政治文化因素相关的广泛争论至少可以追溯到马克思，这些因素导致了 17 至 18 世纪在欧洲发生的经济起飞及技术革命，而这些在中国并未出现，尽管当时的中国已经具备了很多先决条件。最近，人们越来越多地认识到来自中国社会外部的制约因素在 19 至 20 世纪阻碍了中国的现代化进程。这些制约因素是 19 世纪及 20 世纪初期的殖民列强强加给中国的，包括 20 世纪后半叶出现的新殖民主义世界秩序。鉴于当前的状况及未来可能的经济技术发展趋势，倘若中国在与西方的交流互动过程中能克服以上制约因素，将有可能打开一个全新的地缘政治的可能性。毕竟，那些制约因素都是历史的遗留，我们不应该回到过去的状态。

在过去的四十年时间里，中国经济的飞速发展是在中国共产党的领导下发生的，这是我们理解中国的崛起与当前的发展的第二个关键。这产生了一种史无前例的、令人惊叹的景观，即资本主义市场经济主要是由国家和党来引导的。中国是世界上最大的市场经济体，但它并不是一个完全受制于全球资本流动及力量的国家。为了引导经济的发展与技术的革新，中国的市场受制于国家的管控。这种管控主要是通过一系列国家机构实现的，包括财务控制、国家规划以及在经济上起着重要作用的国有企业等。中国这一独特的政治和经济体系的成功，以及它对全球资本自由流动一定程度上的限制，引起了为全球资本利益服务的那些国家及非政府机构的敌意；他们中有许多人为了达到自身的目标，是不惜牺牲本国民众的利益的。

中国政府在寻求资本主义经济增长和技术发展带来的利益的同时，也对这种增长和发展对自身文明产生的影响保持警惕；因此，中国模式的成就同时也是有关问题的来源。中国通过市场经济调控全面促进经济技术发展，并致力于社会主义，这无疑是一种具有世界历史意义的发展模式。它甚至可能为现有的西方自由资本主义提供一种经济、社会和政治的选择。西方政府对新冠病毒的反应已经证明了国家可以对国民经济实行更大干预，但它也强化了现有的社会和经济的高度不平等，因为疫情对这些国家的公民产生了不同的影响。中国社会主义能够在多大程度实现经济技术增长以及利益的更平等分配还有待观察，但基于我的个人经验及对这一过程的体验，我认为这将会改进西方社会的民主模式。与此同时，当前的资本主义或中国特色的社会主义能否更好地应对全球变暖的挑战，其生产和消费能否朝一种更具生态可持续性的模式转句，仍是一个悬而未决的问题。

3. 作为世界文明的重要分支，如何理解中华文明对世界文明的贡献及其将来可能作出的贡献？

我认为这是一个重要的问题，应该在我前面所建议的那种知识参与过程中加以解决，但我没有信心对这个问题作出充分的回答。我对中国的语言、文化和思想史不够了解，更何况这个问题可能涉及比较文明层面的专业知识，那么就让我举一个不起眼的例子进行说明吧。鉴于我的亲身经历，我曾试图向我远在澳大利亚的朋友和同事解释西方国家和中国对待新冠疫情的不同反应，以及它们之间的区别。当疫情在 2020 年 1 月爆发之时，我在澳大利亚观看了很多与之相关的电视节目，在那些媒体组织的讨论中，传染病学家以 SARS - CoV - 2 病毒为例向我们解释了人类该如何遏制一种未知病毒的传播，这些应对措施也包括在一定程度上限制个人自由及行动。然而，西方的政客和媒体评论家嘲笑了这些措施。一年后，中国在疫情初期所采取的所有措施，包括关闭边境、检疫、戴口罩及核酸检测，等等，在澳大利亚和许多其他西方国家得到了广泛采用。当然，我们在澳大利亚看到了公众抗议，相当多的反对意见认为这些行为对公民自由构成了一种不可接受的侵犯。随着有效疫苗的开发，这些抗议活动转向了针对疫苗接种的公共卫生政策上面。抵制的原因非常多样，包括根深蒂固的有关身体完整性的自由主义观点，以及个人应该有决定是否接受何种手术或其他干预的自由（即"我的身体我做主"）。

据我所知，中国没有发生这样的抗议。面对新冠疫情的爆发，中国人对一切非强制性或强制性指令的遵守程度很高，比如佩戴口罩、接种疫苗、避免旅行甚至非必要不外出，等等。这些不同反应的背后是什么呢？文明和文化的差异可能导致不同的反应。它可能包括公民对政府的不同态度，也包括政府对公共卫生事件的不同处理方式，比如中国政府可以在几天之内对武汉这个拥有千万人口的大群体进行核酸检测，这样的效率是惊人的。这在一定程度上是因为中国人以社区为基本住宅单位，地方当局可以有效设置核酸检测点，方便公民快速进行核酸检测。对这个问题的回答可能包括对医学和流行病学专业知识的尊重，而不是基于无知或对伪科学的轻信，后者在西方是很常见的。它可能还包括一种社区意识，关注自己的行为对他人的影响，而不是病态的个人主义，甚至不惜牺牲他人的利益来关注"我的权利"，而后者在西方社会也是一种非常普遍的态度。不管是什么原因，了解中国人对疫情作出这些反应背后的文化和思想差异是对世界文明的潜在贡献。学习和推广中国价值观，是可能对管理及应对未来紧急情况作出积极贡献的，包括未知病毒和全球变暖在内。

小　结

最后，我想把第三个问题和我对第一个问题的回应结合起来。前者有关中国对世界文明作出的贡献，后者是中国知识分子应该如何与世界其他地区进行互动，与之相关的议题涉及与当前国际和平安全体制框架相关的知识及其文化渊源。当然，这些体制在建立一个和平、宽容、平等的社会的过程中也有自身的问题和盲点，甚至出现了一些持续的不公正现象。其中一个问题涉及如何对待世界原住民。作为一个定居者-殖民国家（settler-colonial state）的公民，这是我特别关注的一个问题。我们这个国家建立在澳大利亚原住民的土地上，原住民的领土被殖民化了，他们的土地被侵占了，他们的文化遭到了濒临灭绝的破坏。

这里讨论的重点并不是殖民史的可耻及其带来的后果，近年来澳大利亚开始承认原住民文化的独特性，我想介绍一下澳大利亚将原住民文化纳入现有国际人权秩序所采取的行动。我认为这个案例可能有助于我们去思考中国文化及中华文明的价值观如何参与并改变现有的国际秩序。

当《世界人权宣言》（UDHR）于1984年被联合国起草和批准时，这份宣言并没有提及原住民，也没有考虑到对原住民文化起到重要作用的那些问题，比如他们的文化与其领土之间的关联。《世界人权宣言》中规定的基本权利和自由中并没有"土地权"，也没有考虑到赋予人民的所谓的"集体权利"，而仅仅涉及个人权利。在1950年代和1960年代的整个去殖民化时期，根据国际法和联合国的文书，鼓励这些国家独立起来的机构并没有把原住民视为"人"。"殖民地"的概念被随意限定在了与相关殖民国家隔海相望的领土之上，从而将定居殖民国家的原住民排除在了去殖民化的进程之外。

自 2007 年《联合国原住民权利宣言》（UNDRIP）通过以来，联合国人权文书中对原住民文化及其文明世界观的遗漏已得到补充。《联合国原住民权利宣言》重申了《世界人权宣言》对人权的定义及延伸，承认了原住民文化及传统的显著特征，以及与之相关的一些原住民权利。这些权利包括"有权保持和加强他们传统上拥有或以其他方式占有和使用的土地、领土、水域、近海和其他资源之间的独特精神联系，并在这方面继续承担他们对后代的责任"（第 25 条），以及"有权拥有、使用、开发和控制因他们传统上拥有或其他传统上的占有或使用而持有的，以及他们以其他方式获得的土地、领土和资源"（第 26 条）。至于《联合国原住民权利宣言》所承认的独特权利是否只适用于原住民，以及它是否只是基于原住民的特定历史和文化补充并发展了《世界人权宣言》所规定的人权，这些议题在二级文献中存在着广泛辩论。然而，有关原住民权利性质的辩论并不是我这篇文章的重点。

我的重点是拟定和修正《联合国原住民权利宣言》的过程，因为它有利于我们去思考中国文化和价值观，以及其独特的制度。这个过程始于 20 世纪 70 年代，原住民群体开始向联合国申述，为什么将原住民排除在战后去殖民化的进程之外。到了 1982 年，原住民的游说行动促使一个原住民工作小组的成立，专门对那些促进和保护原住民人权发展的情况进行审查，并制定原住民人权的国际法标准。《联合国原住民权利宣言》的草案拟定工作于 1985 年正式开始，直到 1993 年才通过其最终版本并转交人权委员会。由于澳大利亚、加拿大和美国等定居者-殖民国家对此持有保留意见，经修正过的宣言直到 2007 年才最终通过。在近 40年时间里，人们广泛讨论和界定了原住民的历史、文化及其文明价值观，以便提出一项各方都能接受的宣言。许多原住民代表机构都参与了宣言的起草工作。虽然最后的结果不一定让各方满意，但这一宣言以前所未有的方式让原住民成为了受国际法保护的主体。《联合国原住民权利宣言》有效地将（部分）原住民的价值观以及与他们的文明世界观相关的权利纳入了当前的国际人权制度之中。

为中华文明及其价值观设计一个类似的行动是否太过幻想？其实在知识分子当中，这样的活动已经进行一段时间了：想想二十、二十一世纪之交关于"亚洲价值观"的辩论，或是越来越多的会议、期刊、对话和座谈，专门对中国和西方的道德、社会和政治概念进行比较分析。然而目前我们还没有任何行动去直面西方偏见，以作为《世界人权宣言》以及相关联合国文书的基础。《联合国原住民权利宣言》已经表明，《世界人权宣言》并非"人权"的终极权威，它可以通过其他文明观点进行补充。倘若将中国文化及其概念纳入现有的人权和义务概念，可能会产生什么呢？这将是一个非常有趣的假设。这样一个过程又会生成一份怎样的声明？另外，还有哪些其他文明——比如，伊斯兰文明、印度文明或非洲文明等——可能会效仿这一做法，要求他们的核心价值观被承认？在这种对抗中，对当前的西方价值观进行重新思考或制定，又可能产生什么样的结果？一个更加广泛、宽容和多样化的人权概念不仅有助于我们真正去理解作为人类的意义，还将鼓励人们对西方、中国、原住民、伊斯兰以及许多其他文化传统的价值观具有更加深刻和细致的理解。

对话嘉宾：

吴根友（武汉大学哲学学院教授、文明对话高等研究院院长）

保罗·帕顿教授（武汉大学哲学学院）

本·柯饶思博士（武汉大学哲学学院）

翻译：

董锦程博士

讲座时间：

2021 年 10 月 28 日

讲座地点：

武汉大学振华楼哲学学院 B107

"他者"眼中的中国形象期待

（第二次圆桌对话）

主持人：今天讲座的主题是"他者眼中的中国形象期待"。主要探讨不同的民族和国家对于中国在走进世界中心、走向世界的过程中间自己的诉求，以及希望中国在国际舞台上扮演什么样的角色。

今天我们非常有幸邀请到瓦萨学院（Vassar College）的万百安教授（Prof. Bryan Van Norden）。万老师是中国哲学研究方面的著名学者，也是英语世界里中国哲学研究的领军人物，他对于这样一个问题的看法，不仅代表他本人，我想在一定程度上也能够代表美国人文学者，甚至是英语世界的人文学者的观点。

吴根友：第一个问题我想问一下万教授，您是当代美国学术界最著名的研究中国哲学的专家之一，也是当前英语世界研究中国哲学的少数著名专家之一。那么就您来看，当前美国的哲学界，对于中国哲学（Chinese Philosophy）这样一个问题的态度，是友好的，还是漠不关心的？第二个问题就是在您的同行中间，这里不仅是指做中国哲学的同行，还包括广义的做哲学领域的同行，是不是有很多人认为中国哲学不是哲学，而只是一般性的思想？希望您对这个问题作一个阐释。欢迎。

万百安：非常感谢吴老师的邀请以及您非常郑重的评价。我认为，中国哲学现在在西方的境遇还是比较可悲的。因为中国哲学在西方学界并没有受到它应得的认可与尊重。比如，在美国有 100 个博士的哲学项目，但事实上在这 100 个博士项目中，只有 13 位专家可以指导中国哲学的博士论文。

　　西方哲学曾经是非常的开放与世界主义的。《论语》的第一个拉丁语译本是由耶稣会士（Jesuits），其实就是由利玛窦（Matteo Ricci, 1552—1610）他们这些耶稣会士来翻译的。在耶稣会士们曾经严格的训练中，他们对于亚里士多德（Aristotle，前384—前322）哲学的传统有非常好的训练。他们把这个拉丁文本翻译的名字叫作《中国哲学家孔子》。

　　在早期现代哲学中，对耶稣会士的翻译饶有兴趣的哲学家是德国哲人莱布尼茨（Gottfried Wilhelm Leibniz, 1646—1716），他对《易经》中的二进制算法的这种非常鲜明的和精确的比例感到非常的震撼。事实上这个二进制算法及微积分就是由莱布尼茨发明的。同时，这个也是现代计算机数字计算的一个基础。同时他对《易经》的印象也非常深刻，因为《易经》通过这种断裂和不断裂的横线来表明世界的结构。这两个横线，简单来说，一个代表1，一个代表0。在20世纪，精神分析学家卡尔·荣格（Carl Gustav Jung, 1875—1961）曾经对《易经》也非常有兴趣，他为这本书甚至写了一篇德语的具有哲学性的前言。莱布尼茨也认为，尽管西方哲学对于他们基督教哲学的传统很有优势，甚至于在自然科学他们对中国文化有一定的优势，但是莱布尼茨依然认为，中国哲学以及中国的文化，很显然已经超越了我们，尽管我们羞于承认这样的事实。在实践哲学上，也就是在人伦日用的哲学领域，中国哲学尤其是儒家哲学，对于伦理学以及政治哲学应用于人的日常人生中以及在道德实践中要比我们更有优势。

　　后来普鲁士哲人沃尔夫（Christian Wolff, 1679—1754）也响应了莱布尼茨这样的一个观点，他1721年的公共演讲的名称就叫作《论中国的实践哲学》。沃尔夫认为孔子向我们展示了有这样一种可能，就是道德体系的建立，它可以不依赖于神明的启示和自然的宗教。因为，这样一种伦理将我们的信仰以及我们的日用人生与对上帝的信仰相分离开来。所以他这个演讲当时在非常保守的基督徒世界中造成了很大的负面效应，这甚至导致了沃尔夫的工作也丢失了。他甚至被逐出了普鲁士，但是他的演讲让他成为德国启蒙运动中的英雄人物。他很快就在世界的另一个地方，获得了一个非常好的学术位置。在1730年，他作了第二个公共演讲，题目是《论哲人王与论执政的哲学家》，赞美了中国哲学有这样的一个传统，即这些君王们在国之大事上会咨询孔孟这些儒者。

中国哲学以及中国哲人的作品在法国曾经也受到非常严肃的对待。在法王路易十五时期，当时有一位哲人叫弗朗索瓦·魁奈（Fransois Quesnay，1694—1774）。魁奈非常称赞中国的政治制度，并且他也对儒家哲学非常欣赏。他有这样一本作品发表于1767年，叫作《东方专制主义》，他也因为这个作品而被人熟知为"欧洲的孔子"。魁奈实际上也是西方的自由放任经济主义的这个概念的开创者。他的这样的一个理念事实上是受到中国的圣王舜的无为而治的治国理念的影响。自由放任经济主义与无为而治这两种理念之间的联系事实上一直延续至今。在1988年，美国总统罗纳德·里根在一篇演讲中曾经也引用过无为而治。他把这样的理念视作国家对于经济事务这样的一些事情过度干预的警告。

莱布尼茨、沃尔夫与魁奈，是欧洲哲学曾经严肃认真地对待中国哲学的三位典范。事实上，在现在有一位美国的哲学的博士生，他是韩国的后裔——朴彼得，在他2014年那本书《非洲、亚洲与哲学史》里面就认为，曾经在18世纪的时候，印度、非洲以及亚洲的一些哲学的传统就让路给了古希腊以来的这样一个传统。

为什么会这样？为什么会从之前我提到的莱布尼茨、沃尔夫和魁奈他们认真对待中国哲学又变成中国哲学、印度哲学与非洲哲学为希腊哲学传统让路呢？朴彼得认为，非洲与亚洲之所以从这些哲学的经典传统中被去除出去，这当中有这样两个相互关联的因素。第一个因素是康德（Immanuel Kant，1724—1804）哲学的护卫者他们重新撰写了哲学史，并且把对于哲学的这样一个批判的唯心主义，认为是之前所有哲学所趋向的一个目的。就是说康德哲学，是之前所有哲学发展到后面的一个目的。康德哲学的一个后来的跟随者重新撰写哲学的教科书，并且把中国哲学、印度哲学、非洲哲学从哲学正典中驱逐出去。因为他们认为这些哲学并不是哲学所要发展到康德哲学过程中的一个必要的因素，也不是康德哲学所可能发展出的一个方向。

第二个导致中国哲学被驱逐出哲学正典的因素是这些欧洲的知识分子逐渐接受了白人种族优越论这样一种观念。这种观念让他们认为非高加索白人群体的这些民族发展不出来哲学。所以非欧洲哲学从哲学正典中被去除事实上只是一个决定，并不是一个能够让人信服的这样一种观念。它只是一个决定而已，而这个决定并不是根据一个非常理性的有说服力的论证，而只是一个政治的考量。这个政治考量主要是因为倾康德哲学的这些哲人们所作出来的这样一个决定。同时，这样的种族观念在科学上与道德上都是不可接受、非常卑劣的。

康德自己事实上也是一个种族主义者，他甚至把种族认为是一个科学的范畴，但事实上并非如此。他还将种族以一种等级制的秩序排列开来，其中高加索白人群体在等级制的最高点，康德说，"白人的这个种族在他们的自身之内就包括了所有的天赋与动机"，这里应该是指哲学的天赋与动机。当然我们这些做中国哲学的专家是非常清楚地认识到康德对孔子以及对于儒家哲学的轻蔑。康德曾经这样写道：在整个东方你都找不到哲学，他们的圣人、先师孔子所教授的只不过是一些道德教义，同时，提供一些先贤君王在政治实践中的典范。道德以及伦理这样一些哲学的观念很难进入中国哲学家的头脑里。

康德是在整个西方哲学传统中非常有影响的哲人之一。他坚称，中国、印度、非洲以及美洲的这些原住民们天生就不具有哲学的能力，同时当代的西方哲学家也理所当然地接受了这样一种观念。他们认为并没有中国、印度、非洲以及美洲原住民的哲学。如果这只是一个巧合的话，那这个巧合实在太让人惊讶。

后来的哲学家非常理所当然以及不加反思地就跟随着康德这样的说法。在《什么是哲学》中马丁·海德格尔（Martin Heidegger，1889—1976）这样说道："我们常说的'西欧哲学'从根本上来说是同义反复。为什么呢？因为哲学天生就是希腊的，而且哲学的本质就是这样一个事实，它诞生于希腊，也只有在这样的一个传统中真理才得以展开。"与此相类似的，在 2001 年访问中国的时候，法国哲学家雅克·德里达（Jacques Derrida，1930—2004），也让招待他的这些中国哲学家们感到震惊，因为他这样宣称："中国没有哲学，只有思想"。为了回应观众对他的论断的错愕，德里达宣称："哲学事实上就是和某些特殊的历史、一些特殊的语言并且由古希腊人所原创出来的一些因素相关。所以是本来就是来自于欧洲的学问。"

我可以引用美国的一位韩裔哲学家朴尤金的例子。他的例子就表明摩尔（英国伦理学家）的哲学的后人们是如此的心胸狭隘。当这位博士生还在美国中西部一个非常主流的哲学系里面做学生的时候，他曾经想要鼓励更加多元的哲学能够被这些老师和学生们接受，希望更多哲学能够进入哲学系。但朴尤金被这些前辈哲学家以及哲学系里老师们的无知和他们所伪装的种族主义所震惊。甚至有一位哲学系的老师告诉他，我们所做的哲学就是这样一个传统。你要不接受，要不就离开。所以当他想要去引用非西方哲学在他的论文里面，想引用一些非西方哲学的资源去论证他的一些观念的时候。他被建议转到宗教研究系去，或者其他一些民族研究的学科。

像康德、海德格尔、德里达他们对于中国哲学以及对于非希腊传统的哲学表述与评论以及刚刚我提到的这个韩裔美国学生的例子，事实上就是萨义德（Edward W. Said，1935—2003）之前在 1979 年所出版的那本书《东方主义》（Orientalism）里面所提到的东方主义。就是说从埃及一直到日本的一些非西方的民族，他们在本质上都是一样的。他们的一样就表现在，与西方是正相反的。萨义德曾经这样解释："东方是非理性的、堕落的、幼稚的、与众不同的，但这个与众不同是负面的与众不同。因此欧洲与东方相反，欧洲是理性的、有德行的、成熟的，也是正常的。"

在这种东方主义的影响下，人们就不需要去阅读中国以及那些非西欧传统的哲学文本，也不需要很严肃地对待他们的一些论证，因为他们这样的前见，正如萨义德所言："在实践的角度来看，这些东方主义、东方文化，就像柏拉图所说的理念、本质一样。所有的那些东方学家或者说那些曾经殖民过或者主宰过东方的人都可以去检阅、去考察这个观点。"

这样的观点让中国、印度、中东以及其他一些非欧洲的思想家会有这样的想法，就是往好了说，这些非西方的传统是比较古雅、比较古典的；而往坏了说，就是非常愚笨的观点。

后一个问题，目前的状况很糟糕，但是否有希望？我认为是有希望的，以我职业生涯的三个阶段来举例。在刚开始的时候，我认为中国哲学是如此的有趣，也如此的深刻。所以我不得不做的就是去向他的同事们解释，中国哲学在教给我们什么，以及我们应该去欢迎中国哲学进入美国主流的哲学界。然而，我发现对于中国哲学的非理性的一些偏见阻碍了大部分的西方哲学家去接受中国哲学。

因此在我的生涯的第二个阶段，我给那些认为中国哲学有趣的本科生教授中国哲学。但是这样的选择就放弃了让中国哲学能够得到更广泛接受的机会。我对这样的想法是暂时放弃了。

然而，在最近五年，我发现了这个事情开始慢慢地变好。在最近五年，哲学系的很多博士生、一些助理教授，甚至有一些非常资深的教授他们开始对中国哲学感兴趣，甚至希望把中国哲学引入他们的课程、教学大纲里面。学校也会去招一些哲学学者，尤其是中国哲学的学者进入哲学系。当我看到在美国社会有这样的变化的时候，我认为这个变化是美国社会整体变化的一部分。在这个里面，亚裔、非裔、西班牙裔以及一些白人的同盟正在非常团结地努力工作去克服在哲学研究以及哲学教学中的种族歧视。从长远的历史的精神来看，我认为美国哲学教育以及在美国其他领域的教育面貌将会改变。

吴根友：非常感谢万教授对第一个问题十分详细地回应。在这里，我们大体上可以这样来看，那就是 18 世纪的整个欧洲的哲学界实际上是开放的，所以有莱布尼茨、沃尔夫、魁奈等欧洲的哲学大家对于东方尤其是中国哲学表示了巨大的兴趣而且有很多具体的论述。整个这样的变化，实际上还是来自于康德哲学之后至今欧洲英语世界的哲学传统。就是从康德一直到您讲的高加索的欧洲的知识分子，然后到海德格尔到福柯（Michel Foucault，1926—1984），等等。

那么这里我们讲，哲学界有对古希腊的特别偏爱，也有对东方和中国哲学相对的忽视或者是一种轻视。我想除了哲学界，其实在马克斯·韦伯（Max Weber，

1864—1920）一系列的论述以及对现代性的阐释中也把欧洲的现代性看成是古希腊到罗马的这样一个传统才有的现代性社会。

所以说，这可能是整个欧洲整体性的或者是英语世界整体性的看法。我认为这个看法不是很容易一下子能够得到改变。哲学是文明的核心，那么对于这样一个认识上的差异或者说偏见，我认为可能只有通过哲学的对话展开的方式来打开很多哲人的认知。所以我想接下来的第二个问题就是谈一谈中国哲学对于中华文明精神塑造有哪些积极的影响；您作为一个中华文明之外的研究中国哲学的学人，你认为中国哲学对中华文明的形象的塑造有哪些积极的作用；同时，我们在美国或者是在英语世界有没有一些比较普通易懂的中国哲学观念，被大学教育程度的人所知道。如果有的话，能不能举出几个或一组观念。

对于这个问题，在这之前我曾经写过一本书《和平：中国人的文化根柢》。这本书是应中国外文出版社的要求针对英语世界具有大学水平的学生创作的。所以在这里，我想了解一下中国哲学的哪些最基本的观念或者是哪一组最基本的观念在英语世界或者说在美国有被认知。

万百安：对这个问题的前一部分的回应，我认为在盎格鲁欧洲的美德伦理的传统里，生活的好，有这样四种可选项。第一种是做理论的思考，比如说成为一个物理学家、数学家或者哲学家。第二种是有一个非常积极的社会活动，这个社会活动在于促进共同体的善。比如说为政府工作，或者说为一个慈善组织服务，这样的服务是在于促进公共的善。第三种是对于上帝的沉思，比如作为一个修士或者修女，或者说在基督教传统里面，死后得到上帝荣耀的光照，这也是一种生活。第四种就是做艺术上的创造，比如说成为画家、雕塑家，或者说艺术展的组织者。我认为，这前几种生活，从英美欧洲这样一个美德伦理传统来看，任何一种生活对我来说都是很有说服力的。但是儒家通常把服务于社会共同体的这样一种生活视为是很有价值的。从历史上来说，儒家大体上会寻求公共服务，或者说为政府服务。但是，他们会拒绝服务于一个腐败的或者说不具有合法性的君主或者政府组织。儒家通常也会接受前面没有提到的第五种美好生活，就是把自己放到家庭中的生活。比如说成为很好的母亲、很好的父亲、很好的儿女，或者与兄弟姐妹共同让整个家庭走向更高的善。

我认为，在西方美德伦理中，有一个盲点。这个盲点就是参与到家庭生活中并不会被认为是一个社会或者说一个家庭美好生活的一种形式。比如，在柏拉图的理想国里面，柏拉图认为在伦理中，处于最高等级的善就是哲学家王或者说哲学王后。他们通常都会有自己共同的伴侣或者孩子，就是夫妻孩子共有这样的传统。因为柏拉图认为家庭可能会被视为累赘。为什么是累赘呢？因为有家庭的羁绊是与他的美德体系并不兼容或者说并不一致的。柏拉图对善有一个秩序，这个秩序就要经过辩证法，要从比较低的善到一个高的善。但有家庭的羁绊并不符合柏拉图的伦理体系。我还举了一个例子，就是曾经在 70 年代末 80 年代初，可能也是嬉皮士运动后期，在纽约的曼哈顿曾经有过一个时髦俱乐部。这个俱乐部就是被称为柏拉图（Plato，428/427—348/347BC）的静修所。他们曾经有过这样一个社会实践，就是共享夫妻和孩子，作为对柏拉图在理想国中这个观念的支持。

另外，奥古斯丁（Augustine of Hippo，354—430）把独身主义（celibacy）带入了罗马天主教的传统。在奥古斯丁那个年代，独身并不是一个非常严格的要求。可能是因为受到柏拉图主义的影响。这促使奥古斯丁主张并说服其他人，独身应该是教会领袖的必备条件。但是柏拉图的学生亚里士多德，相较于柏拉图而言，他对于家庭有更积极的想法。亚里士多德认为，我们是需要家庭的。但是尽管如此，他认为家庭只不过是为了让家庭中的男性能够比较自由地参与到真正促进社会的共同善的社会实践中去。在这种情况下，家庭才是必要的政治活动，即在于促进共同体以及理论思考能够走向更高的善。对于亚里士多德的主义而言，成为家庭的成员，事实上是工具性的善，并不是善本身。

我们可以尝试着去做这样一个实验，这也是我也做了很多次的实验。我们可以去问一些西方哲学家，无论是男性哲学家还是女性哲学家，他们是否认为他们自己的生活是值得的？我发现很多人会认为是值得的，因为他们哲学家理论思考的乐趣让他们的生活变得非常有趣。同时有一些人也会提到行政的工作，比如做哲学系主任或者学院的院长这类工作是服务于共同体。他们认为这样的生活也是非常值得过的。然后我就问他们，如何看待家庭在你们美好生活中的地位。我所提问的这些人通常都是有伴侣和孩子的，但是他们会为这个问题感到非常惊讶。因为他们从来没有思考过他们的家庭在他们所构想的幸福生活中的价值。我认为他们对于这个问题缺乏反思的原因就是他们从来没有遇到过这样一种把家庭严肃看待的哲学，这是他们以前所缺乏的。这是他们在思考以及实践中所缺乏的经验。

对于儒者而言，成为家庭的成员并不是说等于家庭的繁荣，这就像拿到了物理学的学位，但并不意味着非常成功地做好了对于理论的沉思。我们不得不在我们的家庭以及在我们的生活中把我们的角色扮演好。任何一个作为父亲或母亲的人，都需要知道这是一个非常具有挑战性的工作。成为一个非常好的兄弟姐妹或者孩子，这也是非常难的。对于我而言，这很有说服力。能够非常好地养育我们的孩子或者在当代世界中把家庭关系维系好，事实上这也是人类自我繁荣的一个非常重要的形式，儒家的学问就是把我们的注意力转移到这上面来。

与儒家相反，道家哲学家庄子曾经论证说，一些技术非常好、有经验的实践者，比如说庖丁，他能够把自己的工作放置在整个天理之中，而并不认为他只是在简单地杀鸡杀牛，这是一个"丧我"的过程。我认为，这就是把日常的工作置于更高的天理之中。庄子的思想影响了中国对于佛教的接受，最终导致禅宗的出现。禅宗曾经对于一些实践活动有这样的论述，他们认为实践活动，比如书法、剑术能培养和表达个体对狭小自我的超越。这就像传统武侠小说讲的"书剑合一"。

亚里士多德主义曾经对于美德技能的这样一些修炼，如身心的修炼持反对观点。一个非常有技巧的医生可能会知道怎样治好病人，但他也会知道怎样去毒死自己的敌人，甚至可以让他看起来像自然死亡。一个非常有技巧的建筑师，他能够知道怎样把房子建好，同时他也知道怎样去偷工减料而不被发现。庄子主义者和佛教就可能这样去回应亚里士多德，如果说你真正地把自己沉浸于这样的技巧工作之中，比如说庖丁、医生、建筑师，你也会去抛弃自己非常自私的动机。我认为他并不确定他一定能够被这样的回应所说服，其中一个原因是他认为他是一个儒者而不是一个道者。尽管如此，不可否认的是西方哲学长期以来更强调理智知识，而不是实践知识，对于理智知识的重视要超过实践知识。这是吉尔伯特·赖尔（Gilbert Ryle，1900—1976）的一个论述，很多中国哲学家也会引入这样的一个论述来阐明自己的观点。但是，我认为，单方面地强调理智知识，事实上并不符合我们的直觉。就比如说一个非常好的篮球选手，或者说一个很好的象棋选手，他们对于理智与实践两者都非常擅长，而不是说仅仅对于理智知识非常擅长。我们可以更加严肃地看待我们这样的直觉。非常熟练的活动本身就是人类繁荣的一个形式，无论是在理智还是实践意义上。

有这样一个例子和美德伦理学相关。儒家在培养道德的修养上有非常深厚的传统，我认为西方哲学家能够从儒家的传统里面学到很多。西方哲学家也讨论过伦理修养。正如皮埃尔·阿多（Pierre Hadot，1922—2010）所指出的，在西方有一个古老的传统，把哲学当作一种生活方式，而不是一种纯粹的理论思考。这包括对于美德修养学习的一些方法，我认为重要的是在西方哲学中这是一个非常重要的部分。但是有一些哲学家喜欢非常简化地去区分东亚的哲学与英美传统的哲学。比如说在东亚哲学的传统中，实践是比单纯的理论修养更加重要，事实上这点在东西方都是一样的。另外，我认为，每一个哲学传统都有它的理论思考与实践，都是不可或缺的。西方哲学家在历史上对于道德修养也有很深的兴趣，但是这样的兴趣传统被当代的英美哲学给忽略了。所以，重新捡起西方哲学家的传统是非常有用的，当我们意识到道德实践、道德修养的重要性时，儒家哲学都能够提醒我们去回忆起那样的传统。同时，儒家也对道德修养这个话题提供了非常多且非常有深刻洞见的文本，这些文本相对于西方哲学让我更加印象深刻，也更加有说服力。

我以乔治城大学的艾文贺教授（Prof. P. J. Ivanhoe）曾经写过的一本讲儒家修身的书为例。艾文贺在里面非常精炼地把两千五百多年来儒家的一些道德修炼的传统总结出来。艾文贺认为，在这个主题上曾经有一些非常经典的说法，孔子所说的"学而不思则罔，思而不学则殆"这句话就是讲思与行之间的关系。我认为，孔子的观点是指如果我们没有学习就去实践，可能会让我们误把一些非常肤浅的观念认为是很深刻的；另一方面我们有可能会把一些非常普通的说法认为是革命性的观念。这两者都不可有，而是应该像孔子说的那样，学和思要两者合一，这才是道德修炼。

后世的儒家，他们认为，学习与思考是非常重要的，但是他们在这两者之间孰轻孰重曾经提出过一些争论，比如孟子与荀子之间有性善与性恶的论争。孟子认为人类的本性是善，人本身就有这样的良知四端，四端就证明了人性本善，所以人能够自我意识到道德修炼就内生于德行之中，从而去加强良知四端这样一些潜能，去发展出仁义礼智这样的德性。荀子就非常明确地反驳孟子的观念，荀子认为人性是本恶的，因为人性本恶，所以就不可避免地会导致很多的争论甚至冲突。荀子根据这样的观念，提出美德事实上是需要通过日常的操练和学习形成的习惯，而不是天生就有孟子所说的良知的四端。

中国与印度哲学中曾经也作出过很好贡献的另一个领域就是形而上学。在我哲学生涯的大部分时间里，我所认识的形而上学可以说是广义的亚里士多德式的。也就是说，我认为整个宇宙是由很多独立的基质和本质构成，这就是亚里士多德所说的形质论。有多种因素构成了这个宇宙、这个世界，然后其他的一些实体在形上意义上，它根植于终极的一些基质。基质是其他一些质料以及其他实体所存在的根据。我认为，这个观念第一眼来看的话确实是非常具有吸引力的，因为这和我们的直觉是相符合的。但是在最近这些年，我越来越被中观佛教（Madhyamaka Buddhist）的反本质论、反实体论的观念所吸引。这些哲学家包括龙树菩萨（Nāgārjuna）、寂天菩萨（Sāntideva）和中国的高僧法藏（Fazang）。他们认为事实上并没有那些独立存在的自我，也没有什么独立存在的基质。

刚刚提到的这些佛教哲学家们把他们的观念概括为"中道"。从形而上学这个角度来说，中观佛教在永恒存在论以及虚无主义之间选择了一条中间道路，即所有事情都是相互依赖甚至是完全地相互依赖，有此相互依赖，万事万物才得以存在。我用三明治来举例，三明治在某些意义上是存在的，比如我今天午餐吃的是三明治，那很显然对于吃午餐而言，这个三明治是存在的，因为这个三明治填饱了我的肚子。但是，这个三明治并不是和其他万事万物相独立存在的，恰恰相反，它是依赖于其他的一些存在者。如果我吃的是一个火腿芝士与蛋黄酱，再用两片面包把这些东西夹在中间的三明治，那么这个三明治的存在就依赖于火腿芝士蛋黄酱以及面包。并且，我们刚刚提到的这四个要素内部也是相互依存的。比如说蛋黄酱并不可能靠自己存在，而是要依赖于油、蛋黄以及醋，才能做成一份蛋黄酱。那么亚里士多德主义会说一定会有一个最终极的存在，最终极的一个基质让这个三明治以及万事万物都得以存在，有自身的属性和身份。中观佛教者他们就会这样说，这些万事万物之间相互依存，不是因为有一个最高的存在、最终极的本质，而是它们相互依存实现了彼此的存在。我在这里采用一个非常著名的哲学笑话，就是一个大乌龟上面会堆起很多小乌龟，但是当我们反过来看的时候，我们总会认为一个小乌龟下面永远有一个大的乌龟在支撑着上面。这就像关于无限的论证一样，一路往下看，都是乌龟（turtles all the way down）。

我过去是亚里士多德主义，因为我有这样一个直觉，就是确实会有一个最终极的实在成为万事万物的根据，就像那个永恒的不动者一样。但是最终极的实在这样一个观念，对于我而言，这个实在不依靠于其他的存在让我感到困惑。亚里士多德在他的形而上学的 Z 和 H 这两卷里面也对这个观念作出一些讨论。后来笛卡儿（René Descartes，1596—1650）基本上会承认这样的一个想法，就是我们确实无法去想象一个最终极的实在、最终极的本质是什么样子。因为任何我们所想出来的一个非常具体的实在都不太可能是实在本身，它可能只是实在的一些属性而已。所以我们可以举例，我们如果认为一个亚原子粒子在宇宙中是一个最终极的本质，但是事实上它要依赖于其他的一些粒子，或者说其他的一些存在。我们可能忘记了这个亚原子本身的存在是要依靠质能，但是质能本身也不能独立地存在，它也需要其他的非常具体的一些形式才能让质能存在。亚原子的本身属性也是要依靠于其他的一些原子跟它之间产生的共同作用才能独立地存在。最后，就算我们说能再找到一个更小更根本的粒子，但是这个粒子本身可能也要依靠于大爆炸或者说宇宙他才能得以存在。这就是我对第二个问题的回应。

吴根友：万老师的回应非常的系统还具有学术性，我觉得对于一个中国学者或者中国人，西方学者或者西方普通人他们在接受了中学和高等教育之后他们对于好的生活和生活的好这种理解，从我的这个讲座里，我们看到和中国还是有比较大的差异。特别在关于生活的好这样一个价值的排序，从这个角度看，理论的思考是作为第一性的，然后积极的活动是第二性的，第三个是对上帝的沉思，最后是作为艺术的创造。那么我们要联系中国文化来讲，像《尚书·洪范》篇讲"五福"的概念，幸福、长寿、安宁、富贵，就是福禄寿康宁，那么《尚书》所提供的关于生活的好和西方社会所讲的生活的好或者说好生活之间的差异还是比较大的。儒家看待这个社会关于生活的好有沟通的地方，至于西方人对于上帝的沉思认为是一种好的生活，那中国哲学里可能像儒家和道家追求的要尽性，通过尽性来完成人的美德的修养，这点实际上如果通过文明对话，也可以与西方人追求对上帝的沉思这一点达到某种沟通。中国人像儒家所讲的"游于艺"这样一个追求跟作为艺术创造的西方社会的这种生活观念也有可以沟通的地方。

我觉得刚才万老师讲的非常好的一点就是东西方人对于家庭的认识，或者说儒家主流文化传统对于家庭的思考与西方社会对于家庭的这种态度可能有比较大的差异。而我的好朋友，也是兄长杨笑思先生曾经写过《家哲学》，对这一点作了非常深入和深刻的哲学思考和反思，当然西方社会理念也有对于生活之道的哲学思考，像皮埃尔·阿多"作为生活方式"的这种哲学。西方社会其实也有这个传统，但是这个传统可能不是作为主流的，只是作为一个次要的传统。但这点既然有，那么我觉得中西方之间对于美好的家庭和家庭对生活的美好的意义在这点上也可以沟通。

我们现在上面是进行了一个抽象的哲学讨论，接下来我们就要进入一个比较形而下的讨论，也就是形而上和形而下的结合，按照中国哲学讲就是体用一源，显微无间。所以我们第三个问题就是，根据一些媒体的报道和统计数据来看，由于美国政府和新闻的观点的影响，中美之间的关系目前正在恶化，60％左右以上的美国人对于中国的看法是负面的。那么从一个学者的角度看，您认为是哪些因素影响了美国普通人对于中国的正面看法？这是跟邓小平在访问美国的时候和改革开放以后美国跟中国之间的这种相互友好的状态是有很大差异的。我是 1999 年到 2000 年在美国待了一年，然后 2007 年也到美国做过访问，那时候普通的美国人对中国人总体上是比较友好的，那今天出现这种情况是什么样的因素影响了普通美国人对于中国的正面看法？那么对于中国而言，中国应当通过什么样的方法来如实地向美国的普通人展示一个真实的中国？我认为两国人民之间的交往，普通人之间应该没有什么互相的敌意。我在美国感觉普通的美国人其实跟中国人之间有很多地方是很相近的，包括现在美国的哲学教授安乐哲先生还在北大任教，所以我觉得中美两国之间是可以互相有更加真实的了解。

万百安：为了回答吴老师的问题，我需要简单介绍一下美国的政治生态。我认为美国的政治，通常对于那些在美国之外的人是难于理解的。比如说，美国的共和党经常把不同意他的人描述成共产主义者。所以我发现很多人错误地认为美国的民主党是一个共产主义政党，或者说是一个极左政党。但事实上我认为美国的民主党事实上是一个比较中间道路的政党，有点像默克尔所领导的德国的基督教民主联盟党（Christian Democratic Union Party），以及法国总统马克龙所领导的共和国前进党（the Republic on the Move Party），以及英国的自由民主党（Liberal Democratic Party）。

我出生在一个共和党家庭，在我非常年轻的时候，美国的共和党其实是一个比较中间偏右的政党。比如，被中国人非常熟知的尼克松总统就曾经与毛泽东主席共同将中美关系正常化。尼克松就是共和党总统，事实上他对于美国的国内的政策持非常温和的态度。但是在特朗普四年总统的任期内，美国的共和党逐渐变成了一个极右政党，这就有点像印度现在的总理莫迪领导的人民党以及曾经匈牙利的奥尔班做领导时期的民盟党。

我之所以要提美国人对于中国的态度，是因为美国的极右主义者，比如说支持特朗普的那些共和党人他们是有一种白人民族主义的情绪和态度。因此我认为,对于中国以及对中国人民的敌对态度通常是来自于美国的共和党。很多共和党人认为其他的一些民族,包括中国华裔、非洲非裔是比白人在种族上要低一等的。

我在这里要提到一位政治评论员,就是美国全国广播公司的评论员卡马尔·贝尔,卡马尔曾经提出非裔美国人与华裔美国人之间曾经在政治上是非常团结的。因为非裔美国人相信了中国人民曾经在日本与欧洲的帝国主义侵略之下忍受了很多的痛苦,就像非裔美国人曾经在美国土地上所遭受的奴役一样。所以,卡马尔建议华裔与非裔应该复兴曾经的这种团结。

我非常反对法西斯以及白人的种族以及民族主义的这种观念,所以我也反对现在的共和党以及支持川普的这些人所提出的政治生态。我是奥巴马与拜登政府时期的民主党人,我的兄弟姐妹们目前依然是非常坚定的共和党,但是我的儿子和我儿子的未婚妻认为他们自己是共产主义者,但是我女儿认为自己是一个民族社会主义者。我希望我的中国朋友们要意识到这样一个事实,就是美国的这些左派事实上是对其他的民族、对其他所有的国家文化与宗教传统都非常地尊重。这是我对第三个问题的回应。

吴根友:好,我们的讨论是由形而上到形而下,那我们哲学家除了要沉思以外还要对现实生活中间的一些问题给出哲学家的一些建议或者是方案,那么我进一步接着问一个更具体的问题,就是您作为一位长期研究中国哲学的学者,您觉得中国在当今的国际事务中间应该扮演什么样的角色?或者说你心中期待的中国应该是什么样的国家形象?请您对此问题发表自己的看法。

万百安:我对第四个问题的回应是这样的。我认为英国曾经在 19 世纪末与20 世纪初,是世界的主导性的力量,甚至可以说是最强大的国家。但是随着"二战"的爆发,"二战"之后美国与苏联逐渐成为世界的两个超级大国,一直持续到冷战结束。很多国家目前都在国际舞台上非常有影响力,这包括俄罗斯、印度、英国、德国、日本、韩国、沙特阿拉伯等。尽管如此,我认为中国和美国是现在最强大的两个超级大国。

美国与中国都有非常值得骄傲的历史，也有各自独特的优势。在我看来，中国主要有两大优势，第一个就是根植于儒家传统的社群主义的政治哲学。这个社群主义政治哲学与其他强调个体主义的哲学很不一样，就是以个体主义为继承的自由主义哲学，比如说霍布斯（Thomas Hobbes，1588—1679）与约翰·洛克（John Locke，1632—1704）的政治哲学开启了这样一个传统。中国的第二个优势在我看来，就是知识分子对于传统文化的尊重。我认为这一点其实也是根植于儒家的传统。

对于中国与美国之间的各种不同点，我认为非常明显地体现在对于新冠疫情的不同回应上，不同的抗疫措施体现了中美之间很大的不同。我对于中国新冠疫情的印象是这样，人民之间团结合作了为了社会的共同善去保持社交距离。人们会听从医学专家以及科学家的建议，他们怎么安排防控措施，人民就怎么做。但是在美国就不一样，很多人习惯性地就会拒绝保持社交距离、拒绝戴口罩、拒绝打疫苗。因为很多美国人认为他们比科学家，比医学专家对病毒了解得更多。

我在这里想引用托克维尔（Alexis de Tocquecille，1805—1859）1835 年的一个非常开创性的著作《论美国的民主》（De la démocratie en Amerique），托克维尔是这样说的，在很多美国人心中，他们倾向于更相信自己的思考，也更相信自己的判断。所以美国是一个笛卡儿的哲学观念在这里会应用得更好的国家，因为所有人都把自己关在自己的世界里面，并由此影响他们对这个世界的判断。

我认为美国人相信他们自己的判断这种独立思考事实上是美国的一大优势，但有的情况下也可以说是最大的缺点。有的时候独立的思考能够带来非常伟大的科学创新。比如，爱迪生（Thomas Alva Edison，1847—1931）、贝尔（Alexander Graham Bell，1847—1922）、富兰克林（Benjamin Franklin，1706—1790）、爱默生（Ralph Waldo Emerson，1803—1882）、戴维·梭罗（Henry David Thoreau，1817—1862）、威廉·詹姆士（William James，1842—1910）、罗尔斯（John

Rawls，1921—2002）、约翰·杜威（John Dewey，1859—1952）以及诺姆·乔姆斯基（Noam Chomsky），这些人都是独立思考的典范。这些都是伟大的科学家、哲学家、文学家。我也用自己的生活历程来举例，正是因为对一些专家的质疑和反思，我的独立思考把我带到了学习中国哲学的领域中来。我认为，尽管如此，美国的个人主义也导致了非常严重的后果，比如说一些宗教信仰的迷狂，以及迷信；再比如说占星术，甚至在美国非常广泛流行的对疫苗的反对以及对于进化论的质疑，进化论甚至都不能在美国学校里面教学。很多的美国共和党的领导者，他们绝对不会承认进化论是正确的，因为这些共和党人是反科学的。以上就是我对第四个问题的回应。

吴根友：这个回答对中国目前所具有的优势，特别对知识分子尊重传统的文化给予了肯定，我觉得这个讲法与我们作为身处中国的知识分子对中国自身的看法还有一些差异。中美之间对共同善问题的思考我觉得也是非常有意思。在儒家的文化传统里，社群主义可能更倾向对共同善的追求，这点在古希腊哲学其实也有，但是由于自由主义和个人主义，对共同善这一点反而丧失了兴趣。另外，进化论在美国会受到共和党的质疑，但在中国讲进化论不会受到质疑。所以，我觉得中美文化之间通过中学教育和高等教育所形成的文化上的差异，看来是一个比较长期的工作。要沟通这些差异恐怕还是要通过对话。

2019 年的 6 月份以后，武汉大学成立了文明对话高等研究院，所以最后一个问题我想请教万老师，即中美之间的一些文化差异是通过教育产生的，这里有知识分子对自己传统的理解等，那么您觉得文明对话是不是一种增进不同文明之间相互理解的有效途径？而且凭您在国际学术界交流的长期的经验来看，文明对话的活动究竟应该如何展开？怎么样对话才是有效的？

万百安：我对第五个问题，也是最后一个问题的回应是，我认为，文明对话当然是增进不同文明之间相互理解的一个重要的渠道。并且，我认为文明对话也是一个非常重要的、非常宝贵的哲学与文化之间、文明之间的沟通实践。但是我认为有一点是非常重要的，就是不能忽略文明之间的多样性以及文明之间的内部的复杂性。我以现代新儒学《为中国文化敬告世界人士宣言》举例，这个宣言对于塑造中国人对西方文化的认知，以及西方对中国思想认知起到了非常大的作用，但是这个宣言事实上有两点是有点遗憾的：第一点，它过分简化理解了中国的传统，第二点则是过分简化了对于西方传统的认识。

第一点，我认为《为中国文化敬告世界人士宣言》没有充分地认可中国传统文化的多样性。我认为有非常多的在儒家之外的思想资源其实并没有在这个宣言中体现。我认为这个宣言受宋明理学朱熹与王阳明思想的影响太大，导致对于其他的思想传统缺乏客观的体现和认识。比如，我认为黄宗羲、戴震、章学诚他们对于形上学以及伦理学的思考，其实也是可以作为朱熹与阳明他们在同样问题思考上的一个可替代选项。另外，我认为中国的道家、墨家、法家与佛教也有很多的资源可以提供。

宣言的第二个缺点是，它没有充分认可西方传统的多样性，这个宣言把西方思想简化成了就是二元论所主宰的思想传统。我认为这是不对的，真正严格意义上的二元论在整个西方传统上是非常少见的一个观念，亚里士多德的形质论事实上是对整个亚伯拉罕一神教的传统，如基督教、犹太教、伊斯兰教，对这个传统形成了非常强有力的影响。但是亚里士多德的形质论并不是二元论。康德、黑格尔、尼采、马克思以及受笛卡儿影响非常大的后笛卡儿西方哲学家以及相当多的哲人都不是二元论者。20世纪以来比较有影响的两位哲人，海德格尔和维特根斯坦，他们实际上也反对这个二元论。

所以我的观点就是，文明对话是非常宝贵的哲学的实践，但是要充分认识到不同的传统的丰富多样性，这是很重要的。我非常感谢吴老师对我的采访，也非常感谢今天在线的这么多听众。我再一次祝贺吴老师的文明对话高等研究院成立，相信吴老师的文明对话高等研究院能够促进不同文明以及不同哲学之间的对话，我相信这对于整个文化交流会产生非常积极的影响。

吴根友：我相信，随着网络技术的不断发展和更新，学术交流和文明对话也会采取更多样的方式。人类总是在不同的阶段会遇到不同的问题，但是解决问题的方法和技术手段远远要多于问题。这也是我们人类所具有的面向光明、走向光明的一丝希望。

主持人：

吴根友（武汉大学哲学学院教授、文明对话高等研究院院长）

回应人：

万百安（美国瓦萨学院教授、哲学系主任）

现场翻译及文字校对：

刘旭（武汉大学哲学学院与耶鲁大学神学院联合培养博士生）

时　间：

2021 年 12 月 2 日

佛教文化对于世界和平与人类命运共同体建设的积极意义

吴根友：今天主要讨论的话题是：佛教对于亚洲和整个世界的和平以及对人类命运共同体的塑造将会起到什么样的作用？今天专门邀请到日本郡山女子大学何燕生教授，他对佛教，特别是东北亚、东亚的佛教有长期精深的研究。另外一位是亚利桑那大学的吴疆教授，他也研究佛教，而且对英语世界的佛教有极深的关注。一位是代表日本方面的学者，一位是代表美国和英语世界方面的学者，他们对于佛教在东亚、东南亚、东北亚以及在世界各地所具有的影响力和积极作用都有比较真切的研究和认知。我认为请这两位专家来讨论这样一个问题是非常恰当的。

今天的讨论大体上分五个话题。首先，我们请两位教授分别介绍一下佛教研究和信众在日本和美国的大概情况。

何燕生：第一个问题是日本的佛教研究，这需要分几种情况和背景。第一，日本是（亚洲）最早从西方引进"宗教学"的国家，而且很早就把佛教研究从"宗教学"中独立出来，创立了一个具有相对独立性的"佛教学"学科，把它列入了国家的正式学科体系。"佛教学"在日本得到长足的发展，并形成了庞大的学术团体。东京大学、京都大学、东北大学、北海道大学、九州大学、名古屋大学等著名的国立大学都设立有"佛教学"的专业，配备有专职教员，招收本科、硕士和博士生。还有部分私立大学也设有"佛教学"这方面的专业，甚至有"佛教学部"，像驹泽大学、佛教大学，等等。他们授予的学位就是"佛教学"学位，和文学博士、哲学博士、历

113

史学博士是一样的，没有任何差别。第二，日本的佛教研究有两个背景。第一个背景就是刚才讲的，（日本的佛教研究）起源于近代的欧洲，著名的有南条文雄（1849—1927）、篠原研寿（1852—1883）等一批留欧的学生，他们在英国向马克斯·缪勒（Max Müller，1823—1900）学习，回国以后在东京帝国大学创立了"宗教学"这么一个学科，特别是从梵文的角度研究佛教。第二个背景是日本本土的江户时代（1603—1868），富永仲基（1715—1746）提出"大乘非佛说"，这是一种批判性的研究，可以称为"准近代性的佛教研究"。近代日本的佛教研究在这样独特的（两个）背景下产生，就形成了既不完全同于欧洲，也不完全同于中国以及亚洲其他国家的日本佛教研究的模式。它的特征可以归纳为两点：一个是客观的、重视原典的欧洲模式；另外一个是非常注重现实生活中的日本佛教的存在，呈现出一种"身份认同式"的回归原典的模式。就是说从日本的佛教现在的存在、在历史上跟中国和印度的渊源，确认它存在的意义，从这个角度去研究的学问一般叫作"宗学"。

日本近代佛教研究最有代表性的成果，大家都知道是《大正藏》（《大正新修大藏经》的简称，1924 年发起，1934 年印行），有八十五卷，后来加了注释，总共有一百卷左右。《大正藏》可以说是跨越世界学术界的最为代表性的成果，其中也穿插了一些日本的经典。所以现在国际上任何一个单位研究佛教所依据的最基本的文献，基本上就是《大正藏》。

另外，今天我们的对话是武汉大学文明对话高等研究院举办的，所以从比较哲学的角度，我想借这个机会简单介绍一下与佛教有关的几位日本学者，希望年轻的学者关注。第一位是铃木大拙（1870—1966），大家都知道，这不用介绍了。第二位是西田几多郎（1870—1945），可能大家也听说过。第三位不一定都听说过，田边元（1885—1962），他（的思想）也属于京都学派。第四位中村元（1912—1999），他是最早从佛教的角度提出比较思想、比较文化研究的一位学者，他的书好像有翻译成中文，但好像没有人具体研究他，我觉得今后他是一个值得我们关注的人物。第五位井筒俊彦教授（1914—1993），他的著作好像有关于伊斯兰教方面的被翻译成了中文，他的哲学思想，尤其是他提出的"东洋哲学"概念，对我们今天从比较哲学的角度来探索东西方文化、哲学的对话能够提供一个非常有意义的参考。以上这五位，希望大家注意一下，特别是年轻的学者，在校的硕士、博士要写论文的时候可以以他们为资源。

然后是日本的信众情况。大家知道佛教是在公元 552 年从中国传到日本的，像中国的一些宗派，天台宗、华严宗、禅宗、净土宗等都相继传到日本。但有一个特征，就是在这种基础上，日本形成了自己的一些宗派，比如说"日莲宗""净土真宗"等等，这些是中国没有的。然后到近代，以佛教为依托，形成了一些新的佛教团体，比如说"创价学会""立正佼成会"等等，他们都信奉《法华经》，与中国的天台宗有着密切的法缘关系。具体落实到日本信徒，信徒与宗派、寺庙之间的关系是怎么样的？其实，日本宗派之间有相对的独立性，都（各自）是一个单立的"宗教法人"，所以平常它们没有什么关系。日本的信徒和寺庙发生的关系是建立在一种"檀家制度"的基础上的，这种制度形成于日本江户时代，当时是幕府为了抵制基督教传播，特地制定了宗教的一些行政制度，俗称"檀家制度"，就是规定每一个家庭必须成为当地寺院的信徒。这种制度后来在明治维新以后被废除了，但是目前日本的信徒和寺庙的这种关系，其实还作为传统而延续。"檀家制度"成为日本佛教的一种特点，谈到日本佛教信徒，我们就不得不提它，这也是日本佛教不同于亚洲其他地区佛教的地方。在"檀家制度"下的信徒还不是相对的自由，而是受到传统制度的制约的。

有一个非常有趣的统计，日本人的宗教信仰人口是 3 亿，但是日本的人口只有 1 亿 3 千万。为什么出现这种现象呢？就是一个国民同时信仰两种以上的宗教，（比如）有时信仰"佛""菩萨"，同时也信仰神道教的"神"，甚至有时候同时也信仰基督教的"上帝"，在信仰层面，他们并行不悖，不相矛盾。这种信仰，我们学术界把它叫作"重叠式"的信仰现象，不同于西方的一神教的"排他性"，这是日本同时也是亚洲，特别是东亚宗教信徒的一种普遍特征，呈现出一种"融合性"的特点。这可能与我们今天这个话题有必然的关联。

吴根友：非常感谢何教授简明扼要地把日本佛教研究的极其鲜明的特色以及佛教信众信仰的"重叠式"的特色向我们作了非常明确的介绍。在这一点上，我们在场的听众就会感觉到日本人的信仰跟中国有相同的地方，那就是一个人可能同时信仰几种宗教，这种融合性和"重叠式"的信仰跟中国比较接近，这可以说是佛教的信仰在亚洲所具有的共同面。但同时日本佛教有它的特点，就是"檀家制度"，中国的佛教则特别强调要"出家"，尽管在家也有"居士"，但不算"出家众"。那么日本佛教的研究其实也有很多名家，尤其要注意"宗学"的研究，和中国大陆长期以来的佛教（研究）有相似的地方，但也有很多不同的地方。所以这一点上我们可以看到，一种宗教或者文化在不同的民族国家和地域，会保持它精神上一些主要的部分，但是在发展的时候，它与当地的文化和习俗总是要结合在一起。下面我们想请吴疆教授介绍一下佛教在美国和英语世界里的状况。

吴疆：刚才何老师已经给我们做了一个非常精彩的概括。我们是初次在线上相见，但何老师在禅学方面的研究大家都有目共睹，尤其是把道元禅师的《正法眼藏》翻译成中文（宗教文化出版社，2003 年版），这是个很了不起的贡献，我们学者、学生都会受惠。刚才听何教授讲的日本方面的佛教研究和信众情况，我受到了很大的鼓舞和教育，我觉得对我们理解日本宗教、佛教的发展很有帮助。

我本人虽然是在中国大陆受的教育，但是在美国、西方也生活了二十多年，对佛教在美国的状况有一些了解，但在最近几年可能才了解得比较深入。因为和各方面有一些接触，其中一个主要原因是现在我们有一个佛教研究中心，由于这个机缘，我就和很多在美国从事佛教研究和修行的团体有一些联系。我想简单讲一下它的几个特点，大家以后有机会可以再了解具体内容或者有关的人物。

我们知道美国文化本身的产生跟欧洲有很深的渊源和密切的联系，而且何老师刚才已经讲到，日本的学者开始也是到欧洲去学习，像南条文雄跟马克斯·缪勒他们学习梵文研究或者宗教研究，所以当时的欧洲肯定（多有）研究宗教甚至东方文化的。这个有点奇怪，东方自己的宗教文化要到西方去学习，这恰恰是在明治维新以后出现的一个现象。那么欧洲和美国，正好代表了两种不同的取向。因为欧洲最先发展起来，尤其是英国，它的殖民地非常之多，很多有佛教的国家都成为它的殖民地，像斯里兰卡、印度，中国和日本等实际上是处在大英帝国建立的"殖民帝国"的边缘。中国和日本很重要，但是因为没有完全被殖民，所以英国研究的重点是它的殖民地印度。它对佛教的认识也是经过了一个漫长的阶段，如果大家对西方和亚洲接触的历史有一些了解的话，一开始的时候是17、18世纪，耶稣会士首先到亚洲，利玛窦（Matteo Ricci, 1552—1610）只是其中的一支，还有很多传教士到东南亚、日本，甚至中国西藏。耶稣会传教士肯定持有偏见，他们对中国人说佛教是不存在的，中国人信仰的实际上是一种变种的基督教，因为他们刚去过印度，那个时候印度佛教已经灭亡了。所以利玛窦和袾宏（云栖袾宏，1535—1615）这位佛教大师在17世纪有辩论。但是他们把有佛教存在这个信息带回欧洲了，西方的学者就很好奇，开始的时候甚至搞不清楚佛陀是不是印度人这个很基本的问题。后来直到19世纪中期，在尼泊尔、印度发现了梵文的佛经，才证实佛教起源于印度。1844年有一位法国学者叫尤金·鲍诺夫（Eugene Burnouf, 1801—1852），他出版了一部《印度佛教史》，这才把很多历史上的问题澄清，马克斯·缪勒还是后起的。在（当时的）欧洲，法国学者研究中国佛教是第一，有很多汉学家，英国的学者还要稍弱一些。他们的研究形成了一个特点：以文本研究为基础。他们所认识的佛教，不是因为和高僧大德有一些接触，或者高僧传法到了欧洲，然后接触到佛教，他们是直接从梵文、巴利文、汉文的文本开始，比如其实他们最早翻译的佛经是《四十二章经》，是从中文翻译过去的，这个过程就形成欧洲的一个传统。所以它的问题就是"纸上谈兵"，他们认得写在文本中的佛教，但是他们不知道在实践中亚洲国家的佛教是以如何的样式存在的，所以没有人类学、社会学这些方面的研究，只是文本研究。进而也产生了一种对佛教的想象，比如说当时很多人接触佛教，觉得佛教好，没有神，是纯粹的哲学，所以基督教徒也研究佛教，认为佛教徒以后可以变成基督教徒。

欧洲佛教研究的发展就有这么一个文本研究的特点。后来欧美（佛教研究）肯定有个（与他者）合流的趋势，所以可能看不出这个分别，但是这个源头就使欧美在理解东亚佛教上有一个先天的优势，因为它各种语言（的文本）都有，但也有先天的缺陷，就是它只关注文本。

那么美国是后起之秀，欧洲人实际上是看不上美国文化的，觉得它没有什么文明、文化。但是美国宗教的发展，他们对佛教的认识过程实际上反映了美国文化在 19 世纪末 20 世纪初的变化。它的特点就是重视实践修行、重视体验。比如，19 世纪末在美国发展起来的 "transcendentalism"（超验主义），代表就是波士顿的爱默生（Ralph Waldo Emerson，1803—1882）。他是哈佛神学院的教授，哈佛神学院是（美国）最早的一个神学院，它的主楼就叫 Emerson House。还有一位和他一起的，叫梭罗（Henry David Thoreau，1817—1862），后来他就在 Walden Pond（瓦尔登湖）有个小屋，在那里独居、冥想，写了很多散文，都很漂亮，爱默生文笔也很好。那个时候他们首先接触的还不是佛教，是印度教。他们的共同特点就是通过直觉了解真理，这里面就包含了很多体验的东西，所以他们对东方的神秘传统都很感兴趣，佛教也是其中一个，在这种情况下他们大量吸收了佛教。后来更发展出了一些宗教团体，在亚洲有比较大的影响，在美国反而影响稍微小一些，比如 Theosophical Society，中文翻译作 "正道会" 或者 "神智学会"（或 "灵智学会"）。其中有一个类似女巫的女性人物，是俄罗斯后裔，叫布拉瓦斯基（Blavatsky，1831—1891），还有一个美国男性，叫奥尔科特（Olcott，1832—1907），他参加过南北战争，他们对神秘体验很感兴趣。他们在美国影响一般，但是这两个人最后都去了亚洲，到了斯里兰卡。奥尔科特和斯里兰卡人说，他们这一套不是佛教，他理解的佛教没有神，而且他们没有教义。所以他给斯里兰卡人写了一本教义书（《The Buddhist Catechism》，即《佛教教义问答》），就是讲回归佛陀早期的思想，讲佛教不是一个宗教，是哲学。所以大家就可以看出它偏重于体验的特点。包括后来他们接触到的禅宗，也是从日本传来的曹洞宗，铃木大拙也把禅宗和神秘体验相联系，这是美国人很喜欢的。

当然现在欧洲也有很多这种禅修的团体，文本的研究在美国也很兴盛，我的感觉是可以用这两个大的传统或趋势来定义和理解（它们）：一个就是我刚才讲的偏重于文本，对多种语言文本的研究；另外一个就是要体验、实践。现在发展出来的一些传统，比如说强调"正念"（contemplative），已经从佛教中发展出一种全民性运动，"contemplative studies"或者"meditation"，就把"体验"这部分从佛教中分离出来。大家也可以看到，它的理解也是有偏差的，但这是它的一个特点。

在这个过程当中，应该说它不断地受到亚洲佛教的影响，主要的来源就是日本。日本是一个我们尤其需要重视的现代东亚思想的发源地，它比中国在近现代思想发展的深度和广度上都要大一些，包括这些思想家都有很强的独立性、独立意识，所以发展出来的传统到现在我觉得都值得我们学习。刚才何老师的介绍中说的是日本思想史发展的主流，日本对西方的影响，从美国的角度看，反而是一些（日本思想的）支流、末流传到了美国，成为主流。我举一个简单的例子，美国的禅宗现在已经完全白人化了，全是白人，移民都很少，他们有从日本来的传承，但这个传承是从"三宝教团"（Sanbo Kyodan）的传统里来的。其中有几个人物，像原田（Harada，1870—1961），原来是曹洞宗的和尚，和他的弟子安谷（Yasutani，1885—1973），后来改成临济宗了，这就形成"三宝教团"。这两个人虽然出家，但"三宝教团"是"非僧非俗"的，像日本近代佛教的发展也是（走向）"非僧非俗"，之后在美国就衍变成为一个俗人信徒、居士的团体，大量的美国信徒都属于"三宝教团"。在国内我走访一些寺院，他们也开始接触"三宝教团"，比如柏林禅寺的明海大和尚说了好几次，他在欧洲传法，接待他的都是"三宝教团"的人。"三宝教团"比刚才何老师讲的"立正佼成会""创价学会"，在日本的影响可能都要小很多，但是在西方反而影响很大。当然"创价学会"在西方影响也很大，在南美发展很快，但基本上是独立地传教，"本土化"做得非常好；"立正佼成会"在国际化方面则稍微差一些。

以上这些只是我的一些观察，也不能说是定论，我本人也不是专门研究现当代欧美佛教或者信众的专家。我的兴趣是 17 世纪的江户时代，那个时代发生了一些中日交流很重要的事情，比如隐元隆琦禅师（1592—1673）。2022 年是隐元隆琦禅师 350 周年圆寂的纪念日，中日都会有大型的活动。我们如果有兴趣可以多讲讲那个时代。

吴根友：非常感谢吴疆教授简明扼要地介绍了佛教在欧美传播的情况以及当前欧美世界里普通大众对于佛教的接受情况。其实在这里我们可以看到佛教在整个现代化，也就是欧美的现代工商业文明全球推广的过程中，是以什么样的方式进入全球化的对话之中。当然从 17 世纪以来，欧洲文化是主流文化，他们率先发展出现代工商业文明，然后在全球进行扩张，这其中当然包含着殖民（因素），但因此他们可以说成为全球化运动的发动者和主导者，所以他们对佛教和其他宗教的理解会深刻地打上他们自以为是的先见。耶稣会教士对佛教的理解，显然以基督教为主要背景，用他们的观念来理解佛教。这点可以说在中国也有，17 世纪耶稣会教士进入中国之后，先是借助于佛教，后来发现佛教在中国社会不占主流，就接受儒教。那么在这个过程中，耶稣会教士对于佛教的研究特点是以文本为主，忽视宗教的社会性，缺乏人类学和社会学的视野，我想这比较合乎现代化的全球化推广过程中，在文化上所包含的基督教的主动性传播（的特征）。他们以自己的宗教为主，所以佛教文化在一定程度上被歪曲性地理解，或者仅仅作为一种文本上的教义和思想来对待，这点上可以说是早期传播的一个特点。

刚才吴疆教授讲得非常有趣，说存在着"三宝教团"这样一个"非僧非俗"的团体，我想在欧美，特别在美国社会出现这样的现象，其实与佛教自晚明以后，特别从宋以后在中国社会更多地走向"人间化"这样的趋势在某种程度上也有契合之处。当然中国社会佛教的发展显得层次更加丰富，一方面有在寺庙里的出家僧众，保持了他们各自的特征，禅佛教可能成为主流，但是佛教的各种各样的经典或大师都还存在；另一方面也有广大的信众，即居士群体。所以"三宝教团"在美国社会的出现，和中国社会近现代以来提倡的"人间佛教"之间事实上也可以形成某些关联。

　　我们通过上面两位学者对日本和欧美佛教传播的大致情况的介绍和分享可以看到，佛教作为非常重要的文化，在世界各地保持它自身身份统一性的同时，又在各个地方表现出差异性。所以在这点上可以说，这为文明的传播如何以合适的方式与当地文化相结合提供了某种值得认真反省和汲取的经验。

　　在今天全球化的过程中，各民族文化之间都会同样面临这样一个"在地化"的问题。所以接下来我们要分别请两位教授谈一谈，佛教的思想和信仰与日本和美国其他文化、宗教传统的关系究竟如何？我们会遇到一个老话题，也就是亨廷顿（Samuel Phillips Huntington，1927—2008）提出的，在佛教的世界化传播过程中，会不会出现所谓文明意义上的"冲突"的现象？在这点上我想两位学者对此都有自己深刻的研究和高明的见解。那么我们先请何教授谈一谈佛教与日本本土的神道教以及其他宗教的关系。

　　何燕生：好，刚才吴疆教授谈到"三宝教团"的情况，我觉得很有意思。其实（关于）近代禅学的兴起，刚才吴教授也提到，铃木大拙很关注当时西方的"灵智学会"，太虚大师（1890—1947）的一篇《寰游记》里也记载了他到欧洲旅游的时候，受"灵智学会"的邀请去做讲座的情况。我觉得我们当代禅学的兴起，到20世纪80年代才呈现出一种"禅学热"，这其实也跟当时流行气功有很大的关系。所以很有意思的就是，佛教的兴起是通过经典信仰兴起的，还是通过现实生活中民众的信仰需求兴起的？这绝对是一个宗教学的很有意义的话题。

　　关于刚才根友兄谈到的另外一个问题，佛教传入日本，是作为大陆先进文化的复合体传到日本的，不是作为纯粹的一种宗教。尽管历史记载最早出现过类似于中国早期"排佛"的一些运动，但是基本上是持积极的护持、欢迎的态度。但是早期日本佛教对经典的接受还是有选择性的，比如早期它重视佛教的《维摩诘经》《法华经》《金光明经》《般若经》，等等，这些经典在教义上强调"入世""慈悲""无常"，同时还强调"国土安宁"这些教义，自然受到了当时执政者的欢迎。相传奈良时代（710—794）的圣德太子（574—622，时为日本飞鸟时代）曾经为三部经做过注释，其中有"以和为贵""弘扬三宝"（的说法），"三宝"大家知道是佛教的一个代名词，它们被列入当时的宪法之中。圣德太子大力推崇佛教，使其在日本扎根。

　　那么神道教是一个什么样的宗教？我就着重讲一讲佛教与神道教的关系。其实佛教传入日本的时候，神道教还没有形成。日本的普通大众认为神道教早于佛教，但从学术观点讲，这是不符合历史事实的，它是在佛教传入以后，受到佛教的刺激才逐渐形成的一种宗教。早期在日本民众当中，佛在一定程度上被视为一种神灵，所以不一定和我们经典里所记载的一致。早期出现的一种现象叫"神佛习合"，就是神与佛相互吸收，这是一种对大自然的敬畏，还很朴素，不能用后来的神道教说明。还有一种"神前读经"的现象，当时日本人认为神还没有绝对的力量，需要佛的加持，所以这些高僧在神面前诵经，给神加持，让神超度。另外还出现"本地垂迹"的说法，"本"就是佛，"迹"就是神，意思就是说神是佛的一种方便显现，虽然表现形式是神，但是内在本质是佛。这种说法也是当时佛教徒为了使佛教在日本社会扎根而实施的一种的权巧方便之策，这也可以充分说明佛教具有一种高度的适应性和调和性。神道教形成于 12 世纪左右，就是平安时代（794—1192）末期、镰仓时代（1185—1333）早期，一些佛教高僧当时参与了神道教的建构，后来才把这种朴素的对自然的敬畏、对死亡的恐惧观念转变为一种"准宗教"，神道教就是在这种情况下形成的，日本一般把它称为民族宗教。因此，它没有自己的思想体系，也没有自己的经典，它的信仰架构基本上由自古以来的朴素的神灵信仰占主要成分，也就是说，今天我们看到的神道教，是在后来逐渐形成的，它参照了佛教的一些做法，吸收了佛教的一些观念和思想。据日本文化厅的一个统计，在平成二十九年（2017）日本神道教的信徒有 8 473 万，佛教也差不多，当然这是根据各团体自己提供的申报结果，只能参考，可以看出这和它的人口数不太相符。这里我展示一些图片。日本神道教神社往往有两种颜色，一种是红颜色，一种是原汁原味的色调。我平常上课带学生去参观神社，它的规模其实很大，进了大殿以后有带榻榻米的房间，进神殿以前，会给学生每个人"去魔"；他们认为人身上有沾染的污垢，摇一下就能把污垢去掉。

明治维新时期佛教遭到了一些打压、排斥，但是基本上后来还是回到了护持佛教的政策。一千多年来，佛教在日本的传播，有些观念比方说"无常""无我""慈悲""轮回""因果报应"等等，构成了日本文学和艺术创作的主旋律，对日本人的人生观和世界观的形成产生了积极的重要影响。与此同时，伴随着佛教传入日本，中国文化也被传到日本，并且得到了新的发展，与日本传统文化一道，和睦相处，大家知道有一句话叫"山川异域，风月同天"，这就是当时遣唐使的文献里出现的一个词，可以表现中日之间文化的渊源。

神道教信仰的人，平常的着装，是稻草裹成的一个卷子，可以看出神道教和农耕文化有一定的关联。然后是他们在参加一些仪式的时候穿的衣服，他们有规定穿这样的黑色衣服和白色衬衫。这是高僧参拜神社的情况，前面由神社的神主引路，后面是僧女。这里可以看出，神和佛在日本人的宗教徒、民众之间，没有什么很大的界限或区别，所以说融合性很强。从日本的角度来讲，神与佛虽然是两个不同的宗教体系，但是在信徒中，在民间，在人们的心中，其实是融为一体的。在东亚的一些地区，在中国、朝鲜半岛，也能看到相似的情况。

吴根友：好，谢谢何教授。不仅有理论数据，还有现场的图片，非常形象生动。下面我们请吴疆教授就这个问题作一个扼要的回应。

吴疆：谢谢根友兄。何教授把佛教和日本本土的信仰、思想的冲突都讲得很生动。那么这个问题我想是一个深层次上的文化交流上的问题。

从欧美的情况来看，欧美国家理解佛教有先天的不足，首先是只从文本（理解），另外是从自己的修行体验上理解。那么他们就会对东方的思想，尤其是佛教，产生错觉，甚至是想象，他们观念里的佛教和在中国、日本现实中的佛教是不一样的，当时因为交通不方便，他们很难见到真正的佛教。

这其中，铃木大拙对于欧美人接触、理解佛教和禅宗起了巨大的作用，他在很早就参加过芝加哥的"第一次世界宗教大会"，他英文很好，而且能和欧美早期的佛教徒或者思想家打成一片。他先在欧美传播（佛教），最后回到日本。20世纪50年代刚有电视的时候，铃木大拙（D. T. Suzuki）就可以在电视上讲禅宗，大家可以想象，这是一种什么样的影响力？他在哥伦比亚大学、哈佛大学、伯克利大学这些地方都做过讲座教授、访问学者，他写的书可读性非常之强。他应该说也算出家，"非僧非俗"。另外，他受的影响主要是来自临济宗，所以他讲的很多公案是从临济宗的角度来理解禅宗。然后是"神秘主义"，他的"神秘主义"（因素）到底是从哪来的？我不研究铃木大拙，所以也不知道。但是我在美国待的时间长，有时参加宗教年会，我就会逛一些书店、书摊、书展，好几年前有一天就逛到了一个摊子，找到一个叫斯维登伯格（Emannel Swedenborg，1688—1772）的人的书。之前我没听说过他，哲学史也不会讲他，他是瑞典人，是一个宗教改革时期的神学家，有很多神秘体验。然后我看他的书，想这个可能跟佛教没什么关系，结果一看是铃木大拙翻译的，我一下子就糊涂了，铃木大拙怎么会和他发生关系？后来一查，铃木大拙年轻的时候就是相关协会的会员。所以铃木大拙传给西方人的所谓佛教、禅宗，是像现在说的"逆向东方主义"，是迎合西方产生的对于亚洲宗教的想象。因为他对这些非常了解，所以写出来的东西非常漂亮。

　　但是欧美人真正接触到佛教，是通过另外一位，铃木俊隆（Shunryu Suzuki，1904—1971），是曹洞宗的禅师。他可能没有铃木大拙名气大，但是他在现在美国禅宗的禅修中心，或者从传承上来说，影响更大。在"二战"后，他在国内待不下去，就到旧金山。当时正好是 60 年代，在美国是"垮掉的一代"盛行的时代，他就受到了白人的追捧，这是因为在他们对东方的想象中铃木大拙还算不得真正的禅师，而是一个学者型的佛教徒，但是铃木俊隆在他们眼中是真正的禅师，他到美国采取的是一套日本禅宗的做法，比如说通过传法这种最简单的组织形式（将信众）组织起来，铃木俊隆传法传的都是美国人，其中第一位是理查德·贝克尔（Richard Baker）。最后他建成了（美国）第一座禅宗的道场，旧金山禅中心（San Francisco Zen Center），现在还在培基街（Page Street），后来在塔萨加拉又开了一个中心（Tassajara zen mountain center），周围是很漂亮的风景区，现在发展得也很好。

回到文明冲突的角度，美国佛教徒或者禅宗修行者第一次和真正来自日本的佛教亲密地接触就在这个时候，结果就发生了文化上的冲突。简单地说，曹洞宗本身的组织有一定的东方（宗教组织）的特点，（铃木俊隆）在传法上就把东方这一套"宗法制度"的残余，也就是通过传法形式树立禅师在教团里的绝对权威（的做法），带到了美国，这造成了权力滥用的问题。比如说理查德·贝克尔，是一个很好的经营者，在他的领导下，旧金山禅中心得到很大的发展。他所传法的禅师从哈佛毕业，最后没有拿到毕业证而退学，就去搞宗教。但是（后来）出现了很多丑闻，比如说权力过大、跟女性信徒的关系比较混乱，美国还有作家写书讲这个丑闻。这里反映的就是"宗法制度"和美国的民主制度、群众监督的传统之间产生的矛盾。我讲的丑闻是发生在七八十年代，现在我的感觉是，美国对于东方佛教、禅宗的吸收走向了"法人制度"，用法律条款的形式规定了住持、嗣法的权利和义务，就像成立公司一样。另外出现的，比如公正、种族等的平等观念都被引入禅宗教团的情况，这样禅宗教团就可以正常发展。而且第一代从日本来的禅师年纪都大了，基本上逐渐地被淘汰，现在出现的这一批禅师应该说也是比较年长的美国人。这里禅宗只是一个例子，从我们东方人的角度来看很奇怪，但是从另一方面讲也许也是一种创造性的转化。每个传统、每个地方可能都会有这种情况，我想佛教在中国化的过程中可能也存在同样的过程，不能简单地只从印度佛教的角度看佛教，同样对美国佛教，我们从日本、中国佛教的角度来判断情况，可能评判标准也不能这么简单。所以冲突肯定存在，由广大的群众自己思考、解决，最后文化总会有解决的方法。

吴根友：好，上面两位教授分别从自己所熟悉的文化、民族国家、社会制度等方面扼要地介绍了佛教在不同地区的传播及其被接受，以及它自身为了适应当地文化而发生变化这样一些状况。

从何教授的介绍可以看到，佛教与日本的神道教之间的关系有一点点类似于佛教与中国道教之间的关系。道教可以说是中国本土的宗教，它的兴起实际上在很多方面也吸收了佛教，也可以说是在佛教的刺激下，中国发展出了本土的道教，道教的仪轨、思想观念等很多东西都受到佛教的影响。而就儒家本身而言，恰恰也是因为接受了佛教禅宗和道家的思想，最终形成了宋明理学，也就是所谓的"Neo-Confucianism"。这和佛教对日本文化的刺激、对神道教的影响和发展，也有相同之处。当然神道教的仪式和内容与中国的道教又有很大的差异，但至少有一点可以看出来，佛教在东传到日本的过程中也在某种程度上刺激了本地宗教、文化，使得新的宗教团体或者宗教类型出现。日本可以说接受了"无常""无我""轮回""因果"等观念，中华文化的文化脉络中也有接受这些观念，当然儒家的思想可能还是主流，但这些思想在民间，在士大夫中间也有表现。所以东亚的日本和中国对佛教的接受及其变化形式，对于两个民族国家其实都产生了某种程度上的积极意义。

那么佛教在欧美，特别是在美国的情况又不一样，欧美文化特别是现代欧美文化强调以法律为主，佛教传入欧美的过程中也因此有一个过程。在法制的前提下，特别是在现代文化追求政治上的平等的背景下，佛教里"众生平等"的观念我想和整个欧美的现代法律制度讲的政治平等，应该在观念上是不矛盾的。但如何在制度上落实，特别是在"权利-义务"的政治框架下，佛教，无论是中国的佛教还是印度的佛教，如何在欧美社会生存和发展，恐怕还需要有适应的过程。所以吴疆教授说两种文化之间肯定存在冲突，但我相信佛教在欧美社会的发展也会在其社会制度中得到纠正，同时在佛教文化内部，内在的观念也可以促使它改变这些不适应的或者"异化"的地方。权力滥用及其导致的各种各样的丑闻，这些现象也会在适应欧美文化的传统过程中有所纠正和改变。当然这种冲突不会像亨廷顿所讲的不可挽回，这会存在但可以调整和适应。无论是佛教文明还是其他文明，在生长和发展中可能都会遇到类似的问题，这些对于它们怎样与当地的民情、文化结合，同时也保持自己文化的特性，都可以提供有效的经验。我在此稍微再向吴疆教授提问一下，佛教的一系列观念，像"无常""苦""慈悲""轮回"，或者"缘起"等大乘佛教非常核心的观念，在欧美的至少在大学生以上的文化水准的人中有没有相应的观念？与西方的宗教观念之间有没有冲突和差异？

我们接下来进入第三个问题：佛教作为世界的第三大宗教，在东亚、亚洲乃至整个世界，究竟对东亚、亚洲和世界的和平能够发挥什么样的作用？发挥这些功能的时候它会遇到什么样的困难？在这个关切现实的问题上，佛教能不能体现它的价值？我们说近代以来提倡"人间佛教"，在这点上佛教必须要回应，对整个世界的和平和发展，它能够提供什么有价值的观念或者其他的精神资源？

何燕生：刚才我们讲日本情况的时候说，佛教传入日本就是把大陆的先进文化带到日本，佛教从印度传到中国其实也是一样。刚才讲到的一些观念，"无常""无我""苦""因果报应"，也是印度文化当中很重要的观念，伴随着佛教的传入也传到中国。所以可以说，佛教是一个文化的载体，它在东亚的传播促进了世界不同文化之间的交流。我们大家都知道，像云冈石窟、敦煌千佛洞、太原天龙山石窟、龙门石窟，等等，都是非常精彩的一些佛教造像，都深深地留下了印度和中亚文化交流的烙印。日本的东大寺大佛、韩国海印寺的木刻高丽藏大藏经、日本的铁眼版大藏经，它们都是中日、中韩佛教艺术和印刷技术交流的结晶。最近被列入"世界文化遗产"的柬埔寨的吴哥窟，也是印度和柬埔寨之间文化交流留下的重要的文化遗产。亚洲的"世界文化遗产"中的大部分，都是以佛教为主要题材和内容的，而它们就是佛教在亚洲传播过程中与当地文化交流、互动的见证。其他的如印刷、音乐等不一而足，我们耳熟能详的茶文化、香文化、食文化，像豆腐，现在英文里叫 tofu，日文也是这么发音，这已经传播到亚洲乃至欧美了，这些大多是伴随着僧侣的弘法和求法的渠道传播开来的。因此，佛教的传播历史，其实可以说是一部文化交流史。

如果说有困难的话，毕竟佛教是个宗教，"出世"思想是非常浓厚的，它更加重视超越层面，视之为"终极"问题，对现实问题的关怀相对来说还比较薄弱，因为佛教的终极关怀就是要求得自我解脱。后来也是佛教徒看到佛教本身带有的消极成分的一面，所以产生了大乘佛教。东亚佛教同属于大乘佛教，但是在"大乘佛教"的理解上，每一个国家、地区不尽相同。我曾经写过一篇文章专门探讨这方面的情况，就是"大乘"这个概念其实在经典里就有，也有"小乘"这种说法，但是"大乘佛教"这个概念并不是在早期经典就有的，是后来在日本佛教的传播中，近代日本学者为了向西方强调日本佛教、东亚佛教的合法性（时才出现的）。就如刚才吴疆教授讲的，西方学者最早关注的是文本研究，他们认为真正的佛教是经典里所呈现的早期佛教，也就是经典佛教，其中涉及"小乘"和以最原始的梵文写的经典，汉译经典他们根本就不肯关注，认为后来传到中国和日本、朝鲜半岛的东亚佛教并不是佛教。后来的日本学者为了争取（东亚佛教的）正统性和合法性，所以讲"大乘佛教"，作为佛教的发展。所以这样的"大乘佛教"是以日本佛教为基础建构的"大乘佛教"，它的内涵是日本佛教，这个"大乘佛教"最大的特征是"菩萨道精神"，还有强调"在家"。刚才吴疆教授也谈到，日本佛教的一个特征就是"非僧非俗"，这也是当时遇到问题（而产生的）。所以"大乘佛教"的概念当中穿插着日本佛教的内涵，跟中国现在的佛教还不一样。当时梁启超、太虚大师他们引进"大乘佛教"的时候，可能还没注意到这方面的一些问题。而且大家知道与"大乘佛教"相对的概念是"小乘佛教"，这明显带有一种价值判断，认为"小乘佛教"劣于"大乘佛教"，批判"小乘佛教"是"自了汉"，并不究竟。"大乘佛教"遇到的困难大概是这些方面。

刚才根友教授谈到"人间佛教"的问题。近代以后中国佛教一直面临着一种衰微的局面，内忧外患，太虚大师就提出了一种新的理念"人间佛教"。最近我们看到海峡两岸对"人间佛教"的研究非常兴盛，我也参与了一些研究活动，他们很多人把"人生佛教"和"人间佛教"设定为两个内涵，这其实是错误的。我去年刚好为日本宗教学会"佛教与跨界"的议题，专门写了一篇文章，系统地读了一下太虚大师关于"人生佛教""人间佛教"的论述，其实它们的概念不一样，内涵完全一样，而且他有时候会互用，在谈"人生佛教"时谈"人间佛教"，谈"人间佛教"时也谈"人生佛教"，这是一个学术概念，我们可以另找机会探讨。太虚大师通过"人间佛教"的理念充分表达了对现实社会的热情关怀，今天我们汉语地区包括新加坡、东南亚的华人地区、欧美华人地区的佛教都继承了太虚大师的"人间佛教"理念。但是关于"人间佛教"的言说有一个特征，就是没有跨越汉语圈，与西方佛教社会流行的"入世佛教"（Engaged Buddhism）还不尽相同。我们很多研究"人间佛教"的人把"入世佛教"和"人间佛教"视为一样的概念，其实他们没看到"人间佛教"还停留在汉语圈，还没有得到西方人的接受。而"入世佛教"最早是越南的一位高僧提出来的，即"入世佛教"或者"参与佛教"，但它是后来被西方认同以后才逆向性地"反传"到亚洲来的，刚才吴疆教授也讲过这个概念，这种现象很有意思，也是个学术问题。回到刚才的问题，"人间佛教"如果说有困难，那么一是没有"跨界"，二是如何践行这种理念，同时也不丧失佛教作为宗教的神圣性的一面。刚才根友教授也谈到，每个宗教、文化有自己的独特性，但是在不丧失自己的独特性（的前提下），尤其是宗教、佛教还有神圣性的情况下，能保持与"入世"的距离，但也不脱离社会，这是一个非常艰巨的任务，它既是大乘佛教的一种共同理念，同时也是"人间佛教"需要践行的道路。

吴根友：谢谢何教授。何教授的发言有很大的信息量，特别是讲到亚洲的文化遗产很多都有佛教的精神和相关内容，这点是非常令人震撼的。这里我关注到一个很有意思的地方，就是豆腐这样一个食品的传播和佛教的关系。按照我们中国人的理解，豆腐应该是在属于淮南王刘安（公元前 179 年—公元前 122 年）（管辖的）的淮南之地发明的，到目前还有豆腐作坊的遗址，现在到这个地方参观，还可以看到。由于佛教是吃素的，但同时要保证有蛋白质的摄入，所以豆腐这样一种高级的素食品通过佛教这样一种宗教文化可以说得到广泛的传播。我们作为中国人以往可能都忘记或者忽视了这一点。我觉得物质文化的载体在佛教文化传播中起到的作用，我们以往可能真的没有太关注。

何教授讲到，我们现在汉语层面上讲的太虚法师的"人生佛教"和"人间佛教"与欧美或者英语世界所讲的"入世佛教"之间的关系。我个人因为对佛教了解比较有限，还是第一次听到这两个概念之间的差异。我觉得这恰恰使我们对文明对话过程中，在东亚和国际的学术舞台上，中国佛教和佛教在中华、东北亚东亚和世界的传播之间的差异，有一个非常直观和真切的了解。接下来我们请吴疆教授对第三个问题作一些扼要的阐述。

吴疆：第三个问题是要看佛教对于亚洲和世界的影响、作用及其困难在什么地方，何老师讲的我都同意，他最后点出来一个很关键的、佛教本身需要解决的问题，就是"出世"和"入世"的关系。这个问题实际上在佛教汉化的过程当中也是一个关键问题，在他看来，在佛教今后的发展当中也可能会继续对这个问题有一些创造性的转化。

我对这个问题也一直很关心，我很久以前，直到现在也仍然有这个想法，想写一本书来阐释一下佛教和文明之间的关系。佛教在世界文明史上，在各个地区都有很多非常卓越的贡献，刚才何老师已经列出来了，比如说食品：豆腐、茶叶，比如说印刷文化，刚才讲的《大藏经》。关于黄檗宗，日本有一种食品叫"隐元豆"（インゲン豆），就是隐元大师的名字，隐元大师把这种长豆带到了日本，现在是日本人必吃的一种食物，但是很多日本人都不知道这实际上是中国高僧的名字，因为他们已经不用汉字，就用假名。这个方面我们还可以列举很多例子。

但是这同时也带来一个问题，就是佛教实际存在的情况到底是什么样的？佛教实际生存的情况和我们文化上的表述是不是一样的？因为佛教和文化有一种特别亲近的关系，比如和诗歌等高雅文化的关系，它受到有知识、有教育的学者的青睐，产生了很多文学、学术方面的著作、研究，给人感觉好像它很有影响力。但是这种影响力到底在什么地方？根友兄这个问题提得很好，但实际上有一个预设，就是我们期望佛教会对东亚、亚洲、世界的和平有很大的影响，但是这个期望值是不是太高了？因为佛教毕竟是一种宗教，就像何老师讲的，有"出世"的一面，世界上还是有佛教解决不了的问题。那么在这种情况下，既要看到佛教本身对世界文明的巨大贡献，也要看到它还跟文明保持了一段距离。很有意思，我为了写这本书，和很多佛教学者、有关人士谈话，最后我问的问题就是我这本书的名字，*How Buddhism Changes World's Civilization*，佛教如何改变世界文明？我问比尔·波特（Bill Porter，美国当代作家、汉学家），他写的《空谷幽兰》

（*Road to Heaven：Encounters with Chinese Hermits*）在国内很有名，他回答说文明是佛教的敌人，说得比较绝对，也就是说佛教和文明没有关系。他所理解的"文明"代表的是国家体制、军队以及战争冲突，这么看，人类的文明史就是非常残酷的历史，他是从这个角度理解的。佛陀的教导恰恰是让我们脱离这么一个所谓"文明"的现实，所谓"世界和平"实际上背后是不和平，由于不和平才有和平的诉求。佛教本身很多理念发展出来就更多有"出世"的一面，包括"人间佛教"。实际上它之所以没有走出汉语圈，有一个很大的原因是，它现在说是"人间佛教"，看起来像居士佛教一样，但还是以僧团为主，像佛光山的组织形式，僧团在其中起到很重要的作用。而反观西方的所谓"入世佛教"，整体上已经变成居士佛教，僧团的组织能力、领导力都非常脆弱。

刚才根友教授还有一个问题：西方对佛教的观念有什么回应？我想补充一点，西方或者任何的文化对于佛教思想的吸收都是有选择性的，不是全盘吸收。就西方来说，比如说"慈悲"（compassion），这是它可以接受的，因为"慈悲"概念和基督教的"爱"有非常高度的契合，这类观念可以促进世界文明的和平。但是它比较不能接受的，比如说"苦"（suffering），比如说"六道轮回"，这是佛教的宇宙观，这些它是有所保留的，所以说有一定的选择性。

那么佛教在世界传播、对世界文明的贡献的困难在什么地方？我想它还是有局限性的，我们不能说用我们的美好愿望代替现实，它还是有解决不了的问题。另外一个局限性，根据我的观察，或者说从非常经验性的社会学、人类学的角度来看，佛教的人数还是太少，所谓的"世界第三大宗教"，和第一、第二比起来，数字上要差相当多。而且它的增长速率也非常缓慢，我们基本上靠文化来传播佛教，所以可以想象皈依人数，包括接触佛教的人数，都相对较少而且不稳定，比较松散，所以实际上困难很多。数量上应保持增长，这当然是非常肤浅的看法，但是也很基本，数量上少了，从长远看会有一定的影响。但是我想佛教肯定不会消失，而且它已经在文化领域有了很好的基础，所以前景还是很广阔的。那么它对世界和平的真正贡献，我想可以作为一个"话语"，我觉得是非常美好的，能代表我们人类对于共同理想的诉求。所以我是非常支持、非常愿意参与（相关的议题）。但同时也要从现实的角度来看到它的局限性，我们还是得从宗教的角度去理解，不能把它当作解决社会问题的灵丹妙药。

吴根友：吴疆兄是从社会这样一个正面的角度考察了佛教和世界的关系，他提到佛教本身由于"出世"观念，其实和世界现实问题的解决之间还是有一定的距离，特别讲到文明的一个方面，像国家体制、军队、战争等等，恰恰是和佛教相冲突的。但是佛教作为人间的另一种观念和思想，作为一种话语，对整个人世间有它特殊的力量和影响力。我觉得这应该说是对佛教的存在价值作了比较切合实际的阐述。

在观念上他作了一个补充，我觉得的确是这样，在不同的文明之间，观念的接受一定是和当地民族、国家、文化的需求结合在一起的。佛教里很多观念在日本和中国都被部分地接受，西方有漫长的基督教的精神文化传统，所以"慈悲"的情怀和基督教"博爱"的情怀之间可以沟通，但是佛教讲的"苦""六道轮回"等思想，在基督宗教文化背景可能很难被接受。我想这点恰恰反映了文明之间的差异，一种宗教文化在不同的文化传统里可能得到的回应还是与本土的文化之间密切相关。所以文明虽然可以传播，但什么样的文明和观念能够被接受，还是与传播所在地的系统以及悠久的文化传统之间有非常密切的关系。我觉得这一点对于佛教如何在现实世界中保存自己作为其中一元的文化现象的存在，同时怎样融入或者适当地调适自己的东西也很重要。

接下来我们要问的还是一个现实问题。佛教毕竟要在人间存在，所以和人间还是要有关系。当前中国政府提出构建"人类命运共同体"这样一个合乎人类福祉和和平的目标和理想性的政治观念，那么佛教的哪些观念或者主张，甚至佛教的哪些组织能够助推"人类命运共同体"这样的正义或正道的事业？比如说对于基督教，有基督教背景下开办的学校、医院，像这样的组织对于整个人类和平和"人类命运共同体"的构建，我想可以作为现实的支撑力量。那么佛教要在这方面作出一些努力的话，会有怎样的正面观念和价值，会有怎样的组织来实现这些正道和正义的观念？

何燕生：这个问题非常好。我早期曾经翻译过一篇文章，中村元写的《佛教的和平思想》（《法音》，1988 年第 7 期）。他开门见山，说英语的"peace"和佛教的"寂静"是同源的，当会场嘈杂的时候，我们常说"请安静"，英语则说"peace"，"安静"的意思来源于佛教的"寂静"。关于"安静"的概念很有意思，我们对"静"和"闹"的理解，可以从艺术层面、美学观点、哲学观点来探讨。我昨天又看了下他的文章，慢慢地引申了我对一些问题的思考。

回到刚才根友兄提出的问题。当今世界其实并不安宁，我们知道冷战结束以后，国家与国家之间的利益冲突仍然存在，而且还出现了新的矛盾和态势。因此中国政府提出构建"人类命运共同体"是非常得当的，用佛教的话讲就是"契理契机"。我个人认为，在这种情况下，佛教的"慈悲为怀""众生平等"的主张，应该是放之四海而皆准的教义。刚才吴疆教授也提到，基督教的"爱"和"慈悲"也有很大的相似性，"众生平等"和现在的"民主"概念也有很多相近的含义，可以为我们今天提出的构建"人类命运共同体"起到助推的积极作用。

那么阻碍慈悲的行为是什么？佛教认为是"恶"。刚才我们讲到了"文明的冲突"，冲突的根源在哪里？佛教认为是人的"烦恼""无明"，可以用"恶"这个概念来概括。佛教列举的"恶"和"善"各有十种，俗称"十善十恶"。那么如何"止恶扬善"呢？佛教也提出了系统的做法，比方说"五戒"，"杀""盗""淫""妄""酒"，其中第一戒是"杀"，"不杀生"戒列为其首。所以佛教认为剥夺人的生命是最为不善的行为，并且力求做到不杀害一切生灵，对于除了人类以外的动物、大自然的生命，它都认为不应该杀生。我认为佛教提出的这种解决（做法）的体系（system）是很值得我们参考的。

西方学者是怎么看待佛教的？我这里列举德国学者雅斯贝尔斯（Karl Theodor Jaspers，1883—1969）的话。他的思想诞生的背景是"一战"之后，欧洲开始思考欧洲的未来，开始怀疑欧洲的机械文明。他曾经写过一本书叫《大哲学家》，关注了东方文化和东方哲学家，其中列举了释迦牟尼佛和龙树，对佛教思想进行了阐述。他认为："佛教是唯一没有暴力、没有异端迫害、没有宗教裁判所、没有女巫审判、没有十字军圣战的世界性宗教。"他还说，与基督教和伊斯兰教相比，佛教的特点在于吸收了各种文化，有彻头彻尾的宽容性。刚才我们说到佛教传入中国的一些例子，它和道教、儒教相结合，尽管"出世"，但是在中国佛教史上，佛教也有讲"孝"，开始接受儒家的"孝"观念，在诗歌创作、民间文学、剧本等当中都有出现，所以它有宽容性。雅氏还说："佛陀吸收印度古代文化，从而使他的世界观的形成得以可能。""轮回"观念应该算作其中之一。"佛陀对世界的完全超脱，使得他对世界也彻底地宽容。"刚才我们讲"出世"，"出世"就有它的宽容性，雅氏的这种阐述很有意思。"因此，佛教对于凡是遇到的一切文化、宗教、哲学、生活方式，它都无条件地吸收。"但这种说法也过分了，"无条件"是不可能的，但它基本上没有一种很强烈的"排他性"。

　　以上介绍的两位，一位是日本的学者中村元，另外一位是德国哲学家雅斯贝尔斯，两位哲学家的观点具有一定的代表性，可以为我们提供一些参考。因此，我们有充分的理由肯定，佛教在助推"人类命运共同体"的建构上，具有积极的意义。

　　吴根友：好，谢谢何教授。何教授特别发掘了佛教的"慈悲""众生平等"这些观念，把佛教所追求的"寂静"的境界和观念与我们现在世界所追求的"和平"（peace）联系在一起，提到佛教"止恶""五戒"对于我们现代社会和平的价值和意义，还特别讲到佛教的宽容、不排他，在佛教传播过程中与中华文化"孝"观念的结合。受何教授的启发，我觉得佛教的对"恶"的制止、"五戒"中第一戒"不杀生"的观念，和我们现代社会所提倡的尊重"人权"，"人权"的第一个要求和内容就是尊重人的生命这样的"权利"观念，事实上也是可以结合在一起的。我想佛教的这些宗教性观念，如果能和我们现在的法律制度和政治文化中的一些要求、条文结合在一起，也是佛教对世界和平的价值和贡献。

　　下面我们请吴疆教授对这个问题作一些阐发。关于你上面讲的有一点，我刚才想到，佛教所说的"慈悲"（compassion）和基督教讲的无条件的"爱"（love）

之间究竟能够在何种观念上实现契合？ "同情"这个概念在康德（Immanuel Kant，1724—1804）的哲学里不被认为是一个道德性的东西，当然西方哲学里也很复杂，康德主要强调的是理性主义的道德观念。基督教的"爱"当然也有理性，也有宗教性。佛教或者汉语中的"慈悲"这个观念实际上是和中国文化中道家结合（的产物），因为《老子》说："吾有三宝：一曰慈，二曰俭，三曰不敢为天下先。"所以"慈"和"悲"的结合是佛教和中华文化非常完美，甚至可以说天衣无缝的结合，这种结合构成了我们现代汉语的这样的基本要素，而且不加提醒很难想象"慈悲"这个概念其实是包含了道家的文化，而以为仅仅是佛教的，佛教实际上讲的更多是"大悲心"或"同体大悲"。那么我想进一步问的是，佛教的"同情心"或"慈悲"（compassion）的观念与基督教"爱"的观念，在语言上能不能构成非常巧妙的结合？ 如果有可能，也请你就此问题再作一些引申性的阐发。

吴疆： 根友兄提出了很深刻的问题，同时牵扯到几个传统。一个是佛教自己是怎么认识"慈悲"的？ 一个是和道教的关系。然后我们今天是说"love"，但基督教专门有一个名词是"agape"。最后又提到康德和西方哲学对"爱"的定义。"爱"应该是西方文化的关键词，这个问题我还真没有什么研究，所以也讲不出什么新意。我们中国文化里普遍讲的"爱"，我想还是儒家的影响要大一些，我们是根据宗族，根据自我的社会关系和家庭关系来定义"爱"，所以"爱有等差"的特点还存在。那么佛教的"慈悲"和基督教的"爱"都讲究无条件的爱，这可能是比较重要的。

回到前面的问题，我觉得"人类命运共同体"这个概念很好，体现了广阔的视野，我想佛教在观念、思想这方面可能和这个概念有最高程度的契合。具体是哪些观念、思想，甚至是组织呢？ 刚才何教授也已经点出了很多它内部的资源。当然佛教在不同地区有不同特点，我的感觉是汉传佛教的资源尤其多，但是没有被开发出来，我们汉传佛教有这么多的文献存在，却没有得到很好的研究和发挥，我觉得这是一个需要我们不断加强的地方。

那么到底有哪些层面？我觉得应该抓住佛教思想和哲学的一个特点。我对佛教最初的理解，还是从武汉大学萧萐父教授的《中国哲学史》来的，这本书马列主义的观念比较浓厚，但我觉得他对佛教的定义，包括对一些中国思想作的基本判断是相当准确的。比如说他将佛教定义为一种"精致的唯心主义"，我觉得这是非常好的一个定义，当然你可以把它理解成负面的，在当时比较保守的理解可能是一种批判性的概念。但是我想反其道而行之，恰恰把它理解为对佛教正面的褒扬，它确实有"唯心主义"这方面的内容，但它的特点是非常"精致"，尤其是它把万物的根源、很多现实社会的问题归结到我们意识层面的问题，即"识"，或者"八识"，或者"意识"，最后归结为"心""一识"，从这个层面上解决社会的问题。所以我想佛教的"精致的唯心主义"这方面的观念和主张，都可以促进"人类命运共同体"的构建，因为所谓的"精致的唯心主义"所面对的问题，恰恰是人类生存所共同面临的问题，就是我们意识的问题。我们的物质文化（已经得到）极大地丰富，但其实人活着并不需要很多物质，可是我们却一味地追求物质。而佛教在精神方面，它不但是"唯心主义"，还是"精致的唯心主义"，看我们怎么把它进一步地"精致化"。"精致化"是什么意思？放在现代的角度讲，我就讲一个方面，我们哲学系毕业的人讲哲学和佛教，但是现在的西方讲佛教最多的不是哲学家，也不是我们研究佛教的，而是科学家，再具体一点就是脑科学家。他们研究意识到底存不存在，想从科学角度在神经中找到意识存在的证据，那么佛教这种"精致的唯心主义"的内容很大程度上启发了他们，他们比我们这些研究佛教文化的人更觉得佛教有用。这样就产生了一批追随佛教的科学家，尤其在脑科学、意识研究领域。这相当于说，佛教是通过这种形式进入主流文化。

关于佛教的具体组织形式，我想寺庙仍然是非常重要的，但因为佛教有意识、思想观念层面的优势，所以在"人类命运共同体"构建的长期过程当中，应该继续发挥它的长项，可能在这些方面能够进一步在思想意识上提高（人们）对"人类命运共同体"这个概念理解的"精致"程度。我觉得这是很重要的，很大程度上，我们对某些概念的理解不够"精致"，仅仅停留在比较简单浅显的基础上。我们反观佛教，受到印度的影响，中国佛教在"中世纪"发展出华严宗宗、天台宗等等，它的发展就达到了一种非常"精致化"的程度，这是我们应该继续发挥的。

吴根友：好，吴疆教授特别由佛教的精神层面引申到现在脑科学和心理学与佛教之间的关系。而且他特别强调我们武汉大学中国哲学学科的开创者萧萐父先生在《中国哲学史》中对佛教的概括，"精致的唯心主义"，这是一个描述性的概念，当然可以从正面的角度理解，也可以从批评的角度理解。但佛教思想在心灵意识方面的研究的确给我们提供了非常多的精神遗产，这些精神遗产恰恰是需要我们在今天的社会中发掘的，让它为我们今天人类的交往提供有价值的内容。我觉得这点讲得特别好，实际上我们今天的社会中，阻碍人们之间相互团结或相互接受、理解的，更多还是观念层面的（因素），各大宗教传统都有力地塑造了不同地区、民族和国家以及信仰群体对很多事情的先入为主或自以为是的精神意识。那么佛教破除执念的精神要求，我想在思想观念层面上，对于构建"人类命运共同体"，的确可以提供正面的、有价值的建议。

其实刚才何燕生教授讲到佛教的"五戒""不杀生"，我觉得这种对生命的广泛重视，对于我们如何保护环境、保护生态，对所有生命存在者都给予应有的尊重，能够提供有益的、正面的观念支持和资源。这种理念上的要求，也体现在佛教的"素食主义"里，我想基于这些正面的追求，我们的素食生活可能更有观念性的支持。此外，我觉得佛教组织中，寺庙这个场所在一定程度上也是精神的净土，对人也有价值和意义。所以我觉得在当今社会，在世界各地，对于如何发展、助推"人类命运共同体"的观念和事业，佛教可能会通过它自己的资源，发挥应有的作用。

我们讲座的时间也过得非常快，最后还有一个问题，希望两位教授简单扼要地讲一讲。何老师和吴疆教授都对中国自身的佛教传统有精深的研究，我在这里提一个非常具体的问题，是关于"中国化的佛教"的，中国化的佛教在当代中国对外文化交流的过程中，对于中国形象的塑造有没有积极的作用？如果有，请简单地举例说明。虽然你们都身在异国他乡从事学术研究和教学，我相信你们的精神中有一只根，一定是伸向我们中国本土的，所以也希望能够通过这个问题让你们对故土、对中国佛教本身的文化再产生一些回忆性的看法，或者就此回忆性的看法从他者的眼光给出一些建议。

何燕生：这个问题非常好。我也对这方面有些思考，什么是"中国化的佛教"？这也就是"本土化"的问题。我刚好研究禅宗，吴疆教授也是，我们说禅宗是"中国化的佛教"，可能大家对此没有什么异议。太虚大师当年就曾经说过，中华佛教的特质在禅，禅宗就是"中国化的佛教"。这种观点并不只是他有感而发的，而是符合历史事实的。我们纵观中国佛教历史的发展，禅宗是印度没有的，而是中国自己产生出来的，比如公案、看话禅、清规等等，都对中国文化的影响很大，也是在中国文化的大地上诞生出来的一种具有中国特色的佛教宗派。

不仅如此，禅宗还能够为中国形象的塑造产生一些积极的影响。刚才我给大家介绍了，德国哲学家雅斯贝尔斯在《大哲学家》这本书里（只是）从哲学的观点关注了佛教，其中关于佛教的人物，只写了两位，释迦牟尼佛和龙树。然而20世纪30年代，"一战"之后，由于世界动荡不安，西方人开始关注东方文化，特别关注禅宗，将其视为东方的神秘主义，刚才吴疆教授也谈到了斯维登伯格的著作被铃木大拙翻译并出版。而且他们认为，禅宗可以解救西方人的精神。当然，这与铃木大拙和胡适（1891—1962）等人在早期用英语在西方社会的推广有密切的关系。我们一谈到佛教在西方的传播，马上就会想到铃木大拙和胡适，大家都没注意到，太虚大师早在他们之前，在20世纪20年代环游欧美的时候，就已经向德国、法国、英国、美国的知识人群宣传中国佛教、传播禅宗。据我的考察，这应该是东方人最早主动向西方传授佛教的例子。然而不久后，由于国际社会的动荡，太虚大师这种创举最终没有被延续下来，失去了一次重要的机会，非常可惜。

之后在铃木大拙的推动下，禅宗受到西方社会的欢迎，苹果公司的创始人乔布斯就是一位虔诚的禅宗信徒。铃木俊隆是日本曹洞宗的一个僧侣，本科毕业于驹泽大学，硕士毕业于京都大学，早期研究梵文，也研究《大乘起信论》，后来到美国去传法，从宗教层面强调东方宗教的神秘性，受到了"嬉皮士"这代人的欢迎。然而需要指出的是，现在西方社会一般对禅宗的表达并不是汉语的"禅"（Chan），而是使用日语的"Zen"，但是回顾早期像胡适他们的论文，基本上写的是"Chan"，好像没有写过"Zen"。包括西方传教士，刚才根友教授谈到，他们在表达"禅"的时候，也是用汉语的"Chan"而非日语的"Zen"。我提出这个问题，并不是出于一般所谓的和日本争夺话语权的问题，而是基于学术的立场考虑。因为"Chan"似乎不同于日本的"禅"，同样地，用"Zen"来表达朝鲜半岛的"禅"，朝鲜人也不一定能接受，因为它们的内涵不一样，这种语言表达的不同，是文化交流当中会经常遇到的问题。我们在武汉大学成立国际禅文化研究中心一周年的时候举办了一次国际研讨会，当时的主题就是"Chan""Zen""Song"，"Song"是朝鲜人对"禅"的发音，就具体围绕这三个表达让世界的学者来讨论。

就像刚才吴根友教授提到的，我们两个人都生活在异国他乡，但是我们的根在中国。禅宗在世界各地的表达尽管不同，但它作为中国文化的一个代表，它的源头就在中国。所以弘扬禅宗文化，对于我们在对外文化交流过程中中国形象的塑造，具有积极的作用。恰巧，我们在武汉大学成立了"武汉大学国际禅文化研究中心"，吴疆教授那里，贵校也成立了佛教研究中心，我们都积极地从不同角度推动禅宗文化和学术研究，可以说建立了"走出去"和"请进来"的双向互动平台，今后两个中心也可以形成一种互动交流的关系，双方可以做一些合作交流的活动，为中国形象的塑造，从学术层面作出我们的贡献。

吴根友：谢谢何教授。他特别举了几个典型的例子。一个是禅宗信徒乔布斯，他对禅宗特别感兴趣，而且很多人都在用苹果手机，相当于形成一种固态化的形式。然后是"Chan"和"Zen"两个概念在英语世界的传播，可以看出在现代化的过程日本在传播佛教文化时所具有的作用和力量。通过中国文化对自身所拥有的儒、道、佛等各种文化、价值的包容和融合，也可以看出中华文化重视和谐的面向。而禅宗本身所具有的"寂静""放下"等观念，我相信这样的宗教文化的智慧与思想，对我们这个纷繁复杂的世界本身，的确会有它的价值。而且何老师特别强调禅宗之根在中国，那么有中华文化和欧美以及其他各国文化的交往，禅文化的再度传播，对中华文化形象的塑造可能会起到积极的促进作用。接下来请吴疆教授对最后一个问题作扼要的回应。

吴疆：首先感谢何教授邀请我们合作。我们这边的佛教研究中心现在要和"整合医学"中心合作盖一座楼，最后我们会搬到同一座楼，所以我们可能会是第一个或者唯一一个在医学院里的佛教研究中心，大家就可以看到在美国有这样非常奇怪的现象，也就是我刚才讲的，脑科学家对佛教很感兴趣，所以我们才会一拍即合。"整合医学"受中医影响很大，在医学方面佛教也有很多可以发展的地方，中医和中国佛教的结合，我想前景也是非常广阔的，这可以作为一个例子。

最后这个问题和前面关于"人类命运共同体"的问题是相辅相成的关系。为什么呢？"人类命运共同体"强调的是普遍性，而具体到中国佛教则是特殊性。我们知道哲学上有一对概念就是"共相"和"殊相"，也就是普遍性和特殊性，萧萐父老师的书里总是用这些概念，所以对我影响很大。我们现在都有这个志向，要弘扬汉传佛教、中国化的佛教，但是在具体的做法上，我想我们还不能过分强调汉传佛教的特殊性。现在国内有很多讲"中国化佛教"的内容，我想这只是中国汉传佛教形成的一个方面。其实我更感兴趣的，不是"中国化"，而是"化中国"的问题，也就是佛教怎么转变、转化中国，它对中国文化的影响，它所带来的和中国文化不一样的地方（这些问题）。这也不是我的观点，胡适先生很早以前在哈佛大学 300 周年纪念的时候，就发表了一篇文章，最先是用英文写的，认为中国被"印度化"了，当然这个观点不是很流行，但是他提出的问题（很重要）。回到具体做法的问题，刚才何老师也讲到，现在"人间佛教"只是在汉语圈内传播，也许就和过分强调中国化佛教的特殊性有关系。它和我们语言、文字、文化传统的高度融合，造成不讲中国文化就没办法讲中国佛教（的情况）。所以也许我们在这个角度应该强调中国化佛教、汉传佛教的普遍性意义，提炼出一些研究的问题，甚至是"话语"。我们应该用什么样的"话语"去和别的民族、地区的文化（传统）的人去交流，让他们体会到佛教中有关于"人类命运共同体"的具有普遍性的问题，进而产生共鸣，然后一起研究，在这个过程当中，我们的立场肯定还是中国化的佛教，那么这样是不是效果会更好一些、更积极一些？这就是我的想法。

吴根友：谢谢吴疆教授。吴疆教授后面透露的消息，佛教研究中心在亚利桑那大学可能和医学院结合在一起办公，我觉得这也是一个非常具有开创性和启发意义的尝试。那么这个创举本身，恰恰能够体现佛教在世界文明现代化的过程中会起到的积极的价值和意义。佛教"慈悲"等观念，怎样通过现代的医学技术和制度，如医院，特别是与我们现在的脑科学和心理学结合在一起？我和佛教界人士在一起交流的时候，也一再提到，佛教可以向基督教学习的地方就是兴办具有佛教背景的医院。我想医学、心理学对人类和平的积极意义是毋庸置疑的，佛教能够与这些现代性的制度和机构结合在一起，这也是佛教能够把它非常丰富的精神资源贡献出来的一个非常重要的方法和途径。

我非常认同吴疆教授讲的观点，佛教特别是中国佛教要在世界上发挥更加有力的积极作用，需要更多地寻求普遍性，也就是面对不同的民族、国家、地区和宗教传统，它能被全人类接受的核心精神和观念究竟有哪些？虽然来自于中国，但也具有人类普遍性需求的佛教精神和智慧，恰恰可以为全人类所共享。我想这对于我们中国社会科学界、中国政府、中国佛教界的人士，都会有积极的启迪意义。

非常感谢两位教授在百忙之中接受我们线上讲座的邀请，疫情虽然阻碍了我们在线下见面，但现在网络技术给我们提供了一种间接的在线的讨论方式。我想，借助于现代的传媒技术，佛教文化、精神与智慧的传播也能够让大家共享，这对整个人类的和平事业、"人类命运共同体"的构建，对环境、生态保护等都会具有积极的启迪意义。无论疫情在什么时候结束，我们线上和线下的交流都会持续地展开。如果疫情结束，我们武汉大学国际禅文化研究中心和吴疆教授这边的 Center for Buddhist Studies（佛教研究中心）也可以以多样形式进行合作，让佛教中有益于现代世道人心的精神内容能在不同的民族、文化、语言中发挥它的作用，让汉语佛教或者中国佛教能够突破汉语的语言限制，走向世界不同的民族、语言、文化之中。对于塑造中国政府的和平、正义的形象，佛教这个特殊的宗教文化及团体也会起到它自身所具有的价值和意义。

对谈嘉宾：

何燕生教授（日本郡山女子大学宗教学系教授）

吴疆教授（美国亚利桑那大学佛教研究中心主任、东亚研究系教授）

主持人兼访谈人：

吴根友教授（武汉大学哲学学院教授、文明对话高等研究院院长）

整理人：

陈瀚钊（武汉大学）

文明交流与互鉴

Part 3

作为哲学著作的《论语》

论"以儒诠回"的历史语境与意义生成

人类命运共同体语镜下的《古兰经》对话原则
与对话实践的再诠释

近代中国与南亚佛教交流网络的形成与"原始
佛教"概念的引入

作为哲学著作的《论语》

　　作为中国传统思想的一部主要经典，《论语》无疑对塑造儒家文化乃至整个中国传统文化起了巨大的作用。但自从中国与西方在近代以来发生广泛的交流碰撞以后，就出现了中国传统文化中的诸子思想能不能算作是哲学的问题。如所周知，"哲学"不是中国本土的概念，它是19世纪末日本学者西周（1829—1887）借用古汉语的"哲"字，冠之以"学"，用以作为西语"philosophy"一词的翻译而问世的。所以像《论语》这样的著作的"哲学"性质，就成为了当代文明交流对话的一个际遇点和观照点。《论语》能不能看作是一部哲学著作？如果可以的话，在什么意义上？它所包含的哲学又是什么？就问题本身而言，是否将《论语》看作哲学著作似乎并不重要，它的价值好像并不会因为人们的回答而损益，然而将该问题置于时空坐标上，从古与今、中与西的文明对话的角度来审视，就会发现通过《论语》与"哲学"之间的"间性"而产生的这些问题，构成了文明对话的内容，使得《论语》这一古代典籍因获得一个新的观照点而得以在现代语境中继续开启其可能性，引发对《论语》的现代价值和普世价值的思考，也使"哲学"这一源于西方的概念通过与《论语》的际遇而得到反思和拓展的机会，引发对当代哲学的发展状况及发展方向的反思①。

---

① 同样，由于在西方哲学被介绍到中国的时候也曾被看作是与宋明理学对等的"性理学"，因此西方哲学中的各种理论（如亚里士多德的哲学、康德的哲学，等等）能不能看作是西方的"性理学"也是东西方文明对话交流的际遇点和观照点。

一、对《论语》的非哲学性的批评

19 世纪德国知名哲学家黑格尔在读了《论语》以后，曾写下了以下这段颇为刻薄的评价："我们看到孔子和他的弟子们的谈话（按即"论语"），里面所讲的是一种常识道德，这种常识道德我们在其他民族里也能找得到。……孔子是一个实际的世间智者，在他那里思辨的哲学是一点也没有的——只有一些善良的、老练的、道德的教训，从里面我们不能获得什么特殊的东西。……我们根据孔子的原著可以断言，为了保持孔子的名声，假使他的书从来不曾有过翻译，那倒是更好的事。"①

当代西方人一般不会如此直白地贬损其他民族的文化偶像，但不妨碍有些人拿"孔子曰"来幽默一把。他们把"孔子曰"的英文表达为"Confucius say"，故意漏掉"say"后面本该有的"s"，以造成一种生硬的中式英语的效果，然后把种种带点机智而又带点幽默的话语安在孔子头上。比如说，"孔子曰，不要去取笑你老婆的品味，因为你就是她的品味之一"，"选择一个你热爱的工作，这样你就一辈子都不用上班了"。互联网上可以查到的所谓"孔子语录"，绝大多数是这类编造出来的东西，其中多有调侃，然鲜有恶意。美国学者詹启华（Leonel M. Jensen）《制造儒家》（*Manufacturing Confucianism*）一书里引用了一幅插图：《书房里的孔子》，更加直接和夸张地表现了一些人在浏览了《论语》以后对孔子的印象。画中孔子伏案写作，其身后的粘贴板上张贴着已经写就的几页稿子，上面写着"路上可能有岔道，开车小心"，"别让床上的臭虫咬了"，"看来我们要碰到下雨天了"。这里，孔子的形象是一个浅陋而迂腐的冬烘先生。北大教授李零在其名著《丧家狗——我读论语》中提到上述漫画时加了个注，说"现代中国人，也有这类印象，如王朔说，'有朋友从外地来，能乐得不知道自己姓什么'。"② 李零说他自己当年读《论语》的感受也是"此书杂乱无章，淡流寡水，看到后边，前边就忘了，还有很多地方，没头没尾，不知所云，除了道德教训，

---

① 黑格尔：《哲学史讲演录》，北京：商务印书馆，1978 年，第 119—120 页。
② Jensen, Lionel M. 1997. *Manufacturing Confucianism* (Durham, NC: Duke University Press), 43.

还是道德教训，论哲理，论文采，论幽默，论机智，都没什么过人之处"。他后来读《论语》，也不是因为它里面的思想价值，而是"拿它当思想旦"。他写《丧家狗》，就是要挑战那些从治统、道统和宗教上捧孔子的"那套咒语"，给它"去政治化，去道德化，去宗教化"①。

平心而论，种种对《论语》的调侃、贬损和讽刺，并不是毫无来由。可以想象，如果一部类似《论语》那样的书稿放到一位现代专职哲学编辑的面前，大概也是通不过的——这部书稿没有明确的主题，里面尽是一位民办学校教师与其学生的零碎对话，夹杂了这位老师的琐事和生活习惯的记录。虽然书中的话语看上去包含了不少善意而明智的教导，但整部书稿没有语境的交代，没有系统的理论分析和论述，所用的概念也没有定义，甚至对同样的问题给出完全不同的回答。对这样的书稿，现在的编辑恐怕连看完一遍送出去请有关专家评审的机会都不给，直接就退稿了，因为它完全不符合今天的学术规范。当代新儒学的主要代表们虽然尊奉孔子，但他们论及儒家哲学思想时所引用的资源更多的是《中庸》《孟子》和宋明理学。方东美先生就直接把《论语》称作为"格言学"，即"根据实际人生的体验，用简短的语言把它表达出来"，"它既没有论及宇宙全体，也不能包括本体万有，也没有对本体万有的最高根源加以阐明；它且涉及'Moral Items'、'Moral Virtues'——德目论，但是没有普遍的价值论"。② 李泽厚先生注意到："令人难解的是，牟宗三抬孔子，认为（孔子）高出一切，当然也远超康德。但只征引孔子一两句话而已，从未对《论语》一书作任何全面的解释或研究，而宁肯花大气力去译康德，不知这是什么缘故。"③ 李泽厚自己虽然写了《论语今读》，但承认"远非钟爱此书"，只是因为孔子和《论语》"在塑造、构建汉民族文化心理解构的历史过程中，大概起了无可替代、首屈一指的严重作用"。

---

① 李零：《丧家狗——我读〈论语〉》，太原：山西人民出版社，2007年，第3、11页。

② 方东美：《生命理想与文化类型——方东美新儒学论著辑要》，北京：中国广播电视出版社，1992年，第454—456页。

③ 李泽厚：《论语今读》，北京：三联书店，2004年，第4页。

在他看来，《论语》"既非宗教又非哲学"，或者只能说是"半宗教半哲学"。"孔子很少抽象思辨和'纯粹'论理。孔子讲'仁'讲'礼'，都非常具体。这里很少有'什么是'（what is）的问题，所问特别是所答（孔子的回答）总是'如何做'（how to）。"① 说它是半哲学，是因为它具有哲学的理性品格，包含了理性的思索，故而李泽厚将孔子所代表的理性称为"实用理性"。相比之下，显然《周易》《中庸》《孟子》等著作更符合人们对"哲学性"的理解。

二、哲学概念在近代的窄化

但《论语》之所以"不像哲学"既可以是因为《论语》自身的性质与哲学不一样，也可以是由于"哲学"概念本身的狭隘性所造成。其实在近代的欧洲，哲学概念就发生了一个窄化的过程。在此之前，孔子在欧洲思想界曾经被普遍看作为东方的"哲人"。利玛窦在其《中国传教史》中就明确地称孔子为"中国最大的哲学家"。"他所说的，和他的生活态度，绝不逊于文明古代的哲学家；许多西方哲学家无法与他相提并论。"② 利玛窦依据的当然不仅限于《论语》，但显然是包含《论语》在内的四书五经。1687 年出版的第一部由耶稣会士柏应理 Philippe Couplet（1623—1693）等译成拉丁文的儒家四书汇编就被命名为《中国的哲学家孔子》（*Confucius Sinarum Philosophus*）。此书旋即有法文译本（1688 年），书名为《中国哲学家孔子的道德箴言》，1691 年又出现了英文转译本《中国哲学家孔子的道德观》（*The Morals of Confucius, A Chinese Philosopher*）。这些欧洲的译者并没有怀疑孔子的《论语》应当被看成是哲学著作。但是到了 19 世纪，欧洲人对孔子乃至整个中国文化的观念发生了一个 180 度的大转变。整个中国从"哲学"的、"理性"的国度，变成了"东方专制国家"，孔子也从圣人和伟大的哲学家变成了 19 世纪欧洲哲学家眼中平庸的道德说教者。

这个转折作为文明交流对话史的现象，有各方面的原因。其中之一，便是

---

① 李泽厚：《论语今读》，北京：三联书店，2004 年，第 1、3 页。
② 转引自楼宇烈、张西平主编：《中外哲学交流史》，长沙：湖南教育出版社，1998 年，第 212 页。

"哲学"观念本身的变化。在古希腊，哲学的概念非常宽泛。在希腊语里，哲学（philosophy）是由爱（philos）和智慧（sophia）两个词合并而成。最初是泛指智力的运用。故不但所有的学科都可以称为哲学，在荷马那里，连木匠的技艺都被称作"sophia"（Iliad XV，412）。后来通过毕达哥拉斯和柏拉图等的限定，哲学一词才逐渐窄化，获得了其"理性思辨活动"的含义。毕达哥拉斯据说曾经把人分为三种，逐名者、逐利者和旁观思考者，并自称他属于第三类，即哲学家。在柏拉图的时代，人们曾对于苏格拉底究竟是"圣人""论辩家"还是"宇宙论家"有过争议，柏拉图则认为他三者都不是，而是"哲学家"，是运用论辩方式（dialectic）追求真理的人。

即便如此，"哲学"概念依然保持了宽泛的统括众学科的特征。在很长的历史时期里，科学一直被称为"自然哲学"①。而且，如法国哲学家哈多（Pierre Hadot）所指出的，西方哲学在其古希腊罗马的源头上是一种精神修炼的生活方式，而不是今天普遍理解的那样，是纯粹的学问或理论的论说。作为生活方式的哲学，主要是塑造（form）学习哲学的人，培养人的素质和生活的倾向，而不只是给人添加一些知识（inform）②。那些只接受理论观念的人所爱的不是智慧，而只是词语，所以恰当地说，应该称之为"学问家"（philologia）。按照这种对"哲学"的宽泛理解，孔子当然可以被看作哲学家，《论语》也当然可以被看作是一部哲学著作。

但这种作为生活方式的哲学传统在近代西方式微了（虽然没有完全消失）。哲学概念继续窄化，越来越变成了纯理智的思辨活动。这种变化的基因，同样可以在古希腊的源头上找到。作为"爱智慧"之学，哲学的"智慧"（sophia）本来就偏重于指"理性智慧"。在希腊文里，另外有一个专指"实践智慧"的词——phronēsis。理性智慧追求的是理论（theoria）的理解，因此，它自然地将对于实

---

① 直到今天，"博士"一词的英文还是"Ph. D"，即"哲学博士"的缩写。如"数学博士"在英文里就是"数学哲学博士"，"医学博士"在英文里就是"医学哲学博士"。

② 参见 Pierre Hadot, *Philosophy as a Way of Life*（Malden MA：Blackwell Publishing, 1995），105。

在尤其是永恒的、超越的存在的认识作为其使命。实践智慧追求的是明智，因此它关注的是政治实践生活。除此之外，希腊文中另外还有专指各种"技艺"的词——technē。它既包含木匠制作家具的技艺，也包括医师治病的技艺、将军赢得战争的技艺和商人获取利润的技艺。古希腊哲学家们并不认为思辨与实践技艺的生活方式是完全相互排斥的，后者在希腊哲学的全盛时期还依然被公认为是古希腊人生活中所不可或缺的存在方式。对亚里士多德而言，"实践"指的是政治生活领域中的理性行为，因此无法与"理论"完全分离；"理论"同样需要训练和教导，而且是对第一原理、理性和知识的积极追求①。然而，他们的观点已然包含了后来发展成一种我称为"理性的自恋"的基因，即他们设定了这样一种等级次序：理论比实践更完美，而实践又高于技艺。这些哲人自己的著作便多集中于探讨理智智慧。正如孟旦（Donald Munro）先生所云："在希腊人看来，学问的意义既在于它本身，也在于它对行动的引导（不管怎么说，柏拉图确实写了《理想国》，苏格拉底也认为'知善者必行善'），但他们所青睐的，首先是以其自身为目的的学问。"② 古希腊的主要哲学家如苏格拉底、柏拉图和亚里士多德都明确地认为"人是理性的动物"——我不等于我的身体，而是拥有身体的那个灵魂，而灵魂的本质在于能够有知，就像一面镜子的本质在于能够反映镜像一样，所以求知才是最"属人"的活动。人的生活在毫无功利目的的纯哲学思辨当中得到最纯粹的实现。

中世纪新柏拉图主义者们最终将实践与技艺流程归在了一起，把它们降格为平民领域的活动。同时，他们把思辨理论与完全超越的绝对者联系在一起，从而扩大了思辨生活与实践生活之间的距离。通常意义上哲人参与城邦生活或实践生活的需求则不复存在，或者说是被下放至那些亟待从对物质财富与权力名望的角

---

① 哈多表示，亚氏"无意构建一个关于实在的完备体系。相反，他希冀训练他的学生在逻辑学、自然科学和伦理学方面掌握使用正确方法的技巧"（同上）。

② 孟旦：《早期中国"人"的观念》，第 58 页；英文原文见 Donald J. Munro, *The Concept of Man in Early China*，(Stanford：Stanford University Press, 1969) p. 55。

逐中解放出来的俗人那里去了。结果是实践智慧被进一步地贬低，成了不配哲学严肃考察的对象。**虽然对理智智慧的爱本身并不排除哲人们把实践智慧作为理智探究的对象，然而人们却很容易受"爱智"（philosophy）一词的诱导（或者毋宁说是误导）而更加自恋地关注甚至只关注理智理性和所谓"永恒"的对象。**在作为生活方式的哲学越来越把理论思辨作为自己的特点的同时，它也越来越走向把理论、命题、观念（即作为学问的哲学）当作对象与目标。在它前行的路上，作为生活方式的精神修炼不但不再作为哲学本身，而且渐渐不再作为哲学思考的对象，也不再作为哲学思考的视角。

西方近代启蒙运动虽然很具有革命性，但近代思想者们，无论是唯理论者还是经验论者，都明显受到了中世纪理智主义倾向的影响。真理认知逐渐占据了他们整个的哲学事业，其结果是实践智慧和技能之知要么是被看作不配成为严肃哲学探究的对象，要么是被归约为理性的意志自由活动及能够从理论中推导出的行为规则。这个过程最终在 19 世纪形成了哲学普遍成为一种专业的状况。理论论说，包括概念的创造和分析，命题的形成和演绎，理论的构建和辩护，以及为了这些而制定的逻辑规则，成了一个独立自存的学术体系，逐渐异化成了脱离生活的学院哲学，存在于书本、刊物、会场和教室当中①。这种状况一直延续到今天。比如，在美国的书店里，有一类书被称作为"智慧文学"（wisdom literature），那里是各种生活格言，自助式的精神疗法和灵修一类的读物。属于"东方智慧"的老子《道德经》、古印度的《吠陀经》、孔子的《论语》，等等，就经常被配上了具有东方神秘色彩或浪漫意境的插图而陈列其中。而原意为"爱智慧"的"哲学"类书籍，却讽刺地作为严肃的学术著作另外摆放，而且其数量和规模通常要大得多。随着哲学的越来越专业化，它也与实践智慧越来越疏远，越来越规范化、专题化。如比利时汉学家戴卡琳（Carine Defoort）所说："哲学必须有系统、反思、理性的样态；它必须不同于科学和宗教；它必须可以细分为各种子学科，

---

① 虽然在事实上，哲学始终对生活起着终极的指导作用。

如形上学、逻辑及认识论。所谓中国哲学黄金时代（公元前 5 世纪到公元前 3 世纪）的中国诸子的大量教导鲜能符合这些要求。"[1]

古希腊那种宽泛的"哲学"观念使 17—18 世纪的欧洲传教士和启蒙思想家能够把《论语》当作哲学著作，而且早年的欧洲传教士们对孔子的兴趣主要在于他们认为孔子的学说与信仰上帝不冲突，为他们在中国传教提供了本土的文化基础。从他们那里了解到孔子的欧洲启蒙思想家（如伏尔泰、莱布尼茨、沃尔夫等）在孔子那里找到了他们希望发现的东西，即一种世俗理性，一种无需依赖宗教信仰，凭理性就能确立的伦理，可以用孔子的话语去展开他们的诉求[2]。19 世纪"哲学"观念的变化，使得《论语》变得不再符合窄化了的"哲学"标签，孔子也变得不再像是"哲学家"了。加上欧洲世俗理性的迅速发展以及相应地在科技等方面的崛起，使得欧洲不再需要向东方寻求助缘，对孔子的尊崇也逐渐消退，乃至成为黑格尔等讥讽的对象。

三、对《论语》的哲学解码

可以说，黑格尔对《论语》的评价，在很大程度上是他把《论语》放到了窄化了以后的"哲学"，即在西方长期发展以后形成的那种专业学术形态的"哲学"标准下而得出的。他错误地以为思想的深度必然与概念和命题的抽象层度和普遍层度成正比。这反映了哲学在其形态狭窄化的同时，出现了思辨论证的形式与思维内容的高度重合。当黑格尔说《论语》里没有思辨的时候，他是把哲学的思辨形式当作哲学智慧所必不可少的，而且是唯一的表现形式了。

但《论语》的文字看似直白浅显，却蕴含着丰富而深刻的思想，需要仔细品味、反思和体会才能领会。孔子的弟子子贡曾经说道，"夫子之墙数仞，不得其

---

[1] Carine Defoort, "Is There Such a Thing as Chinese Philosophy? Arguments of an Implicit Debate"（*Philosophy East & West* 51, no. 3〔2001〕: 393—413），396.

[2] 参见刘耘华:《欧洲启蒙思想与中国文化有何相干? ——就一个学界热点问题回应张西平先生》(《国际比较文学（中英文）》2019 年第 2 卷第 3 期)。

门而入，不见宗庙之美，百官之富"（19.23）。当代美国哲学家芬格莱特（Herbert Fingarette）也曾感叹："我初读孔子的时候，发现他是一个平淡而狭隘的道德说教者。……后来，我越来越强烈地感到，他是一位有深刻洞见和想象力的思想家，不比我所知的任何人逊色。……孔子可以成为我们当代的导师———一位主要的导师，而不仅仅是能给我们一个有些别样情调的视角的老师。他告诉我们的是别处未曾说过的，需要说的东西。他有新的东西要教会我们。"① 美国青年学者白梦安（Anthony Bergman）以其敏锐的直觉，指出了一个显而易见却常常被忽略的事实，那就是思想并不一定要以理论的形式来表现。他把《论语》中所蕴含的思想称作"非理论性思想"②。白梦安还指出，思想甚至不一定要具有观点（view）的形式。如他所说，孔子所教导的，更多的是一种生活方式，而不是某种观点。那些教导当中所蕴含的思想的深度，并不能简单地与其形式上的抽象思辨层度画等号。实际上一种抽象的思辨完全可能是肤浅的，而一种具体直观的思想也可以是深刻的。孔子、耶稣、佛陀的智慧都包含有普遍性，但它们都不是以理论的、学问的形式呈现与世人，而是直接以"厚"的生存实感，以仁、爱、慈悲，像光一样指引人前进的道路。

　　当然，从毕达哥拉斯和柏拉图那里而来的对"哲学"的理解，毕竟是爱"理性智慧"的学问活动，其对象是源于作为旁观者的观察或思考的"理论"（theoria）。从这个角度看，《论语》确实不那么"哲学"。与同样是儒家经典的《中庸》《易经》等相比，它的理论性显然要淡得多。我们或许可以对《论语》进行哲学的解码，从中提炼出它所蕴含的哲学理论来，但这不等于〈论语〉本身已经是一部现成的哲学理论著作，正如一个佛教徒的思想和行为方式蕴含了佛家的哲学思想，但我们不能因此就认为他是佛教哲学家一样。可以说〈论语〉中所包含的智慧有两种展现方式。一是通过指导人生的实践而在现实中展现，比如通过造就君子和孔子所理想的社会，实证其思想的理性内涵。有如山川之美展现的方

---

① Herbert Fingarette, *Confucius: The Secular as Sacred* (New York: Harper & Row. 1972).
② 见其著《论〈论语〉中孔子的非理论性思想》，上海社会科学院哲学所硕士论文，2010 年。

式那样，它采取的不是概念的逻辑形式，而是直接"呈现"的方式。二是经过理论的提炼，或者说经过一个"哲学化"的过程，以理论命题的和逻辑论证的形式来展现其思想内涵。

就前者而言，《论语》的形式比其他儒家著作都更为有效地展现了儒家的思想内容。高深的哲学著作往往以抽象晦涩的概念使读者望而却步。尤其是专业化以后的哲学，往往成了一些哲学某特殊领域的专属智力游戏，圈外的人既看不懂也没有兴趣去研读，因而大大限制了这种智慧的实践意义。反而是《论语》那样的非理论形式，以其直观具体的形态和与生活的直接关联而容易影响到广大的受众，在潜移默化中影响人生、文化和社会。

但《论语》的非理论性，不等于其中的思想无法理论化，也不等于其中的思想不需要或不应该理论化。《论语》里面蕴含的丰富哲学思想需要"解码"，即提炼、归纳、总结、引申，才能超出"百姓日用而不知"的存在状态，成为人们的自觉。孔子以"微言大义"著称，用理论语言和逻辑去揭示其中的"义理"，就是对其中的哲学思想智慧的"解码"。自古以来《论语》的注疏不下三千种，其中固然有相当的分量放在了文字训诂和历史考证方面，但更多的是对其中义理的探讨和阐释。它可以帮助我们认识到《论语》那些直白话语背后丰富而深刻的内涵①。《论语》中的话语与前述漫画当中那些肤浅语句的本质区别，就在于它们在平实具体的形式中所蕴含的深刻思想既能在实践中展示其巨大的威力，让百姓"日用而不知"地受到其影响，也经得起理论的解读，能够在两千年历代的解读中持续地展现出其潜在的深度和启发性。《论语》被提高到儒家核心经典的地位，本身就是与《论语》的哲学化、理论化联系在一起的，它反过来又促进了人们对《论语》中的思想内涵及其价值的认识。

如所周知，在宋代以前，儒家的核心经典是"五经"，即《诗》《书》《礼》《易》《春秋》（或加上《乐》而谓"六经"）。虽然《论语》也被尊为经，并早在

---

① 陈来所作的《略论〈论语〉的传承与训解》（《东岳论丛》2021 年第 10 期）对这一历史有颇为具体而精简的梳理。

汉代就曾有人将其与上述五经并列，① 但总体而言，很长时期内《论语》的地位还大概相当于儒学的辅助读物和儿童的启蒙读物。朱熹将包括《论语》在内的"四书"提升到与"五经"并列，可以看作是《论语》成为儒家核心经典的标志性转折。而朱熹对《论语》的注释，就是对《论语》的系统性的哲学理论解读。当然，这种解读并不是像打开礼品包装盒以展现里面现成的礼品那样简单。在相当程度上，朱熹对《论语》的注解也是朱熹自己的哲学思想的表述。它既是"我注六经"也是"六经注我"。一方面是《论语》的思想内容允许他作出他的理论概括和提升，另一方面，他对《论语》的理论概括和提升又赋予了《论语》原本没有的哲学思辨形式。比如《论语》有"孝弟也者，其为仁之本与"，朱熹解释道："仁者，爱之理，心之德也。"《论语》有"礼之用，和为贵"，朱熹解释道："礼者，天理之节文，人事之仪则也。"《论语》中说孔子"五十而知天命"，朱熹解释为"知天命，穷理尽性也"②。这些解释在多大程度上是"揭示"了孝悌、仁、礼、天命的本体论意义，使本已蕴含在上述《论语》文本中的本体论思想得以彰显，又在多大程度上是朱熹"赋予"了上述《论语》文本中的观念以本体论的意义，很难有精确的判定，只能说是两者兼而有之。类似的例子在朱熹的《论语集注》中俯拾皆是。后人因此而批评朱熹一切都往"理"上扯，是有一定道理的。但需要承认，一方面《论语》的文本确实具有允许如此提升的可能，另一方面，朱熹通过回应来自佛家和道家的挑战这一观照点，把《论语》中的教导提升到具有普遍性的形上层面，使之更加理论化和系统化，以弥补儒学表面上仅为日用纲常而缺乏上达天道的不足。他在《中庸章句序》中透露了他把四书哲学化的动机，即应对当时"异端之说日新月盛，以至于老佛之徒出，则弥近理而大乱真矣"的局面，"以斥夫二家似是之非"③。朱熹对《论语》的哲学化解读，既是

---

① 参见丁鼎、刘文剑：《〈论语〉何时成为经典考论》，《论语学研究》，孔子研究院学术辑刊第一辑，青岛：青岛出版社，2019 年。
② 朱熹：《四书章句集注》，北京：中华书局，2012 年，第 48、51、54 页。
③ 朱熹：《四书章句集注》，北京：中华书局，2012 年，第 15 页。

《论语》中潜在的哲学内涵得以进一步开启的过程，也是《论语》在朱熹与佛老的对话中得到新的哲学生命的过程。

当代西方哲学家安乐哲（Roger T. Ames）、罗思文（Henry Rosemont Jr.）对《论语》的哲学理论性解读是《论语》哲学化的又一个经典案例。在他们看来，与柏拉图那里一直流传下来的西方哲学所体现的本质主义的、实体论的思想不同，《论语》等中国经典中所体现的，是对事物的过程性和关系性的理解。按照这种理解，世上万事万物都没有独立自存的固定本质，一切都受它们与周围事物的关系所规定，并随情境的变化而变化。比如在读《论语》时，读者应该会发现"其关注的不是描述事物本身是什么，而是它们在特定的场景下与其他事物具有怎样的关系"[①]。他们还认为，这种世界观上的区别植根于汉语与西方语言的区别，如英文中有定冠词 the，汉语中没有。有鉴于此，他们在其《论语》英译中，尽量采用动名词（把名词动词化）和情境化的方式来表述，以避免带入西方的本质主义和实体论的假设。把这种过程-关系的形上学从《论语》那样的经典中提炼出来，与西方本质-实体的形上学对比，安乐哲与罗思文展开了他们的中西哲学文明的比较与对话，展开了一系列有启发意义的论域，如作为"个人"的人（human being）和作为"成长过程"的人（human becoming）的区别、逻辑秩序与美学秩序的区别、德性伦理与角色伦理的区别，等等。

其他从孔子的"微言"中发掘"大义"，从《论语》里提炼出哲学思想的例子举不胜举。如杨国荣在一篇论文中从哲学的基本问题之一"人自身之在"这一问题出发，在《论语》中整理出一个"何为人"、人"为何在""向何在"，以及人"如何在"的完整的哲学理论[②]。黄勇从孔子对于当代（尤其是西方）的人生道德问题能够有哪些启示出发，选取了几个《论语》中看似令人困惑，实乃具有

---

①   Roger T. Ames and Henry Rosemont, Jr., *The Analects of Confucius: A Philosophical Translation* (New York: Ballantine Books, 1998), 23.

②   参见杨国荣：《何为人与人之"在"：从孔子的观点看》，载其著《思与所思——哲学的历史与历史中的哲学》，北京：北京师范大学出版社，2006年，第69—87页。

深刻洞见的哲学观点来展开讨论。如"以直报怨"中的正义思想虽然看上去不如基督教"以德报怨"更高尚，但它能制止恶势力，避免反而助长恶势力的弊病。"好德如好色"中蕴含的"为何道德"（why be moral）的回答，提供了比仅仅苦涩地遵从道德更高的理想人格境界①。前面提到的芬格莱特从孔子那里读出了当代西方哲学中作为新发现提出的语言的"语用"功能（performative function of lan-guage），并由此从理论上强调了"礼"对人生与社会的"神奇"作用，等等。

四、通贯《论语》的功夫哲学

以上的讨论显示，《论语》虽然不是现代学术专著意义上的哲学著作，但包含了丰富而深刻的哲学思想内涵，允许后人不断地去发掘和阐发，将其与他们所面临的时代、所提供的观照点进行对话，从而展现这部著作的新的哲学生命形态。

但《论语》里蕴含的哲学究竟是什么？是朱熹所说的"理"的哲学，还是安乐哲、罗思文所说的"关系/过程"哲学，或者如杨国荣描述的那种对人和人生的一套看法，是黄勇指出的一系列至今还有启发价值的洞见，抑或如芬格莱特所看到的，是作为行为方式的"礼"的神奇功用？上述种种对《论语》的哲学解读当然都有依据，也都启发我们注意到表面上不容易看到的内容，启发我们进一步的哲学思考。但如果说《论语》所蕴含的哲学应该是反映《论语》本身核心思想的哲学，那么所有以上这些，恐怕都应该是围绕着人和社会的转化这一核心，并且应该从这个角度去理解和阐发。程颐曾说，"读《论语》，未读时是此等人，读了后又只是此等人，便是不曾读"②。朱熹在讨论如何读《论语》和《孟子》的文章中也写道："《论》《孟》不可只道理会文义得了便了。须仔细玩味，以身体之……二书若便恁地读过，只一两日可了。若要将来做切己事，玩味体察，一日多看得数段或一两段尔。读《论》《孟》须是切己。且如'学而时习之'，切己

---

① 见 Yong Huang, *Confucius, A Guide for the Perplexed* (London & New York: Bloomsbury, 2013)。
② 朱熹：《四书章句集注》，北京：中华书局，2012 年，第 44 页。

看时，曾时习与否，句句如此求之，则有益矣。……若欲只做一场话说，则是口耳之学耳。"① 可见无论《论语》还是《孟子》，在程颐和朱熹看来，本质上都是做人的功夫之学。其"道理文义"的真正旨意，也在于帮助人的转化。安乐哲和罗思文在其《论语》英译的"序言"中也说，古代"中国哲学家，尤其是孔子，与他们同时代的古希腊以及亚伯拉罕传统的先哲们相比，是非常不同意义上的老师。中国的先师们并不那么关注对世界的客观描述和相应知识的传授，他们更关注的是探讨怎样在这个世界上生活"②。这个观点也是当代海外汉学家中相当普遍的共识。葛瑞汉（A. C. Graham）说，"对他们（那些古代中国思想家）来说，关键的问题不是西方哲学家的'何为真理？'而是'道在何处？'也即如何治国和如何生活"（1989，3）③。孟旦（Donald J. Munro）先生写道："在中国，一个哲学家接受一个信念或主张时，很少关心希腊意义上的真理或错误；这些是西方人关心的。中国人关注的重点是相关信念和主张的行为导向。"④ 陈汉生（Chad Hansen）也有同样的观点。他认为中国思想家并不把语言基本上理解为解释世界的方式，或者是交流信念的方式，而是理解为指导世间行为的手段。中国古代所谓的知识"是在训练的意义上的学习结果，而不是获得所谓概念和事实资料意义上的学习结果"⑤。这也是李泽厚所谓的"实践理性"。

　　这些观点应该说不会有大的争议。但如果这些观点是正确的，并且我们认真

---

① 朱熹：《读论语孟子法》，《四库全书》文渊阁本，经部，四书类，四书大全，论语集注大全，第3页。
② 参见 Ames and Rosemont, *The Analects of Confucius：A Philosophical Translation*（New York：Ballantine Books，1998），33。
③ Graham, A. C. *Disputers of the Tao*（La Salle, IL：Open Court，1989）。
④ 孟旦著，丁栋、张兴东译：《早期中国"人"的观念》，北京：北京大学出版社，2009年，第58页；英文原文见 Donald J. Munro, *The Concept of Man in Early China*（Redwood City：Stanford University Press，1969），55。
⑤ Chad Hansen, *Language and Logic in Ancient China*（Ann Arbor：University of Michigan Press，1983），66. 他的"是此而非彼"的概括受到了何莫邪（Christoph Harbsmeier）的质疑。何氏指出，在中国古代，"也同样存在事实和科学范式"（Christoph Harbsmeier，"Conceptions of Knowledge in Ancient China"，in *Epistemological Issues in Classical Chinese Philosophy*，p. 12）。麦高思（Alexus McLeod）对于早期中国哲学里的真理理论有过更加系统和公正的梳理（Alexus McLeod, *Theories of Truth in Early Chinese Philosophy：A Comparative Approach*. London and New York：Rowman and Littlefield，2015）。

地从这些观点出发去发掘《论语》中的哲学，就会发现一个发人深省的问题，那就是它会迫使我们承认，《论语》中的孔子关注的核心目标既不是揭示宇宙万事万物之中所包含的"理"，也不是对世界作出"关系型"和"过程哲学"的诠释，甚至不是构建对人生的一套看法，提供一些对我们有启示的观点，或者揭示"礼"所具有的神奇作用。这一切可以说在《论语》里都有，可以合理地从《论语》中引申出来，但它们的核心旨归，在于它们都是对修（身）齐（家）治（国）平（天下）的指导，而非理论、看法或观点。指出这一点，对于理解《论语》的思想实质有非常重要的意义。

首先，如果是这样的话，《论语》中的许多言语就需要从语用的角度去解读，而不能像一般的哲学论著那样看其字面的意思。那里的语言不是用来解释、论证、说明，而是用来激发（incite）、指导、鼓励或者说直接用来"做事"，以达到某种功效。法国汉学家于连（François Jullien）指出，中国古代的语言运用常常"不是清理证据，而是发动起各种能量"；"不是意在建树普世的观点，……而是为某种循环设定标志"①。理论表述的含义通过语言本身展示，而语用的内容，则在功效中展示。语言本身无法尽显其内容，或者说其内容是超语言的。这说明《论语》里那些看似简单直白的语录为什么会通过历代的情境在人们的体验中得到无限的意义的延伸，也说明为什么孔子极为讨厌"佞"和"巧言"，因为"佞"与"巧言"会使人纠缠在言语本身的对错上，从而遮蔽言语所欲达到的功效。更独特的是，功夫的一个吊诡现象是，有时候为了达到功效，恰恰不能说破语用的真实用意②。孔子欣赏"讷于言"（4.24），认为"刚毅木讷近仁"（13.27），"君子欲讷于言而敏于行"（4.24）。这一思想在《论语》中反复出现，绝非偶然。

其次，修齐治平的功夫教导方式也与通常意义上的哲学教授方式不同。同样

---

① 弗郎索瓦・于连著，杜小真译：《迂回与进入》，北京：三联书店，2003年，第72、218、384页。
② 如"我未见好仁者，恶不仁者。……有能一日用其力于仁矣乎？"（4.6），"吾未见能见其过，而内自讼者也"（5.27）。这些话与孔子对颜回的称赞"其心三月不违仁"（6.7）、"不二过"（6.3）等不一致，因此只能理解为是孔子以此反激他的弟子们，让他们用自己的行动去证明孔子能够看到这样的人。但这种反激的话语不能说破，说破了就失去其反激的效用了。

是对话，苏格拉底的对话与孔子与其弟子的对话就很不一样。《论语》显示，孔子的弟子们一般只是听取老师的指导，记录下来，"不违若愚"（2.9）。和苏格拉底的对话不同，孔子很少给弟子作分析、解释、探讨。大部分时间只有一问一答，其性质是属于宣喻、教导，而非论证。这里显示的可以说是功夫师傅和哲学教师的典型区别。从苏格拉底以来的西方哲学传统建立在这样一种预设上：人类本质上是理性的动物。真正的知识是理性知识、是可以描述和用语言传达的。哲学教师的主要作用就是帮助学生使用他们已经拥有的理性能力来探讨和发现真理。而哲学教育的方法就是用文字和其他符号来表述事实，用语言来澄清概念和问题，并用合乎逻辑的推论来使学生信服。老师鼓励学生问"为什么"，并要求自己拿出理由来说服他们，除非答案是自明的，已经一目了然。从拥有理性能力这点上来说，学生和教师的地位是平等的。儒家和其他主要东方哲学传统的功夫师徒关系则与此不同，它始于这样一种预设——真正的知识是无法用文字完全表达清楚的。光凭智力远远不足以感知、理解和吸收它。一个人的理智必须借助于经过修炼的直觉，借助于通过不断实践才能得到的体会。功夫高深的师傅因为长期的修炼而达到远远超出弟子的高度，能够看到弟子所无法看到的事理。这种事理是无法靠语言文字传递给学生的。因此，教育学生要用一种完全不同的方式——不仅仅用口头表达、解释和说服，更重要的是个性化的指导和老师的示范，让弟子按照正确的方式去践行，从而提升自身的存在状态（功力、功能）。有时候，老师甚至不让弟子问"为什么"，因为在没有修炼到能够理解的高度以前，口头的回答会误导学生以为他已经通过字面的含义明白了答案。如果以哲学的论辩形式去表述，会误导学生，从而使学生失去为学最为关键的一步——体验。只有通过"学而时习之"，才能体验颜回那种"欲罢不能"的乐趣。"以身体之"（appropriation through the body）在这里有两个意思。它意味着主体不能只是用感官接受知觉和用理智进行推理，而必须通过身体的参与去体验、带着身体的倾向去体会、依靠身体的感受去体察，才能领悟其意蕴。而体身化意味着所获得的知识应当转化为身体的技能（know how）和倾向性（know to，inclination），才算真的是学到了，化为己有了，否则只是"口耳之学"。

功夫的教导还要看合适的对象和时机的成熟，否则就是浪费精力，甚至事与愿违。"可与言而不与之言，失人；不可与言而与之言，失言"（15.8）。"不愤不启，不悱不发"（7.8）。为了有针对性地矫正弟子的倾向，对不同的学生也需要给以不同的指导，这就是为什么《论语》中的孔子对弟子问"仁"问"孝"问"礼"会给予各种不同的回答。对于以揭示普遍真理为目标的哲学理论构建而言，这些功夫学习的基本智慧却恰恰会被看成是缺乏思辨，乃至于思想混乱的表现。另外，功夫学习的重要途径是对榜样的模仿。《论语》"乡党篇"的意义就在于此。它包含了大量看似琐细无序的对孔子日常生活习惯和行为方式的记述。它们展示了孔子的伦理学的一个重要方面，即库普曼（Joel Kupperman）所说的"生活风格"的培养。它帮助我们看到，优秀的生活不仅在于面临重大事件时能够作出正确的决断，而且在于生活的方方面面都能够举止得体。要做到这一点，就需要有生动的榜样可以效仿①。

再次，功夫教导中的普遍与特殊既不像描述性的哲学理论，以普遍的规律来概括所有的特殊现象，也不像道德律令，用普遍的规定来规范所有的行为。功夫所遵循的普遍，是从实践经验中总结出来的常规的有效应对方式，它不排除在具体情境下"权"（权宜）的必要性，而且从人的修炼成长的角度看，学习常规正是走向最后灵活应变的途径，就像学书法要从腕平、掌竖之类的基本规范出发，而且需要反复实践的过程，才能达到崎侧翻转、挥洒自如的境界。这也是为什么孔子把"可与共权"（能够与之一道通权达变）看作比"与共学""与适道""与立"都更高的境界（9.30）。只有从这个角度才能对《论语》中的哲学智慧有恰当的认识。比如"己所不欲，勿施于人"（12.2，15.24）就不能理解为普遍适用的道德"金律"或"银律"，否则它就会与"无适无莫"（4.10）"无可无不可"（18.8）的灵活性相矛盾。从功夫的角度去看，"己所不欲，勿施于人"那样的恕

① 参见 Amy Olberding, *Moral Exemplars in the Analects — The Good Person Is That* (New York and London: Routledge, 2012)。

道，是"能近取譬"的"仁之方"（6.30）。道德律令的评价在于对或错，而对方法的评价，则是有效或无效。作为方法，"能近取譬"不保证在所有的场合都能适用，但它却有助于培养同情心。按照这个方法去修炼，就像是学开车的按照教练所教的动作规范去做，久而久之，就会成为优秀的驾驶员，并且自然而然地就会知道什么时候需要"权"了。广义而言，如孔子的"六言六蔽"（17.8）所提示的，所有的德性都有其"蔽"，都是需要经过"学"（修炼）而达到的功夫，所以《论语》中的伦理学思想与其说像许多学者所认为的那样是"德性伦理"，不如说是"功夫伦理"①。试图用普遍化的"德性"或者"礼"那样的行为规范去概括孔子的伦理思想，固然有助于人们快捷地了解《论语》的基本内容，但类似于照片之与活生生的人的区别，这样做的同时也是将它平面化和固化，容易使人造成本质的错置。

五、《论语》的非理论形式与其哲学思想的内在关联

以上分析提示我们，《论语》那"不够哲学"的形式与其所蕴含的思想有紧密的内在关联。也就是说，《论语》那"不够哲学"的形式正是其哲学思想原有的显现方式。对《论语》的理论性的哲学解读，有助于解码其中蕴含的思想和智慧，但理论的抽象形式却也恰恰有遮蔽其哲学思想的危险，因为一旦把语用性的功夫指导看作命题式的陈述，以头脑的理解去取代需要以身体之的体会，用普遍命题或律令去概括本来是功法的规范，结果会很容易把原本立体的、有生命的思想平面化和固化，从而失去其真意。如果我们承认修齐治平的功夫是整个儒家的核心关注的话，那就意味着《论语》或许比其他更加理论化、哲学化的儒家经典如《周易》《中庸》《孟子》等更为典型地体现了儒家的哲学思想，以至于那些理论性更强的著作需要摆在《论语》所包含的精神面前来评判，而不是相反。那些经典中被看作"哲学"的内容，通常是以描述普遍实在或普遍规范的形式出现

---

① 参见拙文《德性之蔽——从〈论语〉中的六言六蔽说起》，《现代儒学》2021 年第 8 辑，第 23—49 页。

的。作为学问（intellectual discourse）的哲学由观念、理论等组成，服从理性的逻辑，而功夫服从的是功法、功力、工夫（时间和努力）与功效之间的因果关系。

以朱熹为例，他对包括《论语》在内的先秦儒学典籍作哲学理论的解读，尽可能地将其中的内容拔高到天道、天理的超越和普遍的层面，用"理""气""心""性""天道"等本体论概念展开论述，从而为儒家的道统提供了"超越的安立 transcendental justification"①，成就了儒学在宋代的复兴。但这种做法的副作用，却是对孔子思想的实践层面的遮蔽。虽然朱熹自己一再强调他说的"理"是"实理"，是需要在行动中"实乎"的理，但他那一套精致的形上学理论依然给人们造成了两个他自己并不愿意看到的危险倾向，一是"理"的抽象化，与人的感性存在形成脱离乃至对立；二是"理"的外在化，成为某种对人的超越普遍的外在制约。这也是从与他同时代的陈亮到明代的王阳明、清儒黄宗羲、颜元等对朱熹的批评。这些批评或许对朱熹而言有不公允之处，但它们的出现本身就是朱熹的形上学理论所造就的实际影响②。儒家典籍当中的那些本体论的和宇宙论的内容都应该从功夫的视角去解读，非此不足以理解为什么尽管天也有不仁，也会失序，可儒家的宇宙论偏偏强调天地之大德曰生、曰和。同样，非此也不足以理解为什么尽管人有私欲，孟子和他的宋明后继者偏要费大力去论证心性本善。这其实也是儒家"义理之学"与西方欲为世界之"镜像"的"哲学"的本质区别，但其理论的呈现方式却又是最容易使人将两者视为一物，从而被误解而失去功夫真传之处。

同样，安乐哲与罗思文强调了孔子思想当中的"关系/过程"的本体论倾向，从而为西方主流哲学中的"个体/本质"论倾向提供了一个极有价值的对照，大

① 《牟宗三先生晚期文集》，《牟宗三先生全集》第 27 卷，台北：联经出版事业有限公司，2003 年，第 68 页。
② 参见 Hui Yin（殷慧），Hoyt Tillman（田浩）合著的 "The Confucian Canon's Pivotal and Problematic Middle Era: Reflecting on the Northern Song Masters and Zhu Xi," in *Dao, A Journal of Comparative Philosophy*，2015，14；95—105。

大提升了儒家哲学在当代世界哲学界的地位和影响。然而，虽然他们无意让"关系/过程"本体论遮蔽《论语》的功夫层面，他们强调的"关系/过程"本体论也容易给人一种印象，即孔子的哲学与西方主流哲学的主要区别在于不同的本体论之间的区别，也就是说，孔子是为世界提供了一幅关系性的和过程的形上学图像，而西方主流本体论提供的则是个体的和实体的形上学图像。这种理解不仅难以解释这样一个事实，即《论语》中既有"君君，臣臣，父父，子子"那样从角色和关系中来规定自我的陈述，也有"当仁不让于师"（15.36），"三军可夺帅也，匹夫不可夺志也"（9.26）之类的突出个人独立性的言论，更为令人不安的是，它可能会掩盖《论语》的核心思想内容，即功夫的指导。在功夫指导中，对个体性和本质性的强调也可以是成己成人的功法，是对关系和过程的必要补充。

避免这些问题的直接方法，自然是从贯通《论语》本身的核心关注，即"功夫"入手来揭示其中的哲学内涵。从这个角度来看，朱熹对《论语》的"理学"解读虽然以形上学理论的面貌出现，在根本上却是一种功法的推荐，即把《论语》所要达到的目标拔高，使儒家倡导的仁义得到超越性和普遍性的意义，也使修炼者能够超出自己的小我而与宇宙的实理（事物之当然）融合为一。它与那种欲为世界提供真实镜像的形上学理论在基本目标上是不同的。同样，安乐哲与罗思文的关系-过程形上学在《论语》中本质上也是一种功法推荐，即通过成为合格的"君臣父子"等，以达到修齐治平之功效。作为形上学，它与个体的和实体的形上学是对立的，但作为功法，它与在某些情况下需要突出个人的独立存在和自主性是互补的。

然而，对《论语》的功夫哲学理论解码既是揭蔽，也可能会成为遮蔽，甚至造成对功夫的消解。正如X-光片是对人体的透视，但当它被当作人体的真实存在的时候，它也会遮蔽活着的生命本身；菜谱是对菜肴成分及加工方法的揭蔽，但当它被当作菜肴的本质的时候，它也会遮蔽菜肴本身具有的色香味；一旦把《论语》中的哲学提炼出来，用理论的抽象形态表述，它也会有程朱所谓的变为"口耳之学"的危险。以前面提到的功夫的"吊诡"为例，当你用语言去"做事"

（比如，去鼓励、刺激、安慰，等等）的时候，如果同时揭示自己的语用行为本质，就会使语用的功能减弱乃至消失。当牟宗三先生指出儒家的形上学是"以生命为它的对象，主要的用心在于如何来调节我们的生命，来运转我们的生命、安顿我们的生命"① 的时候，他确实是揭示了这些理论的实质。在功夫论的解读里，本体论的观点是决定人生态度和生活方式的重要思想基础。但正因此，在实际生活中又不能把它当作调节、运转、安顿生命的手段，而需要把它当作形上学的真理，当作信念去确立，才能产生功效。以工具理性的心理，只是借用某种信念以图达到功效，结果是反而得不到功效。这也是功夫的吊诡。

六、结语

法国哲学家德里达（Jacques Derrida）2001 年来中国讲学访问的时候，曾经颇为突兀地说，"中国没有哲学，只有思想"。这种说法对中国学界来说并不陌生，因为中国究竟有没有哲学的问题已经纠缠了国人一个世纪。但一个来访的客人当着主人的面否定中国在现代以前有哲学，还是令举座愕然。当时与他对谈的王元化先生当即委婉地表示不同意他的看法，并举了先秦名辩家及庄子《天下篇》等为例，说明中国传统思想中的许多命题是同西方哲学相近的，只是思维方式和表达方式不同，希望以此来帮助对方了解中国文化②。但事后有不少人指出，这样的直观反应实际上是对德里达的误解。德里达所说的"哲学"，是他一直致力于批评和解构的那种西方逻各斯中心主义、理性至上主义的哲学。所以当他说中国现代以前只有思想没有哲学的时候，并没有贬义，反而是一种褒扬。如果我们按照"哲学"在古希腊便已经蕴含的逻各斯中心倾向和在 19 世纪终于窄化成一种专业的理论性学术活动来理解，那么《论语》确实不应该被看作是一部哲学著作。但这对《论语》而言不是贬低，而是指它未落入那个窄化了的"哲学"的窠臼。如果说《论语》所蕴含的哲学思想的根本在于修齐治平的功夫之学，那么

---

① 牟宗三：《中国哲学十九讲》，上海：上海古籍出版社，1997 年，第 14 页。
② 参见王元化：《清园近作集》"与德里达对话访谈录"，上海：文汇出版社，2004 年，第 29—30 页。

它的非理论形式正是它"作为生活方式"的存在形式，是其未被平面化、静态化、格式化的原生态。它所显示的，不仅是类似于后现代哲学对近代哲学的抽象、普遍、绝对等理念的解构，而且是填补这种解构留下的空白的丰富建构资源。但这并不意味着我们应该满足于非理论的思想形态而拒绝理论的探讨。实际上，对哲学的非理论形态本身的思考就是理论的思考。实践智慧是非理性的，[①] 但这不等于对实践智慧不能有或不应该有理性的思考。这种思考有把"手指"当作"月亮"的危险，但这也不意味着应该因噎废食，不再以手指月。我们无需将德里达的话当作冒犯，但也无需因为他实际上是在褒扬中国思想传统而沾沾自喜地退居传统思维形式，拒绝传统思想的哲学化，以"非理性的自恋"取代"理性的自恋"。《论语》与"哲学"的间性空间是《论语》在当代语境中继续展现其生命的空间，也是"哲学"摆脱其理性自恋而获得建构资源的空间。两者的对话可以也应该是如老子所说的"橐龠"，"虚而不屈，动而愈出"。

倪培民（美国格兰谷州立大学教授）

---

① 当然，非理性不等于反理性。

论"以儒诠回"的历史语境与意义生成

回族的宗教信仰是伊斯兰教（也称回教）①，其融合东西文化，在坚守了阿拉伯伊斯兰教的特征的同时，继承了阿拉伯文化、波斯文化、印度文化、古希腊文化的成就。1300 年前，伊斯兰教传入中国，此后与中国传统思想相互融通，完成本土化，也造就了独特的回族文化。明清时期，一些回族学者在坚持其核心信仰的前提下，汲取儒家仁爱思想以阐释回族所信仰的教义、教法、教理，将回族文化信仰与中国传统的儒家思想结合起来。这就是著名的"以儒诠回"汉文译著活动。"以儒诠回"的代表人物，主要为回族著名学者王岱舆、马注、刘智与马德新等，其不仅谙熟回教，也精通中国传统的儒释道文化。这些致力于"以儒诠回"的回族学者，学界称之为"回儒"②。

一、回儒融通儒家义理与回教经义的历史语境

回儒之所以能够融通儒家义理与回教经义，带有一定的必然性。

---

① 伊斯兰教在中国不同历史时期，其称谓各异：宋元称"大食教"；明代称"天方教"或"回回教"；明末至清称"清真教"；民国时期称"回教"，时至今日，"回教"的称谓仍延续着；1956 年起中国大陆称伊斯兰教。

② "回儒"这一称谓，为日本学者桑田六郎在 1920 年代首先使用，指明清之际的回回理学汉文译著家。（桑田六郎：《明末清初之回儒》，李兴华、冯今源：《中国伊斯兰教史参考资料选编：1911—1949》，宁夏人民出版社，1985 年）随后使用的是张嘉宾，他在为其点校本《天方典礼》（天津古籍出版社，1988 年）所写"前言"中，使用了"回儒"一词："明末清初，在中国出现了一批宣扬伊斯兰教的汉文译著。比较出名的译著者有王岱舆、张（时）中、刘智、蓝煦、马德新等。这些人一般都从小攻读儒经，是'怀西方（指阿拉伯地区）之学问，司东土之儒书'的'回儒'，有些人甚至是儒、释、道、伊'四教兼通'的宗教学者。"

明末清初，回族"口传心授"的传教方式，已然不能适应时代的变化。因为，"惟是经文与字不相符合，识经典者必不能通汉文，习汉文者又不能知经典"①。回族已然普遍使用着汉语文，对于《古兰经》的文义，一些回族人已然不懂。如何让这些使用汉语的回族民众知晓教义，是需要解决的当务之急。此外，明清时期，统治者将回教视为"不敬天地，不祀神祇，另定宗主，自为岁年"，"此种回教，原无一所取"②的非正教，大有禁绝而后快之意，这就导致"回族先民的穆斯林身份的维持和伊斯兰文化在中国的存续在明代开始面临严峻考验"③，同时亦导致一些非穆斯林对回教的猜忌和排斥④。同时，作为官方意识形态的儒家思想，其在国家政治的影响上一如既往，对人们思想观念的影响亦然。

在这一政治文化思想背景之下，一批大多自幼研习儒学同时坚守回教信仰功修、"四教"（儒道释回）兼通、土生土长的中国回族学者——回儒，其"著书释疑，消除人们的疑惑，减少穆斯林所承受的社会压力"⑤，肯定儒学义理与回教经义并不相悖，应该兼通，如回儒马注将两者喻为禾苗与果实的关系，他说，"经不通儒，若苗而不秀；儒不通经，若秀而不实"⑥；"经不通儒，不能明修齐治平之大道；儒不通经，不能究原始要终之至理"⑦。表明了其融通"回-儒"的价值取向。马注又认识到，"东土之教，惟儒为最"⑧，"儒者之学正而不偏，中而不

① ［明］王岱舆著，余振贵、铁大均译注：《粤东城南重刻〈正教真诠〉序》，《正教真诠·清真大学·希真正答：白话译注》，银川：宁夏人民出版社，1999年，第1页。

② 傅统先：《中国回教史》，《宫中档案雍正朝奏折》第三辑，北京：商务印书馆，2019年，第88—89页。

③ 马占明：《〈清真释疑〉研究》，北京：中国社会科学出版社，2013年，第11页。

④ 但也有不同观点。如季芳桐认为：清明时期的回儒会通，对于回族大众而言，是长期自然选择的结果；对于回族精英而言，是自觉选择的结果。换言之，是自然、自觉地选择。道理很简单，明末清初正是朝廷管理最为虚弱的时期：明朝末期朝廷自顾不暇，哪有精力关注回族文化；清朝刚刚建立主要精力在于建立新秩序，处理满汉方面的问题，根本无力顾及其他。所以说，这个时期是统治比较宽松的时期。此外，回儒会通地又发生在远离京城，文化环境相对宽松的江南地区。所以，无论从时间方面还是从空间方面看，明清时期的回儒会通，都是一种自然的、自觉的选择。（季芳桐：《继先贤道路，回儒会通方兴未艾》，来源：端庄书院）

⑤ 马占明：《〈清真释疑〉研究》，北京：中国社会科学出版社，2013年，第1页。

⑥ ［清］马注：《清真指南》，银川：宁夏人民出版社，1988年，第429页。

⑦ ［清］马注：《清真指南》，银川：宁夏人民出版社，1988年，第435页。

⑧ ［清］马注：《清真指南》，银川：宁夏人民出版社，1988年，第141页。

倚，其文博，其辞藻"①。其肯定了儒家的中正弘博，是国家的正统思想。而且在其看来，"回之与儒，教异而理同也"②。又如回族大阿訇兼学者马德新其"维系国家安危之事"，为此"数十年中，学习渊源，遵中国之礼，引孔孟之章，译出天道人道之至理，指破生来死去之关头"③。咸丰八年（1858），时云南学政、翰林院侍讲吴存义评曰："其道则君臣、父子、夫妇、昆弟、朋友，其义则孝弟忠信、睦姻任恤，其致力则格致、诚正、修齐，其造极则穷理、尽性、至命"，"不悖于西方圣人之教，即并不悖于中国圣人之教"④。汉族学者亦积极证明回族文化与儒家的相互融通与并行不悖的关系，以化解民族隔阂，使回汉两族得以相互认同，和谐共处。光绪四年，马德新弟子、贵州候补知县马安礼，为其师《祝天大赞》序云："儒之与回，同源异流。自伏羲尧舜以来，皆以敬天为主。诗书所载，班班可考。"⑤ 也正因此，明清时期的回儒学者有能力也有条件"以中土之汉文，展天方之奥义"⑥，通过吸收、改造、融通儒家思想资料以诠释回教的教义，相继开展汉文译注回教经籍的活动。

概言之，"以儒诠回"，是用回族民众能够理解的汉语文，"取儒家道理以证其说"⑦，用儒家的概念、范畴、思想对回教的教义、教法、哲理、礼俗等予以阐释，对回族文化与儒家思想的关系作了细致的比较研究，探寻其一致之处，从理论上阐释回教与儒家无异，强调"回儒两教道本同源，初无二理"⑧，"以认礼斋课游（回教）为纲领，以孝悌忠信礼义廉耻（儒家）为条

---

① ［清］马注：《清真指南》，银川：宁夏人民出版社，1988 年，第 140 页。
② ［清］马注：《清真指南》，银川：宁夏人民出版社，1988 年，第 76—77 页。
③ ［清］马德新：《马兆龙序》，《四典要会》，西宁：青海人民出版社，1988 年，第 3 页。
④ ［清］马德新：《吴存义序》，《四典要会》，西宁：青海人民出版社，1988 年，第 7 页。
⑤ ［清］马安礼：《祝天大赞集解·序》，周燮藩主编：《中国宗教历史文献集成·清真大典》第 17 册，合肥：黄山书社，2005 年，第 548 页。
⑥ ［明］王岱舆著，余振贵、铁大均译注：《粤东城南重刻〈正教真诠〉序》，《正教真诠·清真大学·希真正答：白话译著》，银川：宁夏人民出版社，1999 年，第 1 页。
⑦ ［清］金天柱著，海正中点校、译注：《清真释疑》，银川：宁夏人民出版社，2002 年，第 2 页。
⑧ ［清］蓝煦：《天方正学·序》，周燮藩主编：《中国宗教历史文献集成·清真大典》第 17 册，合肥：黄山书社，2005 年，第 141 页。

目"①，努力彰明回族的信仰功修与儒家的纲常伦理相契合，以此消解其不利处境，以期主流社会与主体民族理解、认可回族，以维护回族的生存发展。因此之故，"以儒诠回"被学者称为"是伊斯兰教中国化的重要标志，代表了伊斯兰教中国化的正道"②。明清回儒的"以儒诠回"文化活动，推动了回族文化与以儒家为主体的中国文化的深层融通，使回族文化成为中华多元文化的有机组成部分。研究这一文化融通活动，对当下"更好地促进民心相通"，"更好地把宗教教义同中华文化相融合"③，具有极大的现实意义。

"以儒诠回"推动了回族文化与儒家思想的相互交流，使回族"哲学及社会思想文化的民族特色既非常突出，又与以儒学为代表的传统思想文化几乎无隔膜地接触或融合"④，这既表现在一般的文化现象和日常礼俗上，更渗透到思想深处，生成具有明显回族特色的仁学义理。

二、以儒家仁德之"天"诠释回族"真主"信仰

《周易·系辞下》说："天地之大德曰生。"天地的弘大仁德，就体现在宇宙的生生不息上，并因此为宇宙万物包括人类提供了各得其宜、安身立命的环境。到董仲舒这里，"天"成为了仁德最美好的代表。如称："仁之美者在于天，天，仁也。……人之受命于天也，取仁于天而仁也。"⑤ 以及诸如"阳，天之德"，"阳气暖""阳气予""阳气仁""阳气宽""阳气爱""阳气生"，等等⑥。作为万物之主、百神之大君的天，董仲舒强调其品格主要是仁爱普施——温暖、给予、宽

---

① ［清］金北高：《清真释疑·序》，周燮藩主编：《中国宗教历史文献集成·清真大典》第 18 册，合肥：黄山书社，2005 年，第 6 页。
② 韩星：《回儒：伊斯兰教中国化的正道》，《中国穆斯林》2018 年第 1 期。
③ 金刚：《"回儒"会通伊斯兰教和儒家学说刍议》，《孔子研究》2018 年第 2 期。
④ 杨翰卿、李娅：《论儒学影响与我国少数民族哲学形态的生成演变》，《西南民族大学学报》（人文社会科学版）2018 年第 2 期。
⑤ ［汉］董仲舒著，［清］苏舆撰，钟哲点校：《春秋繁露·王道通三》，《春秋繁露义证》，北京：中华书局，1992 年，第 329 页。
⑥ ［汉］董仲舒著，［清］苏舆撰，钟哲点校：《春秋繁露·阳尊阴卑》，《春秋繁露义证》，北京：中华书局，1992 年，第 327 页。

厚、生生，所以它"终而复始"地关爱化育万物而不计其功。

真主是伊斯兰教的宗教礼仪"五功"的最终归依。对此，可儒王岱舆曾如是解释仁与义："仁为感念真主之造化，义为代理真主之普施。"① 仁义是对真主之"造化"与"普施"的"感念"和"代理"，因此，人要有仁心与义举，施惠同类，真正做到"上不负所赐之恩，下并爱其所爱"②，这也是不忘根本，本着真主仁爱人类之意。

回儒马德新认为，儒家的天与回族尊奉的真主，其属性一致，指出"老子称之为道，儒家称之为上帝，或天，清真教称为真主"③；称天为"大仁天，大义天，大慈天"④，并以人们熟识的儒学义理诠释"天——真主"不可忘，人应该知晓之、事奉之，这就是，"天即吾教所谓万有之真宰也"，"《诗》曰天生蒸民，《书》云天降下民。……故尽心知性所以知天，存心养性所以事天，人固不可一日而忘天也"⑤。可见儒家的"天"与回族信仰的最高存在"真主"，是同一的。故而可以把"真主"译为"天"，即无形无色的义理之天⑥。马德新把儒家的"天"与回教的"真主"相类比，找到了两者的契合之处，这不仅"为伊斯兰教在我国的存在找到了本土根据"⑦，而且对消解基于门户之见的民族矛盾，具有一定的积极意义。对此，马安礼在为其师马德新（复初）《祝天大赞》所作《序》中说：

---

① ［明］王岱舆著，余振贵、铁大均译注：《正教真诠·清真大学·希真正答：白话译著》，银川：宁夏人民出版社，1999年，第477页。
② ［明］王岱舆著，余振贵、铁大均译注：《正教真诠·清真大学·希真正答：白话译著》，银川：宁夏人民出版社，1999年，第209页。
③ ［清］马德新：《性命宗旨》第二章，光绪二十四年（1898）成都敬畏堂周明德重刊。
④ ［清］马德新：《祝天大赞》，周燮藩主编《中国宗教历史文献集成·清真大典》第17册，合肥：黄山书社，2005年，第550页。
⑤ ［清］马德新：《祝天大赞·序》，周燮藩主编《中国宗教历史文献集成·清真大典》第17册，黄山书社，2005年，第538页。
⑥ 杨桂萍：《天道与人道：清末穆斯林学者马德新对伊斯兰教与儒家文化的比较研究》，《回族研究》2002年第4期。
⑦ 孙振玉：《明清回回理学与儒家思想关系研究》，北京：中国文史出版社，2005年，第52页。

向者滇中祸乱十八年，其起衅之由，实因回儒两教分门别户，各不相下，以致寻仇起祸，酿为乱阶。我师复初氏洞彻两家之理，深明当世之故，窃叹腐儒俗士，言天而复拘于形迹，言理而不得其主宰，致以回教为异端，屏之不齿。而回教之人又往往循其粗迹，遗其至理，言真主而讳言天，不知天即真主也，真主即上帝也。①

云南祸乱，回汉争斗，是由于信仰回教的回族与尊奉儒教的汉族，相互曲解、互相猜忌所致。这样，马德新在坚持其基本信仰不变的基础上，对儒家仁义之天的思想予以吸收、改造，雄壮地提出"天即真主也，真主即上帝也"之论断，使回族思想文化与儒家思想相表里，不仅对化解民族矛盾大有裨益，同时对儒家思想亦有增广、补充。这表明，回族文化与儒家文化互为表里，可以互相补充、辅翼，两者绝非相互冲突、对立的关系。质言之，马德新积极会通"回-儒"，希望通过不同文化的相互认同、和谐共处之道，以消解由文化差异所引发的民族矛盾。其良苦用心至今令人起敬。

三、以儒家仁义礼智之性诠释回族性命

受宋明理学"天命之性"与"气质之性"说的影响，回儒刘智在人性论方面将儒家人性论与回族信仰有机结合起来，提出了"真性禀性说"。他说："率性之道何如？曰性有二品，一真性，二禀性。真性与命同源，所谓仁义礼智之性。禀性因形始具，乃火风水土之性。"② 所谓真性，即"仁、义、礼、智之性"，是先天的至善根源；所谓禀性，即"火、风、水、土之性"，是后天的，并且由于所禀气质不同，禀性有清浊之分，因此之故，人也就有上智下愚之别。对此，回儒蓝煦诠释道："一阴一阳乃太极，半清半浊成性命，性命浑全则为以玛仪。清胜

---

① ［清］马安礼：《祝天大赞集解·序》，周燮藩主编：《中国宗教历史文献集成·清真大典》第17册，合肥：黄山书社，2005年，第548页。
② ［清］马注：《清真指南》，银川：宁夏人民出版社，1988年，第91页。

浊则性善，而以玛仪光辉；浊胜清则不善，而以玛仪昏昧。以玛仪昏昧，则性从命，进躲子黑；以玛仪光明，则命从性，进天堂。"① 这是说，禀性清胜浊的人，性是善的，信仰（以玛仪）是光明的，可以进天堂；反之，禀性浊胜清的人，性是恶的，信仰是昏昧的，只能下火狱（躲子黑）。

理学家将性区分为天命之性与气质之性，以此化解自孟子以来的性善论与现实人性有善有恶之矛盾。天命之性，是天理在人身上的落实，为性之本然状态，至善至美，人人具有。气质之性，则是性之实然状态。由于气质有清浊之分，气质之性难免有善有恶。秉承清气者，天理透明，则为善为仁；秉承浊气者，天理昏暗，则为恶为不仁。回儒受此影响，以清气浊气论人性问题。如马德新就以清浊之气论人性或仁或不仁。他说："盖人之身，乃由父母之身而生，人之性亦由父母之性而有，非从外来也。夫清浊之气，散乎天地之间，得乎气之清者为仁，气之浊者为不仁，可见人身必有人性。"② 仁性，本于所禀之气为清气；不仁之性，则是由于所禀之气为浊气。同时，马德新肯定人身与人性，皆是与生俱来的，人身必定具备人性，身性合和而为人。

可见，宋明理学强调 "天命之谓性" 和 "性即理"，回儒学者有吸收也有改造，并对一些命题赋予了新的含义。如王岱舆说，"先天为命，后天为性"；"命各一种，其性有分"；"有圣、贤、愚三等"③。其将命、性，分别界定为先天与后天，并且认为人人命同而性不等，有圣人之性、贤人之性与愚人之性之别。这与孔子将人分为 "中人以上" 与 "中人以下"④，还有道家老子将士人分为上中下三等⑤，有异曲同工之妙。回儒结合自己的宗教立场诠释儒家的性命义理学说，但目的仍在回与儒的和合。对此，汉族学者徐元正在《天方性理·序》中赞叹道：

---

① ［清］蓝煦：《天方正学》卷四《性命发明》，周燮藩主编：《中国宗教历史文献集成·清真大典》第17册，合肥：黄山书社，2005年，第168—169页。
② ［清］马德新：《四典要会》，西宁：青海人民出版社，1988年，第56页。
③ ［明］王岱舆著，余振贵、铁大均译注：《正教真诠·清真大学·希真正答：白话译著》，银川：宁夏人民出版社，1999年，第140—142页。
④ 《论语·雍也》篇载："子曰：中人以上，可以语上也；中人以下，不可以语上也。"
⑤ 《老子·第四十一章》云："上士闻道，勤而行之；中士闻道，若存若亡；下士闻道，大笑之。"

"余于天方家之言性理，盖有深感也。天方去中国数万里，衣冠异制，语言文字不同形声，而言性理恰与吾儒合。"[①]　诚哉斯言！

四、以儒家"五常"会通回族"五功"

王岱舆创造性地将儒家提倡的"五常"（仁义礼智信）与回教的"五功"[②] 一一对应并会通，其《正教真诠·五常》篇论述道[③]：

其一，"念—仁"。王岱舆说："念者，乃仁心也"；"若饮水思源，不忘于本，其正教记念之仁也"。念，就是仁心，就是不忘本。人感念真主之恩，不忘本，就是"正教"所记念之仁。

其二，"施—义"。施是义举，其"上不负所赐之恩，下并爱其所爱，此正教施之之义也"。宇宙一切皆真主所创造，那么，将其赐予自身的财物施济同类，是符合真主施恩人类之本意的。

其三，"拜—礼"。拜是因为有礼而拜。关于拜，王岱舆说："拜亦有二：'礼拜真主'，'礼拜君亲'。此自然之理也。中节之谓礼，礼其为人之本钦。"是否无过无不及、知礼有礼，也是人之为人的根本所在。敬拜真主、君亲，谓之知礼。

其四，"戒—智"。戒者，"曰戒持。戒者戒自性也，持者持智慧也"。戒持就是存天理去人欲。知晓并践行戒持，谓之有智。

其五，"聚—信"。聚是穆斯林与主的约定，"聚会之谓约，全约之谓信"。全约就是信。

王岱舆用以"仁"为核心的儒家"五常"诠释回族的宗教仪式"五功"，将

① ［清］徐元正：《天方性理·序》，周燮藩主编：《中国宗教历史文献集成·清真大典》第 17 册，合肥：黄山书社，2005 年，第 20 页。
② 五功，即伊斯兰教规定教徒必遵的五项功课：念功、礼拜、斋戒、纳天课、朝觐。"功"是阿拉伯语"鲁昆"的意译，意为"基础""柱石"。不同时代的学者对"五功"的称谓有异，如明代回儒王岱舆将"五功"称为——"念施拜戒聚"。念，即念功；施，即纳天课；拜，即礼拜；戒，即斋戒；聚，则对应朝觐。到了清代，回儒刘智著有《五功释义》一书，是研究伊斯兰教"五功"的代表作，其将"五功"明确界定为"念礼斋课朝"。该称谓一直延续至今。
③ ［明］王岱舆著，余振贵、铁大均校注：《正教真诠·清真大学·希真正答：白话译著》，银川：宁夏人民出版社，1999 年，第 207—218 页。

外在的回族宗教礼仪赋予深刻的精神蕴含。当然，王岱舆毕竟是一位回族宗教学者，他虽以"五常"诠释"五功"，其中也贯彻了仁爱的精神，但"五功"（"五常"）最终还是要归依于真主的。这就是他所称的"唯正教之五常，仁为感念真主之造化，义为代理真主之普施，礼为拜谢真主之恩慈，智为辨认真主之独一，信为全信真主之明命"①。宗教意蕴彰然。

回儒刘智在《天方典礼·自序》中也论及"五功"，其曰："是书也，始著立教之原，中述为教之事，天道五功，人伦五典，穷理尽性之学，修齐治平之训，以及日用寻常、居处、服食之类，皆略述大概，而以婚姻、丧葬终焉。"② 所谓"天道五功"，就是回教的五大宗教功课"念礼斋课朝"。"天道五功"是主命（真主之命）。"气禀日生，真理晦矣；情伪日出，本性昏矣；……罔知所自而返焉。圣教五功，念、礼、斋、课、朝，示人修道而返乎其初也。"③ 理学家认为，人性分为天命之性与气质之性。人由于气禀不同，或善或恶，或清或浊，先天的善性也因此受遮蔽。但是，只要注重后天的修养功夫，就可彰显本性之善。与之相通的是，回儒认为只要借助于与儒家肯定的"人伦五典"——对应的"五功"，人就能彰显善性。而"人伦五典"，刘智在其《天方典礼·五典》中，指出"五典"即"君臣、父子、夫妻、兄弟、朋友"五个方面的人伦关系，是"天理当然之则，一定不移之礼"的"常经"，即儒家所讲的"五常"。

刘智将儒家的"五常"与回教的"五功"相会通。"仁"，即"念"真主，不忘真主及其恩德；"义"即"课"，是施舍周济贫困的天命义务；"礼"就是礼拜及各种礼仪；"智"即"斋"，制欲俭行、克己化私；"信"即"朝"，就是定期朝功、朝觐，返本归真。如此，将人道五典融入回族民众的日用常行之中，使其外则尽人伦"五常"，内则修己之"五功"，以修身净性为归真之要，以克尽己私为

① ［明］王岱舆著，余振贵、铁大均译注：《正教真诠·清真大学·希真正答：白话译著》，银川：宁夏人民出版社，1999年，第477页。
② ［清］刘智：《天方典礼》，天津：天津古籍出版社，1988年，第5—6页。
③ ［清］刘智：《天方典礼》，天津：天津古籍出版社，1988年，第62页。

体道之要。同时，表明了回儒对儒家思想的认同与赞许。

五、仁为"人极"又归于"真一"

清咸丰二年（1852），回儒蓝煦的《天方正学》由阿拉伯文译成汉文。蓝煦肯定回族之教与儒家之学"道共"而"理一"，皆为穷理尽性、以明正道的真正学问。正因如此，蓝煦说："人者仁也，浑一未分，是为人极……仁也者，先天地为万物之根原，……故天地因人而设，万物因人而生。"①

"人极"是宋明理学的概念，但宋明理学的人极并非本根，它是在太极分化的基础上确立起来的人世的最高道德标准。而在蓝煦，人极直接就是天地万物之本。天人之间虽也有相互依赖的关系，但那只是在作用和载体的意义上，人极——"仁"成为了萌发繁育天地万物的种子。

然而，"仁"并不是最后的根源和定理。蓝煦终究还是要将儒家"仁"说与回族的"认主独一"信仰相结合，将一切归因于回教的"真一"。但在儒学一方，仍是从肯定"回儒同理"的角度予以认识。如刑部广西司主事湖广司行走俞旦政在《天方正学》序中，便说该书"实皆与吾儒相表里"②，肯定回族所信奉的教义与儒学相为表里，都是教人普遍为善的正学。

总而言之，从明朝末年一直持续至清朝咸丰、同治年间的"以儒诠回"文化融通活动，是在国家政治、社会、文化相融合的过程中出现的一种社会思潮，对回族产生了润物无声的功效，使其在思想观念、生活习惯、行为方式和社会风俗等领域皆受到影响，对消解民族偏见与隔阂具有典型意义，为回汉两族的协调提供了理论依据，对回族文化与儒家文化的自我完善皆有助益，客观上推动了回族文化与以儒为主体的中国文化的深层次融通。尽管在"以儒诠回"这一文化融

---

① ［清］蓝煦：《天方正学》卷六《人品第十二》，周燮藩主编：《中国宗教历史文献集成·清真大典》第17册，合肥：黄山书社，2005年，第176—177页。
② 俞旦政：《天方正学·序》，周燮藩主编：《中国宗教历史文献集成·清真大典》第17册，合肥：黄山书社，2005年，第140页。

通活动中，更多地表现为回儒先贤的单方面行为，儒家学者没有主动参与进来，但儒家思想作为当时客观的主流文化存在及政治意识形态，却发挥了极大的影响。换言之，"以儒诠回"是一种文化认同，同时也是一种政治秩序的认同，带给世人的是和平、和悦、和睦、和善，对提升国家社会政治有序性与族群和谐度，功效显著，充分展示了文化认同在增强各民族的团结和中华民族的凝聚力、维护国家政治统一中的积极作用，为当下深入推动中华民族的文化认同与国家认同，避免极端化和宗教冲突的威胁，铸牢中华民族共同体意识，提供了极有价值的启示。

贺更粹①（西北师范大学哲学学院）

---

① 贺更粹，西北师范大学哲学学院教授，哲学博士。本文系国家社会科学基金一般项目"西北民族地区文化认同视野下的明清回儒思想研究"（19BZX079）阶段性成果。

人类命运共同体语境下的《古兰经》对话原则与对话实践的再诠释

　　你们来，我们彼此辩论。你们的罪虽像朱红，必变成雪白；

虽红如丹颜，必白如羊毛。

　　你们若甘心听从，必吃地上的美物。

　　若不听从，反倒悖逆，必被刀剑吞灭。这是耶和华亲口

说的。

——《旧约·以赛亚书①》（1：18—20）②

　　没有各宗教之间的和平，便没有各民族之间的和平。

　　没有各宗教之间的对话，便没有各宗教之间的和平。

　　没有对各宗教之基础的研究，便没有各宗教之间的对话。

——英国当代神哲学家、宗教学家麦奎利③

---

① "以赛亚"的字面意思即"耶和华是拯救"，《以赛亚书》的主旨："耶和华的审判与救赎。神必要审判悖逆犯罪的百姓，以及骄傲狂妄的列国，但将神奇妙的救恩要临及犹大与万国。"中国神学研究院：《圣经——串珠注释本（新旧约全书）》（香港：福音证主协会证道出版社，1990年第四版），第1312页。有学者以"你们来，我们彼此辩论"作为"对话的态度不是强迫的，而是邀请式的"根据，见姚兴富：《耶儒对话与融合——〈教会新报〉（1868—1874）研究》，北京：宗教文化出版社，2005年，第13页。若自宗教对话的视角苛刻地批评，则似乎有如下三点不妥：其一，对于一神论而言，混淆了人神之别。人与人的辩论和神与人的辩论不可同日而语；其二，对于《旧约·以赛亚书》主旨的轻慢；其三，对于所引经文内在涵义的忽视，"彼此辩论"似乎是"关于神对百姓的控诉"，若以此作为对话模板，则"对话"之后"与神辩论"的"被对话者"所面临的就是"审判与救赎"，不知"被对话者"情何以堪？

② 《圣经》，南京：中国基督教协会，1998年，第659页。

③ ［英］麦奎利："世界宗教之间的对话"，何光沪译，《世界宗教文化》总第12期（1997年冬季号），第1页。德国当代天主教神学家汉斯·昆（Hans Küng 另译孔汉斯）的若干部专著之首均刊印之。见张志刚：《宗教哲学研究》，北京：中国人民大学出版社，2003年，第374页。上述三句话，表（转下页）

一、宗教对话与全球伦理：从"盲人摸象"到"盲人说乳"

据《长阿含经》卷十九龙鸟品："昔镜面王敕侍者引一象，令众盲者摸之，触象鼻者言象如曲辕，触象牙者言象如杵，触象耳者言象如箕，触象头者言象如鼎，触象背者言象如丘阜，触象腹者言象如壁，触象髀者言象如树，触象膊者言象如柱，触象迹者言象如臼，触象尾者言象如絚①，各各共诤，相互是非；王见而大笑，颂云：'诸盲人群集，于此竞诤颂；象身本一体，异相生是非。'"②

英国宗教学家希克在其名著《神与信仰的宇宙》里使用"盲人摸象"故事展开其"宗教多元论的假设及其论证"：

一群盲人从未见过大象，有人把一头③大象牵到了他们跟前。第一个盲人摸到了一只象腿，就说大象是一根活动的大柱子；另一个摸到了象鼻子，便说大象是一条大蛇；下一个盲人摸到的是一只象牙，就说大象像一只尖尖的犁头。就这样，他们一个个地摸着讲着……当然，他们都是对的，可每个人摸到的只是整个实在的一方面，而且都是以很不完美的模拟表达出来的④。

根据张志刚教授的研究，希克认为，我们之所以无法断定哪一种说法"绝对正确"，是因为并没有"某种终极的观点"可用来"裁判"众盲人对大象的不同感受。希克由此引申出"宗教多元论"假设的必要性，"就真理观、神性观或终极实在等根本问题而言，我们⑤对各大宗教传统的不同见解，……犹如众盲人的感受和说法"⑥。希克借"盲人摸象"来阐释宗教多元论的学理依据，即把"神性

（接上页）面看来先后有序，层次分明；仔细读来，则令人疑窦丛生。第一，影响民族之间冲突与和平的因素甚多，绝非区区一宗教因素也；第二，影响宗教之间冲突与和平的因素甚多，绝非区区宗教之间的对话可以大包大揽也；第三，对于各宗教基础的研究，乃宗教学者的本分，属于学术范畴；各宗教之间的对话，乃各宗教之间的政治关系，属于宗教政治学的范畴。

① 絚，（一）gēng（1）大绳子，粗索子。《说文·系部》："絚，大索也。"《汉语大字典（缩印本）》（武汉、成都：湖北辞书出版社，四川辞书出版社，1995），第 1429 页。

② 丁福保：《佛学大词典》，见"摸象"条，http://wiki.fjdh.com/index.php?doc-view-36319.html（2009 年 6 月 22 日下载）。

③ 原译文为"一只"，此处修改为"一头"。

④ 转引自张志刚：《宗教哲学研究》，北京：中国人民大学出版社，2009 年，第 419 页。

⑤ 此处的"我们"究竟是"宗教学家"还是"诸宗教信徒"？

⑥ 张志刚：《宗教哲学研究》，北京：中国人民大学出版社，2009 年，第 420 页。

的本体"比作"大象"，把能经验到的"神性的现象"的宗教徒喻为"众盲人"。希克以"盲人摸象"的比喻旨在说明，"先验的神性的本体"是"一"，"后验的神性的现象"则是"多"，任何具体的宗教经验及其表达都会打上"个别的、历史的尤其是文化的烙印"，因此，诸宗教理应相互尊重、平等对话、共同探讨"终极实在"（即"唯一的神性的本体"）①。希克教授把"宗教对话"的"根本问题"归结为：各宗教间相冲突的、绝对化的真理观。因此呼吁诸宗教：以诚相待，平等对话，"共荣共存"。张志刚认为，希克的多元论作为一种宗教哲学观念，具有不可忽视的"历史的"与"逻辑的"双重合理性②。对多元论的批评主要有如下几种：其一，若面对"神性本体"（大象）我们（世界诸宗教）都是"盲人"，则如何认识"终极实在"？其二，汉斯·昆进而批评多元论立场的主要缺陷在于"相对主义的真理观"③，这正反映了自"兼并论"立场出发而转为所谓"相容论"立场的汉斯·昆的"门户之见"（即"以我容他"）；其三，多元论学者德科斯塔（Gavin D'Costa, 1956—   ）1996 年发表论文《宗教多元论的不可能性》，提出所谓的多元论只不过是排他论的一种逻辑形式，而多元论者和兼并论者都不过是"匿名的排他论者"④，试图从分类上取消"多元论"。

其实"盲人摸象"故事内涵丰富，譬如一面镜子，可以反映出希克"多元论"的"先天不足"（谁是"明眼人"）⑤，也可以凸现其"双重合理性"（世界诸宗教和整个人类历史都是"在黑暗中摸索"）。

首先，作为一个完整的寓言故事，"盲人摸象"所必需具备的"三大要素"有：一、盲人；二、大象；三、明眼人。实际上是两组相互对照：第一组，众盲

---

① 张志刚：《宗教哲学研究》，北京：中国人民大学出版社，2009 年，第 455 页。
② 张志刚：《宗教哲学研究》，北京：中国人民大学出版社，2009 年，第 461 页。
③ 张志刚：《宗教哲学研究》，北京：中国人民大学出版社，2009 年，第 457 页。
④ 张志刚：《宗教哲学研究》，北京：中国人民大学出版社，2009 年，第 460 页。
⑤ 与其说是"先天不足"，不如说正是希克教授的"深刻洞见"：世界诸宗教和整个人类都是"盲人"，大家只有相互认同、彼此交流，"随时准备进入对方、体验对方并吸纳对方"，通过敞开心灵的对话，"有可能相互调适、相互修正，甚至相互皈依"，进而"获得真理、克服谬误"（去蔽）。引文均见姚兴富：《儒耶对话与融合——〈教会新报〉（1868—1874）研究》，第 13 页。顺序及标点有改动。

人及其"所摸到的"（局部的大象）；第二组，明眼人及其"所看见的"（整体的大象）。其一，若上述希克的"我们"是众盲人之一，则我们所拥有的知识（经验），就是我们"所摸到的"（局部的大象）；平等对话的多元论也就成为"我们"得以把握大象整体之必须，亦即"扪象"的过程就是不断"去蔽"的过程：虽然个体的"我们"不是"明眼人"，但是通过彼此交流、"去伪存真"，作为"整体的我们"有可能"无限接近"明眼人及其"所看见的"（整体的大象）。这正是希克教授多元论的"深刻洞见"！其二，即使"我们"属于众盲人之一，上述"三大要素"也缺一不可：若无整体的大象，则盲人也就不算盲人；若无明眼人，则也就没有"盲人"。因此，"盲人摸象"故事里应该没有不可知论的涵义。

其次，"排他论者"只相信其"所摸到的"（局部事实），而拒绝他人的经验，自然难以把握"象"之全貌；"兼并论者"以其"所摸到的"（局部事实）为绝对正确、天然合理，进而认为"象如曲辕"，其他人"所摸到的"（局部事实）也是"匿名的曲辕"或"类似的曲辕"，如此自然也难以把握"象"之全貌；"兼容论者"是现实而聪明的"兼并论者"，既不愿意承认自己是"众盲人之一"，也不敢声称自己就是"明眼人"，于是他们干脆舍弃"盲人摸象"故事，转而讨论"盲人说乳"。

《涅槃经》十四谓：如生盲人不识乳色，便问他言：乳色何似？他人答言：色白如贝。盲人复问：是乳色者如贝声耶？答言不也。复问贝色为何似耶？答言犹稻米末。盲人复问：乳色柔软如稻米末耶？稻米末者，复何所似？答言：犹如雨雪。盲人复言彼稻米末，冷如雪耶？雪复何似？答言犹如白鹤。是生盲人虽闻如是四种譬喻，终不能复识乳真色[①]。

如果以"乳"比喻所谓的"全球伦理"，则那些所谓"有约束力的价值观念、不可更改的准则和做人的态度"[②]，以及所谓"关于约束力的价值观、不可改变的

---

① 丁福宝编：《佛学大词典》，北京：文物出版社，1984年。见〈盲人说乳〉条。
② 张志刚：《宗教哲学研究》，北京：中国人民大学出版社，2009年，第440页。

标准和道德态度的最低限度的基本共识"①　均是"乳色"而已。

再次，"盲人说乳"与"盲人摸象"故事，范式不二，也具有"三大要素"：一、盲人；二、乳（乳色）；三、明眼人。问题依旧："我们"与"这个星球（很可能是指人类目前居住的地球——引者注）上的全体居民"以及"所有的不论是否信教的男士女士"②　究竟是"盲人"还是"明眼人"？此处的所谓"我们"是汉斯·昆及其所代表的"兼容论者"吗？或者是代表参与《全球伦理宣言》撰写、磋商、修改和审议过程的"世界各地的、信仰不同宗教或没有宗教背景的百余位学者专家"③　吗？或者是所有出席"1993 年世界宗教议会芝加哥大会"（8 月 28 日—9 月 4 日）的 6500 多位代表（他们可以代表世界 30 多亿的诸宗教信徒吗？或者他们可以代表将近 50 亿的地球人即全人类吗）？

二、《古兰经》的对话原则与对话实践

本着希克教授多元论的宗教对话精神，我们在《古兰经》里发现有若干处经文明确提及与"对话""宗教对话"相关的辩论，构成所谓《古兰经》的对话原则。此外，根据《古兰经》和《圣经·新约》的相关具体章节，我们发现《古兰经》不仅提出了具体可行的对话原则，而且也有与基督教经典进行主动对话的若干对话实践。

首先，《古兰经》所提出的对话原则。根据《古兰经》"奥斯曼定本"④　的顺序：

---

① ［瑞士］汉斯·昆：《全球伦理与中国传统伦理》，《基督教文化学刊》第 4 期（2000 年 12 月），第 288 页。
② ［瑞士］汉斯·昆等编，何光沪译：《全球伦理：世界宗教议会宣言》，成都：四川人民出版社，1997 年，转引自张志刚：《宗教哲学研究》，北京：中国人民大学出版社，2009 年，第 440 页。
③ 张志刚：《宗教哲学研究》，第 437 页。
④ 穆罕默德时期（约 570—632），由其口传的（"天启"经典）"古兰经"尚未辑录成册，第三任哈里发奥斯曼时期（644—656）开始把第一任哈里发艾卜·伯克尔（632—634）时期所整理的"古兰经"记录本《穆斯哈夫》，根据经文长短顺序（而非降示顺序）辑录为 114 章的《古兰经》，并誊抄若干部以哈里发名义分送全国各主要城市，是为"奥斯曼定本"，沿用至今。

第一，"信奉天经的人啊！你们为什么和我们辩论易卜拉欣〔的宗教〕呢？《讨拉特》和《引支勒》是在他弃世之后才降示的。难道你们不了解吗？"（3：65）①

第二，"你们这等人，自己知道的事，固然可以辩论；怎么连自己所不知道的事，也要加以辩论呢？真主知道，你们却不知道。"（3：66）

第三，"你应凭智慧和善言而劝人遵循主道，你应当以最优美的态度与人辩论，你的主的确知道谁是背离他的正道的，他的确知道谁是遵循他的正道的。"（16：125）

第四，"除依最优的方式外，你们不要与信奉天经的人②辩论，除非他们中不义的人。你们应当说：'我们确信降示我们的经典，和降示你们的经典；我们所崇拜的和你们所崇拜的是同一个神明，我们是归顺他的。'"（29：46）③

由上述引文可见，《古兰经》对于辩论所提出的三条基本原则是，第一，对于自己知道的事，可以辩论；对于自己不知道的事，则不可以辩论（3：65—

---

① 马坚译：《古兰经》，北京：中国社会科学出版社，1996年，第44页。本文所引《古兰经》原文，除经特别说明者外，均系该译本。

② 信奉天经的人，《古兰经》里一般多指犹太教徒和基督教徒（后来也扩及拜火教徒与拜星教徒等）。又称"有经人"（ذو الكتاب）。

③ 其他一般性提及辩论的《古兰经》有以下六节：一、主说："绝不如此，你俩带着我的迹象去吧！我确是与你们在一起倾听〔你们辩论〕的。"（26：15）二、"真主确已听取为丈夫而向你辩诉，并向真主诉苦者陈述了。真主听着你们俩的辩诉；真主是全聪的，确是全明的。"（58：1）三、"这个确是我的朋友，他有九十九只母绵羊，我有一只母绵羊，他却说，'你把它让给我吧！'他在辩论方面战胜我。"（38：23）四、"他们中有倾听你的，我在他们的心上加蒙蔽，以免他们了解《古兰经》。又在他们的耳中造重听。他们即使看见一切迹象，他们也不会确信。等到他们来和你辩论的时候，不通道的人说：'这只是古人的神话。'"（6：25）五、"你们只可以信任你们的教友。"你说："引导确是真主的引导，难道因为别人获得像你们所获得的启示，或他们将在真主那里与你们辩论，〔你们就这样用计〕吗？"你说："恩惠确是由真主掌握，他把它赏赐给他所意欲的人。"真主是宽大的，是全知的。（3：73）六、有人将说："他们是三个，第四个是他们的狗。"有人将说："他们是五个，第六个是他们的狗。"这是由于猜测幽玄。还有人将说："他们是七个，第八个是他们的狗。"你说："我的主是最知道他们的数目的，此外，只有少数人知道。关于他们的事情，只可作表面的辩论，关于他们的事情，不要请教任何人。"（18：22）

66）。第二，应当以最优美的态度与人辩论，即"凭智慧和善言而劝人遵循主道"（16：125）。第三，应当"依最优的方式"进行辩论（29：46）。

《古兰经》所谓的辩论三原则，其实也就是不同群体之间的对话三个原则。第一，我们可以说，所谓"对话"，就是信息之间的交换，就是掌握不同信息的人或对相同信息有不同理解的人之间的对话①。所以，对于对话双方来说，对话内容一定要是"自己知道的事"。所谓"知之为知之，不知为不知，是知也"（《论语·为政》）②。如果以不知为知，则对话无益；若只知其一便夸夸其谈，则对话亦难以为继。正确的态度似乎应该是，"君子与其所不知，盖阙如也"（《论语·子路》）③。第二，《古兰经》强调辩论或对话的目的是"劝人遵循主道"，而应该"凭智慧和善言"相劝。遵循主道，可以一般地理解为"劝人为善"；与人辩论或对话，伊斯兰教认为应该采取"最优美的态度"，"如以安拉的启示相劝、以《古兰经》的证据相勉"④；王静斋（1880—1949）谓："用有益正信的真理，并以使人满意的凭据和有效的故事，劝导世人离开魔道，而投入'伊斯兰'。此外更以温和的态度，与反对者相辩论。"⑤ 即与人辩论时要"据理引证"⑥。第三，与"信奉天经的人"进行神学信仰辩论，也要"依最优的方式"。王静斋谓："对犹太人或基督徒发生论战的时候，在我们最好是引据真主的话；更要以温柔对粗暴；以容忍耐恚怒；以促善对嫉忌；以沉静对急切。"⑦ 有学者根据相关《圣训》，直接解释为"用良言劝他们归信安拉"⑧。"用良言劝"固是，"劝他们归信安拉"则属于对话以外的话题。

---

① "对话是获得真理、克服谬误的辩证法。"姚兴富：《耶儒对话与融合》，第 13 页。
② 杨伯峻：《论语译注》，北京：中华书局，1980 年，第 19 页。
③ 杨伯峻：《论语译注》，北京：中华书局，1980 年，第 133 页。
④ 哲莱伦丁·穆罕默德·本·艾哈迈德、哲莱伦丁·阿卜杜赖赫曼合著：《简明古兰经注》阿拉伯文版，北京：中国伊斯兰教协会，1982 年，第 369 页。
⑤ 王静斋：《古兰经译解》全一册丙种本，兰州：甘肃省伊斯兰教协会，1988 年，第 399 页。
⑥ 伊斯梅尔·马金鹏：《古兰经译注》，银川：宁夏人民出版社，2005 年，第 346 页。
⑦ 王静斋：《古兰经译解》，全一册丙种本，兰州：甘肃省伊斯兰教协会，1988 年，第 565 页。
⑧ 马仲刚：《古兰经简注》，北京：宗教文化出版社，2005 年，第 402 页。"用良言劝他们"固是，"劝他们归信安拉"则似乎有"诠释过度"之嫌疑。

其次,《古兰经》与《新约》某些章节的具体对话实践。本文根据一、《古兰经·黄牛章》(2:47—52)与《新约·使徒行传》(七36—42);二、《新约·马太福音》(六3—4)与《古兰经·黄牛章》(2:274);三、《新约·启示录》(四1—11)与《古兰经·众先知》(21:16—23)等三段经文的内容,表明《古兰经》采取了"主动对话"姿态:对于上述《新约》的基本内容表示理解、同情的态度,接受其相关基本教说,并予以证实;同时对于涉及神的独一无偶等基本信仰,一方面予以肯定,另一方面,对于"涉嫌"形象描述的经文,则加以批评。

第一,《古兰经·黄牛章》(2:47—52)与《新约·使徒行传》(七36—42)

其一,《新约·使徒行传》(七36—42):

36 这人领百姓出来,在埃及,在红海,在旷野,四十年间行了奇事神迹。

37 那曾对以色列人说,神要从你们弟兄中间,给你们兴起一位先知像我的,就是这位摩西。

38 这人曾在旷野会中,和西乃山上与那对他说话的天使同在,又与我们的祖宗同在,并且领受活泼的圣言传给我们。

39 我们的祖宗不肯听从,反弃绝他,心里归向埃及。

40 对亚伦说,你且为我们造些神像,在我们前面引路。因为领我们出埃及地的那个摩西,我们不知道他遭了什么事。

41 那时,他们造了一个牛犊,又拿祭物献给那像,欢喜自己手中的工作。

42 神就转脸不顾,任凭他们事奉天上的日月星辰,正如先知书上所写的说,以色列家阿,你们四十年间在旷野,岂是将牺牲和祭物献给我吗①。

---

① 《新约·使徒行传》,南京:中国基督教协会,1998年,第141页。

其二，《古兰经·黄牛章》（2：47—52）：

47 以色列的后裔啊！你们当铭记我所赐你们的恩典，并铭记我曾使你们超越世人。

48 你们当防备将来有这样的一日：任何人不能替任何人帮一点忙，任何人的说情，都不蒙接受，任何人的赎金，都不蒙采纳，他们也不获援助。

49 当时，我拯救你们脱离了法老的百姓。他们使你们遭受酷刑；屠杀你们的儿子，留存你们的女子；这是从你们的主降下的大难。

50 我为你们分开海水，拯救了你们，并溺杀了法老的百姓，这是你们看着的。

51 当时，我与穆萨约期四十日，在他离别你们之后，你们认犊为神，你们是不义的。

52 在那件事之后，我恕饶了你们，以便你们感谢。

《古兰经》肯定了《使徒行传》所说的如下宗教事实：其一，穆萨（即摩西，下同）是神所选择的以色列先知；其二，"这人（指穆萨）领百姓出来，在埃及，在红海，在旷野"，脱离法老的迫害；其三，在穆萨赴主之约后，以色列人"认犊为神"；其四，《使徒行传》里对以色列人"认犊为神"多所抨击，《古兰经》直接阐述以色列人此后获得了主的饶恕。

《古兰经》指出："他降示你这部包含真理的经典，以证实以前的一切天经；他曾降示《讨拉特》和《引支勒》① 于此经之前，以作世人的向导；又降示证据。"（3：3—4）

第二，《新约·马太福音》（六 3—4）与《古兰经·黄牛章》（2：274）。

————————————

① 《讨拉特》，指《旧约》之律法书；《引支勒》，指《新约》之福音书。

首先，《新约·马太福音》（六 3—4）：

3 你施舍的时候，不要叫左手知道右手所作的。

4 要叫你施舍的事行在暗中，你父在暗中察看，必报答你（有古卷作必在明处报答你）。

其次，《古兰经·黄牛章》（2：274）：

不分昼夜，不拘隐显地施舍财物的人们，将在他们的主那里享受报酬，他们将来没有恐惧，也不忧愁。（2：274）

作为晚出的经典，《古兰经》肯定：其一，继续提倡并鼓励施舍；其二，施舍不分时间、不拘隐显；其三，施舍者将来会获得主的报酬。

第三，《新约·启示录》（四 1—11）与《古兰经·众先知》（21：16—23）。

首先，《新约·启示录》（四 1—11）：

1 此后，我观看，见天上有门开了，我初次听见好像吹号的声音，对我说，你上到这里来，我要将以后必成的事指示你。

2 我立刻被圣灵感动，见有一个宝座安置在天上，又有一位坐在宝座上。

3 看那坐着的，好像碧玉和红宝石。又有虹围着宝座，好像绿宝石。

4 宝座的周围，又有二十四个座位，其上坐着二十四位长老，身穿白衣，头上戴着金冠冕。

5 有闪电，声音，雷轰，从宝座中发出。又有七盏火灯在宝座前点着，这七灯就是神的七灵。①

---

① 参见《启示录》（一 20）："论到你所看见在我右手中的七星，和七个金灯台的奥秘。那七星就是七个教会的使者。七个灯台就是七个教会。"

6 宝座前好像一个玻璃海如同水晶。宝座中，和宝座周围有四个活物，前后遍体都满了眼睛。

7 第一个活物像狮子，第二个像牛犊，第三个脸面像人，第四个像飞鹰。

8 四活物各有六个翅膀，遍体内外都满了眼睛。他们昼夜不住地说，圣哉，圣哉，圣哉，主神。是昔在、今在、以后永在的全能者。

9 每逢四活物将荣耀，尊贵，感谢，归给那坐在宝座上，活到永永远远者的时候。

10 那二十四位长老，就俯伏在坐宝座的面前，敬拜那活到永永远远的，又把他们的冠冕放在宝座前，说，

11 我们的主，我们的神，你是配得荣耀尊贵权柄的。因为你创造了万物，并且万物是因你的旨意被创造而有的。

《启示录》作者自称为"约翰"（一 1、2，廿二 8），基督教早期教父游斯丁（公元 150 年）、爱任纽（公元 200 年）均以之为十二使徒之一[①]。本文所选部分内容属于《启示录》"第二异象：快成的事情（1）宝座前的敬拜"。根据《圣经》注释家的意见：1—2 节叙述约翰被主召到天上，得见"以后必成的事"（参一19）[②]，即以天上属灵的角度看现世和人类的历史。3—6 节："坐在宝座上"象征"掌权"，各种宝石比喻神的荣耀和超越；"虹"，可能表明神仍遵守与诺亚所立的约（参创九 12—17[③]），显出神的信实和慈爱；24 位长老，或认为代表教会整体，

---

① 中国神学研究院：《圣经——串珠注释本（新旧约全书）》，香港：福音证主协会证道出版社，1990 年 3 月第四版，第 609 页。
② 《启示录》（一 19）："所以你要把所看见的，和现在的事，并将来必成的事，都写出来。"
③ 《旧约·创世记》（九 12—17）：
　　12 神说，我与你们并你们这里的各样活物所立的永约，是有记号的。
　　13 我把虹放在云彩中，这就可作我与地立约的记号了。
　　14 我使云彩盖地的时候，必有虹现在云彩中。
　　15 我便纪念我与你们和各样有血肉的活物所立的约，水就再不泛滥，毁坏一切有血肉的物了。
　　16 虹必现在云彩中，我看见，就要纪念我与地上各样有血肉的活物所立的永约。
　　17 神对挪亚说，这就是我与地上一切有血肉之物立约的记号了。

或认为是在天上服侍神的 24 位天使；"白衣"表示圣洁，"金冠冕"代表王者之尊，"眼睛"比喻敏于观察；7—8 节叙述四活物的敬拜，"翅膀"比喻敏于遵循神的吩咐；9—11 节叙述 24 位长老的敬拜，歌颂创造万物的主宰[①]。

其次，《古兰经·众先知》（21：16—23）：

16 我未曾以游戏的态度创造天地万物；

17 假若我要消遣，我必定以我这里的东西做消遣，我不是爱消遣的。

18 我以真理投掷谬妄，而击破其脑袋，谬妄瞬时消亡。悲哉你们！由于你们对真主妄加描述。

19 凡在天地间的，都是他的；凡在他那里的，都虔诚地崇拜他，既不傲慢，又不疲倦。

20 他们昼夜赞他超绝，毫不松懈。

21 难道他们把大地上许多东西当神明，而那些神明能使死人复活吗？

22 除真主外，假若天地间还有许多神明，那末，天地必定破坏了。赞颂真主——宝座的主——是超乎他们的描述的。

23 他自己的行为，不受审讯，而他们都是要受审讯的。

根据王静斋的《古兰经》注释，第 16 节旨在强调：真主造化的世界万有，各含一种微妙。甚至每一个星辰里都含着不可思议的机密；第 17 节，在真主本不做游戏，如果欲做游戏，可不必立子、纳妻。[②] 他御前有许多天使，自能就近相与游戏，何须令人知道。第 18 节阐明，假的无论如何终是碰不过真的。这是

---

① 以上《圣经》注释意见转引自前引《圣经——串珠注释本（新旧约全书）》，第 619—620 页。

② 游戏：即纳妻、立子。见前引《简明古兰经注》，阿拉伯文版，北京：中国伊斯兰教协会，1982 年，第 427 页。

一定的道理。参见（13：17）①。第 22 节说明：设若造化天地的不仅是一个主，那么，天地早就不曾存在了，因为凡是两个或两个以上共同的事业，必不能永远地守定一个状态。一个国家容不下两个领袖，偌大的天地万有，能由多数的造物主支持永久吗？这是绝对不可能的。第 23 节表明：安拉不受质问；因为他是无所不知的真主主宰。其他全是知识有限的仆辈。知识不够的仆辈，安可向其主宰提出质问他所做的事情呢？他们既是仆辈，在他们不免要因为所做的一切受质问②。

根据马金鹏的注释，第 19 节："凡在他那里的"，指众天仙；第 20 节："他们"，指众天仙。第 21 节："把大地上许多东西当神明"③，即从土地上的东西采取主宰，如石的、金的、或银的④。所谓天仙，也就是天使。

两相对照，《启示录》原文故事完整、情节生动、栩栩如生、形象感人，如"天门""号角""声音""宝座"，"虹""24 位戴金冠冕的白衣长老""遍体眼睛有六翅膀的四活物"均围绕、敬拜"坐在宝座上"的那一位。《古兰经·众先知》的相关叙述则相对冷静、平和而理性。根据《启示录》，那"坐在宝座上"的，就是唯一的主、独一的神，基督徒称为"上帝"，穆斯林称为"安拉"。

一方面，《古兰经·众先知》对于《启示录》的上述内容，基本予以肯定：

其一，神创造天地万物。其二，肯定"凡在天地间的，都是他⑤的；凡在他那里的，都虔诚地崇拜他"（21：19），"他们昼夜赞他超绝，毫不松懈"（21：20），如"支持宝座的和环绕宝座的，都赞颂他们的主，都归信他，都为通道者求饶"（40：7），"众天神将在天的各方；在那日，在他们上面，将有八个天神，担负你的主的宝座"（69：17），"你将见众天神环绕在宝座的四周，颂扬他们的

---

① "……真主如此阐明真伪——至于渣滓则被冲走，至于有益于人的东西则留存在地面上"（13：17）。
② 此段《古兰经》注释转引自王静斋：《古兰经译解》，全一册丙种本，兰州：甘肃省伊斯兰教协会，1988 年，第 462—464 页。
③ 该节（21：21）经文，马金鹏（《古兰经译注》，第 404 页）译为："他们从地上采取了主宰。"
④ 马金鹏：《古兰经译注》，银川：宁夏人民出版社，2005 年，第 404 页。
⑤ 他：指代真主，下同。

主，他们将被秉公裁判"（39：75）。其三，肯定"宝座的主"，如"至仁主已升上宝座了"（20：5），"在六日内创造天地万物，然后升上宝座的，是至仁主"（25：59）。"真主建立诸天，而不用你们所能看见的支柱。随后他端坐在宝座上，制服日月，使其各自运行到一个定期"（13：2）。

另一方面，对于《启示录》里某些具体形象的描写，则予以批评：

其一，"我不是爱消遣的"（21：17），委婉否认神有妻、有子；其二，否认他们对于神的具体描述："悲哉你们！由于你们①对真主妄加描述"（21：18）；其三，认为神在方位、形象等方面均是清高超越的，"赞颂真主——宝座的主——是超乎他们的描述的"（21：22）。

上述可见，第一，《古兰经》因为肯定独一神的存在、坚持一神论原则、肯定先知的存在以及神对先知的"启示"，所以对于《圣经》的一神论思想予以完全肯定。第二，伊斯兰教坚持绝对一神论（参见《古兰经·忠诚章》）②，因此拒绝"三位一体"说。第三，伊斯兰教强调神（真主）无形象，所以一方面肯定"宝座的主""升上宝座""端坐在宝座上"以与包含《讨拉特》（律法书）和《引支勒》（福音书）的《圣经》"接轨"，"以证实以前的一切天经"③；另一方面，又不得不对偏于神的形象的言论予以拒绝、驳斥和否认，借以捍卫神的"清高超越"。《古兰经》指出："在知识降临你之后，凡与你争论此事的人，你都可以对他们说：'你们来吧！让我们召集我们各自的孩子，我们的妇女和你们的妇女，我们的自身和你们的自身，然后让我们祈祷真主弃绝说谎的人。'"（3：61）④

---

① 你们：指麦加的多神教徒。见《简明古兰经注》阿拉伯文版，北京：中国伊斯兰教协会，1982年，第428页。此处，笔者是自宗教对话视野重新诠释上述经文。

② 参见马坚译《古兰经》第112章《忠诚》，"1你说，他是真主，是独一的主；2真主是万物所仰赖的；3他没有生产，也没有被生产；4没有任何物可以做他的匹敌"（112：1—4）。

③ 马坚译《古兰经》第三章《仪姆兰的家属》，"3他降示你这部包含真理的经典，以证实以前的一切天经；他曾降示《讨拉特》和《引支勒》4于此经之前，以作世人的向导"（3：3—4）。又说"假若他们遵守《讨拉特》和《引支勒》和他们的主所降示他们的其他经典，那末，他们必得仰食头上的，俯食脚下的"。（5：66）

④ 马坚译：《古兰经》，北京：中国社会科学出版社，1996年，第44页。

三、人类命运共同体语境下的宗教对话

2014 年中国国家主席习近平在联合国教科文组织总部的演讲中指出："当今世界，人类生活在不同文化、种族、肤色、宗教和不同社会制度所组成的世界里，各国人民形成了你中有我、我中有你的命运共同体。"[①] 次年习近平主席在纽约联合国总部发表题为《携手构建合作共赢新伙伴　同心打造人类命运共同体》的讲话中指出："我们要继承和弘扬联合国宪章的宗旨和原则，构建以合作共赢为核心的新型国际关系，打造人类命运共同体。"[②] 习近平主席 2017 年 1 月在联合国日内瓦总部发表题为《共同构建人类命运共同体》的主旨演讲，系统阐述了人类命运共同体理念，主张共同推进构建人类命运共同体，坚持通过对话协商、交流互鉴，建设一个持久和平、普遍安全、共同繁荣的世界。该主旨演讲，第一，简要论述了人类为什么是一个命运共同体。①全球命运与共、休戚相关。各国相互联系、相互依存。②宇宙只有一个地球，人类共有一个家园。迄今为止，地球是人类赖以生存的唯一家园，珍爱地球是人类的唯一选择。第二，简要阐述中国方案构建人类命运共同体的四个基本遵循。包括①《威斯特伐利亚和约》确立的平等和主权原则。②日内瓦公约确立的国际人道主义精神。③联合国宪章明确的四大宗旨和七项原则。④亚非万隆会议倡导的和平共处五项原则。第三，简要阐述中国方案构建人类命运共同体的五个抓手。即国际社会要从伙伴关系、安全格局、经济发展、文明交流、生态建设等方面作出努力。第四，建设未来世界的五个准则。①坚持对话协商，建设一个持久和平的世界。国家和，则世界安；国家斗，则世界乱。②坚持共建共享，建设一个普遍安全的世界。③坚持合作共赢，建设一个共同繁荣的世界。④坚持交流互鉴，建设一个开放包容的世界。

① 《习近平在联合国教科文组织总部的演讲》，《人民日报》2014 年 3 月 28 日。
② 习近平：《携手构建合作共赢新伙伴　同心打造人类命运共同体》，人民网联合国 2015 年 9 月 28 日电（记者杜尚泽、李秉新），"习近平出席第七十届联合国大会一般性辩论并发表重要讲话"，人民网-人民日报 2015 年 9 月 29 日。

⑤坚持绿色低碳，建设一个清洁美丽的世界①。2017 年 10 月习近平总书记在中共第十九次全国代表大会报告中六次提到人类命运共同体②，郑重宣示：中国人民愿同各国人民一道推动人类命运共同体建设。要尊重世界文明多样性，以文明交流超越文明隔阂，以文明互鉴超越文明冲突，以文明共存超越文明优越③。2020 年 9 月，习近平主席在第七十五届联合国大会一般性辩论上发言时指出，这场疫情启示我们，我们生活在一个互联互通、休戚与共的地球村里。各国紧密相连，人类命运与共。我们要树立你中有我、我中有你的命运共同体意识……摒弃意识形态争论，跨越文明冲突陷阱，相互尊重各国自主选择的发展道路和模式，让世界多样性成为人类社会进步的不竭动力、人类文明多姿多彩的天然形态。让我们团结起来，推动构建新型国际关系，推动构建人类命运共同体，共同创造世界更加美好的未来④。

中国各主要宗教团体、宗教学术研究机构和政府宗教管理部门积极响应党和政府的号召，在态度上踊跃表示认同和接受，并在学理上努力推动构建"人类命运共同体"理念。2018 年 4 月 11 日，博鳌亚洲论坛"宗教领袖对话"分论坛⑤在博鳌举行。对话主题"行愿大千，心手相连——共建人类命运共同体"，中国佛教协会副会长、海南省佛教协会会长印顺大和尚，中国道教协会副会长张高澄道长，新加坡圣公会荣休主教周贤正，分别代表佛教、道教、基督教三大教派的宗教领袖展开对话。2015 年博鳌亚洲论坛首次开设宗教板块，三年来积极促进宗教文化交流融合，凝聚人类命运共同体理念，一直是宗教论坛"行愿大千"的主旨

---

① 习近平：《共同构建人类命运共同体——在联合国日内瓦总部的演讲》（2017 年 1 月 18 日，日内瓦），"习近平主席在联合国日内瓦总部的演讲"（全文），2017 年 1 月 19 日，新华社。
② 中国倡导构建，中国要推动构建并坚持推动构建，中国呼吁各国人民同心协力共同构建，中国人民愿同各国人民一道推动人类命运共同体建设。
③ 习近平：《决胜全面建成小康社会　夺取新时代中国特色社会主义伟大胜利——在中国共产党第十九次全国代表大会上的报告》，《人民日报》2017 年 10 月 18 日。
④ 《习近平在第七十五届联合国大会一般性辩论上的讲话》（全文），新华社官方账号 2020 - 09 - 23 日。
⑤ 博鳌亚洲论坛 2018 年年会"宗教领袖对话"分论坛，由中国国家宗教事务局主办，海南省民族宗教委员会、海南省佛教协会承办。

所在①。10月20日"第四届全国伊斯兰教学术研讨会：新时代的伊斯兰教研究"研讨会②在西安召开，卓新平研究员指出，伊斯兰教研究一定要紧跟主旋律，以大统战思维共建人类命运共同体。李林研究员③在会议总结时呼吁：中国学者主导的伊斯兰教研究应具备大格局、大气象，尽快升级为一项"大学问""大研究"，应打破学科的隔阂，反映时代的呼声，唯其如此，方能跟上新时代的步伐，方能服务于国家发展的"大战略""大布局"④。10月21日"第七届东南亚宗教研究高端论坛·东南亚宗教与人类命运共同体学术研讨会"⑤ 在厦门召开，张禹东教授⑥指出，本次会议主旨可以分为三个关键词："命运共同体""宗教"与"东南亚"。自2015年习近平主席出席博鳌亚洲论坛年会时提出"通过迈向亚洲命运共同体，推动建设人类命运共同体"的倡议后，宗教学研究要有助于"（东南亚）形成无论兴衰荣辱都能休戚与共、同舟共济，将命运紧密相连在一起的共同体"；"宗教"具有民心相通的内在基础和素质，有助于民心相通；"东南亚"是本次论坛的焦点，是对国家外交布局"大国是关键，周边是首要，发展中国家是基础，多边是重要舞台"的贯彻。华人宗教在东南亚地区的存在与发展，反映了华人与故土文化之间血脉相连的关系，对于体现华人特性、建构"华族"文化身份、维持"华族"团结有着至关重要的意义⑦。10月28日"第五届世界佛教论坛"⑧ 在福建莆田召开，与会各国代表共同发布宣言："呼吁全世界佛教徒共同弘扬中道圆融精神，让文明交流互鉴成为推动人类社会进步的动力、维护世界

---

① 《三大宗教领袖共赴博鳌之约：为推建人类命运共同体贡献更多智慧》，佛教在线（繁体中文版），2018年4月10日。
② 由中国宗教学会伊斯兰教专业委员会、中国社会科学院世界宗教研究所伊斯兰教研究室、陕西师范大学中国西部边疆研究院共同举办。
③ 中国宗教学会伊斯兰教专业委员会主任、中国社会科学院世界宗教研究所伊斯兰教研究室主任。
④ 李林、王超：《"第四届全国伊斯兰教学术研讨会：新时代的伊斯兰教研究"在西安隆重召开》，中国宗教学术网，2018年11月2日。
⑤ 由中国社会科学院世界宗教研究所、中国宗教学会与华侨大学共同主办。
⑥ 华侨大学原副校长、华侨大学海外华人宗教与民间宗教研究中心主任、中国宗教学会副会长。
⑦ 姜子策、李政阳：《第七届东南亚宗教研究高端论坛·2018"东南亚宗教与人类命运共同体"学术研讨会在厦门召开》，中国宗教学术网，2018年10月24日。
⑧ 由中国佛教协会、中华宗教文化交流协会主办。

和平的纽带，为构建人类命运共同体不懈努力，为一切众生离苦得乐精进不息。"① 2018 年 11 月，"《圣经》与人类命运共同体"国际学术研讨会在上海召开②，为期三天的研讨会以"《圣经》与人类命运共同体"为主题，为宗教对话搭建了友好的平台，旨在启发与会者从《圣经》中寻求"人类命运共同体"的智慧之光，对社会和谐发展、人类和平共享等话题进行有益的探索和研究③。上海市基督教教务委员会主席耿卫忠牧师应邀在会议开幕式致辞，并作"爱邻舍，共享未来"的发言。耿牧师认为，基督徒需要用爱邻舍的好行为活出"爱神"的信仰，与不同观点的信徒和睦同居，与不同信仰和不同需求的"外邦人"互助共享。基督徒所追求的永生不能简单地被视为死后才能获得的礼物，更有意义的是表现在爱邻舍的实际行动之中。有爱，有永生；爱邻舍，共享未来④。以上列举的 2018 年若干宗教会议表明，中国宗教界、主要宗教学术机构与政府宗教管理部门均已积极行动起来，通过国际国内多种形式的研讨会来推动宗教文化研究对于构建人类命运共同体理念的探索，同时鼓励和支持通过宗教对话来构建和谐的宗教关系。

美国天主教神学教授保罗·尼特（Paul Knitter，1939—　）⑤ 以近百年基督教对待其他宗教的立场和态度为例，归纳《宗教对话模式》为四种模式：置换、成全、互益和接受，他呼吁持不同神学模式的基督徒内部要进行对话，以及不同宗教之间要进行更有效的合作。哈纳克（A. von Harnack）认为，研究宗教学对神学家不仅多余，而且有害。哈纳克觉得，神学不仅不需要宗教学（"谁知道这一个"——即基督教，"则知道了一切"），而且因本身的任务也不允许它为此而

---

① 雨山、米广弘：《中国宗教与人类命运共同体》，佛教在线，2018 年 12 月 25 日。
② 由上海市社会科学院宗教研究所、上海市宗教文化研究中心和上海市社会科学院智库建设基金会主办。
③ 《"《圣经》与人类命运共同体国际学术研讨会"在沪举行——上海基督教两会及华东神学院部分同工、师生参加》，中国基督教网，2018 年 11 月 9 日。
④ 《"《圣经》与人类命运共同体国际学术研讨会"在沪举行——上海基督教两会及华东神学院部分同工、师生参加》，中国基督教网，2018 年 11 月 9 日。
⑤ 当代美国天主教思想家、普世神学家、社会活动家。宗教多元论的主要倡导者之一，国际宗教间和平议会理事会成员，致力于社会正义、信仰对话和全球生态关怀等领域的理论研究和社会实践活动。

增加负担。不久之前，尤其是巴特（K. Barth）和追随他的辩证神学的代表们对宗教学也持否定态度。他们表示，只存有上帝在耶稣中的启示，因此，其余宗教的世界对神学家来说毫无本质可言，没有足够的理由去对之进行研究。与之对立的神学流派则认为，神学最好消融在宗教学之中，或被其取而代之，它始于所谓"宗教史学派"（创立者为：衮克尔、韦雷德、布塞特），……这种研究当时正获得惹人注目的发展。并从宗教史角度来解释《圣经》的内容，其结果自然是把圣经学最终也看作整个宗教学研究的一部分，并想让神学也完全走宗教学研究之路①。欧美的传统宗教信仰基督宗教及其各支派，对于社会和信众均具有重要影响，因此宗教之间及其内部各支派展开友好对话可以快速提升社会和谐度。

宗教之间的对话，取决于实施对话的主体、宗教对话的宗旨以及开展对话的条件。

首先，宗教对话主体的复杂性。宗教学研究者之间的学术与非学术对话，似乎并不能代替世界诸宗教信仰者之间及其内部的具体对话。普通宗教信徒之间的对话虽然必不可少，但世界诸宗教之间的对话或者还是要自上而下地循序渐进，即先由世界诸宗教领袖之间展开高层政治对话，然后逐渐向普通信众推广。宗教学研究者与非宗教学研究者之间及其内部也需要在学术层面加强对话，增加对世界诸宗教基本常识和基础教义的了解，虽然部分宗教学者并非"真正的某教徒"，亦非"匿名的某教徒"，但浓厚的"王婆心理"（专业偏好）在所难免。如何敞开胸怀，以"进入对方、体验对方并吸纳对方"，②从而起码在理论上认识并接受"美美与共"的事实，亦远非易事。

其次，宗教对话宗旨的不确定性。与文明对话相似，宗教对话并非要"量长

---

① ［德］瓦尔特·贝特克，卓新平译：《宗教学的结构与任务》，《世界宗教文化》1989 年第 3 期，第 13 页。
② 姚兴富：《耶儒对话与融合——〈教会新报〉（1868—1874）研究》，北京：宗教文化出版社，2005 年，第 13 页。

较短"、实现"整齐划一""井然有序",而是要达成"万类霜天竞自由""和而不同"之天然和谐的宗教生态环境①。因此,宗教对话的宗旨除了加强交流、增进了解、促进沟通之外,别无其他。

再次,宗教对话条件如何可能达成? 第一,世界诸宗教均得以平等自由不受歧视地独立存在与发展,譬如目前在以色列占领下的巴勒斯坦地区.以沙特为首的"十国联军"② 与也门"胡塞武装"之间,就很难开展真正的宗教对话;即使是在拥有独立主权的国家内部,如果某一种宗教受到政治性歧视,则真正的宗教对话也很难开展;第二,宗教对话的前提之一是平等原则,在社会发展落差甚大的国家和地区之间(如发达国家与发展中国家),大家面临的问题、关注的问题、感兴趣的问题,即"燃眉之急"各不相同,诸宗教对话的条件又如何才能达成呢? 第三,对话的理想状态,是两个或诸个平等主体之间的、互相自愿的、不受强迫的、相互交流与沟通,相互尊重的诸宗教之间的平等对话是促进人类一体化的积极推动力量。

习近平主席 2017 年在联合国日内瓦总部的主旨演讲中准确地指出:"让和平的薪火代代相传,让发展的动力源源不断,让文明的光芒熠熠生辉,是各国人民的期待,也是我们这一代政治家应有的担当。""国家和,则世界安;国家斗,则世界乱。" "人类文明多样性是世界的基本特征,也是人类进步的源泉……文明差异不应该成为世界冲突的根源,而应该成为人类文明进步的动力。"③ 历史上中国政教关系的主线是政主教从,宗教一般都处于依从和依附的地位,宗教信众作为臣民必须一律遵守国家法律,政府对于宗教的管理具有绝对的权威和影响。因此,中国有可能率先推动有关宗教之间及其内部开展宗教对话探索和对话实践,形成宗教对话的中国话语、中国模式和中国道路,进而作为世界

---

① 麦奎利指出:"我们应该坦率地承认我们不知道它最终会引向何方。"《世界宗教之间的对话》(何光沪译),载《世界宗教文化》1997 年冬季号。
② 沙特阿拉伯、阿联酋、科威特、巴林、卡塔尔、约旦、摩洛哥、苏丹、巴基斯坦、埃及。
③ 习近平:《共同构建人类命运共同体——在联合国日内瓦总部的演讲》(2017 年 1 月 18 日,日内瓦)。

宗教对话的可以参考借鉴的积极资源，以此促进人类命运共同体理念的理论和实践探索。

沙宗平① （北京大学哲学系、北京大学外国哲学研究所）

---

① 北京大学哲学系（宗教学系）副教授、博士生导师。

近代中国与南亚佛教交流网络的形成与"原始佛教"概念的引入①

以佛教为精神纽带，中国与印度等南亚国家的文化交流源远流长，成果丰硕，但唐代以后，这种交流日趋式微，直到晚清，中国佛教界与锡兰（即今斯里兰卡）、印度等国的交流又活跃起来，中国与南亚之间在佛教界逐渐形成了较为稳定的交流机制，而且在这个交流机制的形成与运作中，日本佛教也是非常关键的因素，可以说，以中国、日本与锡兰为中心，在近代已然形成了一个亚洲佛教交流网络，"亚洲佛教"或"佛教亚洲"的共同体意识逐渐觉醒。

以往学界的研究较为关注抗日战争期间，太虚法师等中国佛教徒为了保障滇缅公路的畅通，联合东南亚和南亚诸国抗日而访问这些国家的事迹，对这一议题有了较多的研究成果②。但是，为什么民国政府会选择以佛教外交来联络南亚诸国抗日？为什么太虚等僧人访问南亚诸国非常顺利？其实，中国佛教界在与南亚诸国的交流上

① 教育部人文社会科学研究项目"支那内学院与近代佛教知识的创生和发展研究"（20YJC730006），并为武汉大学自主科研项目（人文社会科学）研究成果，得到"中央高校基本科研业务费专项资金"资助。本文部分内容发表于《人文杂志》，此次发表有较大补充和修改。
② 侯坤宏：《太虚时代：多维视角下的民国佛教（1912—1949）》，台北：台湾政治大学出版社，2018年，第431—461页；曾友和：《"中国佛教访问团"走出国门宣传抗日》，《四川档案》2012年第4期；明成满：《民国僧侣在东南亚的抗日宣传研究：以"佛教访问团"和"步行宣传队"为中心》，《南洋问题研究》2014年第2期；李仲良、杨铭：《抗战时期的中国国际佛教访问团研究》，《中华文化论坛》2016年第10期；［印］沈丹森（Tansen Sen）：《太虚大师的友好访印之旅：中印间佛教纽带之再续》，王颂主编：《北大佛学》第2辑，北京：社会科学文献出版社，2002年，第29—56页；赖岳山：《流动的意义：抗战时期"太虚-佛教访问团"事件分疏》，王颂主编：《北大佛学》第2辑，北京：社会科学文献出版社，2002年，第414—447页；沈庭：《民国时期太虚僧团在东南亚的"佛教外交"活动》，《湖北社会科学》2021年第1期。

早有前期基础，联合南亚抗日的成功应该与此密切相关。因此，本文将以关键人物与事件为节点，重点论述自晚清以降至抗日战争全面爆发这一段时间内，中国与锡兰等南亚国家佛教交流网络的形成过程。

在研究方法上，本文将试图避免讨论某些重要人物的"国际视野"或"国际交游"这类"个人内在品质"的研究，这类研究已有了丰硕的成果①，本文将在吸收这些成果的基础上，更多地致力于在中国、锡兰以及与两者关系密切的日本的佛教交流网络内，审视三者的交往及其身份调适。既然东亚佛教不再是孤立地在各自的脉络中发展，而是在一个关系网络中彼此调适，那么，他们的交往会对他们各自的身份认同和界定产生深远影响，这对我们重新审视"原始佛教"（以锡兰为代表）、"大乘佛教"（以中、日为代表）等观念的确立有着重要意义。

一、中国与南亚近代佛教交流网络的形成

在近代，中国与南亚佛教交流的重要起点可追溯到杨文会与达摩波罗的见面。这次会面大概是在 1893 年底至 1894 年初之间②，达摩波罗原计划是希望接触中国的僧界，所以他请英国传教士艾约瑟（Joseph Edkins，1823—1905）引荐，意欲拜访上海最古老而有声望的龙华寺的高僧，艾约瑟因为出版了英文著作《中国佛教》（*Chinese Buddhism*），在当时西方学界名声很大。1893 年 12 月 18 日，在李提摩太（Timothy Richard）、福兰阁（Franke，Otto，1863—1946，时任德国驻上海领事馆领事）的陪同下，他前往龙华寺，但龙华寺方面却改变了先前热情的态度，未做任何接待准备。达摩波罗仍向龙华寺赠送了一片菩提树叶和一张拍

---

① 麻天祥：《晚清佛学与近代社会思潮》，郑州：河南大学出版社，2005 年，第 284—295 页；黄夏年：《达磨波罗的佛教民族主义思想初探》，《宗教学研究》1996 年第 3 期；黄夏年：《达磨波罗的改革主义思想初探》，《佛学研究》1996 年；黄夏年：《杨文会与达磨波罗复兴佛教观比较》，《中国文化研究》1998 年秋之卷；李四龙：《阿尔格尔：杨文会的弘法理念与国际视野》，《世界宗教研究》2010 年第 3 期；张华：《杨文会与中国近代佛教思想转型》，北京：宗教文化出版社，2004 年，第 1—13 页；陈继东：《传统与现代的调适：杨文会居士的佛学》，杨仁山：《等不等观杂录·附录》，北京：商务印书馆，2015 年，第 182—198 页。
② 李四龙：《阿尔格尔：杨文会的弘法理念与国际视野》，《世界宗教研究》2010 年第 3 期。

摄自佛陀诞生地菩提伽耶的释迦摩尼脚印的照片，并告诉中国僧人照片上的佛足印已经有一千八百多年的历史。最后，他请福兰阁做翻译，不厌其烦地呼吁中国僧界为保护佛教徒的圣地菩提伽耶提供帮助。他说："我们的目标是恢复神圣的仪式，安置来自各个佛教国度的比丘们，训练他们成为向印度人民弘扬佛法的宣教士，重新把佛典从中文译成印度文。为实现这一计划，我们已经在世界范围内创立了一个宏大的佛教社团——'摩诃菩提会'（Maha Bodhi Society）。所有的佛教国家和地区，都已携起手来，现在我们呼吁中国佛教界也加入我们的行列。"[1] 这已经道出了达摩波罗的宏大理想——试图建立一个涵盖亚洲各国的佛教共同体，但龙华寺的僧人们对达摩波罗态度冷淡[2]。为了不使达摩波罗失望，李提摩太想起了南京的杨文会。这位曾经跟随曾纪泽出使欧洲，有过六年海外生活经历的佛教居士并不忌讳与外国人的直接交往，且他的政府高层背景使得他不必顾虑政府方面的压力[3]。

此次见面的细节并未有记载，根据福兰阁的回忆，杨文会对达摩波罗恢复印度佛教，并在世界传播佛教的理想大为感动，他表示中国佛教徒赴印度交流毫无问题，但更希望印度佛教徒来中国学习中文，并在中国僧人帮助下将汉语佛典译回印度[4]。后来在与南条文雄的通信里，杨文会还提及此事，他说："锡兰人达摩波罗，欲兴隆佛教而至上海，云在贵国耽住多日，想已深谈教中旨趣，其意欲请东方人至印度宣传佛教，未知贵国有愿去者否？以鄙意揆之，非阁下不能当此任也。"[5] 至此，杨文会开始与达摩波罗建立联系，加之他与南条文雄等日本佛教界

① Homes Welch（尉迟酣）. The Buddhist Revival in China, Cambridge：Harvard Univeristy Press, 1968, pp. 6 - 7. 中文翻译参考霍姆斯·维慈著，王雷泉等译：《中国佛教的复兴》，上海：上海古籍出版社，2006 年，第 5—6 页。
② 福兰阁猜测龙华寺的僧人之所以突然改变态度，冷淡地对待达摩波罗，可能与清朝严厉限制结社的政策有关，何况达摩波罗试图建立的"摩诃菩提会"属于境外社团性质，而且印度当时与清政府关系紧张，因此，龙华寺的僧人不得不谨慎行事。参看 Homes Welch. The Buddhist Revival in China, p. 7。
③ Homes Welch. The Buddhist Revival in China, pp. 7 - 8.
④ Otto Franke, "Eine neue Buddhistische Propaganda", 转引自 Homes Welch. The Buddhist Revival in China, p. 8。
⑤ 杨文会：《与日本南条文雄书十三》、《等不等观杂录》，北京：商务印书馆，2015 年，第 135—136 页。

人士早有交往，一个以中、日、锡兰为中心的佛教场域逐渐形成。

此次会晤对杨文会的弘法理念产生了深远影响，李四龙通过详细考证杨文会《支那佛教振兴策二》里提到的"美洲阿尔格尔"，认为年近花甲的杨文会对达摩波罗要在全球传播佛教，以及阿尔格特的佛教复兴事业，感触良深①。阿尔格尔，英文名为 Henry Steel Olcott（1832—1907），他于 1875 年在纽约创立"神智协会"（Theosophical Society），1880 年与波拉瓦斯基夫人（Helena Petrovna Blavatsky，1831—1891）一起赴锡兰传播"神智学"的理念，到达锡兰不久便皈依佛教，是第一批在亚洲国家皈依佛教的美国佛教徒，后来成为 19 世纪推动锡兰佛教复兴的核心人物。阿尔格尔的代表作《佛学问答集》（*Buddhist Catechism*），出版于 1881 年，有四十多个版本，被翻译成二十多种语言，至今仍在斯里兰卡的某些学校中使用。他出生在一个长老会的新教家庭，其神智学有着浓厚的基督"新教"特征②。他称自己成熟的宗教信仰是纯粹的，原始的佛教，主张建立国际性的佛教组织，整合世界上所有的宗教信仰，变成一种统一的灵修实践。达摩波罗早年是阿尔格尔的忠实追随者，大约在 1896 年左右两人决裂，因此，杨文会会见达摩波罗时，达摩仍然是阿尔格尔神智学理念的践行者。李四龙认为，杨文会两策《支那佛教振兴策》和《佛教初学课本》都是受到了达摩波罗的刺激而撰写的，杨文会与达摩波罗的会晤使得他的弘法理念发生了重要的转变，从"刻经"转向"僧学"。具体而言，此次会晤后，杨文会一是致力于"振兴佛学"，建立祇洹精舍，从事佛教教育，"为将来驰往天竺，振兴佛教之用"；二是致力于"西行传教"，加强与日本、印度、锡兰等国的佛教交流，试图在世界范围内传播佛教。③ 这两点对欧阳渐和太虚等人都产生了深远影响。

不过仅仅把杨文会与达摩波罗的交往视作杨文会"国际视野"的开拓可能会

---

① 李四龙：《阿尔格尔：杨文会的弘法理念与国际视野》，《世界宗教研究》2010 年第 3 期。

② Stephen Prothero, "Henry Olcott and 'Protestant Buddhism'", in *Journal of the American Academy of Religion*, Vol. 63, No. 2（summer, 1995），pp. 281 - 302.

③ 李四龙：《阿尔格尔：杨文会的弘法理念与国际视野》，《世界宗教研究》2010 年第 3 期。

遮蔽这次会面背后复杂的国际背景。达摩波罗并不是特意访问中国，他是在参加完在芝加哥举行的世界宗教大会之后，回国途中沿途访问了日本和中国。而这次芝加哥的世界宗教大会对亚洲佛教交流网络的形成起到了关键作用，而达摩波罗是带着这次大会的新知识和新刺激而来的，这在下文再详细讨论。可以肯定的是这次会面使得中国佛教界开始有意识地参与到与锡兰佛教界的联系和交流中来，在中国近代佛教史上具有重要意义。

达摩波罗回国后，与杨文会还有书信往来。1908 年，苏曼殊受杨文会邀请赴梵文学堂（即祇洹精舍）任教，当时在给友人的信里，他曾说期待丙三年后祇洹精舍的"僧众能精进，即遣赴日本、印度，留学梵章，佛日重辉或赖此耳"。又说："十余年前，印度有法护尊者（达摩波罗，按即是锡兰学者达摩波罗）寄二书仁老，盖始创摩诃菩提会，弘扬末法，思召震旦僧侣共住者。"① 由此埋下了中国和印度、锡兰互派留学僧的"种子"。

1913 年 9 月，达摩波罗再次游历日本等国家②，途经上海，受传教士李佳白（Gilbert Redi，1857—1927）的邀请在尚贤堂作演讲。非常遗憾的是达摩波罗的这次中国之行极少有学者注意和研究。李佳白是清末民初来华的传教士，他旅居中国四十多年，与李提摩太一样，是最为著名的近代传教士。他关注中国社会变革，发表时论，建言改革，积极投身各种社会活动，活跃在中国社会的舞台上，例如他曾参加康有为、梁启超等人组织的强学会，参与维新变法等活动，这些活动与清末民初的中国社会的变迁息息相关，对中国社会的政治、文化、教育、外交等都产生了一定的影响。③ 李佳白身份复杂，不仅是基督教长老会成员，而且

① 苏曼殊：《与刘三书》，周继旨校点：《杨仁山全集》，合肥：黄山书社，2000 年，第 620 页。
② 达摩波罗此次出访的重点依然是日本，这是他第四次访问日本。1905 年，日本在日俄战争中胜利，给整个亚洲巨大的鼓舞，被视作亚洲力量第一次打败了欧洲力量。在达摩波罗等亚洲佛教徒看来，佛教才是日本强大起来的原因，而不是工业化和政治体制的改革。达摩波罗此行会见了高楠顺次郎、南条文雄、释宗演等人，发表了一系列文章批判白人至上的殖民主义，呼吁重新建立反殖民的亚洲格局和世界秩序。参见 Maria Moritz，"'The Empire of Righteousness'：Anagarika Dharmapala and His Vision of Buddhist Asianism（c. 1900）" in Marc Frey and Nicola Spakowski ed.，*Asianizms*：*Regionalist Interactions and Asian Integration*，NUS Press，2017，pp. 34 - 37。
③ 胡素萍：《李佳白与清末民初的中国社会》，广州：中山大学出版社，2009 年，第 1 页。

与巴哈伊教关系密切。值得注意的是他与达摩波罗、李提摩太都曾参加 1893 年的芝加哥世界宗教大会，而且在会上得知了巴哈伊教，从此他就把推行天下一家的思想作为自己的终生目标，1915 年 5 月李佳白在近代著名的《东方杂志》发表过文章介绍巴哈伊教，题目是《论海波会之精神与作用》，李佳白把巴哈伊翻译成"海波会"，他欣赏巴哈伊教"仅为一种活动之团体。盖个中人之本旨，在重道之精神，不重教之形式，在执一至公无偏之精义，期有以贯彻于各教，而仍不打破各教之范围。不在立异矫同，而创为新奇特别之名，以自树一帜也"①。这种宗教宽容精神应该是他与达摩波罗等人结交的重要基础。

1893 年在参加完芝加哥世界宗教大会之后，李佳白很快形成一个想法，在中国建立一个像芝加哥世界宗教大会这样的常设机构，实践巴哈伊的理念，从事多元宗教对话，加强文化交流，促进世界和平，实现天下一家②。这个机构便是后来经营三十多年的尚贤堂。该堂的理念为："本堂为二十余国公共之机关，是以通塞盛衰、辄开世界潮流为转移。非如各项之慈善事业，以及公共团体，仅惠于一方面，收近效，或趋于时尚以沽声誉者。本堂之宗旨，以辅助中国为经，协和万邦为纬。已著之成绩，如十年兴学，造就人才，联合宗教，以消弭教争，设陈列所，以表扬华品之优美者，持平论，以匡扶国际之不平。"③ 所以李佳白邀请达摩波罗在尚贤堂演讲是他"联合宗教"的一项"常规操作"。

达摩波罗此次演讲的题目为《佛教社会关系论》④，主旨为强调佛教与社会关系密切，主张佛教徒弘扬佛义应以"利益社会"为"前导"。他首先表达了对李佳白和李提摩太的感谢，说，"以予所闻，今时西人之重视佛教而不加菲薄者，惟李提摩太、李佳白二博士而已"，毕竟他两次来中国先后得到李提摩太、李佳白帮助甚多。他还认为近百年内中印之间的交通恢复旧观，而且"彼此皆迭为宾

---

① 蔡德贵：《西来巨儒李佳白的中国心》，北京：人民出版社，2018 年，第 2—3 页。
② 蔡德贵：《西来巨儒李佳白的中国心》，北京：人民出版社，2018 年，第 148 页。
③ 周毅：《尚贤堂纪事叙》，《尚贤堂纪事》1919 年第 10 卷第 1 期。
④ 黄夏年主编：《民国佛教期刊文献集成》第 4 卷，全国图书馆文献缩微复制中心，2006 年，第 185—189 页。

主矣"①。这似乎重申了与杨文会交流过的理念，两国佛教界平等交往，互为宾主。

开场白后，达摩波罗介绍了释迦摩尼的修行方式，包括八条："一、洞彻因果报应之理；二、力除暴戾爱欲之私；三、以降心下气为消除隔阂之本；四、毋蹈窃盗奸私诸罪；五、勉为善良清洁之品；六、毋养奴杀生妨众诸孽；七、须明灵魂思想知觉肢体功用之界别；八、认识灵魂为超出生死永生自由之宝。"② 前六条明显属于佛教教义，而第七、第八条肯定了灵魂观念，完全偏离了佛教的基本教义。但是，本次演讲的邀请人为西方传教士李佳白，尚贤堂虽然常有多个宗教的信徒来听演讲，但基督教徒应该是最多的，达摩波罗似乎有点"随缘开示"的意思。其实，以灵魂论来向西方人士宣扬佛教教义，达摩波罗不是特例，《净土教报》主编堀内静宁等人曾建议以"有神论"和"灵魂"等作为日本代表在1893年芝加哥世界宗教大会的主题③。可见，在回应基督教和西方现代性上，东方佛教徒自觉地选择和使用了某些宣传佛教策略。

本次达摩波罗演讲的核心观点还是强调佛教应该积极参与和服务社会，他把农、工、商、艺术等"济世"的"和平事业"都纳入佛教的弘法利生的事业，甚至提出了非常具体的实践路向，如建医院、设路灯、建澡堂、修公园等等，然后还强调这些现代化建设是源自于释迦牟尼的理念④。这与后来太虚、印顺等人"人生佛教""人间佛教"的主张何其相似。

实际上，太虚作为杨文会的弟子，曾求学于祇洹精舍，而祇洹精舍的办学深受达摩波罗弘法理念的影响，太虚在《学生教员与法师方丈》一文写道："杨老居士的设祇洹精舍，则与摩诃菩提会达摩波罗相约以复兴印度佛教及传佛典于西洋为宗旨，内容的学科是佛学、汉文、英文，我一生做半新式学堂的学生只是这

① 《民国佛教期刊文献集成》第4卷，全国图书馆文献缩微复制中心，2006年，第185页。
② 《民国佛教期刊文献集成》第4卷，全国图书馆文献缩微复制中心，2006年，第187页。
③ Aihua Zheng. "Buddhist Networks", in *Japanese Journal of Religious Studies*, Vol. 46, No. 2, 2019, p. 264.
④ 《民国佛教期刊文献集成》第4卷，全国图书馆文献缩微复制中心，2006年，第188页。

半年。"① 《太虚大师年谱》也曾载："光绪三十四年，（杨文会）得锡兰摩诃菩提会达摩波罗书，约与共同复兴佛教，以弘布于世界。杨氏因于去秋成立祇洹精舍。为佛教人才而兴学，且有世界眼光者，以杨氏为第一人！"② 甚至太虚就是冲着祇洹精舍的国际性质而去学习的，他曾说："同年（1908 年），南京杨仁山居士就金陵刻经处创办祇洹精舍，该舍与锡兰达摩波罗居士取得密切的联系，同抱有复兴印度佛教的意志，欲使佛教传到各国去。我因参加江苏僧教育会底关系，听到有这种作世界佛教运动的组织，于是次年也到南京去加入。"③ 在杨文会去世后，太虚继承了其联络南亚佛教界的事业。他没有参与达摩波罗在尚贤堂的演讲，但对此事特别留意。他在悼念达摩波罗时说："至民国元年，居士来沪，曾有讲演，载于《佛学丛报》。比年来，以余游欧、美及赞助初转法轮寺，居士曾屡与余通讯；余亦数函互致钦勉。"④ 虽然时间记错了，但是达摩波罗第二次来华之事件及其刊于《佛学丛报》的演讲稿，太虚都有关注。此后，太虚与达摩波罗保持了通信往来。

1928 年，太虚法师在前往欧美考察时曾途经斯里兰卡，只逗留了十多个小时，还有意去拜访达摩波罗："此行海程颇长，约五日（8 月 27 日）而抵哥伦布，……摩诃菩提会长达磨波罗，未知其住处，亦不暇访。遂参观卧佛寺及佛教大学，以飞车驰览一周。绿荫黏天，碧波环地，至足令人憧憬！闻有人指锡兰曰东方瑞士，请英政府允其为永久中立地，以佛法自守，与世无争，英虽未能有兹义举，窃意他日必能实现清净佛土于此焉！"⑤ 太虚对锡兰的印象很好，对锡兰佛教期待很高。太虚于 1928 年前往欧美访问时首倡并创建了世界佛学苑，太虚曾表示自己的世界佛教运动不过继承自锡兰佛教徒（达摩波罗及其摩诃菩提会）

① 太虚：《太虚自传》，《太虚大师全书》第 31 卷，北京：宗教文化出版社，2004 年，第 181 页。
② 印顺：《太虚大师年谱》，台北：正闻出版社，1973 年，第 38 页。
③ 太虚：《我的佛教改进运动略史》，《太虚大师全书》第 31 卷，第 67—68 页。
④ 寂颖：《达磨波罗居士的死》，《海潮音》第 14 卷第 10 期，1933 年，第 3—6 页。
⑤ 太虚：《寰游记》，《太虚大师全书》第 31 卷，第 331 页。

罢了。太虚圆寂后，其舍利塔便是按照斯里兰卡佛塔样式建造的①。

自欧美游历回国后，在太虚的主导下，中国与南亚佛教的交流进入新的活跃阶段。太虚于1929年设立"世界佛学苑研究部"，由法舫负责筹备。1930年在福建漳州，太虚与广箴、度寰筹备组建"锡兰留学团"，该团预备修习两年的佛学、英文和国文，然后派出留学锡兰，翻译佛经，有团员七人②。1931年，太虚与北平柏林寺佛学研究社的台源和尚、常惺法师协商，将锡兰留学团移入北平柏林寺，组成世界佛学苑之梵藏文系，原柏林研究社则并入为中日文系③。

锡兰留学团的持续影响之一是促成了太虚的弟子黄茂林留学锡兰，他是广东人，英语流利，曾在上海从事佛经翻译，受狄楚青邀请，翻译《六祖坛经》为英文④，后进入净业社，翻译了《阿弥陀经》《十善道业经》等，并曾在香港（当时是中国与锡兰交流的重要港口）跟随一名锡兰人学习上座部佛学。在叶恭绰、狄楚青、王一亭等居士资助下，1931年2月18日，黄茂林到达锡兰，学习梵文和巴利文。可惜的是他于1933年因肺病在锡兰逝世⑤。黄茂林生前曾劝说其在锡兰的巴利文老师纳啰达（Narada）来华开设巴利文学校，同时向太虚引荐了纳啰达⑥。

纳啰达是继达摩波罗后来华的最重要的锡兰佛教大师，他是达摩波罗培养出来的佛教传教士，故而也是达摩波罗现代佛教理念的践行者，与达摩波罗一样，他一生都在全世界作演讲，致力于将纯正的佛法传播向海外，他能用流利的英语

① 惟善：《略论太虚大师与斯里兰卡南传佛教》，《世界宗教文化》2018年第3期。
② 记者：《漳州新组锡兰留学团》（1930），《现代僧伽》1930年6月。
③ 圆光：《柏林佛学社锡兰留学团开学纪略》，《民国佛教期刊文献集成》第177卷，第231—232页。
④ 黄茂林翻译的英文《坛经》在锡兰颇受欢迎，1946年还有三位锡兰僧人来中国求购比经英文版，因为在锡兰已经售罄。报人：《锡兰派遣比丘尼来华》，《民国佛教期刊文献集成》第89卷，第108页。
⑤ 黄茂林：《黄茂林上太虚大师函》，《民国佛教期刊文献集成》第178卷，第373页；黄茂林：《黄茂林锡兰留学记》，《民国佛教期刊文献集成》第180卷，第199—200页；《中国留日佛徒黄茂林病故》，《民国佛教期刊文献集成》第40卷，第211—212页；释东初：《中国佛教近代史》，台北：东初出版社，2003年，第1002页。
⑥ 《上海佛教日报记者访谒本会导师太虚大师之一席谈》，《正信》第6卷第6、7期合刊，1935年5月，第20—21页。

作演讲和写作，擅长布道，并撰有《佛教述略》（*Buddhism in a Nutshell*）等多种宣传用的小册子①。他于 1935 年来到中国，曾先后游历苏杭京各地，考察佛教，后赴日本，再重返上海，由太虚法师介绍前往武汉考察佛教，深得武昌佛学院世界佛学苑图书馆及汉口佛教正信会欢迎，拟回国之际，上海佛教界极力挽留，故又停留了三月，开设短期巴利文班教授巴利文，并用英语每周都在电台演讲，由佛教净业社中精通佛学和英文的居士负责翻译。在华期间，他参访过普陀山、香港东莲觉舍等地，在华游历和演讲近半年之久②。依照惯例，他还向邀请他的佛教净业社赠送来自锡兰古都阿努拉德普勒（Anuradhapura）的菩提树幼苗。

纳啰达于 1935 年 10 月回国，从此再没来过中国，但是，他一直保持着与中国佛教界的联系，他的译作不时地出现在中国的佛教杂志上，有的是他著作的摘抄，有的是他对中国佛教改革的建言③。纳啰达在华期间，至少与太虚有两次会面，促成了两国交换留学僧的计划。

基于"深感我国现在僧伽制度，有整理改进之必要，又以锡兰为佛教三大系统中之南传一叶，现犹保存其原始佛教"④，1936 年，慧松、法周、惟幻、惟实、隆安、惟植等人被选拔出来组成锡兰留学团。留学僧在锡兰期间的衣食住宿由锡兰方面提供，旅费、邮资、书籍及其他杂用由中国方面负责。按太虚等人的理解，当时之佛教可分三大系统，"其一以中国内地为中心，中国内地与日本属之；

---

① Steven Kemper，"Dharmapala's Dharmaduta and the Buddhist Ethnoscape"，in Linda Learman ed. *Buddhist Missionaries in the Age of Globalization*，Honolulu：Universtiy of Hawai'I Press，2005，pp. 35 - 36.

② 《纳啰达大师海上教学》，《民国佛教期刊文献集成》第 191 卷，第 433—434 页；记者：《佛教新闻（香港）》，《民国佛教期刊文献集成》第 70 卷，第 257 页；（慧）松：《国际部：纳啰达法师将返锡兰》，张梦良录，《正信》第 6 卷第 21、22 期合刊，1935 年 9 月。

③ 例如，纳啰达：《摘录佛教述略一文》（1937），《民国佛教期刊文献集成》第 81 卷，第 253 页；纳罗达：《释迦文佛史略》（1937），《民国佛教期刊文献集成》第 87 卷，第 107—108 页；纳啰达：《略谈佛教之特征》（1943），《民国佛教期刊文献集成》第 98 卷，第 277—278 页；纳罗达：《比丘生涯的轨范》（1943），《民国佛教期刊文献集成》第 98 卷，第 375—376 页；纳啰达：《中国今日需要前进的佛教》（1948），蓬心译，《民国佛教期刊文献集成》第 90 卷，第 51 页。

④ 《京沪组织锡兰佛教留学团》，《民国佛教期刊文献集成》第 192 卷，第 499 页。

一以中国之西藏为中心,西藏、青海、蒙古属之;一以锡兰为中心,锡兰、暹罗、缅甸诸处属之。"其中,唯锡兰系"至今犹保存其纯粹之原始佛教,全国风行,著为政俗,历二千余年如一日,比丘如实持律,居士如法供养,俨同佛世……而近世欧美之学者,亦多以锡兰为真理探源之宝所焉"①。最终,岫庐、慧松、法周、惟植、惟实于1936年6月出发前往锡兰,同年1月暹罗留学团已经派出。法舫说,暹罗和锡兰留学团"求法于具备释尊遗风,世界仅存的佛教国,日夜生活在'释尊生活方式'的僧伽里,过着'生活方式的佛教生活',学习'实验生活方式的佛教教法',用一种普遍的说法来说明,诸师是过着'原始佛教方式的生活',学着'原始佛教'。这是多么令人羡慕的清净底生活与无上底事业啊"。② 对锡兰佛教如此理想化的理解显然是一种中国僧界的"想象"罢了,事实是后来留学僧的日子并不好过,用他们自己的话说是由"留学生"一变而为"流落僧"③。不过这种"想象"终于促成了中国与南亚互派留学僧的工程落到了实地。

1937年抗日战争全面爆发以后,为了保证滇缅公路畅通,以便盟军的支援能从英属印度、锡兰经过缅甸而进入中国,也为了联合东南亚和南亚诸国抗日,国民党政府通过佛教开展民间外交,太虚、法舫等人先后率团出访缅甸、印度、锡兰等国,为抗战胜利作出了巨大贡献④。这时中国与南亚的佛教交流已经有了浓厚的政治目的和色彩,可以说此时中印之间的佛教交流进入一个新的阶段。但是,这个佛教交流网络的建立和成功却可以追溯到晚清达摩波罗来华等事件。

---

① 《京沪组织锡兰佛教留学团》,《民国佛教期刊文献集成》第192卷,第501页。
② 法舫:《读暹罗锡兰两留学团报告书》(1936),《民国佛教期刊文献集成》第195卷,第271页。
③ 了参、光宗:《中锡交换留学僧的演变》(1947),《正信》第13卷,1947年4月,第17—19页;参看 Justin R. Ritizinger(芮哲),"Original Buddhism and Its Discontents: the Chinese Buddhist Exchange Monks and the Search for the Pure Dharma in Ceylon", *Journal of Chinese Religion*,44:2,149—173。
④ 侯坤宏:《太虚时代:多维视角下的民国佛教(1912—1949)》,台北:台湾政治大学出版社,2018年,第431—461页;[印]沈丹森(Tansen Sen):《太虚大师的友好访印之旅:中印间佛教纽带之再续》,王颂主编:《北大佛学》第2辑,北京:社会科学文献出版社,2002年,第29—56页;赖岳山:《抗战时期"太虚—佛教访问团"事件考论》,《佛教与现代中国:青年学者工作坊会议论文集》,杭州:浙江大学2019年7月等。

　　总之，自晚清以降，中国佛教界开始与锡兰佛教建立了密切的联系，加之两国与日本佛教的交流也渊源有自，所以以中、日、锡兰三国为中心实际形成了一个几乎涵盖整个东亚、东南亚和南亚的亚洲佛教场域。按中国近代僧界的一般理解，中国内地是北传"大乘佛教"的代表，而锡兰则是南传"原始佛教"的代表。可以说，所谓"原始佛教""大乘佛教"是相对而言的一对概念，这一对概念的形成并不古老，它们是在近代亚洲佛教场域内，中、日、锡兰佛教界定自身特征以及与他者的关系而确立起来的。下面我们将围绕"原始佛教"这一概念及其与"大乘佛教"的关系来讨论中国与南亚佛教交流网络的建立对彼此身份建构的影响。

二、"原始佛教"概念的引入

　　近代太虚、法舫等人都称锡兰巴利语系的佛教为"原始佛教"，例如太虚在1928 年曾说：今在思想较聪慧之佛徒，以本于锡兰岛南方巴利语所谓原始佛教，及西洋人用其比较的科学的进化史眼光，谓大乘佛教及佛的宇宙哲理（阿毗达磨）为后起，纯由佛教流行中与他土宗教哲学交涉后种种时代演进之所成[1]。法舫也曾说：吾人深信中国传承之大小乘佛教，而尤深信锡兰所传承之原始佛教[2]。

　　但是，达摩波罗本人是否自称或自认为是"原始佛教"呢？其实，达摩波罗早年一直声称自己践行的是大乘"菩萨道"。1891 年，达摩波罗在第一次朝拜菩提伽耶之后，便表示要献身于为全人类服务。他发誓像出家人一样禁欲（brahma-chārya）——贞洁的行为和独身的承诺。[3] 他将自己的名字改为 Anagārka Dharm-apla，其中 anagārka 便是出家（homeless）的意思。他表示自己

---

①　太虚：《生活与生死》（1928），《民国佛教期刊文献集成》第 170 卷，第 9 页。

②　法舫：《送纳啰达大师》（1935），《法舫大师文集》第 6 卷，梁建楼整理，高雄：佛光文化事业有限公司，2013 年，第 206 页。

③　"brahmachārya" 在北印度的语境中还有圣战战士（consecrated warrior）的意思。Michael Roberts. "Himself and Project. A Serial Autobiography. Our Journey with a Zealot, Anagarika Dharmapala", in *Social Analysis*：*The International Journal of Anthropology*，Vol. 44，No. 1（April 2000），pp. 1016.

将跟随佛陀的脚步，在日常生活中约束自己，成为一个此世的菩萨以帮助全人类。

在用英文写的日记里，达摩波罗宣言，"全世界就是我的家"，"出于神圣的原因，我愿意献出生命，不成功便成仁，佛教徒有必要为真如佛法在雅利安国的振兴用心和灵魂去工作"。（1891年8月12日日记）"我不得不决定我应该过什么样的生活，我现在决定了：**菩萨的生活**，纯洁的生活和为人类而奋斗。"（1893年9月4日日记）"啊，佛陀神圣的**大悲**！与那些伟大的教师相比，佛陀的不同在于他将所有的有情众生纳入自己的大悲心之下。"（1893年9月11日和12日日记）①

他明确表示自己要践行菩萨道，不学声闻乘（Sravaka bodhi），因为他们追求快速进入涅槃而不关心其他众生。达摩波罗的理想是至高无上三藐三菩提（sammasambodhi），也即大乘之道，立志成佛②。在达摩波罗早期的论著中，他甚至直接将锡兰佛教归于大乘佛教，而且把上座部佛教（Theravāda）视作大乘佛教的一种，而不是小乘佛教（Hinayāna）的一部分。他在1892年的文章中直接指出，他不同意将北传佛教视作大乘，而将南传佛教视作小乘的作法，他认为"大乘"一词适用于伟大的上座部（Sthavira Vadas），"小乘"则适应于那些被北传佛教宗派排挤的佛教徒③。不过，在1893年芝加哥的世界宗教大会上，达摩波罗是作为南传佛教代表而出席的，他在大会上强调了锡兰佛教是源自于佛陀故乡的真实佛法，他宣言锡兰佛教是"正法"（Arya Dharma）和"南传佛教"，而没有提到民族主义色彩更加浓厚的"僧伽罗佛教"一词——这是他在锡兰国内常常宣扬的。而且达摩波罗对日本佛教评价极高，认为日本的大乘佛教与锡兰佛教一样是源自于巴利藏的佛陀"正法"，可见达摩波罗在不同场合也有相应的传教策略。

---

① 以上日记转引自 Michael Roberts. "Himself and Project. A Serial Autobiography. Our Journey with a Zealot, Anagarika Dharmapala", p. 1016。

② Michael Roberts, "Himself and Project. A Serial Autobiography. Our Journey with a Zealot, Anagarika Dharmapala", p. 1017.

③ Tessa Bartholomeusz, "Dharmapala at Chicago. Mahayana Buddhist or Sinhala chauvinist?" in Eric J. Ziolkowski. ed. *A Museum of Faiths: Histories and Legacies of the World Congress of Religions*, Atlanta: Scholars Press, 1993, pp. 243 - 245.

自 19 世纪 90 年代开始，达摩波罗开始有意识地试图联合全亚洲的佛教徒，他主张亚洲各国佛教所传的都是释迦摩尼的"正法"，不过它们又各有不同，例如达摩波罗把印度界定为"神圣的土地"（holy land），把日本视作佛教界最耀眼的明星[①]。

即使在与中国佛教界打交道中，达摩波罗似乎也从未宣言锡兰佛教是"原始佛教"。他与杨文会的对话细节没有被记录，但是 1913 年在尚贤堂的演讲则有全文翻译和记录，也即《佛学关系社会论》。其文曰：

> 人必应存慈悲心，扩胞与量，验智慧于实地，以增长之，竭心力于各和平事业以培植之。农也，工也，商也，暨各种艺术之足以济世者，皆和平事业类也。此外善事之所当实行者，如造桥梁修道路，立医病院，建济贫所，设夜灯以利人行，辟公园以宣人郁，洗澡室以涤人秽，无刻待牲畜以伤天和，必整饬伦常，以完家政，父慈子孝，夫义妇顺，接人以恕，御下以恩，修妇教以端，贞节之本教子女以防匪僻之徒，常谋施舍以济困穷，毋拥资财而为己福，但使充其善愿，积其善行则生无可贪，死不必畏，人快乐而我心之快乐更多，人平安而我心之平安愈永，所谓结人天果，造不坏之身者，皆于是乎基之而无待他求也。释迦牟尼秉此理以行道，凡四十五年。上自国王，下至黎庶，凡四阶级以内或以外者，无不谆切劝导之。[②]

其核心观点无非是强调佛教应该关心和利益社会，积极服务于现代化的社会建设，凡是能够给社会带来福利的事业，佛教徒都应该积极从事，最终达到"福一己以福众生，福众生以福世界，前途之愿望，正无限量"[③]。而这种思想的理论

---

①   Tessa Bartholomeusz, "Dharmapala at Chicago. Mahayana Buddhist or Sinhala chauvinist?", pp. 235—248.

②   《民国佛教期刊文献集成》第 4 卷，全国图书馆文献缩微复制中心，2006 年，第 188 页。

③   《民国佛教期刊文献集成》第 4 卷，全国图书馆文献缩微复制中心，2006 年，第 189 页。

来源即达摩波罗所谓"慈悲心",而自利利他的"慈悲心"正是大乘自认为区别于小乘的核心观念。该文后所附的李佳白按语更加露骨地指出,达摩波罗环游地球"所至之处,演扬佛义而尤以利益社会为诸佛徒之前导。盖世出世间,理本同符,自利利他,乃圆满"①。这完全是用大乘佛教的词汇来评价达摩波罗。

纳啰达在华的演讲以及归国后在中国发表的论著中似乎也从未给锡兰佛教贴上"原始佛教"的标签。他也和达摩波罗一样,大谈"菩萨道"。也在《献给中国的佛教徒》(1936)一文中说:"每个中国佛教徒都愿意成为三藐三菩提或菩萨,⋯⋯假如这是我们的理想,我们应从行为上来表现我们即是菩萨。"②在《佛教述略》(1937)中也指出:"佛法僧,曰理智,曰正觉,又曰三藐三菩提。"③在《略谈佛教之特征》(1943)中说佛教教义的创立者"是以具般若(智)及慈悲之光,照临生死海中挣扎之一切众生"④。虽然他没有直接用"大乘"或"大乘佛教"来称呼自己的佛学,但实际却体现了大乘思想。法舫也称纳啰达"实亦大乘菩萨比丘僧也,此次来华,在佛教史上为一重要之事,对于中锡文化之沟通,大小乘教之融解,实有光明之启示也"⑤。

那么,太虚等人认为锡兰、印度佛教是原始佛教的"知识"是哪里来的呢?太虚的这一知识应不是来自于杨文会,通过杨文会与南条文雄的通信,我们可以看到杨文会更在意的是搜寻、研习梵文佛典,也即推崇佛教的原始文本。与达摩波罗的会晤带给杨文会或说整个中国佛教的一个重要影响便是由推崇文本中的原始佛教(佛陀的教导)转向开始关注生活中的原始佛教,但是,以笔者目力所及,杨文会并未以"原始佛教"一词来界定锡兰佛教,他对佛教文本有梵文与华文之分⑥,却没有原始佛教与大乘佛教之分。

---

① 《民国佛教期刊文献集成》第 4 卷,全国图书馆文献缩微复制中心,2006 年,第 189 页。
② 《民国佛教期刊文献集成》第 78 卷,全国图书馆文献缩微复制中心,2006 年,第 70—71 页。
③ 《民国佛教期刊文献集成》第 81 卷,全国图书馆文献缩微复制中心,2006 年,第 253 页。
④ 《民国佛教期刊文献集成》第 98 卷,全国图书馆文献缩微复制中心,2006 年,第 278 页。
⑤ 法舫:《送纳啰达大师》(1935),《法舫大师文集》第 6 卷,第 206 页。
⑥ 杨文会:《与日本南条文雄书六》,《等不等观杂录》,第 131 页。

　　太虚曾说自己关于"原始佛教""大乘佛教"等印度佛教史的知识来自吕澂的《印度佛教史略》一书①。《印度佛教史略》一书于 1925 年由商务印书馆（上海）出版，在开头的"叙旨"里，吕澂直言该书主要改译自日本学者荻原云来的《印度之佛教》等书，不过，吕澂并不是直译，而是基于支那内学院的佛学立场对荻原的书作了删减和修改②。《印度佛教史略》一书中确实多次使用"原始佛教"一词，但该书似乎并未对该词作一清晰定义，该书更倾向于以"根本佛教"一词来概括初期佛教。吕澂基本沿袭了荻原的说法，把印度佛教史分为两大阶段："佛在世时之佛教"和"佛灭后之佛教"。其中"佛灭后之佛教"又分为三个阶段：根本佛教发达时代——自佛入灭至龙树时代（西纪前四百八十六年至后一百五十年）；大乘教兴隆时代；佛教衰颓时代③。荻原早在 1906 年著有《根本佛教之分派》一文④，他是最早使用"根本佛教"一词来描述早期佛教的代表性学者⑤。《印度佛教史略》一书还常用"南传（南方）佛教"来称谓锡兰一系的佛教："晚近学者为研究之便，恒以锡兰及由彼流传之缅甸、暹罗等处佛教为南方佛教，而印度大陆及其他亚洲各地佛教为北方佛教。"⑥ 此外，《印度佛教史略》也没有用"大乘佛教"一词，而是大谈"大乘教"。

　　太虚早在 1917 年游历日本时，便听日本学者熊谷泰寿提到过"原始佛教"这一概念，他向熊谷请教日本佛学研究之现状，熊谷说："日本佛教各宗分门研究，书籍宏富，各宗学者大概兼学他宗，应用欧、美新研究法，义甚精致。大别为龙树系之佛教，无著系之佛教，即原始佛教是也。"⑦ 这是把龙树、无著代表的

① 太虚：《生活与生死》（1928），《民国佛教期刊文献集成》第 170 卷，第 9 页。
② 伊吹敦：《支那内學院における日本佛教學受容の一側面：呂澂編譯〈印度佛教史略〉に見る原書の改變を中心に》，《东洋思想文化》第 5 卷，2018 年 3 月，第 25—64 页。
③ 吕澂：《印度佛教史略》，上海：商务印书馆，1925 年，第 7 页。
④ 《东洋哲学》第 13 卷 7 号，1906 年。后收入《荻原云来文集》，东京：大正大学，1938 年，第 180—187 页。
⑤ 王开府：《原始佛教、根本佛教、初期与最初期佛教》，《冉云华先生八秩华诞寿庆论文集》，台北：台湾法光出版社，2003 年，第 21—56 页。
⑥ 吕澂：《印度佛教史略》，上海：商务印书馆，1925 年，第 7 页。
⑦ 太虚：《游台湾岛及日本》（原名《东瀛采真录》），《太虚大师全书》第 31 卷，第 296 页。

印度大乘佛教视为"原始佛教",太虚后来显然没有接受这种界定。

另一条值得注意的线索是《海潮音》在同一年(1925)刊发了一篇题为《原始佛教之心理学》的文章,署名"木村博士"。这个木村博士在1925年的《海潮音》还发表了系列文章,如《因缘论之世界观》《业与轮回之研究》《有情存在之价值论》《十二缘起论》《宇宙之本质观》《佛陀之说教与观察法》等,与木村泰贤的著作《原始佛教思想论》(欧阳瀚存译,商务印书馆,1932年)比照,可知这个"木村博士"便是木村泰贤。木村于1922年出版了《原始佛教思想论》一书,最早对"原始佛教"下定义,他说:"现今所传之各种经典中,究以何者为最克传布原始佛教之性相与? 自精密言之,虽一极难之问题,若语其大要,则如阿含部经典与律部(小乘律等)是矣。盖此两部经典之记载,凡关于处所、人物及其他之行事,固较他部为亲切,而比诸大乘经典构思推阐之说,则尤近实际,洵足以传播原始之佛教形相也。"[①] "广义之原始者,自佛时代乃至灭度后约百年间,小乘各宗尚未分派以前之佛教之总称。其研究资料不以佛时代者为限。"[②] 木村等人的这一定义影响了后来的日本学者,一直到今天。[③]

太虚应该对木村泰贤不陌生,1924年夏天由太虚主导的在庐山举行的"世界佛教联合会"上,东京帝国大学梵文教授木村泰贤是日本代表团的核心人物,他是日本文部省选出来的,由外务省追认的官方代表。在"世界佛教联合会"上以及上海等地的演讲中,木村分别作了《宗教的本质与佛教之解脱主义》《大乘特质》等为题的报告,基于他对原始佛教的研究,宣讲"大乘佛教",向中国信徒传递其带有日本立场的"大乘佛教"观[④]。1925年,在日本举行的东亚佛教大会上,太虚又与木村会晤。木村逝世时,太虚曾撰悼言刊于《海潮音》,称赞木村

---

① 木村泰贤:《原始佛教思想论》,欧阳瀚存译,上海:商务印书馆,1932年,第2页。
② 木村泰贤:《原始佛教思想论》,欧阳瀚存译,上海:商务印书馆,1932年,第5页。
③ 王开府:《原始佛教、根本佛教、初期与最初期佛教》,《冉云华先生八秩华诞寿庆论文集》,台北:台湾法光出版社,2003年,第21—56页。
④ 何燕生:《谁识庐山真面目:由日本外务省档案解读日本参加庐山"世界佛教联合会"的意图》,王颂主编:《北大佛学》第1辑,北京:社会科学文献出版社,2018年,第229—280页。

"努力为原始佛教之研究，颇着成绩"①。

　　太虚接受"原始佛教"等词，可能肇始于吕澂的《印度佛教史略》，甚至更早，但在一个清晰的概念下使用该词则很可能同时受到木村泰贤的影响。木村的"原始佛教"思想在当时影响很大，例如梁启超 1922 年的《佛教心理学浅测》、1925 年的《佛陀时代及原始佛教教理纲要》等文章便受到木村直接影响②；又如言铮在 1937 年也说，"原始佛教是什么？是汉文的四阿含和巴利文的经律二藏"③，这显然接受了木村的定义④。

　　以上并不是对太虚等人接受"原始佛教"一词的起点进行精确考证，但是由上可确定的是"原始佛教"一词来自于日本佛教界，它作为一个定义清晰的概念与"大乘佛教"一道由木村泰贤等日本学者输入中国，对中国佛教产生了深远影响。

　　有意思的是太虚、法舫等人以日本人提出的"原始佛教"来界定锡兰佛教，并以"大乘佛教"自居，这可谓把自己与锡兰的关系安排得明明白白，但是"原始佛教"一词在木村或者荻原那里，基本是一个历史概念，指的是释迦摩尼在世时以及教团未分裂之前的初期佛教，但是到了太虚、法舫等人的语境中，它成了一个融合了历史（"历二千余年如一日"）、地理（以锡兰为中心的南方佛教）、教义（阿含经和巴利藏经律）、实践（"原始佛教方式的生活"）等因素，并带有褒义的价值判断的复合概念。所以引入"原始佛教"来界定锡兰系佛教应掺杂着中国佛教徒对异域佛教的一种想象。

---

① 太虚：《木村泰贤逝世之悼言》，《民国佛教期刊文献集成》第 175 卷，第 325 页。
② 森纪子：《梁启超的佛学与日本》，狭间直树编《梁启超明治日本西方：日本京都大学人文科学研究所共同研究报告》，北京：社会科学文献出版社，2012 年，第 168—198 页。
③ 言铮：《原始佛教的重要性及其研究法》《民国佛教期刊文献集成》第 139 卷，第 294 页。
④ 宇井伯寿是与木村泰贤同为最早使用"原始佛教"一词的日本学者，不过与"原始佛教"相比，他更倾向于强调"根本佛教"，认为"佛陀亲身之教说，与随侍佛陀之弟子所领受者，名曰'根本佛教'。"其所撰写《根本佛教》一文，也于 1929 年由姚宝贤翻译为中文，详见《民铎杂志》1929 年第 10 卷第 1 期。

　　另一方面，达摩波罗和纳啰达等人则从未往自己身上贴上“原始佛教”的标签，[①] 虽然他们推崇巴利文佛典，视锡兰、印度佛教为最真实纯粹的佛陀教导，但是，他们在中国的演讲运用了大量的大乘词汇，实际表达了自己践行的是自利利他的大乘菩萨道，他们在国内甚至直接称自己是大乘。所以把锡兰、印度的南亚佛教称为“原始佛教”，并不是基于某种经验事实而立论的，而是中国佛教徒给对方“安装”的一种身份，以此来协调中国佛教与锡兰佛教之间的关系[②]。

　　这种做法并不是中国佛教的独特发明，而是受到日本佛教的影响。明治末期的日本佛教学界在面对欧洲东方学界强大论述的压力下，急于向西方输送大乘或所谓东方佛教优越论的观念，以明显其精神价值的特殊性。日本佛教基于“边缘性的焦虑”（boundary anxiety）而欲跻身于话语中心，于是在传教策略上标榜自己是大乘佛教的代表[③]。

　　“大乘佛教”这样的观念其实可视作近代亚洲佛教交流网络的“孪生兄弟”。1893 年芝加哥举行的世界宗教大会对亚洲佛教交流网络的形成有着极为重要的意义。此次世界宗教大会是由基督教神学家组织的，被纳入 1893 年芝加哥世界博览会的一部分。这次世博会包括“白城”（the White City）——代表美国工业成就的标志性地点，和大道乐园——陈列了文明化的欧洲和半文明与未开化的亚洲、非洲和美洲的成就。为了配合世博会国际化的议程，世界宗教大会的主席鲍里斯（John Henry Barrows，1847—1902）提出“基督教民主”原则，试图将世界宗教大会变成一次团结西方基督教各派和加强基督教在世界范围内传教的大会。他希望邀请非基督教的国际宗教界代表，使得大会成为一个代表全球信仰的权威

---

① 现在一般称斯里兰卡一系的佛教为上座部佛教，但“上座部佛教（Theravāda Buddhism）”一词也是一个现代概念，它的提出是 19 世纪末 20 世纪初西方的东方学者与斯里兰卡佛教徒在复杂的互动中“共鸣”（resonant）的结果。参见 Sven Bretfeld，“Resonant paradigms in the study of religions and the emergence of Theravāda Buddhism”，in *Religion*，Vol. 42，No. 2，April 2012，pp. 273—297。
② 达摩波罗等人对这种安排也没有表示反驳，而是坚持了自己的本色和主张，只是不与中国佛教徒冲突。
③ 龚隽、陈继东：《作为“知识”的近代中国佛教学史论：在东亚视域内的知识试论述》，北京：商务印书馆，2019 年，第 499 页。

机构。国际化的壮丽场面也将吸引人们买票听演讲，这也会产生经济效益。在赴芝加哥之前，日本人已经警惕地注意到历史中的佛陀和南亚佛教对西方人的巨大吸引力，西方学者在发现巴利藏更接近佛陀的原始教导之后，开始怀疑大乘佛教与早期佛教的关系。赴世界宗教大会筹备会的成员意识到如果在世界宗教大会表达不当，可能会导致对日本佛教名誉的不可挽回的破坏，阻碍它在国内的复兴以及在西方的传播，参加世界宗教大会由此被视为国家事件。日本佛教界一致认为，如果达摩波罗，受人尊敬的南方小乘佛教的锡兰居士，在世界宗教大会上代表了北方大乘佛教，那么日本佛教代表可能失去推动他们的大乘佛教观的信誉。[1] 其后，释宗演等日本代表在芝加哥世界宗教大会所宣扬的"大乘佛教"，其实就是专门为此次大会选择和设计出来的日本明治时期的"新佛教"（新仏教），出于一种新的东方佛教传教策略，他们将日本的"大乘佛教"赋予了西方学界所推崇的纯粹佛教——也即巴利藏为基础的上座部佛学的意义[2]。同时，日本代表团也以"小乘"来指称巴利语系的"南传佛教"。这样的做法后来被铃木大拙继承，"大乘佛教"一词逐渐成为一个既带有价值判断，又有历史、地理指称的复合概念。用"大乘佛教"和"小乘佛教"代替了西方学界"北方佛教"和"南方佛教"的说法，体现了一种日本意识[3]。

达摩波罗反对日本佛教界的这一分类，在芝加哥世界宗教大会上及其之后，他都反复申明"南方佛教"与"大乘"是一对可以替换的概念，他认为，日本代表认为锡兰佛教是小乘的观点完全错误，他对日本代表在世界宗教大会把锡兰佛教归为小乘的做法表示愤怒，并在回国后利用人类学的新发现，指出大乘佛教曾

---

① Aihua Zheng. "Buddhist networks", pp. 247—276.

② Judith Snodgrass, *Presenting Japanese Buddhism to the West：Orientalism，Occidentalism，and the Columbian Exposition*, Chapell Hill：University of North Carolina Press，2003；Judith Snodgrass, "Japan's Contribution to Mdoern Global Buddhism：The World's Parliament of Religions Revisited", in *The Eastern Buddhist*，2012 vol. 43 No. 1/2，pp. 81—102.

③ 马场纪寿：《释宗演のセイロン留学："大乘佛教"こうして生まれた》，《图书》2017年第4期；何燕生：《谁识庐山真面目：由日本外务省档案解读日本参加庐山"世界佛教联合会"的意图》，王颂主编：《北大佛学》第1辑，北京：社会科学文献出版社，2018年，第250—251页。

在锡兰繁荣过①。值得一提的是锡兰历史学家 Senerat Paranavitane 自 1928 年开始有意识地强调锡兰的"上座部佛教"与"大乘佛教"之间的差别,并贬低大乘佛教是低水平的大众(popular)宗教。大约在 20 世纪 40 年代,这样的观念开始普遍被南传佛教界所接受,上座部佛教各国,尤其是缅甸甚至出现反对大乘佛教的高涨情绪,这也是南传佛教各国争夺佛教象征资本的一种外交手段②。所以纳啰达于 1935 年在中国强调锡兰佛教与中国佛教可以相互沟通、融合更显得意味深长。

近代中国佛教界采用"原始佛教"一词而不是"小乘佛教"来界定南传佛教,并自称"大乘佛教",这既强调了锡兰佛教是原始的、本真的、纯粹的佛陀教导和修行方式;另一方面,又维护了自己"大乘佛教"的本位立场和优越性,应该说较好地避免了与锡兰佛教界的冲突,是比较高明的一种"佛教外交手段"。

不过,在近代中国佛教中,"原始佛教"一词的确立不是一蹴而就的。太虚在 1928 年虽然使用了"原始佛教"来划分早期印度佛教,但是却基本坚持了传统的说法,主张"佛法以大乘为主,小乘为从属",他仍然称原始佛教是小乘,"原始佛教的真相,惟在'解脱生死的小乘',而一切有情皆可成佛的大乘,与小乘(大乘)同源佛说的源泉",并认为大乘经像太阳,原始佛教则像地球,地球围绕太阳转③。1932 年,黄茂林从锡兰寄给国内的信中,仍称锡兰佛教是"小乘佛学"④。到了 1935 年,太虚曾称锡兰佛教为"巴利文佛教"⑤,不过同一年,法舫对原始佛教则非常推崇:"锡兰所传之原始佛教与中国所传之小乘佛教,为释尊在世金口演说之根本的真实法典。释尊曾以无数方便说其大乘主义,故大乘佛

---

① Tessa Bartholomeusz,"Dharmapala at Chicago. Mahayana Buddhist or Sinhala chauvinist?" p. 244.

② 参见 Sven Bretfeld."Resonant paradigms in the study of religions and the emergence of Theravāda Buddhism",in *Religion*,Vol. 42,No. 2,April 2012,pp. 273—297。

③ 太虚:《生活与生死》(1928),《民国佛教期刊文献集成》第 170 卷,第 9—11 页。

④ 黄茂林:《黄茂林锡兰留学记》,《民国佛教期刊文献集成》第 180 卷,第 200 页。

⑤ 《上海佛教日报记者访谒本会导师太虚大师之一席谈》,《正信》第 6 卷第 6、7 期合刊,1935 年 5 月,第 20—21 页。

教不能一概否定为非佛所说；而此大乘主义的思想寓于所谓原始圣典中者甚多。"① 到了 1936 年，锡兰留学团组建，《海潮音》便明确刊文表示不同意称南传佛教为小乘②。法舫对锡兰佛教的推崇又到了新高度："夫巴利文系之佛教，称南方佛教，亦称小乘佛教，原始佛教。其僧制，以戒律为本之组织，以比丘为中心的无上建立。教法以四阿含圣典为根本依据，因此现在还保着两千五百年前释尊在世的教团风味，这真是人间世的清净生活。"③ 他说，相比之下，中国似乎没有如律的清净比丘僧伽，如锡兰暹罗者，因而显得"乌烟瘴气"。大概在 20 世纪 20 年代及其以前，中国僧界虽然承认锡兰佛教，也即原始佛教的合法性，但是却仍视之为"小乘"。1935 年左右是一个分水岭，纳啰达来华是一个标志性事件，大力推动了中国佛教界对锡兰佛教的了解④。

同时，国际局势的变化也是值得关注的因素，20 世纪 20 年代，太虚等人试图联合日本佛教界，与之交往密切，但是随着日本侵华的加剧，中日关系日益紧张，故而在 1935 年以后，重新界定甚至极度推崇锡兰佛教恐怕有转移"外交"重点的嫌疑，也即由联合日本佛教转向团结锡兰佛教。至少这种意图在抗战最为艰难的时候是非常明显的，太虚、法舫等人出访英属印度、锡兰以及东南亚诸国，主要目的便是力图团结南亚和东南亚诸国佛教联合抗日，以保证同盟国的援助能够通过英属印度经缅甸进入重庆大后方。所以当时国际政治局势的变化也是

① 法舫：《送纳啰达大师》（1935），《法舫大师文集》第 6 卷，第 206 页。

② 《京沪组织锡兰佛教留学团》，《民国佛教期刊文献集成》第 192 卷，第 500 页。

③ 法舫：《读暹罗锡兰两留学团报告书》（1936），《民国佛教期刊文献集成》第 195 卷，第 271—272 页。

④ 大约在新中国成立以后，国际政治环境以及学术发展趋势的变化使得"原始佛教"一词得以"去魅"。这从吕澂的两部印度佛教史著作可见这种变化，1925 年出版的《印度佛教史略》还以"佛在世时之佛教""根本佛教"来界定早期佛教，而新中国成立后出版的《印度佛学源流略讲》则直接用了"原始佛学"。吕澂还论述了西方人奥登堡、利斯大卫以及日本学者宇井伯寿、姊崎正治等人研究原始佛教的方法。不过，如果比较宇井伯寿等人与木村泰贤对原始佛教的定义可发现，吕澂对原始佛学的界定与木村泰贤较为一致（王开府：《原始佛教、根本佛教、初期与最初期佛教》，《冉云华先生八秩华诞寿庆论文集》，台湾法光出版社，2003 年，第 21—56 页）。由吕澂的《印度佛学源流略讲》可见，中国佛教界又恢复了"原始佛教"一词的历史含义，在佛学思想史上，有所谓"原始佛学"，但很少有人用"原始佛教"指称南传佛教了。详见吕澂：《印度佛学源流略讲》，上海：上海人民出版社，2005 年，第 8—9 页。

"原始佛教"得以重视的重要原因之一。

此外，推崇回归原始文本或原始形态是近代印度、泰国、缅甸、斯里兰卡、越南、日本和中国等亚洲国家佛教复兴的共同特点之一[1]，亚洲佛教界普遍认为佛法的衰落是因为夹带了"杂质"，所以解决佛教危机的根本路径之一是追求"纯粹"（pure）的佛法，加之西方的东方学者对巴利文、梵文的推崇，更加助长了这种风气，杨文会和南条文雄对梵文佛典的着迷便是例子。但是，传统上，中国佛教界对南传佛教往往贬斥为"小乘"，记录释迦牟尼早期教导的《阿含经》地位并不高，在天台、华严等中国佛教宗派中，往往把阿含时或《阿含经》判摄为初级不究竟的佛法。为了沟通以《阿含经》为代表的"原始佛教"与"大乘佛教"，中国佛教界不仅在实践上，而且在教义上也作出了诸多努力。例如，杨文会的弟子欧阳竟无虽然批判《大乘起信论》，但却重视《阿含经》的地位，认为《瑜伽师地论》与《杂阿含经》关系密切。他说："声闻举一，曰《杂阿含》，佛言诸佛世尊具大智力，总摄诸法，安处四种邬柁南中，辗转传来，是名《阿含》，传此四句，是名《阿含》，《瑜伽》五分，释《杂含》多，大小沟通，《阿含》亦大（大乘）故也。"[2] 他明确将《阿含经》视作大乘佛教经典，反映了当时的时代风气。

总之，以"原始佛教"一词来界定锡兰系的佛教，并以"大乘佛教"自居，又主张"原始佛教"与"大乘佛教"同为佛陀的教导，可以相互融通，这逐渐成为近代中国佛教界的一般做法，但这是在亚洲佛教交流网络形成时，中国佛教为了联合锡兰系佛教，同时又保持自身合法性和优越性的意图下所作的一种无意或有意的"想当然"。其背后不仅有日本佛教界的意图和影响，而且国际政治局势变化和国际学术的发展状态都构成了这一概念形成的重要背景。

---

[1] Otani Eiichi and Micah Auerback: "A Cmparative Analysis of Buddhist Nationalism in Asia", in *Eastern Buddhist*, 2012, vol. 43, No. 1/2, pp. 153—179.

[2] 欧阳竟无：《〈藏要〉论叙》，《欧阳竟无内外学》，北京：中华书局，2015 年，第 286 页。

三、结论

大约从 19 世纪末期开始，亚洲佛教不再孤立地在各自的脉络里发展，中国佛教与南亚佛教之间逐渐形成了一个佛教交流网络，其中日本佛教也在其中扮演着极为重要的角色。这个交流场域得以形成的一个关键事件便是 1893 年芝加哥举行的世界宗教大会，这次大会是由基督教发起的，目标是"团结西方基督教各派和加强基督教在世界范围内传教的大会"，为了与各地宗教对话以便更好地在这些地方传播基督教，本次大会邀请了世界各大宗教界的代表人物参加。亚洲诸国的佛教界也在此次大会上加强了联系和认同，会后，达摩波罗在回国途中访问了中国、日本，他在李提摩太的引荐下，拜会了"中国近代佛教复兴之父"杨文会，从此中国与锡兰等南亚佛教界开始建立一种联系。达摩波罗 1913 年的第二次访华也是其全球宣教的一部分，这次李佳白接待了达摩波罗，并在尚贤堂作了演讲。李提摩太和李佳白都是近代中国著名的西方传教士，他们都曾参加 1893 年的世界宗教大会，属于基督教界的开明人物，热衷于从事中西宗教的对话和联合工作。可见，芝加哥世界宗教大会对亚洲佛教交流网络形成起到过关键作用。

自从杨文会与达摩波罗建立联系之后，中国佛教与锡兰佛教的联系就未曾终止，以杨文会为代表的中国佛教徒开始由重视梵文佛典转向同时也重视生活中的佛教原始形态，而且有了加强与亚洲各国佛教联系，并向世界传教的意识。其弟子太虚便深受杨文会的影响，其带领的僧团积极与锡兰等南亚佛教界联系，最终派出了锡兰留学团，向锡兰传播中国大乘佛教，并学习锡兰保存的原始佛教。同时，达摩波罗一系的纳啰达来华也是中国与锡兰佛教交流史上的大事件，法舫在接待纳啰达，以及向锡兰派遣留学团等事务中是太虚僧团的核心人物。经过杨文会、太虚、法舫以及达摩波罗、纳啰达等几代人的努力，在抗日战争全面爆发以前，中国佛教界与锡兰佛教界逐渐建立了较为稳定的交流网络，这为后来抗战期间，太虚、法舫等出访南亚、东南亚诸国从事佛教外交，联合抗日奠定了基础，而且抗战胜利后，中国与南亚的佛教交流也未中断。可以说，自晚清以降，一个以中国、日本、锡兰为中心的近代亚洲佛教场域得以形成。

　　既然中国佛教与锡兰、日本佛教同在一个场域中，那么，它们必然会相互影响，调适出一套处理彼此关系的策略和方式。达摩波罗早年一直宣扬锡兰佛教是大乘，而不是小乘，针对这一情况，日本佛教界在芝加哥世界宗教大会上作了精心谋划，战略性地将自己塑造成"大乘佛教"的代表人物，而高扬大乘佛教，贬低小乘佛教。达摩波罗在此次大会上以及会后都对日本代表的上述表达作了反驳，他坚持认为锡兰也是大乘，将南传佛教归于小乘的做法非常不合适。但是，他在传教策略上应该也有相应的调整，通过他在尚贤堂的演讲以及纳啰达在华的演讲可见，他们在与中国佛教界打交道时，并未宣言自己是大乘，而是强调了佛教应该以慈悲心积极参与社会建设，自利利他，表达了大乘的特征，却避免了以"大乘佛教"自居。

　　太虚、法舫等中国佛教徒也有相应的调整，一方面，他们自称大乘的代表者，将世界佛教分为三系，除了锡兰系，"一以中国内地为中心，中国内地与日本属之，一以中国之西藏为中心，西藏、青海、蒙古属之"，这实质上是说中国既是汉传代表者，又是藏传佛教的代表者，而日本佛教从属于内地汉传系统。另一方面，他们引入了荻原云来、木村泰贤等人提出的"原始佛教"一词来界定锡兰系佛教。这个词在木村等人那里更多是一个历史概念，指的是初期佛教，而在太虚、法舫等人那里，它有了更为丰富的内涵，成了一个融合了历史（"历二千余年如一日"）、地理（以锡兰为中心的南方佛教）、教义（阿含经和巴利藏经律）、实践（"原始佛教方式的生活"）等因素，并带有褒义的价值判断的复合概念。以"大乘佛教"自居，又以"原始佛教"界定达摩波罗一系的南传佛教，这种做法既维护了中国"大乘佛教"的本位立场和优越性，又较好地避免了与锡兰佛教界的冲突，可以说是比较高明的一种佛教外交策略，为中国佛教界如何开展与亚洲佛教界的交流与融合提供了一个较好的历史典范。

沈庭（武汉大学国学院）

Part 4

文明问题的散点透视

三星堆与中国上古文明记忆

从现代文明的视角看阿富汗问题及其解决之路

"生态＋文明"的意义：环境史视野下生态文明
建设思考

山川与文明——读何镗《古今游名山记》

三星堆与中国上古文明记忆

吴根友：今天是端午节，这时候我们举办一场学术活动，算是对屈原的特别纪念。当时在办活动的时候，选择这个时间，工作人员董锦程（Elliot O'Donnell）和我的学生提醒我今天是端午节。在端午节，我们既要与家人团聚吃饭，也要有精神上的滋养，所以我就没有改变这个日期。这是我选这个日子做访谈时的一个考虑。今天非常荣幸请到历史学院的张昌平教授，他是考古学领域里对三星堆和上古青铜文化等非常有研究的教授，当时习近平总书记来考察湖北省博物馆的时候，张教授就是为习总书记做讲解的人。非常感谢张教授把自己宝贵的时间腾出来，与我们分享他的研究成果。

下面我们采取一种新的方式进行，我在台下提问，大概有五个问题，张教授在台上解答，像是一种解答式、访谈式的讲座。这也是我在武汉大学文明对话高等研究院成立之后，在校内举办的第二次学术访谈。第一次是去年年底，我与质量研究院的院长程虹教授做了三个小时左右的关于"质量与文明"的专题讨论和对话。我觉得那次对话是非常成功的，我相信，第二次的采访式的对谈——关于三星堆文明和青铜文明的访谈——一定也会成功。我们今天讨论的是三星堆文明，请张教授概括式地介绍一下三星堆的整个考古情况，以及它究竟反映了中国上古文明的哪些特点？

张昌平：非常感谢吴先生。在这么一个节日，还有很多同学来听，是令人很高兴的一件事。对我本人而言，能够做这样跨学科的讨论，也感到非常荣幸。像刚才吴先生讲到质量研究院的程虹教授，我记得当时我也参加了那一次学校的二级教授的评审。当时讲到质量、也讲到人等一些问题。其实当时我还有一个问题：人类往前发展，到了一定的时候，我们可能要评价什么是人。这也是个质量评估的问题，因为现在从科学发展的角度来说，如果新的智能技术实现了脑机接口，那个时候的人可能就不一定是真正的人了。什么是人？这其实也是一个考古学的问题。比如说怎么定义"什么是人"的问题。对这个问题的回答，可能就不是像中学课本上讲的那样。

由此，我就引入到考古学的问题。刚才吴教授特别问到三星堆反映了中国上古文明的哪些特点？这个问题比较复杂。我还是想开篇先讲一下考古学这个学科本身。我们经常会碰到一件很棘手的事，就是考古学如何在大众层面去进行知识阐释。考古学其实是一个特别冷门的学科。在 20 世纪 80 年代我上大学的时候，全国开设考古专业的高校大概就是十所左右，差不多都是 985 大学，这其中包括武汉大学。当时几乎没有人知道"考古"是什么。我记得刚开始实习和参加工作的时候，如果因工作原因去买什么东西没有正式发票的话，可以打白条。我想可以给考古队写一个收据，但人家几乎无一例外地问道："考古"这两个字怎么写？普通大众不知道考古是干什么的。哪怕是在知识分子这个层面，对考古有所了解的人，也不是特别多。到了 21 世纪，文化、经济有巨大发展以后，大家对考古逐渐熟悉起来。但是大家听到考古的第一反应，一定会说可能和盗墓有关系。考古的同学特别忌讳这个事儿。所以大家碰到考古的同行，不要说你们考古是不是挖墓的。实际上我经常安慰我的研究生：其实，当社会认为你学的考古是盗墓的时候，说明他们对你的工作有很多的认知了，因为考古中有很大一部分的工作就是在做墓道的发掘，但发掘墓道只是我们考古工作中比较小的一个部分。这些年，因为政府层面的重视，考古成为一门显学，包括博物馆的建设也很热。最近，全国各地都在大规模地新建博物馆，其实也是要把考古学的知识放在大众层面进行传播。即便如此，大部分普通人去了博物馆，其实还是看不懂，特别是文物底下写的一些字或解释。这种有些尴尬的情形，其实是考古学本身就存在的。考古学是一个很冷僻的学科，冷僻到学习考古的同学上考古课很容易挂科，因为他们往往要学习几十个甚至上百个新的专有名词，比如地名、器物的专有名词，写起来很难。从整个社会的角度来说，我觉得有两个层面的问题。一是整个社会都重视考古学以后，对考古学的人而言（需要思考一个问题）——我觉得很少有人做这种反省——就是考古学可能也有一个不能承受之重。什么意思呢？就是如何去做考古学的阐释其实是蛮困难的一件事。比如说三星堆出土了很大的一堆面具，像我们广告上所看到的；还有一些人像，等等，大家会觉得很奇特。这些会促使你（对考古或考古学）形成一些印象或认识。实际上，考古学和大家所知道的相去甚远。我们大部分时候所做的发掘——比如说我现在正带着我的研究生在盘龙城做发掘——挖出来的都是很破碎的陶片。从古代一直到近代，我们的先民日常所使用的器物就是陶器。这些陶器被打碎了或者废弃了（遗留了下来），而我们考古的日常工作就是与这些碎片打交道，把它们慢慢拼接起来并且进行断代或者阐释它们的文化面貌等。这些工作是非常枯燥、冷僻的，甚至冷僻到学中国史的老师都质疑我们写文章的意义。这其实不是有意的，而是学术的专业训练里面往往存在这样的情形：将很底层的社会层面的一些破碎的信息上升到比较公众层面的社会性的认识，其实特别难。由于考古得到了社会的重视，就会有很多媒体来问："张教授你们今年在盘龙城有什么新的收获？"我说："没啥新收获。"我之所以这么回答，是因为很难阐述这些破碎的陶片的重要意义。它们往往是层面比较低而专业性又很强的，我们的专业描述方式在其他人看来会很莫名其妙。这是什么意思呢？即考古学所关注的，其实是从社会特别基层的层面开始的，要从中认识到一种比较重要的社会意义，往往很困难。但是，考古学的优势也在于它能够从比较低的社会层面出发认识古代社会，而不只是基于传世文献，比如《左传》《史记》。对于传统的历史，特别是上古史，我们通过传世文献经常获得的知识通常是如王朝的帝都在哪、王系如何、商王有几个，如此等等。伹就我个人的理解，考古学所能解释的东西大概有两个方面。第一，考古学所知道的不只是政治中心，它还涉及政治中心之外的大部分区域，这对于我们在历史的空间维度上的认知有很大的改观。第二，考古能够呈现社会特别基层的东西。对于考古学的一些基本信息要经过很长时间地凝练才能达到历史的或公共的社会认知的高度。

我可以大概地描述一下考古的工作流程。我们要去一个地方之前，是不知道那里有没有古代的遗迹，需要先进行勘探，（如果有）再用测量的方式进行精确地定位，然后布局挖掘，一层层地挖下去，采集对于我们认识（当时人们生活）有用的信息，这个情形有些复杂，当中不只是挖陶片，还要对发掘的东西进行记录、整理，最后撰写成考古报告。这些报告涉及很破碎的知识，比如陶片的种类，口沿的形状、长度、厚度等。但其中也会有一个有趣的过程：把这些陶片慢慢地拼接起来，可能会拼成一个器物，如此我们就可以借助整个的器物上升到另一个层次并加以认识。如果有很多器物的话，我们的认识层次可能会进一步提升。这是在我回答吴老师的问题之前想要做的一个前言性的说明。

下面回答吴老师的问题：三星堆能够映射出中国上古文明的哪些特点？我们不妨先看一下中国上古文明的一些基本特点。我专门找了一张地图，这张地图大家都特别熟悉，说起来比较容易一些。首先，我们可以观察一下现代中国的整个地形。"中国"有不同的概念，今天我们所说的"中国"是一个现代的时空概念。总体而言，它有一个方向性的东西，就是大家中学地理都学过的中国有三级阶梯。在这里边，第二、第三级阶梯是从大兴安岭（到太行山、巫山、雪峰山）进行划分，或者说最近好像又重新热起来的"胡焕庸线"。如果从这条线来说，总体而言，中国的整个地形是面向大海的。但它对于欧亚大陆来说，又是一个封闭的格局，西边有大面积的高原和山地，把中国与整个欧亚大草原隔开了。这就造成了中国处在一个相对封闭的环境中。中国东部面向大海，决定了中国文化的影响力可以扩展出去，比如影响日本、朝鲜等，形成了整个东亚文明，这和西方文明有很大的差别。从另一个方向看，整个的东亚大陆又和西北方向的文化有过非常多的联系。这从人类起源或者说一百万年以前开始，一直持续到当代。这种联系线路主要是通过河西走廊，或者是蒙古高原等。总而言之，这种大的路径让中国与欧亚大草原联系起来，与西亚的文明建立了一种关系。此处所说的西亚，还只是与比较近的西亚。如果从人类起源的角度来说，其实与东非都有很大的关联。这是一个方向的问题，稍后还要涉及三星堆有没有外来文明的问题。

从宏观的视角来看，整个中华文明在早期与域外文明的关联，是深受地貌形势的影响的。特别是新石器时代以来，中华文明的内部也是如此。如果从农业革命开始算起，大概在一万两千年前，末次冰期结束了以后，全球就迎来了一个比较暖和的大气候。在这种气候之下，农业在中国发展了起来，主要作物有粟、水稻，而在西亚主要作物是小麦。这是目前考古学研究已经比较确定的。在整个中国的农业文明里，比较繁荣的是黄河流域的中下游和长江流域的中下游。农业革命以后，中国文化的繁荣基本上集中在这两个区域。这个大区域里，长江流域和黄河流域之间又有一些互动，这个互动其实很有意思。一方面，可以看到秦岭、大巴山脉的阻拦，但山脉本身又会形成一些南北向的河道。比如说长江流域，它既有一个东西贯通的水道，又有一个向北的道路。如果再晚一点来看，大概从公元前两千年开始，在文明化的过程期间，郑洛地区形成了中原王朝的核心区，在这以后，它与长江流域的互动首先对应的是长江中游地区。这就是为什么在夏商周时期，长江中游地区与中原的关系显得特别紧密。

现在再看一下成都平原的岷江这块区域。实际上，成都平原特别适合人类的生存，但是由于它本身的封闭式地形，导致在这个区域里的人类活动，特别是农业，在时间上是比较晚的，大概是公元前三四千年。而在长江中游地区，大概在1万年以前就有农业的存在。（成都平原地区）进入新石器时代以后，会和北边（的地区）有一定的关联，而更多的是和东部地区，特别是和长江中游（地区）。这是我们后面理解三星堆需要特别注意的大的地理格局方面的情形。从这个角度来说，我们刚才讲到长江流域和黄河流域的时候会涉及考古学的专业名词。比如说，黄河流域（在不同地区）形成了不同的特点，特别是在黄河下游的胶东半岛，从新石器时代以来就有一支文化传统，后来就形成了大家所熟知的齐鲁文化。黄河中游区域，特别是黄河河套的东西两侧地区，形成了大的仰韶文化。仰韶文化后来就成了中原的核心文化区域。黄河上游的区域是面向河西走廊、面向西北，所以它与西北地区的文化关联性比较大。这在早期文明里边也是这样，这是我们理解黄河流域文化时要注意的地方。长江流域在中游一直就和政治中心有直接的关联，这是因为王朝建立以后，它首先会形成一个广域的国家。这与王朝没有形成之前的部落是非常不一样的。部落是一个小地域的，王朝形成以后是一个广域的国家。广域的国家由两个方面构成，第一是政治中心，第二是周边的地方区域。王朝要从一个政治中心往外扩张，长江中游就是首要的周边地区，这就是为什么长江中游地区有盘龙城、曾侯乙等等。而成都平原的地理位置相对而言比较封闭，它会形成一个自身特点比较突出的文明，这是从地理的角度去解释。从这个角度来讲，大家可以理解我们一直在讲中华文明"多元一体"的意思。吴老师刚才提问道"中国上古文明有哪些特点"，如果基于三星堆而言，我觉得特别好理解就是多元色彩的特点。过去我们对于中国历史的理解，即所谓的正史，都是基于政治核心区域的小范围的区域，我们所看到的都是一脉相承的社会上层的东西。实际上我们很难看得到周边其他不同文化的特征，而在三星堆，我们看到了距离正宗中原文化比较远的文明的特点。一会儿我还会讲到，从三星堆可以看到它和中原文化之间比较多的关联。这样我们就可以理解"多元一体"的意思，一个方面是，这种"多元"在早期文明形成的过程里，它有和中原关系密切程度不一样的一些周边文化。同时这些（不同的）周边文化又和中原文化之间一直以来都有着一种密切的关系，而且这些周边文化在社会发展的进程中最终融入到中原文化的大一统的过程里。我们还是以成都平原为例，三星堆文明大概相当于中国晚商时期。现在大家所熟知的祭祀坑是三星堆文化最晚的一个阶段，大概相当于商末阶段。实际上三星堆文化持续了近一千年的时间。在相当于商朝的时候，我们看到它和中原有一点联系；到了西周，就看到它和中原直接的关联。如果这个文化和蜀有关系的话，其实传世文献里面所记载的蜀还参与了周灭商的活动。到了东周的时候，它和楚文化形成很密切的联系。到战国，大家都熟知秦统一中国的时候灭掉了巴蜀，把巴蜀作为秦统一，特别是在灭楚的一个后方基地。秦的统一就意味着将整个成都平原纳入到了早期中原王朝的版图里边。从宏观的角度来说，我们用了一个非常简单的过程来描述，即从三星堆文化开始到秦统一，成都平原（的文化）并入到早期中华文明的过程就是多元一体的过程。

如何进一步解释"多元一体"，可以举几个例子。第一个是盘龙城。从盘龙城的物质文化来看，如把它的青铜器和当时的都城郑州相比，在技术层面上看不出区别来。斝、斝、爵等这样的青铜器，（先民）会同时把这三种器类埋葬在一个贵族的墓葬里。我要表达的意思是当他们将这几件东西放在一起的时候，会默认中原里有一套礼仪制度，而且会原封不动地沿用这个系统。这样来看，盘龙城地区的物质文化以及它的社会价值观和当时中原地区的政治中心是完全一致的。从这个维度上来说，当时的盘龙城和当时的都城是处在同一个政治系统之下的。这只是考古学的一个解读，因为我们没有文字证据表明盘龙城属于中央王朝。但是现在考古界基本上没有其他的看法，大家基本上都认为盘龙城从政体上属于夏商王朝，因为它是从夏朝的时候开始。换句话说，盘龙城的最高首领应该是由中原王朝来任命的，而不是世袭的。如果是世袭的，就意味着它在政治上是一个独立的国家。盘龙城的发展大概经过了三百多年，一直是保持这样的传统。我们从盘龙城能够获得什么样的信息？从文明的角度来说，它和中原文明是一体的，也就是基本上在中国王朝开始的这个阶段，长江中游地区就已经并入到了中原王朝的系统里边，这是我们得到的一个认知。

再举一个例子。江西的新干大洋洲（商墓）也是很有名的一个考古发现，大致在赣江中游区域。很有意思的是，这里的青铜器的类别大部分和中原王朝是一样的。时间上比盘龙城稍晚，大概在公元前13世纪。这个鼎是大家比较熟悉的（样子），和中原文化的鼎类似，像司母戊大方鼎这种方鼎就是这个样子。看一下细节，比如这两个眼睛，左右对称的一个兽面纹，以及虚构的动物纹饰也是和中原王朝一样的。但很有意思的是，除了兽面纹以外，我们还看到有很多兽面纹的元素，它们堆在一起。除此以外，顶上还做了两个老虎头。所以我们看到的青铜文明的另外方面的东西，就是它的构成元素都是中原王朝的，但是进行了自己的重新组合。同时，我们在这里也很少看到刚才给大家列举的斝、斝、爵这样的东西。所以它是一个既深受中原文明影响，但又有它自己独立的观念、独立的价值系统的一个文明。所以我们考古学家深信，大洋洲这个地点（曾经存在的国家的话）应该是一个独立的方国。意思是说，它的政治系统有别于中原系统，它的最高首领应该是世袭的。这种文化往前发展，始终保持了自己的一些独立的因素；同时它也有一些很特别的东西——外张性很强——比如说这种老虎的装饰非常多。在甲骨文里边刚好还有个记载，说有一个方国叫虎方，所以有很多的学者怀疑这个地方是不是虎方。倒过来说，假定这个地方是一个国家的话，那么这个方国的最高首领一定是知道商王朝的。因为包括有一些器物，就是把中原器物的圈足锯掉，然后接了三条腿上去，还接了两个耳朵，是很有意思的。此外，我们相信当时的中原王朝的商王，也知道有这么一个地方——虎方——的存在。不只是（因为）这些青铜器和中原文化很接近，还有一个特别重要的特点，就是在商代晚期，殷墟的那么多青铜器所依赖的铜资源，主要是来自于长江中下游的铜矿带。这是商王朝最重要的战略资源，而且它的数量是非常大的。所以我们可以很确定地知道，当时的商王是知道有这么一个方国的存在的。如果是"虎方"的话，那可能是商王给了它这样一个名字。

再看一下三星堆。三星堆和我们刚才看的东西又不大一样。这个不同是什么呢？比如，这个器物是和人的形象相关的，这个是我们称之为祭坛的，这是一棵神树，这是树开出来的花和树枝，等等，还有一些动物的形象在上面。其中，只有部分的东西是和中原文化相关联的。有意思的地方在哪呢？首先，这样一些东西它未必是从中原直接过来的；其次，它的主体面貌是这样的。甚至于它来自于中原的器物的类别也非常单调，比如说青铜容器，只有尊这一类大型的铜容器。这样的一个文化面貌——对于一个已经发展一千年左右的文化——特别是结合考古学来看，它和中原文化之间没有那么多的直接关联。如果按刚才说的它和商王之间的关联的话，我们大概可以确定，他们一定知道有一个商王，但是很大概率上商王不知道在它西南六百公里左右的方向有这么一个国家。在商代，我们说的"多元"是不同层次的，有和商王非常直接的关联，就是在政治上属于商王直接管辖；还有一种就是友邻关系的；第三种就是比较边缘的关系。所以我经常开玩笑说，三星堆对于商王而言，那是国外。

所以中华文明在不同时期有不同的层次。所谓"多元一体"就是早期文明可能有很多的分支文明，最后汇集到一个比较大的早期的中华文明里。从这个维度上来说，文明它本身包含着不同的层次。我不知道用这样举例的方式，是不是能够说明早期中国文明的一个特点，能不能回答吴老师的问题。

吴根友：张老师是从不同的层次通过器物举例的方式把早期中华文明"多元一体"的特点描述了出来。应该说，盘龙城可能是商王朝派出的，在行政上与商王朝有直接政治关系，或者是一种政治实体的王城。它的器物跟商王朝的比较近。三星堆就距离商王朝比较远，商王朝还可能不知道三星堆的存在，但三星堆一定知道商王朝。"多元"表现在不同层次上，"一体"就表现在文化的辐射力上。张老师的讲法很有意思，把中华文明"多元一体"的特质从器物的维度上展示出来，很有启发意义。

最近一段时间，微信圈里有很多人在讨论三星堆。有的说法认为，三星堆的文明似乎有外来文明的影响，特别是可能跟埃及有关系。当然，这也是猜测性的。考虑到三星堆所处的地理位置、文化，以及古代的交通，不可能有这种外来文化的影响。结合地理的形势，以及考古发现的器物本身的特点——如三星堆里的这些特异的形象，眼睛突出，有的人认为是紧张（的样子），有的人认为是一种特殊的人——三星堆文化除了跟商王朝有关外，究竟与西亚文明有没有联系？这是我的第二个问题。

张昌平：有没有外来文明的影响是很多人一直在问的，包括在整个社会上，甚至有很多人在讲三星堆是不是外星人（的文明），因为看上去太奇怪了。在今年的这次新发现之前，我们历史学院同事都转发过微信文章，说很多人认为考古学家故意掩盖三星堆其实有外来文明或来自于外星人的真相。

我觉得要从几个层次上讲。首先，按之前我说的层面来讲，如果我们能把三星堆称为一支青铜文明的话，三星堆（表现出来）的一些中亚文化的东西可以认为是外来文明的。这是从低层次的角度说。问题还在于我们如何去界定"文明"

这个概念。如果作为一个观点的话，大概可以说三星堆是一支独立的青铜文明。当然，有的时候我们会把青铜文明和青铜文化等概念混在一起谈。文明也好，文化也好，这种概念在不同的时候所说的层面是不一样的。从考古学解释的"度"上来说，其实也不容易回答它有没有外来文明。但有些方面是我们能够比较好理解的，一个是三星堆这个文明有一些有意思的特点，比如说我们现在能够看到的这种真人大小的人有 1 米 8 高，这是当时世界——也就是在公元前一千年左右的时候——最大的人像，但是它跟我们通常所理解的三星堆的人相比就太奇怪了。这么长的眼睛很像外星人的。这涉及我们通常所接受的观念，认为一个人像一定是写实的。这个观念其实完全是被西方文化影响的一种理解。为什么呢？我们知道，从埃及到两河流域，在西方的古典文明里，很长时间以来的一个艺术传统就是写实。图坦卡蒙有三层面罩，每个面罩的样子就是图坦卡蒙本人的一个非常现实的形象。但是，在东方文明里，并没有这样写实的传统。就像刚才展示的虚幻的动物，这种虚幻的动物在这还能看得到，这是两只眼睛，这是一张面孔，是一个非常抽象的东西。我要说的意思是，衡量三星堆不能用西方传统的写实观念。在东亚文明里，出现了一个比较非写实的人物形象，其实一点也不奇怪。就正如我们看到中原文明里边完全没有写实的人物形象，看到的是虚幻的动物形象。我们写实的动物形象虽然受到西方的一些影响，但是真正写实的形象是在佛教传入以后。所以觉得三星堆（的器物形象）很怪而认为有外来文明，这种思考方式是受观念和解释方向的影响。这是一个层面。

第二个层面就是，它有和中原文化距离很远一些的东西，因为它和中原文化的一些东西完全不搭。我觉得这里又有两个层面的东西。这是 1986 年出土的两个祭祀坑的一些器物，今年又新挖了六个。大部分的文物和这些东西也是差不多的。实际上考古所做的阐述都是根据出土文物来解释的。比如说三星堆没有文字。顺便说一句，对于西方学者而言，他们认为没找到文字，就不能说有夏朝或者夏达到一个文明阶段。我们很切实地知道，三星堆没有文字，但是从它（表现出来的）达到的文明的高度来看，显然不能说还没有进入文明的一个阶段。同样的道理，文明不是一个标准，在世界不同的地区，不能用同一个条条框框去理解。因为西方史学界所建构的文明概念，是基于两河流域和埃及都有比较早的文字，是基于这个大的背景对"文明"作出的定义。

回到三星堆的文物，如果我们把三星堆的文物进行解析，就会发现一些有意思的情形。这些非中原文化的东西，比如人头像或者面具一定是附着在一个木头之类的东西上面，所以它构成了一些立着的人的场景。这样的神柄或者祭坛是在一个祭祀场合里边使用的。这些展示的是一个祭祀场合的场景布置。而有些东西是在祭祀的过程进献的贡品。这些刚好是外来的，所以问三星堆有没有外来的因素，我们说有很多。当然，三星堆里边占最大比重的——我不能讲数量，因为它有四千枚左右的海贝，从数量上来讲是最多的，但海贝的体量很小——玉器看上去可能是和中原文化之间有关联，但它不是中原地区政治中心生产的。产地可能是我刚才讲到的新干县大洋洲，也就是长江中下游地区。比较确定知道的是，三星堆和东部以及东北部的中原王朝中心有直接的关联，这是一个方向上的外来元素的东西。和西边的文化有没有关系？一定是有的。一类是在三星堆出土了在夏商时期数量最大的金器，而黄金主要是从西边来的，这是一个西来的因素。还有另一个西来的因素就是数量非常大的海贝，现在有学者研究认为海贝可能是通过印度河上游的区域传播到三星堆。从物种文化因素而言，一定有西来因素的东西，这是毫无疑问的。是不是有来自于西方文化的影响，看上去是似是而非的。为什么这么讲？我们看到的人形器物虽然不是写实的人像，但是这种以人为主体的主题在中原文化没有，而在西亚（文化）是非常充分的，像是介于两者之间的一种因素在里边。然后，这种植物类型的神树，好像看上去也和西方有关系，是因为中国早期文明里边是没有关于植物的艺术形象的。三星堆还出现了一些和太阳崇拜相关的东西。关于太阳神方面的东西在西方有很多，比如说埃及文明里关于太阳神的神像。但是我刚才说的这些都是一些似是而非的。我们完全看不到直接的文化观念（的影响），所以不能把这样的一些因素直接视为来自于西方的影响。比如说树这个问题，中国传世文献里也有记载树，比如《山海经》就记载有太阳栖息在上面的树，这里也有太阳的形象。虽然在考古学文化里并没有看到关于太阳和树的形象，但是不意味着我们一定不会有。

所以关于三星堆和西方文化是不是有直接的交流，我们迄今为止并没有找到直接的线索。对于吴老师的问题，如果做一个直接的回答，是两个方面的。一个是我们既看到有这种（西方文化）影子，同时又很难找出直接的关联。但是和中原文化的关联是非常直接的，而且可以看到非常具体的因素。因此，如果说和三星堆关联最大的外来文化的话，一定是中原文化，这是很确定的。

吴根友： 张老师解释得已经非常详细了。我觉得刚才提问的方式与我们现代人对中国的认知的方式很像。就像刚才张老师展示的地图，实际上今天的中国跟古代中国差别是很大的。如果以商王朝为例，古代的中国就是黄河中游，再加上长江靠淮河北边那一带。因此，三星堆就不属于中国。所以在提问的时候就有一个交叉。刚才张老师的解释非常有意思。如果把三星堆作为一个独立的文明，相对而言，中原文明就是一个外来文明。这个解释也澄清了很多对三星堆文明的好奇的认知。这个认知就是用现在中国人的观点讲，中国文化没有这种突出的眼睛。用现代中国的领土范围来看古代的中国就导致了似是而非的问题。张老师还讲清楚了三星堆的神树、祭坛可能有西亚的元素，但不一定就是受西亚文明的影响，因为《山海经》也有类似的描述和记载。包括《楚辞》里讲的人的眼睛也是突出来的，有人考证可能跟南方楚国文化有关系。如何理解三星堆与外来文明的关系，一定不能用今天的"中国"观念来理解古代。在那个时代，三星堆不属于中国。所以，它受外来文化的影响是多方位的，既有西北来的文化，也有东部和北边的中原文化。张老师对这个问题的回应澄清了我们关于三星堆的一些迷思。

接下来的问题与张老师的回应有关系。目前中国的考古界，即学术界内部对三星堆的认识和外界（对三星堆的理解）或者从新闻报道中理解的三星堆文化之间是有很大差异的。这个差异在于，中国人好像对三星堆文明关注的热度比较高，但是西方考古学界或者文化界好像对三星堆的反应比较冷淡。为什么有这个差异？这种差异是因为知识上的原因，还是因为文明上的差异等导致的。对于这个问题，我们怎么去理解？

张昌平： 这也是一个特别有趣的问题，我觉得要从两个层面解释。一个就是学术界，特别是研究早期中国的学者，他们对三星堆的热情和认识实际上基本和中国学者同步。我一直认为在西方做中国青铜器研究最好的是普林斯顿大学的贝格利教授（Robert Bagley）。1986 年发现三星堆以后，他很早就写了一篇关于四川有一个失落文明的文章。在西方也有比较多的这方面的研究，包括现在旧金山亚洲艺术博物馆的馆长许杰先生（Jay Xu），他的博士论文写的就是三星堆。许杰是贝格利教授的博士生，他在入职旧金山亚洲艺术博物馆之前，在西雅图做过一个失落的文明的展览，大概在 2000 年左右。三星堆自发现以来在海外展览了 20 余次，其中一个影响很大的展览是我们武大校友做的，是我 82 级的同学沈辰先生，他在加拿大皇家安大略博物馆任职。这是国际性的大博物馆做的一次关于三星堆的展览。三星堆这些器物修复起来以后，几乎常年在海外做展览，所以它在海外社会其实还是引起了比较大的反应。因此我们不能把这个反应理解成只是中国人的热情，因为大家认为三星堆是我们自己的文明的一个部分，这是第一。第二，我们觉得三星堆看上去和我们过去（看到）的不一样，就会尤其引起我们的好奇心。这是很容易理解的。对于西方的民众而言，他们去看这个展览当然也会觉得是很不错，包括刚才提到的沈辰先生在多伦多做的展览。我当时刚好在多伦多访问，到处都可以看到关于这个展览的宣传。在它的亚洲部的部门里，前去观展的观众数量短时间突破了过去的很多倍。当时沈辰先生还很得意地讲到三星堆文化所引起的效应。但是西方人一定不会像我们中国人一样有这么大的热情。最近有一个学者写过一篇文章，跟我的看法类似。哈佛大学有一个研究早期中国的教授傅罗文（Rowan Flad），他说道，三星堆这么重要，而西方正在忽视。他就批评说西方的媒体特别关注埃及的考古发现，而对中国的（考古）发现在媒体上反应不热烈。我觉得是有两个原因。一方面，每一种文化的人都会去特别关心自己略为熟知的东西。比如，我今天用的那张地图，我做学术演讲从来不会用它，但是大家对地图的颜色、山系和水系都很熟悉，我用这个讲解就省去（听众）进入的时间。在西方，其实也是一样，西方的学术界会对它的古典世界的文明更关心一些。如两河流域特别是希腊，包括埃及。另一方面，在19世纪到20世纪，西方的考古学家围绕着地中海和近东区域一直做了很多年的考古工作。对于西方民众而言，它有很长时间的持续热度。比如说当年的西方学者在乌尔的考古发掘，甚至在泰晤士报上有连载。还有卡特在图坦卡蒙的发掘引起了西方世界的轰动，它会持续地形成学术的关注。但是西方学者依然对三星堆文明抱有很大的热忱。其实我比较早就注意到在三星堆我们有一些发现，包括我们中国学者的一些新的研究成果时，在西方的学术著作里边有没有相应的反应？其实是有的。西方艺术史在西方是特别大的学科，你要看西方学术界对中国的考古的反响就去找艺术史的书。西方艺术史的系列里边很有名的一个系列——加德纳（Gardner），每年有不同的新的版本。我印象特别深的是，2002年我当时刚好在美国访问，它刚刚出来的时候我就翻过，发现就已经有三星堆的考古发现在里边。所以西方的学术界其实对这个一直是比较关注的，对三星堆的学术讨论也还比较多。18日的时候我们还有一个国际型的学术研讨会，大概有20个左右的学者，（研究这方面的）西方学者差不多都参与了。我们在网上有一个关于三星堆文明的学术讨论。参与的有日本的学者、美国的学者、英国的学者，甚至还有新西兰和澳大利亚的学者。所以大家的关注度其实还是比较高，这是我的一个理解。

另外一个方面，我们不大可能指望三星堆——像有些媒体讲得那样（夸大）——在西方引起了整个社会的轰动。那是不大可能出现的事情。就像我刚才给大家描述的情形一样，三星堆的这次新的考古发现，在中国媒体和社会可以说引起了比较大的轰动。刚才我还给吴老师带了一本三联生活周刊，这一期杂志用了近一半的版面来讲围绕三星堆（考古发现）不同的记者作的调查。三星堆在中国的轰动效应非常大，其中的原因就是我刚才解释的，因为这是我们自己文明的一部分，我们的关心是理所当然的。

吴根友：在我们外行看来有很多迷思的问题，经过专家的讲解，很快就得到澄清了。的确，三星堆文明在中国的媒体上很热，因为它是我们自己的文明。略微回忆一下就知道，整个古埃及文明以及中亚，特别是地中海沿岸，跟整个古希腊文明之间的长时间交往，以及其中的战争、恩怨，等等，跟西方社会太密切了。所以他们关注那些文明是理所当然，而相对来说，中华文明跟西方历史传统之间的关系要弱得多。比如，看亚里士多德的政治哲学，他称古希腊以外的远东叫野蛮的远东人。在这个意义上，中华文明就是没有进入他们的文明视野。但很有趣的是，中国经过四十多年来的改革开放进入世界之后，民众在心理上就觉得中华文化应该在世界上得到更多的认知。通过三星堆文明的考古发现，以及大家对文明的认知，希望考古学术界和媒体，尤其是媒体关注我们的文明。这也是中国人的一种心态，希望我们的文明更多地被认知，这至少是大众的一种心理。

我把前面的三个问题综合在一起再提一个问题，我觉得很有意思。三星堆文明是没有文字的，商文明后期有文字，前期——跟夏朝接近的时候——是没有文字的。特别是夏朝，有陶文，还不能算作是文字，但它绝对是文明。三星堆也是一样，它没有文字，但是这些器物绝对是一种文明的高度象征。围绕着三星堆文明的考古，我想进一步地追问一下，这些考古的成果对于推进我们对中国上古文明或整个中华——不是今天意义上的中华——的多样性的认识，究竟能够给我们提供哪些有价值的东西？

张昌平：这是个特别有意义的问题。回答这个问题之前，我想补充一下我一直以来的一个主张。刚才提到国际社会对三星堆文明的认识，我觉得有两个方面的东西。一是那时我们整个社会的往前发展，实际上是在一个国际交流越来越频繁的背景中。我特别注意到我们哲学学院有很多海外的留学生和访问学者。从交流这个层面上来说，我特别鼓励在座的同学未来能够上升到国际交流的层面。应该说在武大的老师里边，我是做国际交流比较多的，但是局限性又特别大。

　　张昌平：我们那个时候，特别是我学中国考古，会思考我为什么要学英语？所以我在大学的时候英语很差，后来的一点英语还是自费去做了一个短期的培训。我的英语其实很可怜，没有办法进行学术的讨论。我特别希望大家能够上升到学术讨论的交流层面。比如说考古学，希望未来的考古学不局限于只是和研究早期中国的学者进行学术交流，而是放在更大的平台上交流。这样就可以让三星堆的研究也好，中华文明的研究也好，具有国际视野，在国际平台上来做研究。我觉得这是特别重要的。就像我们做中国考古学的研究，我经常讲，我们至少要达到一个古代中国的视野。其实我觉得哲学研究应该也是一样的，达到这种（国际）视野。这样的交流有两方面的意义：一是让我们置身于国际学者的层面，不只是自己在屋里边（做研究）。我经常把这样的人比喻为井底之蛙，我们一定要把声音放出去。这对于我们的学术，对于世界认识中国古代文明是一件特别有意义的事；同时也能让我们在世界维度里边做学术研究。无论是考古学还是哲学，希望在座的同学这一代人能够实现这一点。如果是这样子的话，无论是对我们的研究水平，还是推动世界对中国的认识，都是特别有意义的。

　　吴老师刚刚提到三星堆的考古发现对于认识中国古代文明有什么意义，这个问题其实有点难回答。因为我们很多时候的认识是基于当下信息的认识，比如说三星堆让我们认识到早期文明的"多元一体"，这已经成为我们的一个认识，觉得理所当然。我这里还做了一个记录，是习近平总书记对于考古学的意义的一个总结，我觉得特别好："延伸了历史轴线，增强了历史信度，丰富了历史内涵，活化了历史场景。"如果回想很多东西，把从考古学的维度研究中国古代文明的历程（的工作）体现出来，能看得出考古学的这种意义所在。我刚才讲了，考古的研究很大一部分工作是研究很破碎的陶片，要把它提升到认识这个文明是如何的，是特别难的。只看三星堆去认识整个中华早期文明其实也很难。如果放在一个历程上来讲，怎么去延伸这种历史轴线？从考古学产生——今年刚好是考古学100 周年，和我们建党的时间一样——到现在，大家能够欣赏到这个成果，就是每一个城市里有很多关于考古的、历史的展览，我们可以享受到这些东西。如果从考古学科诞生的时间再往前延伸，中国士人最早认识到考古的东西，并且影响我们的是什么？大家都知道是甲骨文的发现。甲骨文发现是 1899 年，也有人说是 1898 年，是王懿荣（1845—1900）发现的。中国人过去吃药的时候有一个药引子，就是一个骨头放在里边，安阳那里特别容易挖到骨头，就是甲骨。上面也有字，要赶紧把它刮掉，因为药引子上不能有字，但是也有没有刮干净的。当时的王懿荣发现这上面有字，经过了很长时间地追踪，罗振玉（1866—1940）才认识到这是殷墟所发现的甲骨，然后他们就购买了很多带字的甲骨。大概在 1918 年的时候，王国维做了一个很有名的考证——《殷卜辞中所见先公先王考》。为什么要讲这些话呢？刚才提到的一些年份，刚好是中国历史发展处在最黑暗的阶段，被日本人打败，被八国联军占领，所以当时的知识分子有一个大的反省，就觉得我们中国文化所有的东西都不行，包括我们的文字都不行，我们的历史都是造假的。所以疑古派顾颉刚（1893—1980）说中国的历史是"层累积"的历史。"层累积"是什么意思呢？比如说关于大禹的记载，你要去看战国的文献没怎么记载（很多的）大禹（形象）。到了汉代的时候，大禹的形象特别复杂，人们越来越去给他添加各种描述，所以顾颉刚推而广之认为我们早期历史都是造假的，历史上就没有这样的一些东西。有很多学者认为，为什么中国文化不行，我们的文字都有问题。这个时候发现了甲骨文，它所记载的商代的王以及先王等，和《史记》里边的记载基本上是差不多的。所以，在那个时候这（一发现）就给大家打了一大针强心剂，说我们的历史没有做假，司马迁所说的基本上是可信的。在 1919 年前后，这对国人特别是知识分子的自信有特别大的提升以及振奋的作用。

还有一个背景，我们国家的考古活动最早是从 1921 年开始的，一个外国人所做的发掘。我们自己的发掘是 1928 年在殷墟的发掘，那个时候成立了中央研究院历史语言研究所。当时中研院里面最大的研究所就是历史语言研究所，我们平时称之为"史语所"，后来搬到台湾去了。"史语所"为什么是最大的？就是当时发现了甲骨文，让很多搞人文的学者都转而去干考古，比如说郭沫若（1892—

1978）等。他们（为什么）去研究历史，因为在他们看来只有从这里面才能找到很多可信的东西。

我不知道我说了这些，大家明白我的意思没有？这是出土文物对于社会认知的特别大的贡献。考古学改变了我们很多早期的认识。我经常讲我在做盘龙城的发掘。盘龙城的发掘是从 1974 年开始，为什么要讲这一年？大家都知道恢复高考是 1978 年，但是实际上我们国家开始尝试恢复经济和文化是 1972 年，很多的学术杂志开始复刊，有很多的学术活动也同时开始。其中有一个特别重要的（事件）就是大学开始招生，比如说北大 1972 年开始招生，那个时候叫工农兵学员，采取推荐的方式。所以北京大学的考古最早开始恢复涉及文化这一块的东西。在 1972 年恢复的那些学术杂志里边，《文物》《考古》是最早被恢复的，这两个杂志现在依然是在海外图书馆的中文学术期刊里收藏量排前五的期刊，即使考古是一个很小的学科。讲回到 1974 年，学考古的到了三年级要实习，北大非常有名的俞伟超教授（1933—2003）就把他们带到盘龙城来做考古发掘。俞伟超教授意识到盘龙城对于当时整个商周文明研究的重要性。因为在这之前，北京大学从来没有到过长江流域来做考古发掘。因为在 20 世纪 70 年代的时候，我们的课本上讲中华文明的摇篮是黄河流域。1974 年和 1976 年在盘龙城做了很大规模的发掘，出土了非常多的青铜器。青铜器的数量甚至超过了当时的都城郑州，因为郑州是现在的一个大城市，当时的城市都压在城底下，所以它的大型的墓葬没有被发现，盘龙城成了早商发现青铜器最多的。到了 20 世纪 80 年代的时候，就有一些历史学家和社会学家提出来，长江流域的文明也很发达，在商代的时候就有这么多的青铜器，所以我们不能再说黄河流域是中华文明的摇篮，我们应该提出长江流域也是中华文明的摇篮。差不多到 20 世纪 90 年代，我没有查到具体是哪一年，就有一个正式的说法：长江流域和黄河流域是中华文明的摇篮。这得益于盘龙城的考古工作。这向我们展示了一个地点的考古工作，对于我们的文明或者是社会宣传的认识能产生很大的改变。包括我刚才给大家介绍的盘龙城属于商王朝，在我们过去的历史文献里边无法认知商王朝到底有多大。20 世纪 70 年代，俞伟超先生认识到盘龙城和中原文化是在一个体系之下，这时就有一个高度的认知意义：中国在商代的时候，政治地盘就已经达到长江流域。这是具有政治意义的。我要表达的意思是，我们对于早期文明的认识过程，其实是随着考古学大量的工作积累（而展开的），甚至要经过很多年的沉淀，再去加以凝练，才能认识到这样的一些意义。三星堆是 1986 年发现的，20 世纪 80 年代之前发现的青铜器都是围绕炊饮的一些器物，吃饭的、装酒的器物。（我们就会认为）早期中国的东西应该都是这样，因为我们没有见过别的东西。

还有一个特别有意思的故事。我刚才给大家举了大洋洲青铜器的例子，1989年刚刚发现的时候，当时的考古学家一看说和安阳的差不太多，应该是安阳搬过来的，因为那个时候的研究没有现在这么深入。当时的学者们还是处在中原文化就是一个模子（的观念之中），还没有认识到多元是如何构成的。等到对三星堆的认识比较丰富了以后，我们就知道早期的这种"多元"以及它的"一体"是一个过程，"多元"有哪些层次，形成"一体"的时间维度、过程等，20 世纪前后学者们才慢慢有这样的认识。我们经常讲中华文明是多元一体，我相信从社会层面来说，其实很少有人能够对此谈出太多东西，甚至包括考古学家也是如此。因为很难凝练上升到社会认识的层面。再举另外的一个例子，即从时间轴线的认识上看，刚才提到的王国维的考证让大家相信殷墟。因为殷墟的甲骨文是从商代武丁以后，殷墟这个阶段我们称为信史，因为有文字。直到现在，在西方学者看来，殷墟之前的还不能被证明，因为没有文字可以去直接证明它。中国学者如何去认识殷墟之前的社会，也是特别有意思的一个现象。殷墟是 1928 年做的发掘，当时的考古学家已有的认识程度是什么？那个时候，考古学的上古�时代的东西有两个，一个是殷墟，商代晚期；比殷墟早的就是 1921 年在仰韶村的发掘，就是仰韶文化。知道殷墟的学者们当然就想知道比商代更早的夏文化是什么样子的。（20 世纪）20 年代的时候，我们就认为仰韶文化就是夏文化，因为只有这个点让我们知道比殷墟早的东西。到了 30 年代的时候，我们发掘了程子崖，发现了山东的龙山文化。1931 年，梁启超先生（1873—1929）之子梁思永（1904—1954）

先生提出了考古学所讲的"三叠层",就是在考古的地层里最上边是殷墟,往下是龙山文化,压在最底下的是仰韶文化。所以学者们找到了早于殷墟而晚于仰韶的龙山文化。因此,在30年代,大家会假设龙山文化是夏文化。一直到50年代,新中国成立以后,才在郑州发现了比殷墟早的早商的文化。确定了早商以后,到了1980年才有另外一个学者提出,二里头文化可能属于夏代的文化。经过了超过半个世纪的探索和认知,我们对商朝的认识才往前推进了一点。但如果没有考古发现的材料,就很难知道相对于夏这个阶段,它的文化的控制范围、达到的文明高度,等等。这样或许大家能够理解"延伸了历史轴线"的说法。对于其他的几句话,我们都可以用类似的回顾去看考古学给我们整个社会认知带来的改变。我们现在享受的是认知形成以后的东西,所以很难看到原来考古学家干了这些事。所以,考古学虽然是一个很偏僻、冷门的学科,但是它一直以来其实都在改变大家的一些认知。这是考古学对于研究上古文明的意义,以及对当代学者或者是当代民众认识我们的过去的特别的意义。

吴根友:张教授娓娓道来,把考古学如何一步步推进和深化我们关于中华上古文明的认知,如何一步步由虚到实,讲述得很清楚,非常有启发意义。尤其是讲到了"一体多元","一体"是怎么体现的。比如,以青铜文明作为文明的一个阶段,以往我们所看到的青铜器可能是跟饮食相关的鼎、爵、簋,等等。三星堆的青铜器恰恰就跟祭祀、神发生了关系。如果说商周文化特别是商文化的青铜器更多的是作为日用品的话,那么三星堆文化给我们展示了青铜器的多元性。在这个议题中也可以看出商文化对三星堆的影响,又体现出"一体"。三星堆文化虽然没有文字的直接叙述,但是通过发掘的器物和合乎逻辑的推理和解释,让我们对于很抽象的"多元一体"概念有了更加丰满的认知。我记得,在乾嘉学术的后期,封疆大吏阮元(1764—1849)已经对器物感兴趣了。在乾嘉考据学的后期,已经发现了一些没有文字的上古的青铜器。所以阮元对中国传统哲学《周易》讲的"器"和"道"之间的关系也作了一些新的阐发,即器以求道。周王朝的王道和政治之道不仅体现在文字中间,也体现在这些没有文字的器上。所以他认为

"器"里蕴含着周王朝的"道"。三星堆虽然没有文字，但是"器"里也蕴含着上古文明的"道"。比如，人和神的沟通。这些上古文化共通的观念，也可以从"器"中作出一些合理的推理。我还有个疑问：没有文字，这些工匠的手艺是怎么传下去的？这是个很专业的问题，今天也不去讨论。

在这次讲座之前，我对张老师的学术研究的了解还比较有限，后来看了张老师整个的学术介绍，发现他在青铜文明的研究上有很多成果，对他的学术有了新的认识。所以最后问一个稍微宽泛的问题，如果把视野放大到整个人类文明，中国青铜器的制作工艺水准处于什么层次？比如和埃及、两河流域等相比。今天的主题是三星堆，那么三星堆青铜器体现出来的技术水准，包括青铜的纯度等，处在什么样的水平？请张老师从比较宽泛的意义上再讲一下中国上古青铜文明的特点和价值。

张昌平：实际上，青铜器对于我们中国古代文明的意义，刚才吴老师已经讲到，包括阮元的一些理解，都是特别好的。如果倒着说，青铜器虽然是从上古文明开始，但一直到清朝，它依然被整个社会重视，所以阮元本人也是一个青铜器的专家。

从发展水平的维度上来说，中国青铜时代的青铜器是一个特别有意思的现象。人类社会发展所经历的阶段，从石器时代到青铜时代再到铁制时代，这是西方学者作的一种划分。人类首先使用的金属是青铜，这和铜在自然界的大量存在以及它发红、金黄的颜色等有关，比较容易被人认识和利用。现在研究青铜器的学者基本上认为，大概是在公元前 6000 年，人类就开始认识到铜，大概是在两河流域乃至东欧开始有了冶金的技术。当然不排除中国本土有（这样的技术）。比较多的人认为，中国的青铜技术大概是从西方传入，在公元前两千年左右兴盛，接下来迎来了中国的青铜时代。用刚才提到的贝格利教授的比方来说，中国青铜时代在相当于殷墟的这个阶段时，中国青铜器发展的高度是公元前 12 世纪的波音飞机。生产的技术和技术含量都很高，青铜器的生产涉及特别复杂的技术问题。比如说要先找矿，打洞下去采矿，从排水到通风，以及冶炼 等等，都是特别复杂的技术问题，冶炼完成后还要从长江流域运到安阳。大家设想一下，在当时要把青铜器运六百多公里到中原不是很容易的。就技术而言，中国是当时世界上做青铜器的最高水平，没有之一。

刚才吴老师也提到埃及，埃及的图坦卡蒙相当于埃及青铜时代的晚期，大概在公元前14世纪，它进入铁器时代比较早。图坦卡蒙的墓葬里边几乎没有青铜器，我找了两次关于它的考古发掘报告都没有看到。对埃及文明来说，主要是石头、木头，还有黄金。而中国青铜时代在比较偏晚的阶段，如曾侯乙墓出土的青铜器达到了10吨，打个比方，这可能是过去的埃及文明生产的青铜器之和。为什么生产这么多的青铜器？我们过去学到的都是（这样一些说法），青铜它有很多好处，它的硬度比铜要高，熔点比铜还低，可以回炉再生产，特别适宜于提高生产力，其实并没有。从商到西周，我们的生产工具依然是以石器为主。为什么是这样？因为最复杂、最高级的生产是由统治者控制的。对于统治者而言，什么是最重要的，就生产什么。"国之大事，在祀与戎"，也就是祭祀和打仗。所以中国青铜器最大的两类是用于祭祀的青铜礼器和青铜兵器。量最大的就是青铜礼器，生产都是围绕它进行的。刚才提到了盛酒、喝酒的酒器，觚、斝、爵，如果你是一个中层的贵族，就有觚、斝、爵，盘龙城的最高首领最高能用到4套觚、斝、爵。这意味着它是慢慢尝试形成一种礼制，这种礼制直到西周中晚期的时候基本上成熟。这种成熟从曾侯乙墓就可以看到。对于古代社会而言，不同的贵族所用的一套礼制（的要求）会不一样，意义在于维持社会秩序。这是统治者所关心的最重要的一个维度。所以，贵族都会使用这些青铜器，而且就整个中国青铜文明的历程而言，也是一个成熟的礼制形成和运作的过程。这个过程对于统治者来说具有至高的意义，就像吴老师刚才所讲的"道"的意义。一直以来，中国青铜时代都是以饮食器皿这些东西作为一种运作的方式，从头贯彻到终。

我们再去追问：为什么要用这样一些东西？在中国它有更早的传统，是和新石器时代有关系。新石器时代主要是磨制石器，特别重要的一个背景是农业的发生。中国是粟和稻的发源地，和西方传统不大一样。稻类作物不止在南方，大概在 1 万年前北方就有。在农作物的种植里，水稻种植的技术难度可能是最高、最复杂的，而且要求你从头到尾要坚守在田头。这和汉族很多农业是不太一样的。我们可以理解为什么中国历代的政策要把农民固定在土地上，离开农业就会造成崩溃。同时，稻和粟又是烹煮式的食物，和西方烘烤式的小麦系统是不大一样的。所以从新石器时代开始，围绕稻类食品就发展出了特别发达的陶器文化，有各种器物。大家想一想，在家请客是不是这样？请客的时候做一桌子菜。如果你到西方去，就是一个盘子里边放几块面包，加上一些菜，大家坐在一起。我们复杂的饮食系统是从新石器时代以来形成的。礼器只是把陶制的礼器变成了青铜的礼器，更加突出了社会层次的划分。相对于用四套瓢、斝、爵，用四套陶器来划分社会阶层是不太容易的，因为四套陶器可能一天就能做出来，但是四套青铜器可能要花费一年。我们经常开玩笑，比如一个贵族墓里边出土了一套瓢、斝、爵，就说过去的贵族比我们现在要腐败得多。那时候，一个瓢的社会价值可能远远超过现在的一个宝马车。社会的财富更加集中，社会的分级形成了社会秩序。所以，礼器的意义在它的背后。

下面回答吴老师说的技术的问题。青铜工艺在中国发达了以后，形成了完全不同于西方的一套青铜生产技术。西方的青铜器的生产是两类技术：第一是往往会用简单的工具，很多是锻打出来的；第二是复杂的人像的技术，会用失蜡法来进行生产。但是，中国用的是特别复杂的块范法。简单来说，就是要生产一个青铜器，先要做出一个模型，然后再一块块地分成外范。我们现在常说向模范学习，其实"模"和"范"是两个不同的东西，是范在模上进行一个反向的复制。对于复杂的块范技术，大家一直不大明白为什么是这样。总之，它要求的技术难度远高于失蜡法。我个人的理解是，之所以普遍地采用块范法，是因为大量地使用青铜容器。从几何的角度来说，如果是从中间纵向剖开，两部分是对称的。一个器物用了四块外范，就意味着这四块外范是均分的，从技术上能够最好地满足作为一个容器的特点。无论如何，块范法贯彻青铜时代的始终，（相比于其他方法）居于绝对的优势，偶尔有一些断档或者是用失蜡法（制造）的东西，比如曾侯乙尊盘。这种方法乃至影响到三星堆。简单地说，三星堆青铜器的生产技术不怎么样，没有中原文化这么高，但是它和中原文化有关联的是什么呢？三星堆的人像可没有像西亚那样用失蜡法去生产，三星堆青铜器头像的技术都是采用块范法。而且我们现在完全可以理解块范法这种技术。像刚才给大家介绍的亚洲艺术博物馆的许杰先生，他的博士论文其中有一章就是研究三星堆青铜器的生产技术。比如，这种特别复杂的树，（制作者实际上）采取了一种非常简单的处理方式，就是用两块范做出一小节，把这一节焊在另外一节上，才形成了一个复杂的成品。大家知道，焊接是让生产变得简单的技术方式，它不能体现很高的技术难度。所以，虽然三星堆的青铜器生产得比较多，但它是采取了比较简单的制作方式，对于复杂的形状就分开做，然后进行焊接或者铸接在一起。而在中原文化里面，特别是安阳区域的生产，它特别强调整体性，就是一次性地把它做出来。从艺术的高度来说，它的难度更大，生产周期要更长，这样更能体现它所影射的社会层次，社会价值也不一样。

吴根友：谢谢张老师把青铜文明讲得如此清晰。以往我们以为，好像世界到处都有青铜文明，整个世界的青铜文明都具有很高的水平。今天经过张教授的讲解，我们对中华文明的青铜文明的认知更加清晰了。张老师特别讲到了一个非常重要的内容，即中国商周文化里面，统治者提出的一种价值观："国之大事，在祀与戎。"所以，青铜器这样最贵重的金属被利用在这个层面上，反而很少在农业生产上将它作为生产工具的材质。张老师的解释让我们明白：青铜文化在中华文化里面为什么达到这么发达的程度，因为它与统治者的价值观和提倡密切相关。这大大地加深了我们对青铜文化的理解。

关于三星堆文明的讨论，相信大家从微信等途径看到了很多，现在信息很发达，有很多东西还值得讨论。今天就是以三星堆的出土文物为主让大家了解中华文明的"一体多元"，通过器物的实证体现"一体多元"的丰富内涵。由此，引申出中华文化在黄河流域、长江流域之间如何渗透、辐射的话题，进而讨论中国青铜文明在整个世界青铜文明中的价值和地位。张教授通俗、清晰地解释了这些问题，给了我们开阔的视野，涉及政治、经济、文化和宗教等。作为武汉大学的学生，我也建议大家去盘龙城看一下。商王朝在那时把一个重要的政治"桥头堡"设在长江流域，表明它完全意识到对长江流域控制的重要性，而且也可以看到楚文化跟北方文化的关系，以往我们太强调楚文化的独立性。盘龙城表现了南方楚文化与北方文化的内在联系。硕士的时候，我的老师是做《楚辞》研究的，那时候对于屈原作品中深厚的儒家背景都不太理解，如忠君爱国。我想，从盘龙城的考古也可以得到某些答案。其实，我们今天过于强调楚文化的巫风、南方文化的浪漫特色，而忽视了它背后中原文化理性因素的影响。这其实是我们认知上的遮蔽。从盘龙城的考古发掘可以看到商王朝的政治辐射力是很大的，超乎我们的想象。

演讲人：

张昌平（武汉大学历史学院教授）

主持人：

吴根友（武汉大学哲学学院教授）

整　理：

董锦程

刘思源（武汉大学哲学学院博士生）

校　对：

刘思源

从现代文明的视角看阿富汗问题及其解决之路

吴根友：今天是中秋假期的第一天，非常高兴能邀请到我们学校政治与公共管理学院的阮建平教授，给我们作一个关于现代阿富汗问题及其解决之路的报告，我把它称为"访谈式的学术报告"，这个形式是事先和阮教授沟通好的。有的听众可能对阮教授还不太熟悉，我简单介绍下阮教授：阮教授主要从事美国对外战略、国际政治经济学、比较现代化和话语权研究。出版了多本专著，主编、修订了多本教材，发表了50余篇学术论文，主持过多项国家社科基金、教育部基金等相关项目。他还曾赴美国、韩国和哈萨克斯坦等国家进行访学，对国际社会的实际状况比较了解。

最近，我在朋友圈看到很多关于阿富汗的文章。对于阿富汗问题，国内学术界有很多讨论。我相信，我们同学只要关注这个问题，多少也会知道一些。但是，这些文章给我一个基本印象：它们都是技术派，就是从现实的技术的角度来讨论。我跟阮教授沟通之后，认为高校的教师可能需要从"道"的角度、更长远的角度来看阿富汗问题。所以，我们就商量了一个主题，就是"从现代文明的视角看阿富汗问题及其解决之路"。今天晚上的讲座，以我提问和阮教授回答的形式展开。让我们以热烈的掌声欢迎阮教授！

下面是我的第一个问题。我们知道，阿富汗有很小、很狭窄的领土与我们国家接壤，所以中国跟阿富汗之间是有地缘关系的。阿富汗发生了这个问题，中国肯定不能置之度外，但是目前很多国际问题专家主要从地缘政治角度来讨论美国的阿富汗政策，比如它为什么失败？失败之后对中国有什么影响？阿富汗的难民会不会对中国产生影响？塔利班政权究竟会不会真正地改换它本质性的东西，然后跟我们建立友好关系？我目前看到的相关文章大都是从技术的角度讨论阿富汗问题，这种视角肯定存在一些盲点。我们希望阮教授谈一谈仅仅从地缘政治讨论阿富汗问题的盲点在哪里。下面请阮教授作一些分析。

阮建平：我非常认可吴教授提出问题的视角。为什么呢？今天讲座的背景，就是从文化或文明的角度来看待国际关系，包括国际形势的发展。大家可能会有一个很矛盾的感觉：目前，大家认为社会科学研究最好的肯定是美国，比如要发文章、发最高水平的文章，也认为是在美国的刊物上发表，所以大家普遍认为社会科学研究的重镇是在美国，这是第一。第二，美国的智库、情报系统是世界上最发达的。按照一般的逻辑理解，美国的情报信息系统是最发达的，学术研究水平也是最发达的，为什么又会经常犯这么多、这么大的错误呢？这是很多人无法理解的一个问题。实际上，刚才吴教授用了一个词，叫从专业或者技术的角度去研究。什么叫专业或技术？其实从影响国际关系、国际战略和社会发展的角度来讲，这都是短期性的因素。它不是道，不是形而上的东西，而是形而下的。一方面，要看到美国的优势；另一方面，在反思这种优势与结果之间的矛盾的时候，要想到另外一个问题，就是在我们所研究的对象和问题中，一定有些东西是在他们既有的研究中没有得到重视的，这就是今天强调的文化或文明的视角。

今天研究中国的美国学者和过去几代研究中国的美国学者相比，有一个最大的不同，也是最大的危险。像费正清（John King Fairbank，1907—1991）、白鲁恂（Lucian Pye，1921—2008），他们是从中国文化、历史文明——包括英国人汤因比（Arnold Joseph Toynbee，1889—1975）——来研究中国。如果看现状，（一些美国人还认为）中国人贫穷落后，穿得邋遢、不讲卫生，过去还留辫子，大家对这种形象会投来鄙夷的眼光。可是，四大文明古国只有中华文明能够连绵不断延续至今，其他的文明到最后都消失了，创造这些文明的人，他们的语言、他们的人种都已经找不到了。中华在语言和文化精髓上是连绵不断的。那么这里就有一个问题，五千年来中华文明遭受了各种各样的内外危机性的挑战和冲击，但为什么仍然能够战胜危机、延续下来？我想，其中一定有超越时空的智慧和价值，这就是现在常讲的文化自信。如果从历史来研究中国，必然要对中国充满着敬畏，不要因为看到个别中国人或个别中国官员的形象，就形成对中国的无知的傲慢。所以，在了解一个民族、一个国家的长期发展时，文明的、文化的因素是非常重要的。它是一个国家发展的重要基础，它在很大程度上也决定了这个国家的价值取向和行为模式。很多研究中国的西方学者，更多地从西方的民主、自由来看中国的体制，从科技（的角度）看中国的落后，在态度上随之对中国比较鄙夷和轻视。如此，他们的结论常常是错误的，就像我刚才提到的很多美国专家最后作出的决策导致美国政府犯下重大的战略错误，付出巨大的代价一样。

回到吴老师提的问题，对于阿富汗问题，可以从很多方面、层次进行解释，比如地缘政治。军事、政治和地理有着密切联系，地理因素在一个国家的发展历程中（包括国内行政区划的设置以及国家之间的关系）是很重要的。但是，一定要知道，地缘政治提供的理解方式只是在有足够的能力的情况下，一个国家要怎么样通过地理的控制来完成对某一个区域范围内政治的把控。这里就忽视了两个因素。一个国家的实力是有限的，资源是有限的，无论是从麦金德（Halford John Mackinder，1861—1947）、马汉（Alfred Thayer Mahan，1840—1914），还是到斯皮克曼（Nicholas Jo hn Spykman，1893—1943），等等，一系列的地缘政治理论会让你感觉它们是给一个拥有无限资源的世界大国提供统治世界的指导方针。但问题的关键在于，一个国家的资源是有限的，如果资源有限而目标无限，最后无限扩张的结果就会导致扩张过度，导致帝国的衰落。政府扩张是有成本也是有收益的，最开始可能是边际收益大于边际成本，这样扩张是有好处的；当边际收益等于边际成本时，帝国就到了一个顶点，如果再继续扩张，慢慢地成本就会越来越高，到边际成本高于边际收益的时候，帝国的扩张就过度了，就可能导致衰败。在这种情况下，如果不根据自身的实际能力、目标去发展，而是无限地按照地缘政治的目标去设计国家战略，最终就会陷入扩张过度的陷阱中。这是从一般的原理上来讲地缘政治作为一种指导战略本身的问题。那么，具体地说，有很多国家是这样的，导致它们在阿富汗问题上出现了失败。一个是大英帝国，它作为海洋国家是向内陆来扩张自己的影响。一般来讲，海洋国家是通过控制重要的海上通道来完成对整个地缘政治的把控。一旦它要深入内地，就面临两个选择：要么是绝对征服，建立垂直型统治，但人力和物力是不够的；如果不建立垂直型帝国政府，更多是通过代理人的方式实现。因为垂直型的统治政府一般是大陆帝国的方式，海洋帝国这样做是很难实现的，除非它是一个区域帝国，全球性的海洋帝国不可能直接占领这个地方去完全操控。在这个过程中，就会遇到很多问题，比如英国跟沙俄在争夺阿富汗的时候，最后失败了。后来，在两极格局对抗的时候，苏联要获得通往温暖海洋的通道（就要把阿富汗作为重要的战略点），虽然苏联的海岸线很长，但大多是冰封的北冰洋，西边波罗的海和黑海都有北约（的成员国），东边有日本和美国，所以它要想打破美国的战略封锁，就要建立南下战略。从土耳其、伊朗到阿富汗，整个一条线是南边的。因为中国它打不下来，那么最脆弱的地方就是阿富汗。所以从历史上看，20世纪70年代苏联是扶持阿富汗政府的，但最后都不行。到1979年干脆直接取而代之，把阿明政府（阿富汗民主共和国领导人哈菲佐拉·阿明，Hafizullah Amin，1929—1979）推翻，占领阿富汗再往南打。苏联本身和印度关系比较好，如果再把阿富汗控制了，接着就打通了巴基斯坦，就可以在印度的温暖的海港建立海军。这样一来，美国对苏联的这条封锁线就被打破了。所以，后来美国就来支持阿富汗。美国很成功地把整个阿拉伯世界动员起来，形成了对苏联的进攻。苏联和阿富汗的矛盾就变成了苏联与阿拉伯世界和整个西方的斗争。苏联承受不住，最后撤军。从地缘政治来讲，阿富汗所处的地理位置是内陆腹地，是历代兵家必争之地，当然有些国家成功了，有些国家没有成功。从历史来看，说它是帝国的坟墓，主要是指英国、沙俄，包括苏联，其实它历史上也被征服过，这是客观上讲。只不过在近代的国家竞争中，苏联出现了一次大的失败，给人们留下比较深刻的印象。

美国在阿富汗的失败有多种原因，其中一个原因是在对阿富汗的认识上犯了严重的错误，即阿富汗不是一个现代国家。一个现代国家有两个基本条件，就是有一个统一的最高政府垄断对暴力的唯一合法使用，它的命令和政策能够在全国统一执行，而且因为它垄断了暴力，能够打破地方封建割据，建立统一的大市场来实现经济的发展，满足民众对福利的分配欲望，从而使民众形成对国家的效忠。所以，政治的合法性或者政治获得民众支持的忠诚的程度，取决于它对民众的福利的分配欲望的满足程度。阿富汗不是一个现代国家，还没有完成现代化的转型。很多地方是部族领导，人们对宗教、家族、部族的忠诚是超越对国家的忠诚。在这种情况下，国家很难垄断对暴力的唯一合法使用，也很难获得民族对国家的集体认同和效忠。在这种情况下，人们很难获得一种集体义务感。所以，美国面对的是一个一个分散的情况，面对这种游击作战很难成功。从地缘政治上来讲，美国最开始打阿富汗，本来是让塔利班把拉登、基地交出来，但胜利之后很容易就变了，转变为想进一步扩大改造阿富汗，所以由全球反恐转为反叛乱作战来（对阿富汗）进行民主改造，但最后是失败的。当然，当时我们还有一个担心，即中亚这个腹地是海洋国家从来没有（成功）进入过的，"9·11"事件给美国提供了一个难得的机遇，几乎所有国家都支持美国打阿富汗。另一方面，我们当时也担心美国从此在阿富汗站住脚之后，我们怎么办。美国在阿富汗不走，第一可以获得我们的情报监视；第二，如果美国这时候暗中支持那些东突势力，会影响新疆的安定团结。所以我们也保持着警惕。美国在地缘政治上有这样的目标。后来美国的资源能力实际上已经不足以支撑它的地缘政治目标，导致它的失败，这是一个解释。

另外一个解释，就是回到吴老师提的问题，用西方文明的观点去理解阿富汗，认为以外来的方式强制移植一种新的模式，最后还会形成一个像西方那样的社会结构和政治结构，从而一劳永逸地解决一些恐怖主义的问题，这想得太简单了。所以，从文明的角度来看待阿富汗问题，是有很多东西非常值得我们研究。

吴根友：谢谢阮老师。政治学的专家的确是不一样，以前我们对于"地缘政治"仅仅知道一个概念，经过阮教授对地缘政治的分析，我们就知道任何一个大国，在地缘政治上要对其他地方进行远程控制时，要面对两个问题，一方面是资源有限，另一方面有边际效应。所以地缘政治是一个实际操作问题，的的确确给国际政治提供了现实的、有效的解释力，但它仅仅解释了国际政治的一个方面。我们要涉及的第二个问题就是，仅仅靠现实的政治的、经济的力量还不够，因为一个国家、一个民族背后还有超越这些的软的东西。在这里，就涉及今天晚上要讨论的第二个问题：阿富汗和整个亚洲的关系。

从阿富汗的地理形势可以看到，它在亚洲所处的位置是在南亚和中亚、东亚连接的地带。它属于走廊地带，西边有伊朗、伊拉克，东边有印度、巴基斯坦等，跟中国连接很少。但是在整个中亚地区，阿富汗整个国家的现代化进程与周边的国家相比，如印度、伊朗，其实都要弱一些。这里有很多原因。从这个情况来看，阿富汗作为一个国家，整个国家的现代化进程与其他国家相比，为什么显得那么弱，程度那么低？我的问题是：从阿富汗的整个现代化进程来看，为什么会出现上述状况？

阮建平：吴老师的问题是一个很重要的问题。我们知道，所有国家的行动都有相似性，就是会受到权力和财富的驱使。但是，国家的行为同时又受它的文化偏好、文化差异和文化共识的影响。这三个方面很有意思，文化偏好其实是一个价值观的问题，有些行为虽然能够达到我的目的，但我不屑于干这事。就东西方文明而言，中国人是很重视、强调和平的，你与我不同，我并不一定要改造你，大家和平交往，当你变得跟我差不多的时候就可以成为我的一员。"天下虽安，忘战必危，国虽大，好战必亡。"对中国来说，对和平的追求不仅是一种价值理性，还是一种工具理性。为什么？打仗要花很多钱啊。《孙子兵法》里面讲到了好多，比如"内外之费，宾客之用，胶漆之材，车甲之奉，日费千金，然后十万之师举矣。其用战也，胜久则钝兵挫锐，攻城则力屈，久暴师则国用不足"。所以中国人过去讲"邦畿千里，维民所止"。在国际上，我们讲"杀人亦有限，列国自有疆。苟能制侵陵，岂在多杀伤"。中国人对和平的理解是非常理性和深刻的，有些国家就不一样。所以，文明、文化的因素很重要，第一个就是文化偏好，价值取向的问题。汤因比当时写世界历史文化的时候，认为整个世界文明将来可能按照中国文明来拯救（自己）。为什么？因为很多国家的文明是非常具有进攻性的，每个国家的文明不一样，只要你来取代别人，就会引发相互之间的战争，冤冤相报何时了。中国文明讲"和而不同""万物并育而不相害，道并行而不相悖"，这样的方式让大家更容易接受，这是我们讲的文化偏好。第二个是文化的共识，它强调内部认同。大家在内部都认同的东西也是经过历史发展、时间不断检验出来的东西，是形成一个人之所以为人、一个民族之所以为一个民族的内在的特质性的东西。第三是文化差异性，比如为什么说我一定是我，和他有什么不一样。这些就构成了文化因素在影响国家行为中的三个主要的变量。具体到阿富汗的现代化问题上，首先我们要对"现代化"这个理论有一个基本的理解。现代化最开始是一个描述性概念，是描述西方由传统向现代的发展过程。我们知道，社会现代化理论的代表人物有帕森斯（Talcott Parsons，1902—1979），他从两个角度来讲现代化，一个是英国的工业化，一个是法国的民主革命，是从两个不同的起点开始，后来德国是通过高度组织化的工业化发展实现，美国是将工业化与民主有机结合起来形成现代社会。在他的理论中，"现代化"最开始是作为描述性概念而存在的，不是一个特定价值取向的概念。后来有了经济现代化和政治现代化，那么现代化就成为一个社会经济、政治、文化各个方面或全面发展的结果。现代化是各个国家总体的目标，但实现路径不一样。所有国家——无论是发达国家还是发展中国家——的现代化一般是三个阶段，首先是完成政治上的统一，如果没有政治上的统一，处于封建割据状态的情况下自然状态不可能被打破，很难形成大范围资源的优化配置，并由此找到更有效的财富创造机制，这样的社会发展是一种简单再生产，技术的进步是非常缓慢的。所以要想在更大范围实现资源的优化配置，建立统一大市场，在经济上达到这个目的，必须在政治上完成国家的统一，形成中央集权，完成这个任务。国家没有权怎么跟老百姓分享权利呢？民主不就讲分享权利吗？很多欧洲国家是通过王朝战争建立绝对君主，叫君主主权或者叫国家主权，来完成第一个阶段，然后扫除封建割据，为资本发展创造条件。再后来通过资本主义革命的发展，为资本主义扫清障碍，来建立统一大市场，最后形成了一个可持续、普遍性的财富创造机制，由此才慢慢逐步走向现代化的过程。从比较政治的角度来讲，西方发达国家平均用了250年至270年的时间，才达到今天的现代化程度。中国建立一个现代国家有很多优势。第一，政治上，两千多年前，秦朝就已经奠定了现代政治文明的重要基础，建立了中央集权的国家。在这里，我们要注意一下，集权和专权是两个概念，虽然有共性，但不要把集权等于专权，如果没有集权就不可能有现代国家。现在经常有人说美国的联邦宪法和英国大宪章是现代民主政治宪政的开始。我们要进行逻辑和历史的双重检验，如果从文本的内容来看，它们都是在限制政府权力；但是从历史发展来看，没有美国联邦宪法就不会有美国联邦，而在美国联邦宪法之前不存在联邦，正是因为有了美国联邦宪法，才有了美国联邦政府的权力。另外，在英国也是一样，英国的大宪章是要限制国王的权利，但也是以承认国王作为国家的最高领导、最高权威为前提的。同一时期，东欧很多国家，包括波兰和更早的一些王国，也出现了新的国王权力运动，但是没有像英国一样，在承认国王作为国家最高权力、最高权威的前提下约束和限制权力。结果，这些国家在不断的征战中衰败，比如波兰被多次瓜分，成为弱国的代表。而英国因为有大宪章，从制度上为英国后来的崛起、强大奠定了重要的基础。所以，从政治现代化来讲，西方是通过王朝战争等一系列方式奠定了国家的统一，建构权威，但东欧一些国家没做到。对于很多发展中国家来讲，中国是一个特殊类型，几千年来我们以方块文字为载体的中国传统文化，包括其他文化，成为了凝聚或建立现代国家的文化基础，其他发展中国家，包括非洲的一些国家，没有这个条件。非洲很多国家的国界线都是很直的，这是西方殖民者根据相互之间争夺的势力范围而划定的，根据自己统治的便利、管理的便利划分的。在这个过程中，它们又会把相同部落的人分到不同的国家，不同部落的人分在同一个国家，这些国家在建国之后，就面临着国家塑造的重大任务。对于中国来说，我们的历史资源、文化资源、制度资源，非常有助于塑造、建立现代国家。在非洲的很多发展中国家，要塑造现代国家面临着很大的难题。第一是能不能建起有效的中央政府？第二是能不能让老百姓超越地缘和血缘形成对国家的最高效忠？如果做不到这两点，就面临很多问题。所以"文明冲突论"的提出者亨廷顿，包括其他的美国比较政治的学者，就认为很多发展中国家在现代化过程中面临着双重合法性危机，第一个就是没有垄断对暴力的唯一合法使用，没有统一的中央政府，这点很重要。可以从不同的角度理解合法性，完整的合法性包括四个层面：第一是情感认同，像现在都是民族主权国家，以民族主义界定国家合法性，你不是我这个国家的人，就不能当我们的领导；第二是根据国家宪法和法律来获得权利；第三是现实合法性，能够有效控制国家的权力，垄断对暴力的唯一合法使用，这是马克斯·韦伯（Max Weber，1864—1920）的观点；第四是效果性合法性，你的执政能不能给老百姓带来好处，保证大家的安宁。这才是一个完全的合法性的问题。很多发展中国家的政府没有垄断对暴力的唯一合法使用，不能保证社会秩序，不能够保证每个人、每个地方的安全。其次，因为它不能建立起统一大市场，不能动员全国资源，就不能培植起持续的财富创造机制，满足民众对福利的分配欲望，就又面临第二个合法性危机。在这一系列情况下，很多发展中国家的现代化道路走得非常曲折。这是从政治学、比较政治学角度对现代化的问题作一个简单的梳理。

回到阿富汗问题，阿富汗所处的地理位置是历史上兵家经常征战的地方。正是因为经常的征战，又没出现一个绝对的、稳定的王朝或政府，所以对于现代化进程的第一个条件的满足就比较困难。现代化是从西方近代开始的，在这之后，整个阿富汗实际上在内陆处于沙俄的扩张威胁之下，还有像英国等海洋国家的威胁，所以它的现代化进程经常被打乱，这与它的周边环境有关。从内部来讲，当一个传统国家面对外部敌人入侵的时候，没有物质上的力量跟别人抗衡，就需要精神上的力量。对于阿富汗来说，这种精神上的力量，只有求助于类似一种生物本能的种族宗教。试想，如果我诉诸的力量是一种远古的力量，以此去对待外敌入侵，我的价值取向就很难往现代化的方向走，这是从一般性上来讲。所以很多传统社会在面对外敌入侵的时候，当它无法用现代力量对抗入侵，一般都是用民族主义和宗教作为一种动员武器。但是这些传统的精神武器和现代社会、现代化的有些东西是相冲突的。就整个现代而言，现代化和西方化是什么样的关系？它肯定不是等同关系。亨廷顿谈文明冲突时用一个图来解释现代化和西方化的关系，把发展中国家现代化的路径作了一个分类，很有意思，我在这里画一下。

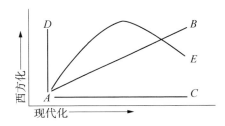

亨廷顿把纵轴叫作西方化，横轴叫作现代化。西方化和现代化不一样，但现代化的历史的不自觉的力量或者历史的起点是从西方开始的。对于发展中国家，有几种类型，一种是一个抛物线（A－E），很多发展中国家的现代化首先是从西方化开始的，西化程度越高，现代化的进步越大。当到了一定阶段之后，已经开始有了民族自信和民族自尊，就会有这样的心态：你能做的事我也能做到，有的时候不比你差，我为什么什么东西都得学你的呢？其次，我在历史上也不比你差。当一个人没有了物质上的恐慌、匮乏，慢慢有自信之后，他就会问：我是谁？我从哪里来？这时就会回归传统，而回归传统和现代化又是并行不悖的。下降说明它慢慢地和西方的区别越来越大了，在回归我的传统，而回归传统的过程实际上也在推进现代化，这是我们的一种模式。另外还有一种就是只往上走（A－D），没有现代化，完全是西方化，比如非洲的一些国家，他们称之为非技术现代化的文化西方化的痛苦。东方学讲到一些在西方社会的非洲人或非洲人后裔发展到一定阶段之后会遇到瓶颈。为什么？因为你的肤色跟别人不一样，你想往上走就会受到无所不在的歧视、排斥，但是你回到你的祖国也会遭到排斥，大家觉得你不过是个"黄香蕉"，黑皮肤白心，所以他们就面临身份自我认同的煎熬。

但也有一些国家，个别的国家，在走一种完全非西方化的现代化道路，以社会主义苏联这些国家为代表，这是我们讲的一个基本的模式，几种现代化的类型。

回到吴老师讲到的，阿富汗和亚洲其他国家现代化的路径的不一样。首先，现代化有一些普遍特点，如工业化、世俗化、政教分离、社会大众参与、城市化、教育水平的提升等。不管怎么讲，各国有不一样的模式和特点，这是一些共性的东西，无论东方社会还是西方社会都是如此。其实，历史上的苏联时期，中亚这些国家的现代化是走得比较好的，世俗化、工业化的发展、现代教育的普及、男女平等、城市化的发展都做得还不错。苏联解体之后，这些国家失去了一个凝聚力量、维护社会秩序的权威，接下来就面临怎么样去维护社会内部新环境下的政治秩序的问题，他们转而会寻求民族主义或宗教主义的力量。民族杂居多了，民族主义就会引发矛盾，在一个多元民族组成的国家，如果以某一个民族的思想作为所有民族的主流思想，就会引发其他民族的反对，要么是边缘化、要么是冲突，进而引发分裂。利用宗教主义的东西导致在一些国家出现了宗教回流，哈萨克斯坦就有议员提议要恢复一夫多妻制，这在现代政治文明是不可接受的。因此，此时发展的差别越来越大，要想凝聚人心就只有在最本源、最原始的东西上去寻求共识，这种政治上的短期需求很自然地会导致原教旨主义的出现。总体而言，他们维持在世俗的状态。另外，东亚的一些国家的现代化相对比较好，一个原因是受儒家文明的影响。儒家文明是非常重视教育的，而且有一个非常好的传统，就是为了子孙后代过得更好，愿意牺牲自己眼前和当下的享受。此外，还讲究公共秩序，讲究集体主义。这些在某种程度上起到类似强有力的中央政府的作用。在这种社会秩序之下，东亚国家的现代化比较好，特别像韩国、日本、新加坡，这是做得最好的。

伊斯兰世界包括东南亚一些国家的现代化做得也比较好，但相对来说，它们比儒家文明浸染下的国家的现代化道路走得稍微差一点。原因在于伊斯兰文明的一些东西和现代社会发展是不相容的，需要改变。如果西方没有宗教改革，就很难有现代化的顺利推进。伊斯兰世界和基督教世界在一千四五百年的竞争中，过去曾占有优势，后来在技术上不如基督教世界国家，无法从先进技术上获得武器，就从历史中去寻求精神的武器，所以反现代的东西就多一些。在伊斯兰世界的一些地方，借钱是不能收利息的，收利息是违背他们的教义的。但是，朋友之间借钱不收利息可以，作为一个金融机构大范围借钱给别人不收利息，它怎么生存呢？所以，它们面临金融体系改革的问题。还有一些生活方式，等等，有很多问题。

印度的现代化也很有意思。美国一位非常有名的学者理查德·哈斯（Richard Nathan Haass，1951— ）比较过印度和美国。政治现代化有个特点，西方是从权利平等的角度来讲，是从国家的权力向社会、个人权利逐步让渡的过程。可是东方社会又不一样，印度更特殊。一个真正的和谐社会是一个平衡的社会，这个平衡不是权利之间的平等，而是权利和责任的平衡。这很适合儒家文明，我是家长我权力大，但我对孩子承担的责任也多。但在印度，不平等被视为理所当然，而在西方不平等可能成为引发冲突的根源。印度也有构建现代国家的文化资源，但也有一些不同。因为在今天印度的版图范围内，历史上从来就没有建立一个统一的中央集权的国家，有些地方建立过像孔雀王朝等那样的强有力的国家，但是整个目前的疆域范围内是没有的。印度的疆域形成与英国的征服是有关系的，像蒙巴顿方案（即"印巴分治"方案，又称印度独立法案）。与现代国家相比，印度也有一些不利的东西，比如种姓制度，虽然印度想实行很多补偿措施。独立之后，印度的领导人也曾想效仿苏联和中国，但做不了，因为印度是用非暴力不合作运动争取独立的，缺乏足够的群众基础，缺乏像中国共产党和其他国家共产党那样的广泛的社会组织，从基层到中央、遍及全国各地的社会动员组织。还有语言，本来想把印度语作为国语，结果遭到很多人的反对，最后只能把英语作为国家语言、通用语言。与我们相比，印度的现代化道路面临很多劣势。但也有优势，首先英国的征服使印度领土范围内的行政区划能够为国家统一奠定基础；其次，印度与英语世界长期保持联系，特别是印度精英在英国的教育使他们能够接受现代教育，包括印度现在的软件外包使得它与西方的联系很密切，为现代化提供了便利条件。不管怎么讲，印度也有自己传统文明的继承，这种想象的共同体也可以发挥作用。

阿富汗最主要的问题就是它的政治进程经常被打乱，宗教文化的改革还没有完成。到了阿富汗，你在坎大哈感觉到像巴基斯坦一样，它们的文化、宗教、建筑、服饰、语言、商品，有很多相似之处。到了赫拉特又感觉像在伊朗，再到其他的地方可能感觉像塔吉克斯坦。所以阿富汗还没有完全形成整个国家现代化建构所必需的文化整合。文化是可以塑造的，民族可以塑造国家、塑造文化，文化反过来塑造民族、塑造国家，这是相互塑造的过程。但是对于现代化，特别是对于很多发展中国家来讲，首先是要借助国家的力量去塑造文化、塑造民族认同。由于阿富汗到目前为止一直没有建立一个强有力的政府，在这一点上很难完成，在文化上处于一种前现代状态，所以它的现代化进程是比较困难的。

吴根友：感谢阮教授非常具有学术意味的讲解，让我们对于地处中亚的阿富汗的现代化进程始终不能完成，而且周边国家的现代化远远高于它的原因有了一定的了解。阮教授讲了内外原因，一是阿富汗的现代化进程由于地缘政治经常被打断；二是民族内部还基本处在部落的状态，很难形成统一的中央政权。在几种类型的现代化路径中，阿富汗都不占优势，造成了阿富汗在政治上形成现代国家的困难。这对阿富汗地区的民族来说，是一个不幸的事情，这也是古典的地缘政治导致的问题。所以对于阿富汗问题，仅仅从现实的技术来考察是不够的，必须要回到历史、回到民族文化这样大范围的、纵横捭阖的状态去思考。

在了解现代化进程和人类文明进程时，我曾经看过武汉大学世界史专家吴于廑先生（1913—1993）的文章。我印象特别深刻的是，吴先生讲到农业文明和游牧文明花了将近一千年的时间进行反反复复的拉锯战式战争，最终农业文明战胜了游牧文明。所谓战胜游牧文明，是说游牧文明成为次要的、服从的。游牧民族那种非常具有进攻性的、流动性的作战，被农业文明的一种稳定式的、强大的社会动员力以及先进的技术和文化教育所征服，他举了很多例子。蒙古族曾经大范围地对欧洲、中国中原的征服成为游牧民族最后一次的最大力量，此后从世界范围来看，农业文明对游牧文明基本形成了压倒性的优势。刚才提到，从大的文明视角来看，阿富汗在现代化进程中有很多的劣势。现代的工商文明、城市化是新的文明阶段的主流形势，在这个过程中，那些相对落后的农业文明、游牧文明最终还是要被带到现代化的进程中。在这个意义上，解决阿富汗问题要超越地缘政治的一些技术性的思考方式，回到人类文明长镜头的视角来考虑。中国与阿富汗有地缘关系，对于阿富汗的稳定和现代化，其实也承担着邻国的责任。那么，中国如何去帮阿富汗，帮的是不是有效，不让自己受拖累，也是一个问题。

从现代文明的角度来看，对于阿富汗问题，中国如何超越地缘政治、超越中国跟美国或其他文化的矛盾冲突，帮助阿富汗走出目前的困局？使阿富汗与中亚周边民族，包括中国的现代化进程慢慢走向协调？或者说，中国如何从现代文明的高度或亚洲文明整合的角度来协助阿富汗能够走向一个真正的现代化国家？

阮建平：吴老师提出了一个目前解决阿富汗问题的更高的战略视角。确实，从更长的历史镜头看待问题更容易发现有普遍性的、规律性的东西。现在谈到阿富汗，经常会对比当年查希尔国王（Mohammed Zahir Shah，1914—2007，阿富汗末代国王，1933—1973 年在位）统治时期，实际上那时他已经控制国内局势进行世俗化的发展，所以在城市化、教育、女性的解放等各个方面做得比较好。其实，伊朗也是一个特殊类型，布热津斯基（Zbigniew Brzezinski，1928—2017）讲过伊朗是伊斯兰世界里面真正在政治现代化方面最接近于西方的。为什么呢？它有选举，但它的政策又具有东方的特点，是通过宗教委员会来对候选人进行资格筛查，那些道德败坏的或不好的人被排斥在外。在西方的大众民主之下，一个人只要能获得选票就能够获得政治上的成功。印度是学了西方的，结果他们发现 1/3 的议员是有犯罪记录的。但是没关系，虽然有犯罪记录，可是能得到老百姓支持啊！如果选举是唯一的合法性的方式的话，我被选上了我就有合法性。从文化政治角度来讲，在伊斯兰世界现代化过程中，实际上伊朗是最接近于西方政治的，但是美国和伊朗、西方和伊朗的矛盾反而是比较深，这就可以看出它们中间的一些背离。

再举一个例子，20 世纪 90 年代苏联解体，冷战刚刚结束，当时的美国老布什总统说了一句话，苏联的解体意味着美国由西方的领袖变为世界的领袖，美国不仅具有物质上的力量，而且具有道义上的力量，来引导整个世界走向一个自由与民主、法制与安全的新世界。当他宣称一球一制的单极时刻，新加坡总理李光耀（Lee Kuan Yew，1923—2015）、马来西亚总理马哈蒂尔（Mahathir Mohamad，1925— ）就直接回应了他一句话：东方的价值才是具有普世意义的价值，西方的价值只是西方的价值。他们讲到东方价值中的"和而不同"，刚才我们提到了集体利益和公共秩序。我们承认文明的多样性，不同文明可以和谐相处，但并不是一直走向好像一种消极主义的、无为而治的状态，而是很明白要相互尊重、交往、交流互鉴。从文化的共时性来讲，不同文明之间的区别和联系是很清楚的；但是从历时性的角度来讲，今天的每一个文明在历史上一百年前、两百年前、一千年前，肯定不完全是这样的，它都有一个文明之间交流互鉴、不断相互学习的过程。虽然这种学习有时是不涉及对错高低的，但涉及方向性的东西，如男女平等。现代社会承认男女平等，但传统社会在这个方面肯定是有不同的安排。

回到阿富汗问题，阿富汗的现代化发展首先要遵从刚才提到的现代化的普遍性规律，不能再次被外部打断。第一，外部不要再去入侵；第二，外部要为它的现代化，尤其是政府所作出的现代化努力提供合作，不是积极合作的话，至少是消极合作，不给阿富汗添乱。每个国家的现代化不同，国情不同，现代化的路径是不完全一样的。党的十九大报告中的一段话引起了美国对中国的高度警觉和指责，意思是中国特色社会主义道路的伟大成就为世界上那些既希望实现现代化又希望保持民族传统的发展中国家提供了另外一种可行的道路。有些国家就会担心是不是要输出中国模式？我们做了很多解释工作，我们不是要输出中国模式，而是说每个国家有每个国家不同的道路，可以借鉴别人的。作为一个有特殊文明和特殊地理位置的国家，阿富汗要走向现代化，跟英国、法国、美国、中国肯定是不完全一样的。你非要把阿富汗弄得跟你一样，如果不一样就当作异己去排斥，不跟它交往，搞消极不合作，其实最后是不利于阿富汗的发展。所以，第一要承认、尊重阿富汗自身的独立自主，包括它的文化传统。做不到这一点，就很难真正帮助它，这是一个最基本的问题。其实，亨廷顿在《文明的冲突》里面也讲到，文明冲突背后的原因是在美国白人的出生率越来越低，有色人种的出生率越来越高。人是文明的载体，第一代人吃苦耐劳、不讲身份，到了第二、第三代人，他的身份意识就会开始增强。现在有色人种的出生率远远超过白人，我今年看到的数据是美国人口增长中有色人种的绝对增长量已经超过了白人的绝对增长量。到 2040 年，美国有色人种绝对数量超过白人的绝对数量，美国白人将成为少数民族。当某一人种成为少数民族时，他们就会为以人为依托的文化感到担忧。所以亨廷顿提出要把西方结合起来，声称非西方的美国不能称其为美国。因此，在美国一定要讲白人文化的主体地位。但是在世界上，文化是多元存在的，搞一元文化一定会引发冲突。作为学者，亨廷顿已经意识到这个问题，在政治上（政治家）更应该按照这种学者的长视角的思考去看待和处理问题。

中国在"怎么做"的问题上，刚才吴老师已经讲到，既要帮朋友，又不要被朋友所拖累。这个话可能有很多人不愿意接受，但事实就是这样，中国传统文化也是讲这一点。

在美国撤出阿富汗之后，中国和阿富汗各派一直保持联系，和塔利班联系的准备工作也是密切地进行。外交部讲得很清楚，要阿人治阿，我们要尊重它的文化传统，国际社会要为阿富汗的现代化创造条件。阿富汗现在面临一个问题，就是美国撤军了、塔利班执政了，接下来三千多万阿富汗人的吃喝拉撒、医疗食品，谁来保障？如果阿富汗政府塔利班政权不能解决这些人的生存问题，导致出现了内乱，大批难民向四周蔓延，周围的国家不可能独善其身，这是第一。第二，当一个国家出现了大规模、持续的社会动荡，对于个人来讲，他的挫败感是很强的，极端势力就更容易利用这种普遍的挫败和不满去传播它的思想。一个人混得不好的时候可能是个人原因，但极端势力进行思想宣传的时候有普遍的模式，就会说你本来是伟大的穆罕默德的子孙，有高贵的血统，但是你今天连自己生活、连家人都照顾不了，过得那么卑微，是什么原因？不是你的原因，是谁？

是异教徒、西方、邪恶力量，他们占领了我们的家园，破坏了我们的生活。首先是激起你的政治不满和政治愤怒，让你有了一种政治不满、政治愤怒之后，再把这种政治能量转嫁到对西方、其他力量的攻击上来。当你有一个神圣的使命的时候，你的牺牲对你来讲就不算什么。所以有吉哈德运动（巴勒斯坦伊斯兰圣战组织，英文名 Jihad）、圣战运动，背后的原因就是：死亡不算什么，是进入天堂的，或对他们来讲是获得真主安拉青睐的一种方式。生命丧失、自杀性爆炸的那一刻，你的灵魂得到升华、拯救。很多极端思想就是这种宣传方式，要解决这个问题，就要避免让那些失去希望的人采取绝望的行动，就需要让他们的世俗生活得到很好的安排。所以，要在文明相互尊重平等的基础上不再破坏阿富汗，无论是从积极方面的直接援助，还是消极方面的行动。比如，阿富汗有七十多亿美元被美国扣留，现在基于民生的需要，需要这些钱去买粮食、医药，不给不就是客观上助长了人道主义危机吗？当然，有人可能会说了，把钱给了塔利班，塔利班会不会去支持恐怖活动危害我呢？这种担忧的存在是合理的，但是没有办法规避。怎么办呢？钱虽然被美国银行控制，但是塔利班政府可以代表阿富汗人民提出订单，通过联合国或其他组织把钱用出去，这是可以的，需要多少粮食和药品按需采购。如果连这种机制安排都不行，那也只能说你本身并不真正关心他们老百姓的生活。所以，第一步是要解决当前最紧要的问题。第二，中国为什么没有马上承认塔利班政府呢？这也是让塔利班看到，你的很多传统的做法是不符合现代政治文明的，比如妇女的权利、地位问题，你的教育是一种仇恨性教育，是对所有不同政教观念和派别的排斥。现代政治有一个政治动员和参与，这就出现一个问题，我和你之间的不同应该怎么解决？这就需要宽容、包容，这是现代政治所必需的。中国的传统文化已经有了这些精神。但在比较不同宗教、文化的时候才会发现，基督教和伊斯兰教是具有很大的扩张性的，而且他们只相信一神论，排斥其他任何宗教的神，并且不允许它们的存在。这种扩张性引发的矛盾、冲突很多，在中国则很少有像基于宗教冲动的战争冲突。欧洲的宗教改革有很多，过去大家认为去赚钱好像是有罪恶的，如果这样，大家的积极性都无法发挥出来，要让大家"君子爱财，取之有道"，光明正大去赚钱，把每个人的聪明才智在这方面发挥出来，就会有更多的创造性来改善社会生活，这样才慢慢地更容易进入现代文明和奠定经济发达的基础。这里有一些很宏大的问题，目前我们只讲一些基本的问题，就是文化的平等尊重、交流共建，不要总是用自己的思维，认为自己的现代化道路才是唯一的，自己的标准才是唯一的，要看到自己的现代化道路肯定和任何其他国家不一样。有些标准、方向性的东西是可以相互交流的，但是路径是不完全一样的。所以要从文化的平等、尊重的角度，来看待国家的政策和行动，包括现代化道路。

吴根友：阮老师回答的很多内容完全超越了我的提问，更加开阔。尤其是最后特别涉及两个问题，我觉得非常有意思。第一是很多的网民认为中国政府与阿富汗这么快就接触，是不是就等于立即承认了。实际上，网民可能没有仔细地领会或者思考中国外交部的发言。阮教授就已经直接地指出，中国并没有直接地承认、信任塔利班政权，还是静观其变，以观其效。所以，中国对塔利班政权是不是能够慢慢地转向一个具有近现代性的政权，还是持观望态度。就像阮教授讲的，中国采取的是比较和缓的、消极的支持态度，观望现实的政府能够保障地区的安宁。首先解决人民的吃饭问题，然后慢慢地化解。这与中医的治病理论很像，就是扶正阳气，然后祛邪。百姓的生活没有解决，极端势力和其他的邪恶势力就会因此更多地滋生。我觉得中国政府采取的对阿富汗的外交政策，既有中国文化的特点，也还有现代性的视角，表明中国政府对于阿富汗问题既是慎重的，而且也是积极的，积极是从维持阿富汗现政权和人民的物质生活的基本的安定作为基础来考虑。第二是阮教授特别提到伊斯兰教和基督教都是一神教，都具有扩张的性质，但是欧洲的基督教的扩张性质经过世俗化，特别是新教的发展过程，允许和承认个人的发财、赚钱这种世俗活动是合理的。甚至在马克斯·韦伯的讲法里，赚钱的成功可能是你走进天堂的一个保证，看谁能得到上帝的拯救，就看你现实的努力，如果你努力，你可能成为选民。基督宗教正是有新教的转化的过程，使得它的扩张性在减弱，伊斯兰教恐怕也要有一个世俗化的过程。从世界的范围看，东南亚的伊斯兰教相对说来比较和缓一点，这与东南亚整个世俗化的进程和现代化的进程有关。特别是新加坡，新加坡的伊斯兰教没有那么多的攻击性，当然这与新加坡的国家小、容易控制相关，不允许伊斯兰教徒在上班时间祈祷。伊斯兰教徒的祈祷很多，一天有五六次，人家在工作，你在祈祷。所以，新加坡有一个很好的规定，你在家里怎么祈祷都可以，工作时间不允许。这个问题就涉及对阿富汗问题的解决，绝对不是像美国这样的移植民主、外科手术：我把你的政权推翻，然后把一整套现成的制度安到这里来。美国扶植的阿富汗政权很快就垮台了，所以以外科移植式的方式推进阿富汗的现代化进程，恐怕很难成功。在这一点上，如何把阿富汗这样的民族国家带到现代化的进程里，恐怕还是要尊重阿富汗人自身的民族文化传统，同时让他们自觉地慢慢改造传统，向现代化靠拢。而且阿富汗已经有物质基础，它的大城市已经有了，特别是美国在对阿富汗二十年的管理控制过程中，实际上也培养了一部分知识分子。但美国的问题就在于它是外科移植式的，就像我们人体的外科器官移植，它有排异反应，这是一样的。从文明进程和尊重民族内部的自生力量和文化力量的角度来讨论阿富汗问题是很有意义的，这可能也是把阿富汗带向现代化的一条很重要的道路，中国政府要采取这样的方式可能更恰当。主要的话题，包括四个基本问题都问完了，最后问一个题外的问题。亚洲跟欧洲相比很有意思，欧洲虽然在政治上是分裂的，民族国家很多，但在文化上是统一的。但是在亚洲，政治上是五花八门，有各种各样的国家，如阿拉伯联合酋长国是有酋长的一个国家；在文化上更是有佛教、基督教、儒教，还有其他的各种各样的宗教。问题就是，阿富汗是亚洲的一个成员，属于中亚地带。对世界的稳定而言，亚洲是一个很重要的地方，这么庞大的亚洲如果不稳定，世界也有很大问题。那么，怎么样从多元性的角度来思考建立一个和谐与稳定的亚洲，同时为世界的和谐与稳定作出亚洲文明的贡献。希望阮教授对这个问题能够作一些敞开式的阐述。

阮建平：吴老师最后给我提了一个很宏大的问题。确实，阿富汗地处中亚腹地，如果它出问题，周围的所有国家都会被波及，最后大家可能都会受害，所以关心阿富汗问题也是关系整个周边国家和亚洲的文明化进程。一般来讲，文明之间的交流互鉴是以相互平等为前提的，但如果说一个地区有不同的文明，可能需要另一个角度。这个角度表面上看起来可能有点冲突，就是文明之间的平等是不论大小、强弱，都要平等地相互借鉴、交流，但一个地区的不同文明要想繁荣发展，从历史来看，往往需要一个强大国家的出现，没有一个强大国家，文明、国力差不多的国家在一起，要想建立一个大的国家很难。换一个角度来讲，如果用中国来对比整个欧洲，那么欧洲的一个国家只相当于中国的一个省。另外，发展过程也有差异，梁漱溟先生（1893—1988）的《中国文化要义》里讲到，西方在罗马帝国崩溃之后，拉丁文就慢慢地不再是主要的文字了，除了少数知识分子使用之外，后来主要是拼音文字、注音文字，语音会随着时间的流转或者地理范围扩大而变化，其差异性也会扩大。如果以注音文字作为语言，以语言作为民族国家形成的基本依据的话，结果就会导致随着时间的变化和距离的扩大使得国家之间的差异性扩大。所以，在罗马帝国崩溃之后，欧洲一直没有形成一个统一的国家，虽然曾有不同的方式，如宗教统一战争的方式、军事征服的方式等，但都没有最终完成。从文化的角度来讲，因为他们的认同是基于一种注音文化为主体的文化认同，这种差异性使他们很难形成集体认同。中国各个地方方言的差异、发音的差异，丝毫不亚于不同语种之间差异。但中国以方块文字为载体的文化传统，使得各个地方不同的人哪怕相互讲话都听不懂，但都接受中国传统文化，讲仁义礼智信、天地君亲师，使我们很容易形成认同。东西方文化的差异对各自政治方面的认同的影响是比较大的。从中国历史来看，在历史上中国最强大的时候，各种文明到我们这里来。一方面，我们很开放、自信地吸收其他文明的东西；另一方面，其他文明、民族也很自然地吸收我们的文明，由此形成了一个多元文明相互交融非常繁华的时期，同时与其他不同文明之间的战争和冲突也很少。所以，有的国际政治学者就发现了很有趣的现象，在西方，一个国家强大了，其他国家会很自然地联合起来制衡它，像英国的光荣孤立。但是在亚洲，他们就会发现，在中国最强大的时候，没有国家联合起来制衡中国；同时，中国最强的时候也是最和平的时候，不仅中国最和平，整个亚洲也是最和平的时候。这是不同文明下的一个很有意思的特点。文明之间有差异性，但传统中国讲"远人不服，则修文德以来之。既来之，则安之"，强调不同文明之间和谐共处、相互学习。当你变得跟我一样的时候，有教无类，不管怎么样，你甚至可以成为我的政治领导人，都没有问题，这样是真正文明的平等。这不是忽视文明的差异性，而是用和平、求同存异的方式解决。

另外一个就是朝贡体系。其实，朝贡体系跟西方的殖民体系不一样，殖民体系是一个剥削的、压迫的体系，朝贡体系除了在权力结构上承认中国是共主之外，其实不干涉别国的内政。只要你的最高领导人经过我认可就可以了，是形式上的，实际上你出了什么问题，比如受到了侵略，我都会来保护你。你每年来送一点东西给我，我会送更多的东西还给你，厚往而薄来。通过一系列的方式，形成一个同心圆式的和平结构。我们要承认文明之间的差异性是存在的，文明之间的平等交流、相互学习也要认可。除此之外，第一是对一个文明的评价是基于其取得的成就，文化的吸引力和影响力在于它的逻辑感召力，如果一个文明只是讲我只为我、不顾别人，这种文明不可能被别人接受，所以它要有一定的普世性，这个普世性是道德上的利他；第二是要有逻辑说服力，道理讲得再好，结果连自己都没过得很好，谁相信你们？同样的一句话，一个乞丐说或一个大老板说，大家相信谁？这是很自然的情况。所以，"言轻莫劝人"，如果你真的取得很好的成就，德高望重，你本身就是一个示范。所以中国古代讲立德、立言、立功，其实它们包含的逻辑是一样的。在这个前提下，如果亚洲各国文明之间要形成一种大家希望看到的文明之间平等、交流、互鉴的理想状态的话，第一是要基于基本原则的共识，第二是需要有一个大国的出现，且这个大国是按照这种原则行事，且能够取得成功。美国在西方也取得了这种成就，但问题就在于美国现在的很多行为是违背它创造的原则的，所以大家觉得没有逻辑说服力，在道德上就更不用说，你的自私、唯我独尊，大家更不愿意接受。中国在自身的经济等各方面发展到一个阶段之后，按照自己的一套价值理念去平等地对待其他国家，而且通过这种方式可以使大家都能过得很好，这就是一种最好的典范。就像孟子说齐桓公，他九合诸侯的时候，别人不是害怕他的强，是担心讲不讲道义。这就需要一个公共权威，能够率先垂范。这是我个人的思考，是对于秩序的维护。这并不是说要重建中央帝国或搞中国霸权的概念，而是文化的吸引力需要有一个按照这种文化取得成功的典范，才能让大家相信你。你是按照这个原则行事，大家相互形成一种示范效仿，形成一种行为习惯和普遍的规则。这样就能够让不同的民族交流互鉴，而不是冲突。

吴根友：非常感谢阮教授对这个题外话作了自己的阐释，是借助历史的经验讲已有的和未来可能的亚洲的问题。中华文化跟欧美文化很不一样的地方在于和而不同。亚洲地域面积很大，亚洲各国之间的文化差异还是很大的。东亚和东北亚是在中华文化圈、儒家文化圈里相对来说比较重视秩序的，极端性的宗教比较少；中亚就是现在的整个阿拉伯地区、两伊也在内，加上土耳其，在历史上产生了很多宗教，相对来说宗教的冲突是多一点。怎么样建立一个和谐的亚洲，实际上是一个很困难的问题，但这不表示不可能。

从伊斯兰教在世界各地的状况来看，我们对伊斯兰世界也要重新认识。6 月份我们和兰州大学一起组织了一个学术研讨会，兰州那边有一大批研究伊斯兰的学者。在会上，有两个学者特别提到了中国伊斯兰的问题。很多人讲到伊斯兰好像就是那种自杀式的袭击炸弹，这都是媒体传播的，但中国伊斯兰不是这样，不仅现实中不完全是这样，历史上的伊斯兰也不完全是这样，包括朱元璋的农民起义军中就有很多伊斯兰教徒。我觉得伊斯兰文化跟儒家文化整体上是比较协调，可以和谐相处的。在有一个比较理想的大国作为和平的稳定器的前提下，和谐的亚洲、和平的亚洲是可能的，未必是一定要把某一种宗教全部消灭掉，只有一种宗教来控制。所以从文明的角度看，如果在遵循现代文化和现代文明的基础上——比如说平等，特别是政治上的平等，对民族主权国家、宗教、宗教信仰自由、个人权利的承认等——多元文明的亚洲的和谐是可以实现的。一方面，它有自己的各大文化传统做基础；另一方面，有近四百年来的现代化的文明的某些要素在注入。因此，和谐和精神上统一的亚洲也是有可能建成，但不是一天就会建起来。我相信亚洲的和谐、和平对世界的和平绝对会起到巨大的作用和作出巨大的贡献。今天世界的很多冲突是在中亚，再就是非洲的一些地方，如果能够形成一个和谐、和平的亚洲，世界的文明进程、现代化进程和世界的整个和平状态都会有巨大的改善。今天晚上访谈式的讲座到此就结束了。

主　讲：

阮建平（武汉大学政治与公共管理学院教授）

主　持：

吴根友（武汉大学哲学学院教授、武汉大学文明对话高等研究院院长）

校　对：

刘思源

整　理：

汪日宣

刘思源（武汉大学哲学学院博士生）

"生态 + 文明"的意义：环境史视野下生态文明建设思考

　　生态文明及其建设作为当代史的重要主题，确实值得思考与研究。当然，我们往往认为做历史研究，我们的研究对象或者说我们的关怀应该与当下保持一段距离，当下很多问题都还在进行当中，所以我们倾向于不去涉及当代史的问题，当然这也不意味着我们不能去研究，老一辈的史学家也专门思考过这个问题。齐世荣先生曾在中国世界现代史学会的会议上，就特别发表了这样一个演讲，后来这篇演讲在《史学理论研究》发表，题目叫《"合之则两美，离之则两伤"——试论当代人写当代史与后代人写前代史》[①]。这篇文章核心的观点就是当代人研究当代史其实是有它的便利的，因此借用齐先生的思想，我觉得生态文明及其建设是当代史的重要的主题，它值得思考与研究。

　　当代史从哪里开始算起呢？从世界史的角度来说，我们一般说是从 1945 年"二战"的结束；在中国近现代史当中，一般是始于 1949 年新中国的成立，这是一个基本的认识。那么，当代是一个什么样的时代？这是见仁见智的，而环境史的学者对此也有特别的说法。环境史的开创者唐纳德·沃斯特（Donald Worster）先生在《自然的经济体系：生态思想史》一书中提出，当代是"生态学时代"（the age of ecology），并将 1945 年 7 月 16 日世界上第一颗原子弹在

---

① 齐世荣：《"合之则两美，离之则两伤"——试论当代人写当代史与后代人写前代史》，《史学理论研究》2001 年第 2 期。

美国新墨西哥州沙漠上空爆炸的事件，作为"生态学时代"的开端①。

而在当今，"生态"一词更是流行起来，"生态+"的诸多概念频出，如生态灾难、生态觉醒、生态意识、生态政治等。同时，"生态+文明"或者"生态文明"这样一个概念也突然地出现，并且慢慢地流行和突出，为什么会这样？这是我们要去思考和研究的一个问题。

一、"生态文明"概念的提出

1978年，德国法兰克福大学政治学教授伊林·费切尔（Iring Fetscher）在《人类生存的条件：论发展的辩证法》（Conditions for the Survival of Humanity：on the Dialectics of Progress）一文中最先提出"生态文明"（Ecological Civilization）这个概念。文中表达了对"进步"（Progress）的辩证认识，对技术及其支撑的工业文明的批判，以及对新文明制度的倡导。下面是这篇文章的核心段落：

> 人们向往生态文明，被认为是一种迫切的需要…… 是以社会主体自觉地遵循这一制度为前提的。它将以人道而自由的方式来实现；这不能靠一群为世界生态独裁服务的专家，而只能靠尽可能多的人从根本上改变行为模式。将一切希望寄托于无限进步的时代现如今即将结束；人们对自己所幻想的终能无限驾驭自然的时代已深感疑惑。正是因为人类和非人的自然界之间处于和平共生状态之中，人类生活才可以进步，所以必须控制和限制那种无限的直线式的技术进步。②

---

① ［美］唐纳德·沃斯特著，侯文蕙译：《自然的经济体系：生态思想史》，北京：商务印书馆，1999年，第397页。
② Iring Fetscher, "Conditions for the Survival of Humanity：on the Dialectics of Progress," *Universitas*, Vol. 20, No. 3 （1978），pp. 170‑171.

到了 20 世纪八九十年代，中外学界有不少的学者基于不同的文化语境，几乎同时且相对独立地提出了"生态文明"的概念，用来阐释人与自然和谐共生的大问题。在我国，叶谦吉于 1987 年 5 月在安徽阜阳召开的一次生态农业研讨会上就说道：我们要大力提倡生态文明建设。他还有一个基本的界定，"所谓的生态文明，就是人类既获利于自然，又还利于自然，在改造自然的同时又保护自然，人与自然之间保持着和谐统一的关系"。他也特别明确地说道："生态文明时代，是人与自然之间要建立一种和谐统一的关系"，"21 世纪应该是生态文明建设的世纪"[1]。叶先生也被认为是国内最早提出"生态文明"概念的学者，他特别撰写过题为"生态需要与生态文明建设"的文章[2]。

90 年代，有越来越多的学者关注生态文明的问题。1990 年，李绍东发表了"论生态意识和生态文明"一文[3]。1992 年，张海源出版了最早论述生态文明的专著《生产实践与生态文明》[4]，他从生产实践跟自然环境的关系谈起，着重回答了为什么要建设生态文明，如何建设以及为何能够建设生态文明的问题。1993年，沈孝辉发表《走向生态文明》一文[5]。1995 年，美国作家、评论家罗伊·莫里森（Roy Morrison）出版《生态民主》一书，不仅使用了"生态文明"的概念，而且明确提出，工业文明有可能导致迈向生态文明的转变，但是如果没有人们自觉的努力，这一点是不可能实现的。他还认为，生态文明建设有三个相互依存的基石——民主、平衡与和谐；由于工业主义的触角遍布全球，因此需要思虑一种全球生态文明，除了在地方层面采取行动，也需要在全球层面采取行动[6]。1999年，刘湘溶出版了《生态文明论》一书，系统地回答了生态文明的内涵和意义，其最根本的创新之处，被认为是"将'生态'概念从一般的科学概念与环保概念

---

① 这几处引文均转引自张春燕：《百年一叶》，《中国生态文明》2014 年第 1 季号，第 86 页。
② 该文后来收于《叶谦吉文集》，北京：社会科学文献出版社，2014 年。
③ 李绍东：《论生态意识和生态文明》，《西南民族学院学报》（哲学社会科学版），1990 年第 2 期。
④ 张海源著：《生产实践和生态文明——关于环境问题的哲学思考》，北京：农业出版社，1992 年。
⑤ 沈孝辉：《走向生态文明》，《太阳能》1993 年第 3 期。
⑥ Roy Morrison, *Ecological Democracy*, Boston, MA: South End Press, 1995.

提升到人类生存与发展的高度，也即人类文明的高度"①，因此对人类文明转折作出了新的理论思考。

"生态文明"概念的提出及有关的论述，被视为人类思想史上的巨大的进步；但在很长一段时间内，它一直局限于思想界和学术圈，鲜少引起外界的关注。

二、"生态文明"作为国策的实施

2007 年，"生态文明"这一概念首次被写入党的第十七次全国代表大会的报告，"生态文明"作为国策被正式提出和实施。这之后，"生态文明"在我国真正引发了广泛的讨论与重视。2012 年，党的十八大确立了生态文明建设在社会主义建设"五位一体"总体布局中的核心地位。2015 年，中共中央国务院出台文件，加快推进生态文明建设。到 2016 年底，根据中共中央办公厅、国务院办公厅关于印发《生态文明建设目标评价考核办法》的通知要求，国家发展改革委、国家统计局、环境保护部和中央组织部等部门还共同制定、印发了《绿色发展指标体系》和《生态文明建设考核目标体系》，作为生态文明建设评价考核的依据。2017 年党的十九大召开，习近平总书记在政治报告当中特别指出，"建设生态文明是中华民族永续发展的千年大计"。环顾四周，迄今为止只有中国把生态文明建设提到了"基本国策""五位一体总布局"和"千年大计"的战略高度。"生态文明"已明确地成为我国现代化建设的战略目标，在我国各方面建设中变得日益重要。

三、从概念到国策，生态文明的意义何在？

我认为，思考生态文明从概念到国策的意义时，环境史视野是一个重要的思考角度。所谓环境史视野，就是通过研究过去人与自然的关系认识现实或当下的人与自然的关系，它包含了历史维度和全球维度。而从对过去的人与自然关系的

---

① 刘湘溶著：《生态文明论》，长沙：湖南教育出版社，1999 年，"序言"第 2 页。

认识与研究来说，人与自然的关系是一种双向的互动关系，这一关系经历了变迁。随着人类走过了原始文明、农业文明、工业文明的几个阶段，相应地人与自然的关系也经历了恐惧俯就、依赖开发、征服统治等阶段，正在向着和谐共生演进。而今天我们认识到，人类既不能像在古代社会那样去俯就自然，也不可能像在现代社会那样无限制地改造自然。人类可以对自然进行改造，但是人类对自然的改造决不能随心所欲，这也是历史的教训。所以在当代社会，人与自然的关系应该是和谐共生，愿景是以生态文明为基石的美丽社会——人与自然和谐的生命共同体。这些道理或理念，正是环境史通过实证研究所揭示的史实。

环境史作为历史学的一个新领域或者新学科，它的研究对象是自古至今人类社会与自然环境之间的相互作用及其结果和影响，核心宗旨是从与自然环境相关联的角度来探索人类社会的历史，以更好地把握自然在历史和社会中的作用，认识人类文明发展对自然环境的影响，从而为分析和应对环境问题乃至我们今天建设生态文明提供一种历史视角。

学科意义上的环境史，最早于 20 世纪六七十年代首先在美国被冠名并组织起来，八九十年代之后在很多国家的历史研究当中得到重视，并且在国际学界产生重要的影响。环境史的兴起和发展变化的基本情况，在休斯的《什么是环境史》一书中有非常明确的梳理①。环境史的贡献体现在很多方面：第一，它发表了大量的研究成果，在内容上涉及整体研究、具体的农业发展、工业发展、城市化、住房开发、自然变化、自然观念、环境保护等方面，今年侯深的《无墙之城：美国历史上的城市与自然》（四川人民出版社 2021 年版）和费晟的《再造金山：华人移民与澳新殖民地生态变迁》（北京师范大学出版社 2021 年版）都是环境史的力作；第二，它构建了新的历史知识体系，我们也正在以环境史研究成果为基础，系统地梳理和总结环境史构建的新的历史知识体系，包括新名词、新史料、新史实的揭示等；第三，它创造了新的历史观念，其中很重要的是关于自然在历史中的地位和作用的思

---

① J. Donald Hughes, *What is Environmental History*? Second Edition, Cambridge, UK: Polity Press, 2016.

考。用著名农学家李根蟠先生的话来说就是"自然进入历史，人类回归自然"，我把它简称为"自然入史"，并用了五句话来总结：择自然为题，拜自然为师，量自然之力，以自然为镜，为自然代言①。总之，自然对人类历史的塑造力量是我们不能忽视的。

而环境史对自然的这样一种书写和关怀，使得它成为一种"令人不安"的新史学。它打破了人类的傲慢与偏见，不仅认为"人类并非创造历史的唯一演员"②，而且将人类置于被批判的位置，"力图反思资本主义、现代科技乃至整个人类文明同自然之间的关系"③。总的来说，这样的一种新的历史观念，就是要书写自然在历史中的作用，同时揭示人类文明的"黑历史"，如我对伦敦泰晤士河污染问题的研究、1930 年 12 月 1—5 日比利时马斯河谷烟雾事件的研究。比利时马斯河谷烟雾事件属于 20 世纪八大公害之一，此外还有 1948 年 10 月 26—30 日美国多诺拉烟雾事件、20 世纪 40—60 年代洛杉矶光化学烟雾事件、1952 年伦敦烟雾事件、1952—1956 年日本水俣病事件、1961 年四日市哮喘、1968 年 3 月米糠油事件、1955—1972 年日本痛痛病事件等。这些都是传统工业文明发展所带来的恶果——国在山河破。联合国在《1996 年人类发展报告》中提出了一个概念叫"没有未来的增长"（futureless Growth），涉及环境问题和生态危机，而环境问题的涌现表明了工业文明的发展是不可持续的，这些也逐渐引起了人类的反思和转变。同时，环境史也揭示了"生态危机"所促使的人类转变乃至全方位的变革。

"生态危机"是什么性质的问题？是生态的危机吗？关于这个问题，小林恩·怀特 1967 年在《科学》上发表的《我们的生态危机的历史根源》中最早作

---

① 参见拙文《从关注"一条鱼"谈环境史的创新》，《史学月刊》2018 年第 3 期，第 27 页。
② 这句话出自美国环境史学家威廉·克罗农；其完整的表述是："人类并非创造历史的唯一演员，其他生物也作用于历史，重大的自然进程同样如此。这样，忽略它们之影响的任何一部历史，都可能是令人遗憾的不完整的历史。"［William Cronon，"The Use of Environmental History," *Environmental History Review*，Vol. 17, No. 3,（Fall 1993），p. 13.］
③ 侯深：《令人不安的史学：美国环境史的历史、现状与未来之反思》，2021 年 6 月 3 日在中国人民大学 2021 年春季学期"史学前沿"系列讲座的第十四讲。

了解释[①]。怀特在文章标题中用的是"我们的生态危机"（Our Ecological Crisis），他要谈论的是"我们"的生态危机，而非"生态"的危机（Ecological Crisis）。对于"我们"，怀特有时候泛指人类，在这个层面上，"我们的"生态危机指的是人类对自然肆意妄为所带来的"悲惨结局"；有时候具体指代民主世界，在这个层面，"我们"的生态危机被视为"一个正在的绝对新奇的民主文化的产物"。总的来说，他说生态危机是人类的生产和生活方式的改变对"非人类的大自然的影响"的问题。

在怀特看来，尽管这一问题存在已久，但"我们人类对环境的影响大大增强"，则是在 19 世纪 70 年代之后，并且，"在不足百年后的今天，这种巨大的影响力就已经产生了本质上的改变。"简单来说，他认为在第二次工业革命后，人类对自然的影响大增，至 20 世纪六七十年代，出现了质变即生态危机的爆发。对此，怀特又用"生态反弹"（Ecological backlash）一词来表示。他还指出，在 20 世纪后三十年里，"生态反弹"问题还会疯狂地增加，人们"对于其后果的忧虑也会与日俱增"。"生态反弹"在美国的事例有很多，比如说凯霍加河大火燃烧事件、伊犁湖的生态灾难、圣巴巴拉石油泄漏事件等。在当时有一部非常有名的著作叫《寂静的春天》就反映了美国人的忧虑，"死亡的幽灵"一直在人们的脑海当中徘徊。

在这样的背景之下，美国社会在 20 世纪 60 年代末 70 年代初进入了"环保关头"（the Environmental Moment）。1970 年 4 月 22 日，美国出现了地球日运动，被视为全球首次大规模群众性的环保运动。人类对环境问题的关注也开始变成一种世界性的活动，其中很重要的一个事件就是 1972 年在瑞典的斯德哥尔摩召开了第一次人类环境会议，东西方超越了意识形态分歧，发表了《人类环境宣言》，共同去思考人类共同命运的问题。到了 1978 年，"生态文明"概念诞生，人类社

---

① Lynn White，Jr.，"the Historical Roots of Our Ecological Crisis，" *Science*，Vol. 155，No. 3767（Mar. 10，1967），pp. 1203 - 1207.

会的发展已经进入到了一个转折性的关头，出现了很多呼唤彻底变革的声音，因此在这个时代生态学流行起来，人类自觉地主张改变对待自然的不恰当的态度，立足调整与自然的关系。

很多的问题和习以为常的概念，其实都需要在生态文明的视野之下来进一步地反思。第一，如何界定人与自然的关系？人与自然的关系是什么？如何调整？在这样一个关系的界定当中，是否意味着一种新型的社会-生态秩序的建立呢？第二，如何兼顾私人产权和社会公益的平衡？纳什在《大自然的权利：环境伦理学史》一书中，系统地梳理了在西方思想史中从天赋人权到大自然的权利观念的演变①。第三，在生态文明建设当中如何确保公民的参与？专家治理和公民参与如何结合？第四，如何确立权力的边界？从中央到地方的权力如何享有和协调？有没有一个绝对的权威？环境史的研究认为，生态文明建设应是去中心化的、多元平等的。第五，如何解决资源分布的地方性和资源开采与利用的全国性、区域性和全球性的冲突？资源开采的决策范围应该如何划定？

生态文明建设的关键在于人的思维和行为方式的生态化转变，人是这个行为的主体。总的来说，建设生态文明是生产力和生产关系、经济基础和上层建筑、物质文明和精神文明辩证统一的过程。若要真正将生态文明建设置于突出地位，融入经济、政治、文化和社会建设各方面和全过程，则面临来自许多领域（包括生产、消费、城镇化建设、天然生态系统、文化教育和法制管理等）的问题与挑战。无论哪一领域、哪一方面工作的开展都离不开人，都有赖于人的活动。由此也可以理解，为什么费切尔在 1978 年提出生态文明概念并强调"迫切需要生态文明"时特别提醒：我们渴望的生态文明，是以社会主体对于这一制度的自觉意识为先决条件的；唯有作为社会主体的人的行为改变，尽可能多的人的行为改变才能实现。张海源在《生产实践和生态文明》中明确指出，"改造非生态意识，

---

① ［美］罗德里克·弗雷泽·纳什著，杨通进译：《大自然的权利：环境伦理学史》，青岛：青岛出版社，1999 年。

建设生态文明，是全社会的共同事业"，因此提倡人人"从自己做起"①。莫里森在《生态民主》一书中同样强调，如果没有人们自觉的努力，生态文明是不可能实现的。刘湘溶在《生态文明论》中还专门论述了"思维方式的生态化"问题②。

毫无疑问，我们需要倡导"一场针对环境的行为革命"——这一提法出自1969 年罗德里克·纳什起草的《圣巴巴拉环境权利宣言》③。在这方面，我国政府也在倡导和引导，并发布了《公民生态环境行为规范（试行）》④。《行为规范》包括关注生态环境、节约能源资源、践行绿色消费、选择低碳出行、分类投放垃圾、减少污染产生、呵护自然生态、参加环保实践、参与监督举报、共建美丽中国十个方面。细究起来，其中最为关键的是关注生态环境、呵护自然生态和参加环保实践三大方面，其他七个方面或者是这三者的细化，或者是其目标，因而它们之间具有内在的包容性和关联性。

那么，建设生态文明，我们应该怎么办呢？我认为生态文明建设需要一种新人，一种以生态世界观和环境伦理观来指导自己行为的人——生态公民或者绿色公民（green citizen）⑤。因此，我们每一个人要超越小我，关注社会和自然公益，通过自己的探索与实践，与各方一起寻找问题解决之道，自觉追求和谐。

梅雪芹（清华大学人文学院教授）

---

① 张海源：《生产实践和生态文明——关于环境问题的哲学思考》，第 138 页。
② 刘湘溶：《生态文明论》，第 31—61 页。
③ 参见梅雪芹等著：《直面危机：社会发展与环境保护》，"代序"，北京：科技出版社，2014 年。
④ https：//m. thepaper. cn/baijiahao＿12831173，2021 年 11 月 19 日登录。
⑤ 参见拙文《共建共享生态家园——绿色世界公众史学畅想》，《鄱阳湖学刊》2019 年第 2 期；《生态文明：从理念到人》，《信睿周报》2020 年 5 月 27 日；《绿色公众史学：环境史与公众史学在我国的发展》，《公众史学》2021 年第 4 辑。

山川与文明——读何镗《古今游名山记》

一、小序

陈邦瞻（1557—1623）是活跃于万历时期的人物，《明史》卷242 中有记载①，他在给明代杨尔曾的《海内奇观》的序文中有如下一节：

> 近代名山有纪，始于吴门都玄敬，而备于括苍何振卿，增都损何，自命撮胜者，吴兴慎氏也。

此处提到的"都玄敬"是都穆（1459—1525）的字，他是《游名山记》（全 4 卷，正德 10 年序）的作者②。"何振卿"是拙论的主角《古今游名山记》（全 17 卷）的作者，亦即何镗（1507—1585）③。陈邦瞻以"备"来评价后者，不仅因其体量是《游名山记》的四倍。一方面，都穆的游记记录的是作者自己的亲身体验，所以无法覆盖中国全境。另一方面，正如何镗标题中的"古今"所示，他广泛搜集了从古代至明代同期的游记（也采集了都穆的书），自卷 1（西苑：

---

① 《海内奇观》在王重民的《中国善本书提要》（上海古籍出版社，1983 年）中附有 4 种版本的解题。关于陈邦瞻、方彦寿《福建历代刻书家考略》（中华书局，2020 年）上册第 61 页有其简介。另，邹维琏《达观楼集》卷 17 有其墓志铭。

② 通行本有 4 卷本，也有 6 卷本。本书有 1826 年的日本刻版。"游名山记四卷"，明都穆撰，文政 9（1826）年，京都积善堂刊。

③ 有关何镗的生卒年，参考吕丽粉的论文。《千山万水我独行——论徐霞客及其游记之〈奇〉》《东方文化》第 6 辑，慈济大学东方语文学系编，2015 年。

北京诸山泉附）至卷 17（天然洞：贵州诸山泉附），它网罗了全国山川，与都穆之书可谓是质的差别（何镗自己亦为大旅行家，该点将另章论述）。

又，"吴兴慎氏"为慎蒙（1510—1581）。他的游记基本上是何镗《古今游名山记》的"续辑"，因为广受社会欢迎，而得书肆争相印行，大致可分为 16 卷本（《天下名山诸胜一览记》）和 48 卷本（《名山胜概记》）这两种见行于世。陈邦瞻的序文中的"增都损何，自命撮胜"，是以"使都之略者益之以详，何之所辑冗者已洁"的慎蒙之序（16 卷本）为基础的评论。

如上所述，嘉靖至万历期间有不少游记问世，关于此点，再作一补充。吴炳在收录的《游名山记序》中有"若今乔白岩、都玄敬诸公，靡适不游，靡游不述"一文，这让人联想到了由明人的旅游和游记带动的旅行热潮，与都穆齐名的"乔白岩"即乔宇（1475—1524），何镗亦读过他的《海岳行记》（何镗《游名山纪后序》），他的各类游记被收录在《古今游名山记》中。（例如，卷 8 山西篇收录的《游恒山记》，等等。）

拙论通过这部何镗的《古今游名山记》，试论何为明代游记的特性、明人的自然观以及中国式的景观论。

二、何镗略传与《古今游名山记》的构成

有关何镗的传记，由于笔者现阶段还没有深入调查，这里只是目前所得：《四库提要》史部·地理类存目三，何镗所撰《括苍汇记十五卷》附有何镗略传。"括苍"（浙江省）是何镗的出生地。

> 镗字振卿，号宾岩，处州卫人。嘉靖丁未（二十六年，1547）进士，官至江西提举佥事，镗以处州旧志，十邑各为一编，体例不当……

有关他作为行政官的功绩及其为人，黄佐在《古今游名山记》的序文（嘉靖四十二年）中描述如下。下文黄佐所言的"吾广潮郡"，是指广东的潮州。之所

以用"吾"，是因为黄佐是广东人。

> 公名某字某。嘉靖丁未，以毛诗大魁多士当简，入中秘为词林宗，而才大数奇，遇踬复起。以尚书刑部郎出守吾广潮郡，适遇寇变，督府元戎，统大军分五道，驻潮诸司，往谒无虚日，筹画策应，羽檄旁午。然公处之裕如，积仓裹粮，兵食饶足。旦夕方与嘉宾名士载酒游韩山，如无事时。且刻韩文而诵讽之，上下皆服其德量，则其学术岂颛外而遗内者邪。

在著书方面，何镗还著有收录了其他历代地图的《修撰通考》6 卷（万历 7 年编纂）[①]，连同被广泛阅读的《古今游名山记》，可知他作为当时的地理学家，也是自成一派。然而，支撑他地理学和地志学的，是其作为大旅行家的丰富旅行经验。他在担任地方官的同时，经常周游各地。在《古今游名山记》的某个版本（万历二十五年补刻本、四库全书存目丛书本、续修四库全书本）中，附有何镗的亲笔《后序》（嘉靖四十四年）。文中写道："余少好览观山川奇胜，乃自束发以来，于海内名山川，厥睹盖什七八云"，下文，何镗逐一展示了自己实地去过的山川、旧址，读过之后就会了解到"什七八"并非夸张。

其证据是以"游名山记"为标题的自作游记，它作为四库全书存目丛书本《古今游名山记》卷末的附录被记载下来。全记共 48 篇，因为结尾写着"游名山记卷之一　终"，所以可能本来还有续篇。实际上，此存目丛书本《古今游名山记》的卷末，有前引何镗的《后序》和蔡文范的《游名山记跋》，之后有李元阳的《游名山记序》（嘉靖四十五年），接下来的《名山记目录》与前引自作的 48 篇游记相连。问题在于李元阳的"序"。放在卷末却叫"序"是很奇怪的，这可能是录有自作游记的《游名山记》的序文。在前述现存的 48 篇中，李序的开头有如下记述：

---

① 大澤顕浩「『詞章之学』から『輿地之学』へ—地理書にみえる明末—」『史林』76（1）1993 年。

　　　　游名山记九十余篇，括苍宾岩何公自纪其宦辙所历之山水与其喜愕快惕之情，邂逅交游之事，咸著之篇中，以志不忘者也。嘉靖丙寅（四十五年）杪冬，公按部至点苍山（云南省），一日手编视阳（李元阳）且曰，子其序之……

　　也就是说，李元阳被请求作序的是由"九十余篇"组成的自作游记，其中可能约有 50 篇亡佚了。换言之，何镗的两部《游名山记》在嘉靖四十四年和四十五年依次刊行，但是自作的游记可能已经部分散佚了。为了解决这个问题，有必要仔细考察各个版本，现阶段只能提出以上的推测。

　　笔者现阶段所见有以下版本。①万历二十五年刊补刻本、②四库全书存目丛书本①、③续修四库全书本②。关于编者名，以上三本的每卷开头都写着"括苍何镗振卿甫编辑　庐陵吴炳用晦甫校正"。拙论使用①的补刻本作为底本。此处所言补刻本，是指将"久漫灭"的嘉靖四十四年括苍何氏原刻刊乙，由何镗的嗣子应乾、应春、应文"补而新"于万历二十五年再刊的版本（汤显祖·补刻序）。日本自江户时代以来，伴随着对中国的憧憬愈发强烈，广泛地阅读明代的游记。本书也被多所机构典藏，而笔者所用乃名古屋蓬左文库藏本，涉及初代尾张藩主·德川义直的旧藏。王重民的《中国善本书提要》对本书的三种版本进行了解说，但没有提及这部补刻本。

　　接下来，对本书的构成进行论述。首先，开头的《游名山记序》中列出了以下五人的序。

　　① 黄佐（嘉靖四十二年）

① 古今游名山记十七卷，总录三卷，附游名山记一卷，中央民族大学图书馆藏，明嘉靖刊本影印，1996 年，齐鲁书社刊，史 250。
② 古今游名山记十七卷，总录三卷，北京大学图书馆藏，明嘉靖四十四年庐陵吴炳刻本影印，2002 年，上海古籍出版社刊，NO. 736。另，必须说明的是，拙论是在日本疫情（COVID‐19）猖獗时期所作，因此各地的汉籍藏书馆大多关闭，未能实现阅读的计划。

② 吴炳

③ 王世贞

④ 王穉登

⑤ 汤显祖（万历二十五年、补刻序）

之后，《古今游名山记总录》提出了"凡例五条"，但也有因为过于简洁而难以理解的地方。首先，作为"总录"，其解释了《胜纪》《名言》《类考》三编的写作意图。在上述③王世贞的序中，尽管《古今游名山记》的正文仅有 17 卷，他却言这三编有"五十万余言"。这虽然有些夸张（实际上大约 10 万字），但其分量之大却是事实。凡例中，《胜纪》和《名言》被一同提及，只言："胜纪、名言，稽条古今游者而逸人之致、静者之辞，其离放器侈而深赏适者皆录焉"而不得其要领，也不知道两者的具体区别。这三编都是从各类古今文献中摘录出来的断章的集结，例如《胜记》以"黄帝将见大隗具茨之山……"这样的寓言（《庄子》徐无鬼篇）开头，展现了人物与场所之间某种具有模范性的关系。如此一来，人物便成为了真正的"游者"，场所所成为了"名胜"。

《名言》的开头是列子和壶丘子关于"游"的问答（《列子》仲尼篇），收集了有关"游"的《名言》。后世，作为在山水间悠然自适的理想状态，屡屡被引用的谢鲲之"一丘一壑"的说法（《世说新语》品藻篇）也在此处被引用。与此同时，后世喜欢使用的还有"卧游"一词。以绘画和游记代替实际的游山玩水的这种替代性的行文被使用，但此类语句，见载于《胜纪》篇而不见于《名言》篇。喜好游历名山的宗炳在晚年因为"老疾俱至"而不得不断了旅行的念想，自己曾经游览过的地点全都是在室内回想描画出来的，在此种行文中，他所言的"唯当澄怀观道，卧以游之"正是"卧游"的出处（《宋书》《南史》隐逸传）。这一逸事被收录在《胜纪》篇中，大概是何镗认为这表现了旅行者与山水之间的某种动人的关系。

《名言》和《胜纪》的界限不是没有难以理解之处，而在与各地另编的全 17 卷游记正文的区别方面，也有一些模糊不清的地方。例如，《名言》篇收录的

《唐王绩 醉乡记》等言及的"醉乡",因为描写了现实中不存在的醉人心境,所以放在《名言》篇是可以理解的。然而,出自《怀素与律公书》的"雁荡山,自古图牒未曾言山顶有大池,相传……"一文,主题是雁荡山,所以很难明白其不编入正文相关部分(卷 17 上)的理由。

《类考》篇的特性更让人难以理解。在由五条组成的凡例中,专用一条进行以下的叙述:

> 类考简其标表山川。予夫洞天福地,籍置玄经者,其发物滋著,英灵窟宅,轨道夷易,非十洲不据之质,固方内游士之所取大也。

此文的关键词是"山水"和"洞天福地"。"类考"正文的开头载有《汉东方朔 十洲记叙》。《海内十洲记》乃六朝人伪托东方朔所作,这已经是当今定论,这是一部记录了位于"八方巨海之中",被认为有神仙栖住的十个岛的荒唐故事的作品。因为何镗在此处说"十洲不据之质",所以在《类考》中仅载录了《叙》。从现实主义的观点来看,虽然也可以选择干脆不采录《叙》,但为何他硬要留下《叙》呢?因为他不仅重视实际存在与否的"外部"问题,还重视抱持着神仙愿望的时人之"内"心。

神仙愿望与现实主义的交叉点,就是"洞天福地"。洞天福地说乃 4 世纪后半叶,由上清派道教徒所创想之物,而何镗先交代了洞天福地说源自道经经典("籍置玄经"),"其发物……"是之后的记述。"其发物滋著"一句,虽然可以理解为赞扬洞天福地所具备的某种丰饶的生产力,但其真意难以捉摸。"英灵窟宅"是化用了孙绰《游天台山赋》中的"玄圣之所游化,灵仙之所窟宅",那里有"英灵"(也包括神仙)们居住的洞窟。与虚构在海上的"十洲"等不同,"轨道夷易"是说通往那里的道路平坦容易,"固方内游士之所取大也"是说,"方内游士"——并不是指那些脱离了现实的隐者,而是指在现实世界中生活着的旅行爱好者——他们给予了这个诱人的地方以高度评价。

　　"洞天福地"本来就是以现实中的洞窟为基础，发挥无限的想象力的产物——换言之，就是把洞天福地的内部空间翻转到外部空间，在外界日月作为光源的条件下，俗人奇迹般地找到了洞口，而这里是只允许神仙居住的地方①。不过，从何镗的记述中可以看出，在明代，"洞天福地"并非那种无法到达的特殊场所，而是变成了"方内游士"也能找到的存在——从"圣"到"俗"的变化。这就是为何在本节开头，讲到了"现实主义"。事实上，本书的读者会发现，只要是名山，那里大概都会有"洞天"的记载。为了让本书成为奔赴"洞天福地"的"方内游士"的指南，在《类考》篇的开头，前述《十洲记叙》的后面，何镗不厌其烦地以杜光庭的《中国五岳记》为开篇，连同载录了《十大洞天记》《五镇海渎记》《三十六洞天记》《七十二福地记》。明代游记中有很多洞窟行或"洞天"行的记述，特别是本书，更是出现了有山就有洞的盛况，这个问题我想将来再另稿讨论。

　　《类考》篇之后接续的是《山类赋》与《水类赋》。常言道："赋者，铺也。""赋"是一种对事物、事象绵延铺陈，兼具韵文与散文的文学形式。此处的主题是作为自然中两大构成物的山与水。《山类赋》以"夫山者，宣也。宣气生万物者也"开篇，《水类赋》则唱颂着"夫润万物者，莫润乎水"。两篇赋在文中都附有对用语出处和解释的详细注释，但未指明赋的来源。其出处是宋·吴淑《事类赋》卷七·地部。不过，因为同时代的章潢《图书编》也被引用了，所以何镗可能也使用了《图书编》。这两篇赋之后，是对全境山河的地志式记述——准确来说，更像是将从典籍中摘录出来的断篇绵延地接续起来。然而，在水系的文章中，突然出现了秦始皇在"琅邪大乐之山"上营建"层台"的故事，可能会让读者感到困惑。在这三卷"总录"之后，从另作的全 17 卷正文开始，因为各种游记都是按地区编排的，所以这个"总录"可以说是一个综论，正文是由分论组成的，看得出本书的整体是被立体地建构的。

---

① 　三浦国雄：《论洞天福地》，收于《不老不死的欲求》，四川人民出版社，2017 年。

关于 17 卷正文，在前引的 "凡例五条" 中有如下的解说。这里正是何镗的旅行观与游记观的浓缩表现。

> 山记次列古今游而能言者、畅布于篇。即岩壑奇诡、熽入丹青、情致彼我得之、不远伐柯之则。一展诵若亲披历、从之陟降山原。……

首先，注意 "游而能言" 的表达。这里，笔者并非专攻而无意讨论中国文学，但笔者明白中国文学的基本精神是强调 "怎么写" 而不是 "写什么"。何镗生活的嘉靖年间，不仅与古文辞派后七子等活跃的时期重合，他还与后七子的代表人物王世贞（1526—1590）有过交流。如上所述，既然王世贞为这本书写了序，就可以推测出两人交流之密切。同样写了序文的王穉登（1535—1612），在当时也以诗人而得盛名，而为补刻本作序的汤显祖（1550—1617）就无需赘言了。汤显祖将何镗称呼为 "吾先师栝 [括] 苍何先生"（补刻本序）。"游而能言" 以下所列的 "山记"，出自在这种环境中生活的何镗，这是我们需要明白的。他在此表示，他为这本《古今游名山记》选择的，是兼具好的旅行者与好的文章家的作品。若阅读本书，会发现它似乎在为读者的感受代言。并且正如 "展诵若亲披历，从之陟降山原" 所言，它也是身处山水时的实用指南。

这 17 卷整体的构成，是 "凡例五条" 中所述的 "载首二京，次各省，遵制也"，根据明代的行政区划（二京十三省），以北京（卷一）、南京（卷二）开始，卷十七的贵州结束，不过各卷（也就是各省）的体量不相等。以贵州为例，由于交通的便捷与否导致读者的需求量多寡不一，越靠近边境，何镗收录的作品数量就越少。

本书的特征是，除了两京，将各省山水中特定的 "山" 作为代表，以此 "山" 为中心编辑游记。下文列出了目录。不过，在编撰的目录中，卷四仅有齐云山一卷，但在正文中却分为上下卷，下面将卷四下改为 "茅山"。（括号内的数字是笔者统计的收录作品数）

关于这个目录，稍加评论。如上所述，每个地区都以"山"为代表，但背后可能有一种将"五岳"视为神圣，并将诸山置于其下的自然观在暗流涌动。不过，北京、南京作为两京则别具一格，并没有以"山"来表示。卷三的"江北"，是指现代江苏、安徽省内长江北岸一带的地域，但是难以理解此地以"琅琊山"作为代表的理由。"琅琊"也写作"琅邪"，山东省诸城也有一座同名山，但这里当然指的是安徽省滁州市附近的一座山。这座山海拔 320 米，绝对称不上高峻，在欧阳修任滁州知事时，自从他在原本位于山中的亭内开办宴席，将亭子以"醉翁亭"命名并写下了《醉翁亭记》之后，此山就变得有名。关于这件事，在本卷开头宋濂的"琅琊游记"中，也有记载如下。以下的文章主题，当然是琅琊山（的知名度）。

自非欧阳公之文，安足以达于天下。或谓，文辞无关于世，果定论耶。

然公以道德师表一世，故人乐诵其文。不然文虽工，未必能久传也……。

这里宋濂提到的问题——"名文"在树立"名胜"中的作用，广义而言是"自然"与"人为"的问题。——也是拙论的一个主题，将在下章另作考察。这里的宋濂游记，是以宋濂于洪武八年扈从皇太子，在琅琊山作为引导之事为主轴展开的文章，何镗认为若说到琅琊山，它就是江北的"颜面"，这或许也与宋濂扈从皇太子游历琅琊山之事有关。此外，本卷还收录了"醉翁亭记"和"丰乐亭记"（赞美滁州的清泉）。

如果快速地浏览一下目录，就会看出何镗在"凡例"中所述的"繁简之异"，"江南"是 2 卷共 156 篇，"浙江"分为"两浙"卷和"浙江"卷共 299 篇，"江西"也有 2 卷共 128 篇，"湖广"没有分卷共 129 篇，以上皆多于其他地域。另一方面，边境的贵州仅有极少的 6 篇，其他地区也大同小异。浙江尤其地多，或许与何镗是浙江括苍人有关。卷十四的副标题是"广西诸山洞附"，其他地域的"泉"仅在这里变成了"洞"，如果不是单纯的笔误，可能是对此地众多洞窟的特记。实际上，这种特有的喀斯特地形造就的洞窟有很多，该文还大量收录了明人董传策《游桂林诸岩洞记》开头的洞窟记。如果说到与此相关的，那就是卷十七贵州的标题变成了《天然洞》，且仅在此处将"山"字消去了。贵州不应该没有山，但何镗没有找到合适的山游记，所以可能将置于卷首的明·田汝成《游天然洞记》的"天然洞"作为了副标题。

再有，当时"大明"与诸多外邦有交流，本书在如何处理"异域"上产生了问题。例如在何镗的时代，所谓的"倭寇"是明朝重大的海防问题，郑若曾的浩渺巨著《筹海图编》的初刻本就在何镗的同时代刊行（嘉靖四十一年）。并且，正如前述黄佐序文中"适遇寇变"所言，何镗自己有赴潮州抗倭前线的作战经验。不过本书是游记，不牵扯到作为外交、国防、交易对象的外国是基本的态度。但若说本书完全没有提及"异域"的话也不对。在卷一"西苑"中，连续收录了以下的外国纪行文。没有明人的作品。或许是因为北京是前往朝鲜和西域的起点，这些被编辑在北京卷。

宋徐兢　使高丽录

元刘郁　西使记

元朱德润　异域记

最后，再来论述本书的编辑。笔者没有遍及角落地精读全 17 卷，但在粗略通读的印象中，我对何镗的阅读量和广泛搜集的能力感到惊叹。不过，我也确实觉得编辑应该花另一番功夫。简言之，就是收录作品的排列原则难以理解。在这里举卷四上下卷的"越境"问题作为一个易懂的例子。本卷将《江南诸山泉》分为以"齐云山"和"茅山"为标题的两卷，但齐云山在现在安徽省休宁县境内，茅山则横跨江苏省的句容和金坛两县而以道教圣地闻名，两山的直线距离大约 200 公里。卷四上是安徽省的部分，卷四下是江苏省的部分，这样的思路是容易理解的。然而，令人惊讶的是，卷四上"齐云山"之后连续收录了 3 篇《茅山记》，这只能说是很奇怪的（宋·叶梦得、明·乔宇、明·都穆的《游茅山记》）。至于张公洞和善权（卷）洞，是位于江苏省宜兴县天下皆知的名洞，由于两洞靠得很近，所以经常被成对谈论。本书还收录了 10 篇有关它们的游记，虽然都应该被收入卷四下的茅山卷中，但不知何故有 4 篇被收录到卷四上的齐云山卷中（明·都穆、明·袁袠、明·王世贞、明·沈周）。此外，这四篇被相互分隔地放置。尽管这样的例子不胜枚举，只能到此为止，但还想最后举一例。在卷十下"浙江"卷中，却编入了《苏舜钦·沧浪亭记》。说起"沧浪亭"，那难道不是苏州的名园吗？总的来说，何镗的这本书在编辑方面有点马虎，这是不可否认的。慎蒙编纂续篇的理由，或许可以由此窥知一斑。

三、《古今游名山记》的世界

本章虽然考察的是《古今游名山记》展现出的多彩自然观，但由于此书是由如上所述古今各种各样的游记构成的，所以要暂时脱离何镗的个人色彩。

首先是"山"。针对山的评价，明代的方鹏提出了以下的标准。

> 今夫山高大则雄，孤绝则奇，闲静则幽，美丽则秀。四者有一焉，犹以为胜。兼之者其难乎。（卷 10 下《游南雁荡记》）①

自古以来，中国就有几座众望所归的名山。也有人选择"衡岳、武夷、雁荡、匡阜"这四座山（卷 10 下《明范禹臣 游龙门寺记》），这些是已有评价的山，而另一方面，宋代的范成大根据自己的勘察，作出了如下评价。

> 予登览太行、常山、衡岳、庐阜，皆崇高浑厚，虽有诸峰之名，徒尔魁然。大山峰云者，盖强名之。其最号奇秀，莫如池之九华、歙之黄山、括之仙都、温之雁荡、夔之巫峡，此天下同珍之者。

实际上，这只是一个前提。在列举了被评为"其最号奇秀"的几座山的缺点之后，范成大把广西"桂（林）之千峰"评价为"天下第一"②。

然而，游者挑选的不仅限于此处的"名山"。天下有无数座不知名的山，如何描述山的奇绝秀美，这考验着游记作者的笔力。笔者不知上引"桂之千峰"从何时变得有名，但范成大的这篇文章可能会引发人们对它的向往之情③。

顺便说一下，旅行或游记的对象不限于山。山中有水有泉，有石有洞。关于

---

① 本卷收录了雪窦山卷，而雁荡山在卷 10 上。将它编入雪窦山卷，说明也存在着前章所述"越境"的问题。顺便说一下，天台山游记也是以两卷分开的形式收录的。

② 卷 14《桂山漓江序》。这篇序文与《桂海虞衡志》的《志岩洞》是同一篇。另外，明人董传策有对范成大这篇文章的回应。本书卷 14《桂林诸岩洞记》。

③ 参考本书卷 14，柳宗元《桂州訾家洲亭记》等。

明代的慎蒙对《古今游名山记》的继承，至今已多次言及，那本 16 卷的《天下名山诸胜一览记》，在卷二之后书名变成了《名山岩洞泉石古迹》，因此被《四库提要》批评为"殊不画一"（卷 78），然而这个题目却很好地体现了内容。慎蒙自己喜欢"岩洞泉石"这个词，并在《天下名山诸胜一览记》的序中两度使用了它。有关"洞"笔者将另作文章，此处稍微探讨一下作为山之景观的重要配角——"石"。

仙都山远非配角，这座山本身就被说成"纯乎石"。（卷 10 上《明方鹏　游仙都山记》）。

像苏东坡这样的文人，有不少是石头爱好者①，本书也收录了不少以石为主题的游记。例如，卷 10 下连续收录了宋·叶梦得的《石林山堂记》和《石林记》，在后者中，叶梦得直言"好石"是他自己的"癖"（卷 10 下《石林记》）。之后范成大的《游湖州石林记》中，追忆了这位"好石"的"叶公"。在洞窟内部的记载中，多以"石坛、石屏、石钟、石笋"等为主角（例如，卷 10 上〈明薛应旂·江郎山志〉等）。对于文人来说，石头还是用来刻字以流传后世的不可替代的媒介。例如，明代陈芹的《百丈山记》（卷 11 上）中言及他在山中偶遇刻有唐代名笔柳公权大写的"天下清规"四字的石头，欣喜万分。唐代的百丈怀海禅师在这座山的僧院中订立了"清规"（寺院中众僧需要恪守的规范），因而百丈山是禅宗史上的名山。

石头也容易引人思考。例如，明代的罗洪先（念庵，江西吉水人，1504—1564），即阳明学良知归寂派的魁首，《明儒学案》卷 18 有专为其设立的一案（江右王门学案三）。此处取其《游石钟山记》（卷 11 上）一观（这里的"石"或许更确切地说是"岩"）。从郦道元的《水经注》，经唐代李渤，直至宋代苏东坡，"石钟山"都被描述成一座有"钟"声的不可思议的山。此山有千尺绝壁矗立于水边，而在一个明月夜，与儿子同乘小舟的苏东坡沿着岸壁前行，向渔夫讨教钟

---

① 《名山概胜记》48 卷本的山东卷采录了东坡的《青州怪石供》《北海十二石》，后者亦收录于 16 卷本中。

声出自何处。

> 山下皆石。穴罅不知其深浅，微波入焉，涵澹澎湃，而为此声也。（卷
> 11 上《苏轼　石钟山记》）

在《古今游名山记》苏东坡和罗洪先的文章之间，还有一篇宋代周必大的
《游石钟山录》。周认为李渤的"南声北音"（对石音的分析）是"未为无据"，而
仅有东坡的说法是"辩之详矣"，但罗洪先认为东坡的考察还不充分，"石钟"是
因为"中虚外窍"与"中外小大"的构造而发出声音。根据他的解说，因为水中
的巨岩内部有大部分是"虚"的，外部有小的"窍"，所以当水波激荡时，大
"虚"和小"窍"会因水在其间流动而发出"钟"的声音。他更进一步说，因为这
里是水流剧烈碰撞同时注入的地方，在如此长年持续的水波运动下，巨岩被穿出了
"虚窍"，其颜色也如白玉一般通透。此处笔者想要留意的，不仅仅是罗洪先的那套
声学解释法。他从"石钟"的"虚"跳跃到了"心"的"虚"。在这种地方，方可
见作为心学学者的阳明学徒之真本领。

> 呜呼，石本无声，虚犹足以召之，又况人之心乎。

请注意这里。虽然标题写着《游名山记》，但实际上旅行和游记的对象并非
纯粹仅是山水。在中国，传统来说，名山和名胜是加入了"人为"而使得景观升
级的特有自然观。笔者认为，若不在"自然"和"人为"的坐标上考察景观或风
景的问题的话，就无法涉足问题的核心。不过，此处所言"自然"，并非以老庄
思想为原点的"无为自然"之意，仅指作为实体的天地山河（古汉语中的"山
水""天地"）。"人为"也是多义词，但这里所言"人为"不是"造作""安排"
之意，也非对"自然"的人工改造之意，而是想表达"自然"中被创造出来的人

造物，或者在"自然"中的人类的行为①。具体而言，在山中或水边营建的建筑物——佛教、道教、回教等的寺庙、楼阁、书院、石碑、山庄、亭、庭园等等。从历史的观点来说，则是"遗迹"或者"古迹"。说到"遗迹"，还有这样一篇游记。这位明代人把探访南海厓山时的事迹记录了下来。厓山是南宋灭亡史上最知名的岛，是被元军追迫的陆秀夫背负宋帝投海之处。在此吊文中，游历建于此岛的灵庙故地的内容，见于以下这一节。风水地理学在这里被用作解读自然景观的方法，而作者哀叹良好的地形也无法挽救国家灭亡②。

> 观礼毕，易便服，穿丛薄间。从西上直至山椒，转顾后山，苍翠亭苹如荗。环视左右，山逶迤盘踞，如虎伏龙行。当建祠处，隆然突起，稍前又突出，一阜朝北如拱。水绕其势如弯弓，隔岸诸峰，层叠秀丽如画，无巉岩崚岈之状。较以形胜，此亦足恃，而顾不能救国之亡。岂地势无与于人事，抑天命已去，非此所能胜欤。悄然而退。（卷13《明方良永　厓门吊古记》）

接下来的文章中，作者赞美了"自然"与"人为"（楼阁）的完美融合，并追忆历史，而这里所言的"历史"仅指表现史上的先例。

> 豫章之滕阁、宣城之叠嶂、武昌之黄鹤、黄冈之竹楼，同一壮丽也。夫岳阳据洞庭之胜，建始莫详。宋颜延年阴铿诗尚可考……。（卷9《明高荸游岳阳洞庭记》）

---

① 要说明的话，是因为在道家思想的语境中理解"自然-人为"是不可避免的。众所周知，一般在思想史上，"自然"（无为自然）都被认为是胜于"人为"（造作人为）的存在，但这里并不论述这种单纯的优劣之分。"自然"这一主题，本来是日本人在明治时期作为 nature 的翻译而从古汉语中选出来的对应词。之后在东亚汉语文化圈中广泛流行，时至今日成为常用词，故而混淆了汉语"自然"与英文 nature 的语意，使得词语"内涵"复杂化。可参考拙稿「翻訳語と中国思想—『哲学字彙』を読む」，『人文研究』47—3，1995 年。
② 名山胜概记卷 42（48 卷本）也登载了这篇吊古记，编者慎蒙对作者的悲叹之处加以圈点。

在以下的文章中，山水与建筑如绣帷一般交织融合，虽然此处不能全部摘引出来，但总之这样的文体就是如此绵延连续着的。

> 出涌金门，而北为丰乐楼，出钱塘门·濒湖为玉莲堂，而北为鹊楼，折而西过溜水桥为昭庆律寺……。（卷 10 下《明田汝成　北山胜迹记》）

有的时候，本书也采选了新近建造的别墅等建筑。明代吕光洵是一个长期在地方做官的人，在陇（甘肃省）的任职结束后，有一段时间他在沃州（浙江省）建造了"嘉乐亭"用以养病①，第二年他变卖了土地，在旁边增建了小楼和庭园，将"嘉乐亭"也合并进去新命名为"皆可薗［园］"，旅行归来时的心境如下所述。

> 及返乎兹园，然后安居，气和神凝，形适休休焉，不知日之旦而暮也。余所谓一隅之士非耶……。（卷 10 下《明吕光洵　皆可薗［园］记》）②

墓地作为古迹也是风景的一个组成部分。田汝成的《北山胜迹记》上文已引，而他的《南山胜迹记》以相同的文体记述如下。

> 自永福桥而西北为灵石山，元道士张伯雨墓，明尚书徐公墓。又西北为鸡笼山……。（卷 10 下）

提到墓，还有以下的例子。尽管省略了之后的解释，但可以判断出，融于苍郁风景中的不可思议的人造物"灵山圣墓"，就是"回回教"（伊斯兰教）的圣者墓地。

---

① 吕光洵也写了《嘉乐亭记》（卷 10 下）。
② 友人茅坤为其新宅写了纪念文。卷 10 下《明茅坤　皆可园记》。

泉州郡城之东为仁风门，门之外半里许，稍折而东南遵湖冈望之，累然郁然，祥光瑞霭，隐隐呈露，其中若有真藏焉者。问之土人曰，此灵山圣墓也。（卷 12《明周道光　游灵山记》）

没有什么比庭园更像是"自然"和"人为"的融合。庭园是最"人为"的东西，但其目的是获得"比自然更自然"的效果①，只有这样才算真实。明代以来，特别是本书刊行的明中叶以来，伴随着经济的发展，文人对庭园建造越来越熟悉②，那么本书将庭园记作为游记收录也就不足为奇了。之前介绍了苏舜钦的"沧浪亭记"，而有不少以"～亭记"为题的庭园记。名园也应该是游赏的绝佳对象，但粗略一览的话，以庭园论为题展开的名园记和庭园记并没有收录那么多，这是很遗憾的。

目前所述，皆是有关旅行和游记对象的问题。要注意到，不仅是纯粹的"自然"，包含了"人为"人造物的"自然"也会作为景观出现。但是，既然设定了"自然"与"人为"的视角，那么仅此是不够的。接下来，如何处理这样的"自然"，以及处理"人"（特别是旅行者）与"自然"之间的关系，就成为一个问题。谢灵运曾经说过："夫衣食，生之所资；山水，性之所适"（《游名山志序》），可以说，后人的游记中都引用了它作为旅行的基准，当然，何镗也将其收录在本书的《名言》篇中。山水是用以观赏和放松身心的，这是一个大前提，但是在现代旅游的结构中，并不能全然体会到这一点。

以防论述偏误，这里再次确认一下何镗《古今游名山记》的基本特征。这是构成本书的游记作者与出现在其中的游者的社会阶层的问题。明代特别是中期以降，由于商业货币经济的发达，带来了工商业城市的发展，庶民阶层（即居住城

---

① 有关这种建造庭园的哲学，周维权表述为"本于自然，高于自然"。周氏：《中国古典园林史》（第 2 版），清华大学出版社，2002 年，第 13 页。

② 参考绪方贤一：『中国の庭、台湾の庭』，中国文库，2014 年，第 16 页。

市的"市民")萌发。随之而来的是人与商品的活跃流动，以及交通网的完备。在这样的时代背景下，万历年间以降，很多日用类书（生活便利事典）得以刊行①，必然为城市之间的移动提供了便利的消息。例如万历二十七年（1599）刊印的《三台万用正宗》卷2《地舆门》的目录，如下。

　　　　舆地纪原　　两京各省（13省）　　管辖统属　　户粮土产　　历代国都　　中华总图　　天下路程　　两京程歌

　　明代的日用类书是以上下两栏组成的，而在这本《三台万用正宗》里，最详细的是《天下路程》的部分，上栏的所有书页，都被用来详细记录两京之间，以及每个城市之间的水陆距离。《管辖统属》记载了全国各地的行政组织，《户粮土产》是指各城市、地域的户数和石高（户粮），以及详细记录了特产（土产）和商业交易的重要消息。《中华总图》的正文题有"二十八宿分野　皇明各省地舆总图"，是一幅单页双面的全国地图。

　　如此看来，就出现了与《名山记》在社会和时代上的共有性。《名山记》也产生于人与物活跃流动的时代。但是，《名山记》脱离了这种经济实用性。容易忽视的是，实际上日用类书里也有对名胜的记述。吴蕙芳女史的《万宝全书：明清时期的民间生活实录》是对明清时代日用类书全面细致的研究，她指出类书里有，例如"石乳洞，深五里，亦可游"这样的记载②。然而重点在于，名胜古迹作为日用类书中的稀缺内容，只不过是点缀而已。作者和读者的阶层差异是一个巨大的区别。《名山记》的读者，在当时出版文化昌盛的情况下，也可能包括所谓的庶民阶层，但基本上作者和读者都是士人阶层，他们应该有共同的文化空间

---

① 现存最早的明代日用类书，是万历二十五年刊行的《五车拔锦》。酒井忠夫『中国日用類書史の研究』，国書刊行会，2011年。近年来，在日本出版了影印版丛书，可以很容易阅读到显著的日用类书。『中国日用類書集成』，汲古書院刊，全14卷，1999年—2004年。
② 日本国立政治大学历史学系，2001年，第145页以下。《三台万用正宗》地舆门37丁上。

作为共情的基础。

为了探究这个共有的文化空间，让我们回到《名山记》的文本中。例如，刚才介绍了"嘉乐亭"和"皆可园"，"游记"的内容不限于"游"于山水之事，也可以是"居"于其中之事。这里的"居"与"游"并不冲突，"居"也可看作"游"的一部分。古代的例子有唐代李德裕的《平泉山居记》，这篇也被《名山记》收录了（卷6）。本书还收录了不少其他的山居记，这里只引用一篇。宋代的周恭叔记述了他在净光山下的水滨建了一座小房子，并决定在那里定居的喜悦之情。

> 予浮云，其仕泛然出，油然归。有名无位，凡民如也。有乡无居，逆旅如也。……如此而居，吾故安于居也。如此而生，吾故安于生也。（卷10上《周恭叔　浮沚记》）

与友人共赴秀美山水，饮酒唱歌，吟诗作画，明代的方槐将其称为无上至乐的"嘉会"，他写道。

> 嗟乎，人生百年间，乱离风雨，忧患十居八九者，嘉会屡能得乎。

接下来，讲述了这年"嘉会"上有谁"老病"，有谁"以远"（住得远），有谁"爽约"（未履约）而不能参加集会，之后总结如下。

> 嗟乎，兹会果能屡得乎。会之友咸分韵赋诗，且吴原善图于壁。予因记其山水之胜，游赏之乐，嘉会之难与夫会之岁月于左方。是月十六日，壶中樵者方槐记。（卷12《明方槐　游莲峰紫云岩记》）①

---

① 底本和存目丛书本将游记题目的"方槐"误写为"方朴"。

　　顺便一提，"嘉会"一词是通用语而非学术用语，但另一方面，还有"讲会"
这个词。它意指举办阳明学徒特有的集体学习·修行的"讲学"活动的场所，从
那时起就在社会上建立起来。"讲会"不是在固定的时间和特定的地点举行，而
是通过每次设置地点和日期的惯例，让来自全国各地的学生齐聚一堂。立规者是
王阳明的高足——王畿（龙溪），前引罗洪先（念庵）就经常与王畿互动①。如今
提到了"讲学"和"讲会"，是因为本书收录了多篇罗洪先的游记，而其中也包
括了一些前往"讲会"的文章。现在，将列举本书收载的罗洪先的游记如下。当
然，这些不全是有关"讲会"的文章。括号内有该游记在《罗洪先集》中的出处
和原标题②。

　　　　卷 2《冬游记略》（卷 3《冬游记》）、卷 11 上《夏游庐山记》（卷 3《甲
　　寅夏游记》）、卷 11 上《石钟山记》（卷 5《石钟山记》。如前引）、卷 11 下
　　《夏游龙虎山记》（卷 3《夏游记》）、卷 9《祭衡山神文》（卷 24《谒南岳
　　文》）。

　　这里引用卷 11 下《夏游龙虎山记》的几句。这是罗洪先在王龙溪的邀请下，
于嘉靖二十七年（1548）赴江西吉安府青原山的讲会时所写的游记。时值 6 月，
有趣的是，当时罗洪先为了避暑，将以王龙溪为首的同学们邀请到自己的石
室中。

　　　　（六月）初七日，自玉峡驱石莲，酷暑中入石室，毛骨洒洒，不禁偃伏
　　怀濂阁下。余以近岁所学相质，且述逃世之乐。龙溪曰……。

---

① 　有关以王畿为中心的讲学活动，参考中純夫「王畿の講学活動」『富山大学人文学部紀要』26 号，
　　1997 年，小路口聡編『語い合う〈良知〉たち』研文出版，2018 年等有详细介绍。
② 　阳明后学文献丛书《罗洪先集》，凤凰出版社，2007 年。

　　罗洪先可能是在效仿于贵州龙场洞窟（阳明小洞天）悟道的王阳明，43 岁那年，他在私邸附近开了一个石莲洞（罗氏自名，是可容纳一百多人的洞），之后的数年间，他居于洞中生活修行。在这篇游记的开头，写着"余归田之六年，得石莲洞于敝庐之北，自是顿息山水之兴"。山水是传统修行的场所，因此，佛教、道教的宗教建筑多建立在山中，而不用以庐山的白鹿洞书院为例，像罗洪先这样的儒教徒就是如此。因此，本书以福建卷为中心收录了多篇朱熹遗留下的山水记①，而宋明理学与山水的关联应该得到更多注意。再往上溯源的话，可能会一直到孔子的"智者乐水，仁者乐山"（《论语》雍也篇）。谢灵运的"山水，性之所适"也出于此。在明代"性"论的文章里也会讲到这个②。

　　回到罗洪先的游记。在约 20 天之后，讲会开办了。

　　　　（六月）二十五日，会于青原，四方及同郡之士，先后至者百六十人。
　　　　"僧舍不能容。每日升堂，诸君发明良知与意见之害，退则各就寝所商榷，
　　　　俱夜分乃罢。予曾问龙溪曰，凡去私欲，须于发根处破除始得……。龙溪
　　　　曰，此倒巢搜贼之法也。勿谓尽无益也。"七月二十三日，解会，龙溪与贡
　　　　王二君先归。……

　　由上述可以看到，此次讲会将近持续了一个月，与会者也很多，且在白天的集体讨论会结束之后，还会在各自的寝室中热议到深夜。以及，以上引文中双引号内的部分，在《名山记》中被省略了。罗洪先原初的游记里，记录了他与以兄事之的王龙溪的长篇对白和讲话（王龙溪经常热衷于讨论），而《名山记》里当

---

① 《武夷书院序》《百丈山记》《云谷记》《武夷图序》等。
② "都公穆……乃出所著游名山记见示。叙事曲畅，汇物分明……时时览之，神会天游，得以养吾仁知之性。虽不出户，而心之所乐者广且大矣"（《古今游名山记》黄佐序），"仁乐山而智乐水，其性然也。山川之性，所在而有之……得山水之性，以自同其性"（同·汤显祖序）。

然要把这些内容大部分删除了。

散会后，罗洪先与同伴商量一同前往天师道的宗主山龙虎山。

> （八月十日）明晨雨止，欲登上岩寺，舆人给以径滑不可。遂循石麓，穿云行二十里，至真人府。府临溪，溪南有山如九阳巾，四山磐旋，势不险迫，风气秀敞，前所见奇诡峭厉者在其下流。形家（风水师）咸以为善，而上清宫在其左五里许。府中有裴道人，年六十，一人处西院一室，披褐色衣，槁面而碧瞳。见诸君、冷笑呵呵……。

在此之后，游记原文中记载了罗洪先一行人与这位飘逸老道的问答，但《名山记》删除了一部分。例如，在围绕着"修养"的问答中，道人这样说道。

> 世人言修养，多向人乞讨，全没了自己。有自己，便好了也。

何镗之所以采录与"讲学"有关的文字，并不是因为他重视"讲学"和"讲会"。前面说过，"讲会"与旅行的关系很密切，虽然上文没有提到，但是罗洪先的游记一般来说，都是以某月某日从哪到哪，是如何行动的，途中的景观如何这样的事情，用日记风格的简洁方式准确记录下来的。何镗认为，它们是有益于读者的内容。然而另一方面，撇开何镗的想法不谈，我们也意识到了旅行在"讲学"中的重要性。虽然讲学的意味着众人齐聚一堂，但在这个移动的过程——也就是旅行——中，身心脱离了日常的桎梏而在大自然中得到了解放，这也是与知心好友深入探讨的珍贵机会。

游者在山中"分韵赋诗"的场景出现在许多游记中，而将所作的诗刻在石头上也是让他们欣喜的。与友人同游福建鼓山的明人何乔新一边说着"清游不可数得也"，一边命令侍史将他们的作品刻在石壁上，自己则写了序（卷12《鼓山纪游诗序》）。哪怕不是诗，至今仍有人来此地留下刻印，而《名山记》将这种令人莞尔的"题石"行为也记录了下来。在南岳衡山脚下，明代的彭簪所作的6篇"题石"均被收录。每一篇都是短文，这里只引用一篇。全文如下。

> 石屋散人彭簪，吏隐衡山者，七八年。每年游数度，每度辄连日，遂又号七十二峰。主者自谓于名山有缘矣。缘满仍归故山。（卷9《明彭簪 游南岳纪石》）

另一方面，针对这种"题石"行为，也有批评说，即使把自己的名字刻在石头上永留名胜地，如果没有功业，那也是白搭（卷11上《明王祎 开先寺观瀑布记》），可知这种行为是相当普遍的。

若在"自然"与"人为"的框架下讨论，"题石"是融入"自然"的一种保守的方式，但命名这种行为可以说也是稍显积极的行为了。例如，宋代的郑至道与数位友人一起探索传说中五彩缤纷的刘阮洞，他简短描写了沿途遇到的美景，并依次命名了它们。算上"遂名之曰鸣玉涧"这样的表达，一共有九处，此文虽然是《刘阮洞记》（卷10上），实际上不如称作"《命名行记》"。

在这些"题石"和"记石"中，还有文学水平略高的"品题"。明代的刘鸿以"亦可亭主人"的口吻，将"笔锋"（文章力）的作用描写如下。之后是刘鸿长篇累牍的文学论，故省略。

> 天地间一木一草，苟为有识者观赏品题，则天机泼泼挑抶。呈露于笔锋之下，而彼亦将托之以不朽。（卷12《刘鸿 亦可亭咏记》）

又，宋人王陶对"山水"和"文章"进行了对比，针对后者的作用有如下描述。

> 地之灵者以山水称，人之英者以文章显。故大块间多岩壑胜概，非值通

才硕贤，迹所到，心所想，摛辞载实，克播发之，则虽骈奇粹异，至于仙家所谓洞天福地相参，亦不得有名于四方矣。（卷 13《王陶　碧落洞记》）

柳宗元曾曰："美不自美，因人而彰，兰亭也"（卷 14《柳宗元　马退散山茅亭记》），这个"彰"字，在言及不朽化和有名化的同时，应有山水内含并彰显"真"见的意义。引文中刘鸿所言的"不朽"与王陶所言的"有名"也包含这样的意义。

另一方面，也有人认为，不要被这种"文"的"名"所迷惑，重要的是用自己的"耳目"赏山水。接下来引用的文章，出自亦在思想史上有名的王阳明的讲友湛若水（甘泉）。他游览了西樵，这个隐藏在罗浮山背后无人提及的地方，并赞叹它的秀丽壮美。

吾以是知，天下之山水，胜者不必名，名者不必胜也。惟吾耳目之所得，精神之所通，而未始有穷焉。由是以往，殆将与夫大造物者游于无极，则夫天地之间，高深下上之妙，莫非吾之所有而与之相为无穷也。又岂但西樵而已耶。（卷 13《湛若水　游西樵记》）

若从名胜形成的历程来看，山水本身的秀逸当然是不可或缺的条件，但此地有众多文人墨客访问，并留下赞赏此景的诗文，这也是重要的条件。可以说就是"自然"和"人为"的融合了。在《游名山记》中有不少这样的例子。例如：

庐山之阳，称奇览者，东有五老峰、三叠泉，西有香炉、双剑、鹤鸣诸峰，瀑布马尾二泉。李谪仙赏咏之后，奇胜闻于四远。诵其诗者，亦修修然神游其上矣。（卷 11 上《明王溱　庐山读书台记》）

与上述案例一样，文人墨客越有名气，就越受欢迎。正如前面题刻中提到

的，福建卷收录了 5 篇鼓山游记，其中大部分都提到了朱熹亲笔题刻的亭额"天
风海涛"四字。

在边境也有名人效应。明代的安如山体验了云南的景观，并为边境的不幸代
言。除此之外，他在此处所用的"形局""风气""景色"，作为传统的景观评价
标准也很有趣。

> 鸣呼，尼峰以孔孟胜，夷岳朱张胜，而秦之辋川，蜀之浣花，越之西湖，
> 江左之滁阳，则又以王杜欧苏诸公胜。若兹苍洱，形局塞而险，峻而整，风气
> 雅而辉润，景色幽阻而不逼，辽廓而不荒，卓为奥区神皋。俾居中土，与诸名
> 胜未知孰为轩轾。乃托基荒徼，久为蒙段氏诸酋之所窃据而污蔑之。岂山川之
> 遭，固亦有幸不幸与。（卷 16《安如山　点苍山记》）

上引安如山运用拟人的手法说道，此景若在"中土"则为名胜，却不幸因居
边疆而至今埋没不为人知。有同类意义的游记在云南卷中不少见。例如，晚年触
怒皇帝被远谪云南的明人杨慎（升庵），留下了游赏安宁的碧玉泉，并称赞其美
景的文章如下。

> 予尝憾，此地限阔中原，使此泉湮没，不得遇风流之宋玉，神俊之太
> 白，瑰违之长吉，博综之东坡。穿天心出月肋之奇语，以洗骊山之污而跻之
> 三危八功之上，四公不可作矣。而属之才尽之孱。予一老，是彤刻赤土唐突
> 丹砂也。聊书十韵为郡玉之引，可乎。（卷 16《杨慎　安宁温泉诗序》）

反观上引安如山的文章，虽然自己比不上"王杜欧苏诸公"，但可以看出他
想用这篇文章拯救"苍洱"的"不幸"。那么，作为文人同样盛名一时的杨慎，
读者对他的文章则更赋厚望。在上文中，虽然他在之前写了"才尽之孱"的谦
辞，但在"可乎"之后，才如文中所言"书十韵"那样，真正地写下了自作诗。

这就是此文被命名为《安宁温泉诗序》的原因。既然作古的"四公"已经"不可作"了，那么就让镂刻了自己"奇语"的碧玉泉彰名天下吧。

以上概览了《古今游名山记》中收录的文章，此处聊做一总结。综观全书，可见本书也将"自然"看作一种"人为"。此处所言"人为"是指繁复无穷的"文"。即前引何镗的"凡例"中的"古今游而能言者"。关于这点，吴炳也在序言中对此作了如下说明。

> 逸人胜士，每毒玄遥之想，乃为之旁求经游者之作，累星岁而稍备，庶几不越户庭坐挹万里，拘之乎尺籍而包赅无外。援授梓人，使雅尚者得之披览，丕穷寓内之奇崛……。

这令人回想起注（24）所引黄佐序文中的"养仁知之性，虽不出门户，而心之乐者且大矣"。此处的主题是间接的游记，而非直接的观山水。他认为，奔赴实地与山水面对面当然是最好的，但通过阅读优美的游记，也可以"培养仁知之性"，享受旅行之乐。这种娱乐方式被古人惯称为"卧游"（前引原典的宗炳故事里有"绘"，但后世惯用"文"）。而为了"坐挹万里"，"文"必须要生动优美。正如我们在各种游记中看到的那样，文士名人留下的诗文，会被另作评价来提高山水的地位。

当然，仅从"卧游"的角度，还不足以把握本书全貌。也要考虑到它是一本很实用的旅行指南书。让我们来看看本书收载的游记作者们。从目前所引即可窥知一斑，虽然作者最早可到汉魏，但唐宋以降，尤其明代，占有压倒性的多数，明代则以与作者同时代的嘉靖年间的作品尤多。这说明了与作者同时代的游者的增加，且旅行的热潮催生了该书，而对于那些计划新旅行的人来说，应该会感谢这些新鲜出炉的旅行信息。

在《四库提要》中，这本书放在"地理类存目七"（游记之属）的开头，但其解题仅有 60 字，没有评价，对内容只是简单介绍了一下。而在笔者看来，本书作为介绍中国全境的经典游记，开创了新的格局。本书的续篇，即慎蒙的游记，对整体上文章表现巧妙的作品加以评语，对个别"文之佳善三形容者"加以圈点（16 卷本凡例）。此外，又加入了何镗补刻本中未收录的万历年间的新游记，以保证游记的新鲜度。从这个意义上来讲，慎蒙是何镗的合格继承者。

[日] 三浦国雄（大阪市立大学文学部教授）

霍坤译（武汉大学历史学院硕士研究生）

附

录

百年未有之大变局与中华传统文明的转换

明清哲学文化及其现代性

一带一路视域下的文明对话

百年未有之大变局与中华传统文明的转换

2021年4月8—9日,在武汉"解封"周年纪念之日,由武汉大学文明对话高等研究院、中华优秀传统文化研究基地和平潭综合实验区党工委宣传办联袂主办,平潭综合实验区融媒体与两岸国学中心承办的"百年未有之大变局与中华传统文明的转换与发展高端对话会"在武汉大学振华楼B107会议室举办。本次会议在中国社会科学院哲学研究所与平潭综合实验区管委会共同指导下,由《哲学动态》编辑部、武汉大学哲学学院、武汉大学台湾研究所、武汉大学国学院与湖北省人文社科重点基地——武汉大学比较哲学与文化战略研究中心联合协办。来自国内外的20多位专家学者以线上线下相融合的方式共聚一堂,围绕对话会主题展开了热烈而深入的探讨。

一、回望来路与贞下起元

开幕式由武汉大学文明对话高等研究院院长吴根友教授主持,四位开幕致辞的领导嘉宾在讲话中都回顾了武汉这座英雄城市在抗疫中展现的伟大精神,以及百年未有之大变局中中国优秀传统文化的独特价值。

武汉大学党委副书记沈壮海代表学校从三个方面谈到本次会议的独特性与重要性:首先,在武汉解封的周年纪念日举行高端对话会具有特别的意义。其次,在去年惊心动魄的抗击新冠肺炎的战斗中,中华民族以艰苦卓绝的顽强拼搏,取得了重大战略成果,创造了人类同疾病斗争史上又一个英勇壮举,也铸就了生命至上、举国同心、舍生忘死、尊重科学、命运与共的伟大抗疫精神。理解抗疫精神，有一个与今天的论坛主题密切相关的重要维度，即伟大的抗疫精神传承的是中华民族的特质禀赋和文化基因，这个独特的禀赋与基因即是"仁者爱人""国尔忘家，公尔忘私，利不苟就，害不苟去，唯义所在"等烙印在民族血液中的家国精神；最后，武汉大学文明对话高等研究院是跨学科、综合性的学术平台，力求在中外文明对话过程中发出中国学者的声音，在对话中推进学术思想的创新与发展。

张志强所长代表中国社会科学院哲学所从武汉的城市精神，尤其是抗击新冠疫情时所展现的英雄气概，与中华文明的内在力量与伟大精神两个方面致开幕辞，他说道：武汉是一座特别的城市，茫茫九派流中国，沉沉一线穿南北，武汉在中国史上始终是牵动国运、贞下起元的城市，这次新冠疫情如同辛亥革命一样，武汉既经历了中国公共卫生安全的危机，但同时也见证了中华文明的内在力量、唤起了中华民族的伟大精神。去年封城的三个多月的时间里，身处祖国各地的人们，都无时无刻不牵挂着武汉，也都期盼着能早日来武汉与武汉的朋友们"过早"。在筹备会议时，之所以特别选取 4 月 8 日这个解封纪念日，一方面希望能够把这次会议作为对武汉抗疫胜利的纪念；另一方面也希望通过这次会议把武汉抗疫的成就，传播给对岸同胞。同时，本次会议的主题设定为"百年未有之大变局与中华传统文明的转化与发展"，就是希望能够把武汉抗疫胜利背后的中华文明的内在力量揭示出来，向世人也向对岸同胞展示，抗疫的成功是对中华文明核心价值的证明。

平潭综合实验区党工委宣传办王浩主任代表主办方向与会的专家学者介绍了平潭在新时代进一步扩大开放与对台工作中的先行性与独特性的定位，以及中国优秀传统文化在连接两岸中的根本价值与抗击疫情中的支撑作用。他说道：习近平总书记亲自为平潭擘画了"一岛两窗三区"（一岛即国际旅游岛，两窗即闽台合作的窗口、国家对外开放的窗口，三区即新兴产业区、高端服务区、宜居生活区）的战略定位，更是为平潭开放开发指明方向，提供根本遵循；从"两岸同胞同根同源、同文同种，中华文化是两岸同胞心灵的根脉和归属"的角度出发，设立"两岸国学中心",力争将其打造成为两岸专家学者共同进行国学文化战略研究、文化政策改革创新、两岸学者研讨交流、优秀文化弘扬推广的核心平台;武汉是个英雄的城市,选择 4 月 8 日这个特殊的日子在武汉举办这场活动,具有极为特殊的意义。面对新冠疫情的挑战,中华民族展现出非凡的文化气度、坚韧坚忍的拼搏精神、无私无我的奉献品格,并获得了世界各国的广泛认可。

武汉大学哲学学院院长李佃来教授代表哲学学院致欢迎辞。他就本次对话会的主题予以破题诠释,并介绍了武大哲学学院与文明对话高等研究院的发展方向与布局重点。他说道:百年未有之大变局非一时之变,也非一地一域之变,而是关涉全球的历史巨变,尤其是自新冠疫情在全球爆发以来,这样的大变局在加速发展,且愈益复杂,在经济、政治、意识形态等领域摩擦不断加剧。本次会议在武汉解封周年纪念之时召开,具有两个方面深刻的意义:一是以中华文明的悠久智慧回应百年未有之大变局,从中找到克服大变局深层次矛盾的理论方案、思想支持;二是以回应百年大变局为契机实现中华文明的赓续发展。另外,武汉大学哲学学院有深厚的跨学科对话研究的基础,今后有两个重点发展的跨学科方向:1. 比较哲学;2. 政治哲学。这两个发展方向都是以哲学问题为基础,而非单一的学科划分,此外还有湖北省重点研究基地:比较哲学与文化战略研究中心,该中心的刊物《比较哲学与比较文化》已出版十五辑,为跨学科对话积累了较为深厚的基础,产生了积极的学术影响。

二、守正出新与诠释重建

中国优秀传统文化是中华民族生生不息、发展壮大的重要滋养,是中国特色社会主义道路成功的根基。武汉大学哲学学院与国学院郭齐勇教授指出:正是中华民族"仁义至上,民为邦本,整体和谐,刚健自强"的人文精神与价值观念支撑着全国上下同心同德成功取得了疫情防控的重要成果。儒家立己立人、成己成物、博施济众、仁民爱物之仁心;道家强调的自然与人是有机的生命统一体,肯定物我之间的同体融合,赞美天籁齐物之宽容;佛家普度众生、悲悯天下之情怀，正是这些中华文明的宝贵精神不仅能够维持人与人之间的和谐，而且能够实现人与自然的平衡。武汉大学历史学院与中国传统文化研究中心资深教授冯天瑜先生以"科学"与"自由"两个概念消除了过往普遍存在的一个误解，即这两个概念以及更多的概念是源自于日本，离开近代以来从日本传入的这些概念，中国人与中国学者就无法说话、写作，事实上并非如此，诸如"科学""自由"这些核心概念大多经历了在中国源出，再传入日本，进而借鉴西学赋予新的意义，重新传回中国的中西日三方融合、涵化的漫长过程。从这些核心概念的传播、演变过程中，我们要了解这些概念的嬗变，更要反思其精确的含义，以引导国家、社会、个人的行为。中国社会科学院哲学所所长张志强研究员认为，在百年未有之大变局的背景下，尤其是新冠疫情爆发以来所展现出的中西文明的根本分殊，要从三个方面深入反思中国优秀传统文化的创造性转化和创新性发展：1. 要理解中国特色社会主义与中华文明之间的内在关系，以马克思主义激活中华传统文明。2. 中西之间天人关系的根本不同：中国传统文化中，天地为主，人为客；以大全的视角实现人与世界的动态平衡；以天下一家的共同体观念克服民族国家的局限；外在超越与内在超越相统一，如唯识学的阿赖耶识；但在西方传统中，习惯于在世界之外寻找根据，致力于内在如何超越，人与世界、人与命运存在着紧张焦虑。3. 革命观念的根本不同：中国的革命观是返本以光复，是常与变的统一，是天道的自我恢复；而西方的革命则是先知革命，是对命运的逆转。北京大学哲学系王颂教授认为，美国推行的所谓"自由国际秩序"不过是美国一极统治世界的秩序，对其他国家而言，并不是一种公平合理的秩序。"自由国际秩序"的形成有一个历史过程，在其兴起和如日中天的过程中，多次挫败了挑战者的挑战，但随着美国国内形势和国际形势的双重转变，——从中国的角度来看，即"百年未有之大变局"——这一秩序已经千疮百孔，面临更严峻的挑战并终将逐步退出历史舞台。"百年未有之大变局"与"千年未有之大变局"一样，有着深厚的历史背景。如果说后者是中国面对西方在政治经济等多方面的挑战，对自身文明的存亡所迸发出的危机意识的话，前者则是对中华民族伟大复兴事业的憧憬和信心。我们要看到，两大变局是结果，不是原因，是全球范围内生产力的发展、能源应用的改变所导致的政经形势的大转变，我们只有首先认清这一变革的物质基础，才能提出切实有效的应对方针。"自由国际秩序"的衰败，不应该仅仅被看作美国一国或者新兴国家的兴亡史，而是人类文明的进步史。中国在积极参与建构新的国际秩序的过程中，需要对传统文化和启蒙时代以来的西方政治文化取其精华，探索回应生产力变革和时代发展的理论。日本郡山女子大学何燕生教授通过视频与现场学者交流，他以佛教在亚洲文明交流与互鉴中的经验指出：佛教在亚洲的传播与发展，发挥了佛教具有宽容性和融合性的特色，形成了多个不同的佛教形态，为亚洲各族人民的文化交流作出了积极的贡献。回顾佛教在亚洲传播与发展的历史，展望未来的前景，佛教所取得的丰富的历史经验具有积极的意义，值得继承与发扬，特别是在亚洲文明对话，"一带一路"建设方面，相信将继续发挥积极的作用，作出新的贡献。与此同时，近代以来，随着东西文化交流的深入展开，佛教远播欧美，作为亚洲宗教文化的一朵玫瑰，在欧美社会的广泛传播，为增进东西文明的相互了解，作出了贡献。

文明因多样而交流，因交流而互鉴，因互鉴而发展。中国不仅为世界贡献了文明交流互鉴的理念，更将以实际行动作出垂范。武汉大学文明对话高等研究院院长吴根友教授从"共克时艰"的团结协作意识和"忧患意识"中所包含的天下、苍生的责任意识的两个角度，阐发传统文化在当代社会的意义。他以历史语义学的方法考察了"时艰"与"忧患"这两个概念，并认为在长期艰难的政治斗争与政治实践过程中，中华民族逐渐发展起来的"共克时艰"的团结精神与未雨绸缪的忧患意识、责任意识，对于中华民族面对突发性的公共灾难，并迅速处理这些灾难，有着一定的文化经验。这一文化经验对于全球化时代的文明交流与互鉴而言，可能会提供中华民族的特有智慧。华东师范大学哲学系陈赟教授回顾了百年前梁漱溟先生出版的《东西文化及其哲学》所面对的时代背景与问题，探讨了中国问题在何种意义上成为世界问题，中国历史能否与世界历史相交融。厦门大学张曦教授从文明类型学角度反思了中国崛起的理由。他认为，自 1500 年之后，西方世界的自然主义视角与商业逻辑、主权国家的行动逻辑支配了世界历史的进程，但中华文明与此不同，是精神性文明，蕴含着人文主义的精神。在中国文化中，人并非工具性的、机械性的人，而是本体的人，与万有相通的存在，因此在中华民族、中国人民抗击新冠疫情中，所展出的关怀他者、牺牲自我的精神正是中华文明伟大精神的生动展现。

在不断的交流借鉴中，中华文明形成了开放的体系，在兼收并蓄中历久弥新。华东师范大学哲学系朱承教授以"海外中国哲学研究"来反思中国哲学如何更好地参与到世界哲学的争鸣中。他认为，"海外中国哲学研究"不能仅仅满足于中国哲学和中国话语走出去的民族主义情怀，也不能仅仅满足于中外哲学史比较性考察的研究视角，而更应该在世界哲学发展背景下，从普遍性的人类命运角度理解中西互通、中国哲学的世界性参与，从"天下殊途而同归、百虑而一致"的角度，将"海外中国哲学"当作推动世界哲学发展的一个重要力量。中国哲学家要积极地吸收世界哲学资源，世界各国的哲学家也要更好地吸取中国思想和智慧，来共同回应人类生存发展中遇到的普遍问题。北京大学哲学系程乐松教授从时间观角度讨论了历史意识与经典造制之间的关系。他认为，作为一种技艺的经典造制的预设是文化与思想世界的经典性，以及经典本身代表的建构性意图，但这忽略了作为生活与精神现场的当下性与活力。从经典诠释出发的思想活动，不仅是隔绝了当下性，也建立了虚悬于生活经验之上的"理想"乃至超越性。另一个重要的问题乃是历史意识，历史意识是造制经典的重要基础，经典的历史性恰恰预设了非时间性和非当下性。经典的价值在于其经典性成立之后的效果历史，经典的造制并不仅仅是当下的学术技艺，更是中国文化基于历史意识的框架一贯拥有的基础性思想能力和倾向。中山大学哲学系廖钦彬副教授介绍了日本京都学派与虚无主义之间的关系，他认为，总体来看，京都学派经历了从观念论向生存论的转向，即从意识到存在的转向，而尼采、海德格尔语境下的虚无主义则是生存论与空或绝对无之间的过渡。以空克服虚无的立场成为京都学派的主要基调。他认为这种东西互鉴的模式，有助吾人理解近代中国直面西方哲学的历程。清华大学哲学系赵金刚副教授以美国知名汉学家列文森的中国研究为探讨对象，并将列文森常用的二元对立的概念观点，如普遍-特殊、激进-保守等视为一把刀，他认为，"传统"是普遍性的文明叙事，近代以来，从中体西用到对国族性的强调，事实上都是放弃普遍性，共产主义恰恰以唯物史观安顿了传统，并重塑了中国文明的普遍性话语，他同时论述了史华慈、杜维明与陈来三位先生不同的应对列文森观点的思想资源。

中华五千年文明就是中国特色。华中科技大学哲学学院李明书老师讨论了关怀伦理对儒家思想的影响。他认为，儒家和关怀伦理皆不陷入利己与利他的对立，也不是仅关注内在或外在的行为表现，而是皆重视自他的利益，并且重视内外的行为。如能正视关怀伦理对于儒家所带来的冲击，将可通过不同的话语系统，阐述出更为丰富的儒家意蕴。深圳大学文学院与国学院景海峰教授从利科所提出的"诠释学的历史性"出发探讨了六经的嬗变史与建构史。他认为，儒家的经典以六经为根本，而六经的起源与儒家所建构的文明史、历史观是交叠在一起的，仅从历史的事实性考证入手，我们无法说清楚这些材料的真实来源，尤其不能解释这些文献何以变成了具有某种神圣性特征的典籍。所以，儒家经典的起源就不只是文献自身的历史，它也包含了观念的演化史和精神的扩展史，是一个不断的诠释和一系列思想填充活动的结果。中国社会科学院哲学所陈霞研究员以叶秀山先生的哲学观为例，指出哲学研究应当超越中西、古今、学科的壁垒，走出自身，遇见他者。她认为，叶秀山先生的哲学思想源西入中唤醒中国哲学；又源中入西激活西方哲学，叶先生所从事的译介、研究、沟通、比较、互补的工作，是一种跨文化的交流与对话，形成了中西哲学双向融通的特色。中国社会科学院哲学所任蜜林研究员在其发言中回顾了刘歆、王莽与《周礼》的关系问题。他认为，从现存史料来看，《周礼》显然并非刘歆为了王莽篡权而伪造的著作，但刘歆、王莽对于《周礼》的态度并不相同。刘歆开始对于《周礼》并不重视，因此，在其争立古文经学的时候并未提及《周礼》。到了王莽居摄以后，受到王莽的影响，刘歆才开始重视《周礼》。也就是说，《周礼》虽然由刘歆重新发现，但其真正对历史发生影响却在于王莽的政治实践。

中国正面临百年未有之大变局，也是百年未有之大机遇。武汉大学哲学学院与国学院孙劲松教授在发言中回顾了传统文化在中国大陆的命运浮沉，并认为中国大陆应当增强文化自信，把握弘扬优秀传统文化的话语权，以传统文化沟通两岸，推动两岸文化认同。中山大学哲学系龚隽教授将来华传教士的中国佛学撰述视为近代中国佛教学术史的成立的一个重要环节。他认为，传教士对中国佛教的研究与书写，虽然带有鲜明的基督教背景的修辞策略，但这场发生在19世纪末到20世纪初的中国佛教书写无论对中国近代佛教史的研究，还是对近代佛教与基督教之交涉研究来讲，都有着非同寻常的意义，可惜的是这些内容却几乎没有引起佛教学界的重视。北京外国语大学历史学院院长李雪涛教授在发言中回顾了1860—1870年代中国士大夫对西方冲击所带来的第一次"变局"表述的演变史。他指出，19世纪60年代的时候，中国的士大夫开始意识到此前20年所经历的是几千年未遇的大变局。曾参加签订《南京条约》并且担任过广东巡抚的黄恩彤（1801—1883）将此种情况称作"变动"；担任曾国藩幕僚的黎庶昌（1837—1898）称之为"变端"；当时的著名报人王韬（1828—1897）把这叫作"创事"；洋务运动的实干家丁日昌（1823—1882）、曾任两广总督的瑞麟（1809—1874）、当时被誉为"学贯中西"的曾国藩的次子曾纪泽（1839—1890）和曾任两淮盐运使的李宗羲（1818—1884）称之为"创局"；而李鸿章则在1872年声称这是"此三千余年一大变局也。"自此，"变局"成为后人经常使用的一个说法。中国开始意识到要参与到这一"变局"之中。

三、总结与展望

中华优秀传统文化研究基地副理事长兼秘书长王颂教授致闭幕词。王教授首先感谢主办方、承办方、协办方的辛勤组织工作；其次，王教授对会议进行了总结。他指出，选择这样一个主题并在武汉解封周年纪念日举办此次会议意涵深刻。与会各位老师的发言可以提炼出许多关键词，其中出现频率最高的是"历史"。套用李雪涛教授介绍的柯文（Paul Cohen）将历史予以"事件""经历""神话"三分的理论，对我们来说，两次历史大变局既是"事件"又是"经历"。一方面，我们可以从更宏观的历史维度来审视这一"事件"，把握未来方向；另一方面我们又是第二次即"百年大变局"的"经历"者，我们理应不负伟大时代。与会专家们提出了历史本体论、多元的普遍性、全球史视野下的历史主体性等问题，从理论的高度对"百年未有之大变局"予以了回应，可以说是当代中国的哲学工作者探讨民族精神、传统文化的"两创"的一次有益尝试。

刘旭（武汉大学哲学学院）

明清哲学文化及其现代性

2021 年 5 月 8—9 日，在农历烟花三月、春和景明的古城扬州，由武汉大学文明对话高等研究院、武汉大学比较哲学与比较文化战略研究中心与扬州大学社会发展学院、扬州大学儒家经典诠释与域外传播研究中心联合主办的"明清哲学文化及其现代性学术研讨会"在街南书屋长乐厅会议室举办，来自武汉大学、扬州大学、南京大学、华东师范大学、上海交通大学、华中科技大学、中南大学、武汉理工大学、上海财经大学、苏州大学、湖北大学、贵州大学、宁波大学等校与江苏省社会科学院的 30 多位专家学者共聚一堂，围绕会议主题展开了热烈而深入的讨论。

一、群贤毕至、畅叙幽情

开幕式由扬州大学社会发展学院副院长程海霞教授主持，扬州大学社会发展学院院长李庆钧教授、扬州大学文学院副院长朱岩教授、武汉大学文明对话高等研究院院长吴根友教授先后致辞。三位致开幕辞的领导嘉宾在讲话中都不约而同地从李白的诗作名句"故人西辞黄鹤楼，烟花三月下扬州"谈到白云黄鹤之城武汉与运河文化名城扬州之间悠久的文化连接，并对本次会议表达了深切的期盼和祝福。吴根友教授还从学术研究的角度指出了武汉大学与乾嘉学术、扬州学派的独特缘分：自珞珈中国哲学学派开创者萧萐父先生始，武汉大学便是海内外明清哲学研究的重镇，近年来，乾嘉学术研究更是佳作频出，所以，借此难得的文化渊源和学术缘分，武汉大学文明对话高等研究院与扬州大学社会发展学院共同举办"明清哲学、文化与现代性问题学术研讨会",探讨明清哲学、文化及其与现代性的关系。

二、人文实证、再论启蒙

《明清启蒙学术流变》对明清之际思想启蒙特征这样论述道:"在中国,从明代嘉靖初至清道光二十年,即 16 世纪 30 年代至 19 世纪 30 年代,正是一个使古老文明汇入世界历史的特殊发展时期。它既体现着社会发展和人类心灵发展的一般规律,同时又因中国古代文明形成和发展的既往的特殊性,而使从传统走向现代的社会发展和思想启蒙道路具有格外坎坷的中国特色。"本次研讨会的三场主旨发言正是从义理、方法论等角度再一次论述了明清思想启蒙的多维特征。

主旨发言专场由扬州大学文学院副院长朱岩教授主持,武汉大学文明对话高等研究院院长吴根友教授第一位作报告。吴教授总结反思了乾嘉学术中所蕴含的以及自己在长期的学术研究中所提炼并明确提出的"人文实证主义"方法论。他认为:(1)人文实证主义方法论可以说是乾嘉时代学人共享的思想方法,如戴震、钱大昕、章学诚等思想家,尽管他们涉猎的具体领域并不相同;(2)从梁启超、胡适开始,就以"实证"来概括乾嘉学术的特征,近人余英时也持相似的态度,在实证前加上人文并非叠床架屋式的累加,而是凸显出乾嘉学术中的人文关怀;(3)人文实证主义是对萧萐父先生所推重的"情与理"相统一的诗化哲学的继承,更是对传统理性至上哲学的反思与突破;(4)人文实证主义的方法并不仅限于经典文本研究,至少在解释学的意义上可以普遍化到现实政治、社会的研究,也包括对于天地间一切文本的研究;(5)扬州学派的代表人物焦循的经学研究方法与思想主张——既强调个体性的性灵,同时也重视"述"类文章与方法在经学研究过程中的重要作用,这可以视为"后戴震时代"的典型代表,也更突出了乾嘉时代人文实证主义方法论的内在张力;(6)如何从哲学史的研究中提炼出一种哲学的普遍方法来,而不再是仅仅对于历史上的哲学家思想进行一种重新的叙事,"即哲学史讲哲学"。

第二位作主旨报告的是许苏民教授，他集中讨论了"人文实证主义方法论"的学术创新意义，许教授认为人文实证主义的方法：（1）深化了乾嘉学术研究，有力地回应了西方学者贬低中国史学和哲学的错误观点，对于增强我们的文化自信具有重要意义；（2）不仅是"借鉴现代西方哲学的思维成果"而尝试将乾嘉学术中普遍使用的实证方法称之为人文实证主义，而应看作是对中国史学和哲学的优秀传统，乃至西方史学和哲学的优秀传统的继承和会通，是对中西"广义的人文学研究"，特别是史学和哲学的优秀传统所作出的高层次的哲学概括；（3）丰富了唯物史观的理论和方法论的体系，对乾嘉学术"人文实证主义方法"的得失作了纲要式的分析，充分肯定其实事求是、无征不信的科学精神，淡泊功名利禄、追求知识、崇尚学术的求知精神，关怀民众疾苦人文主义情怀；（4）对于中西哲学比较研究，特别是对于廓清西方学者贬低中国语言、贬低中国哲学、贬低中国文化的错误观点具有重要的方法论意义；（5）倡导和推广"人文实证主义方法"，把这一方法推广和运用于中西哲学和文化比较研究的广大领域，对于推进"民心相通"的人类命运共同体建设，对于中西文化的互学、互鉴具有重要的实践意义。

扬州大学文学院柳宏教授就"王夫之《论语》诠释之哲学探索"作了第三位主旨发言。他指出，王夫之在《论语训义》《读论语大全说》中，开启了清初《论语》诠释新风，从哲学高度诠释《论语》，对宋元诸儒的《论语》诠释作出深入分析，表现出尊经复古、崇尚圣言、排老辟佛的倾向。王夫之在知行观提出"行可兼知，而知不可兼行"，知与行不可等量齐观，强调"行"的决定性作用，突破了王阳明"知行合一"的"心本体"范式，不仅突出了"气本体"在人生各种社会实践中不断充实变化，而且是超越外在形态改变气缊神化后的性质改变。王夫之的"道器"论，启发人们从日常生活现象中，把握道对器的依赖关系，思考抽象原则对具体器象之间的关系，有力驳斥"道本器末"的观点。王夫之讨论"生死观"时，对佛老"详于言死，而略于言生"的倾向予以批判，启发人们超越时代和地域思考宇宙、关注人生。王夫之的这些批判性的思考对中国近代哲学运动产生了重大影响。

三、明清哲学、现代转进

萧萐父先生在《吹沙集》第一卷《活水源头何处寻——关于传统文化与现代化之间历史接合点问题的思考》一文中曾说道："从 17 世纪开始，历史形成的条件已提供了中国文化代谢发展的杠杆，事实上已出现了具有启蒙性质的学风变异和学术路线的转轨；而以后的历史教训也表明，中国文化的现代化必须从民族文化传统中找到内在历史根芽，找到传统与现代化的历史接合点，否则由于旧传统的惰力在文化深层中的排拒作用，往往使新文化难以生根，仅是外来文化的引进，则只能是表层文化的被现代化，而不可能实现民族文化整体的代谢发展和真正的自我更新。"会议第一天下午与第二天上午的四个分会场的讨论与萧先生的论断若合符节，并就明清哲学与现代性的多个议题展开了集中讨论，如哲学家专题研究、政治哲学、伦理学、比较哲学、中医哲学等。

第一分会场的报告讨论由扬州大学文学院郭院林教授主持，由苏州大学哲学系程雅君教授评议。暨南大学哲学所黄燕强副教授第一位报告，他报告的论文讨论了梁启超所建构的"理学反动"范式与清代学术思想研究的相关议题，通过考察"理学反动"说的内涵及其影响，可窥见现当代中国学者对清代学术思想的性质、特征及其哲学方法论的认识，并展示他们对传统思想的内在发展理路及其现代性转型的思考。第二位报告人是上海财经大学人文学院的吴晓番副教授，他报告的主题是"作为方法的乾嘉汉学"。他认为，乾嘉汉学由训诂以通义理，回归原儒的经典洞见，专注于建构合理的礼教主义的问题，由此提供了一种与宋明理学同样重要的义理系统，具有哲学上的自主性，可以"作为方法"。第三位报告者是华中师范大学哲学系主任刘梁剑教授，他讨论了戴震"由字以通其词，由词以通其道"这一表述在何种意义上可以成为语言哲学的命题，他认为，只有当明道落实为批判理学，与此相关的语言研究才取得哲学语法考察的性质，也只有在这时，这一表述才成为一个语言哲学命题。扬州大学文学院傅荣贤教授报告了

"章学诚学术史研究的三大特色",他认为:面向天下学术而非局隔于某一/些学术门类,聚焦于"源"与"流"的二元判分而非长程学术之史的勾勒,矢志改造学术而不是仅仅满足于解释学术这三个要素构成了章学诚学术史研究的三个特色。第一场最后一位报告的学者是宁波大学马克思主义学院彭传华教授,他的文章讨论了刘师培的语言哲学思想,他指出,刘师培语言哲学的前半部分,注重语言的来源与本质、字义起于字音、转注三个方面,以语言哲学角度说明语言与世界的关系问题;后半部分以语言文字可窥政治之浅深、中土文字有益于世两个方面,说明语言的意义问题。刘师培语言哲学的内在矛盾与张力,这种矛盾与张力是刘师培思想中的"反西化的西方主义"与"反传统的传统主义"的二律背反在其语言哲学领域的深刻体现。

暨南大学哲学所黄燕强副教授主持了第二分会场的报告讨论,扬州大学文学院傅荣贤教授为该场评议人。江苏省社会科学院哲学与文化研究所的孙钦香副研究员第一位作报告,她的论文讨论了王船山的"养性"与"尽心"功夫,她认为,船山所提出的"由性生知"和"以心尽性"的功夫论以"思诚之全功"将《大学》八条目乃至儒家经典文本中诸多功夫统合了起来。第二位报告人是中国人民大学哲学学院王博老师,他的报告以王船山的"体知"论为讨论核心,他认为,船山的"体知"论主要有四个层次的内涵,具体为"礼乐养德""学思并进""存神尽性""明诚合一",四者分别指向审美、知性、境界三方面的合一。贵州大学哲学与社会发展学院邓国宏副教授第三位作报告,他的文章分析了乾嘉时期荀子学复兴的思想史原因。他认为,以戴震、章学诚、焦循等人为代表的乾嘉新义理之学重视人的感情情欲,要求以人的理性知能为人的个体生活寻绎合理的节度和建构合理的社会秩序,并重视传统礼义典章制度之学的传承研究,这与荀子思想学术的基本倾向甚为一致,因此,荀子学在此时期得到了复兴。第四位报告学者是扬州大学文学院王祥辰老师,他的文章讨论了吴派异端学说与乾嘉学术观念建构之间的关系。他认为,吴派学人排斥异端的根本目的不在于确立汉宋门户壁垒,而在于揭示儒家学说的求实、致用思想,使先秦周孔之道可以在现实社会中发挥治世效能，这是他们对明清易代之际学风演变的反思与回应。扬州大学文学院郭院林教授第五位作报告，他讨论了清代经学大师刘文淇的学派归属，他认为刘文淇早年受学于皖籍学者，但其治学特色却推尊汉说，尚家法而信古训，尊《左传》，批判杜《注》孔《疏》，治学体大思精，难以用地域为其定位，而应当以时代的精神特质来看待他。本场最后一位报告学者是扬州大学文学院副院长朱岩教授，他的报告讨论了清代金石学对朝鲜《尚书》学的影响。他指出，乾嘉时期的金石学与考证方法直接推动了朝鲜的实学，如朝鲜实学大儒申绰年轻时阅读了燕行使者们带回的书籍，晚岁又与实学集大成者丁若镛交往频繁，因此其《尚书》学汲取了大量清人金石学成果，从而形成其"为了经学"的《尚书》学。

　　第三分会场的报告讨论由贵州师范大学阳明文化研究院的鹿博副教授主持，华东师范大学哲学系刘梁剑教授担任评议人。第一位作报告的学者是扬州大学社会发展学院哲学系樊沁永老师，他的文章讨论了晚明龙象对儒家"四书"的诠释，从文献、诠释技艺和思想三个方面分析其诠释所呈现的"四书"经典的升格运动和对朱子四书学的进一步瓦解，他认为，晚明高僧对"四书"的诠释为中国文化打开了更为开阔的道路，释放出了儒家经典内涵的更多可能，延续了道统。武汉理工大学马克思主义学院的吕威老师第二位作报告，他的论文讨论了晚清时期的道器之辨与中西之争。他认为，晚清时期的道器之辨呈现新的特点，即从传统的宇宙论、伦理观和历史观开始转向中西比较问题，道器范畴在此一时期突出特点为呈现工具性价值。围绕着中西之争，晚清道器之辨分别经历了"崇道黜器""道本器末"和"道不离器"发展环节，对西方的认知也从"知识"到"思想"层面，再到"知识"与"思想"并进，是20世纪中西比较哲学发展的先声。第三位作报告的学者是华中科技大学哲学学院的李明书老师，李老师的报告反思了近些年来在学界较为流行的美德伦理是否适用于儒家的问题，他以香港中文大学哲学系黄勇教授的著作《当代美德伦理：古代儒家的贡献》为讨论对象。他认为，首先，以美德伦理理解儒家伦理学，甚至认为儒家伦理是更好的美德伦理，但儒家伦理本身究竟为何？其次，儒家的整体性或系统性伦理思想并没有呈现出来；最后，黄勇教授在其著作中没有提及的儒家思想家，如董仲舒、戴震等，他们的思想是否在其整体建构中？抑或是遇到新的挑战时才能派上用场？第四位作报告的学者是上海交通大学哲学系邓刚副教授，他的报告以陈白沙的境界功夫为探讨核心。他提出，陈白沙的理学思想可以从境界论和工夫论两个方面加以描述，就境界而言，可以归结为勿忘勿助的自然之学；就工夫而言，可以归结为主静与观化的自得之学。而从徐梵澄的精神哲学视角，可以发现陈白沙的理学是将境界与功夫合一的境界功夫。武汉大学哲学学院的博士生汪日宣第五位作报告，他提出，黄宗羲的《明夷待访录》是明清之际儒家政治伦理"突破阶段"的典范之作，因为《明夷待访录》将"君主政治"还原为"民主政治"，突破了"君主政治"及其伦理，建构出"君客政治"中的"民主制度"和"民治政治"，成为儒家"民本伦理"向现代"民主伦理"演化过程中"承上启下"或"合理顺度"的关键。第六位作报告的学者是扬州大学文学院王逊副教授，他的报告以"早期启蒙说"为核心，对侯外庐-萧萐父先生提出的该学说的论证与反思进行了系统分析，并提出对"启蒙"的泛化可能会造成理解的混乱。第七位作报告的学者是扬州大学社会发展学院哲学系黄志鹏老师，他的报告以朝鲜朝后期"实学"家李瀷及其后学慎后聃对西方灵魂论的回应为讨论主题，他认为星湖派对西方灵魂论持接受与拒斥并存的双重态度，一方面接受"三魂"说，并据此推出"三心"说；另一方面却拒斥灵魂不朽与天堂地狱说。第三分会场最后一位作报告的是中南大学马克思主义学院胡栋材副教授，他报告了明清之际气论与西学的互动，以杨廷筠、方以智对"气"的作用的调适与创新去回应利玛窦等西方传教士对"气"的否定，他认为，无论是杨廷筠还是方以智，都表明气论与西学的互动构成中西交往的重要方面，既重要且复杂，而非利玛窦或严复所理解的如此简易直截。

本次研讨会最后一个分会场的报告讨论由中南大学马克思主义学院胡栋材副教授主持，第四分会场的评议人由江苏省社会科学院哲学与文化研究所孙钦香副研究员担任。本场讨论第一位报告人是扬州大学社会发展学院程海霞副教授，她的报告讨论了阳明龙场"四步教法"的具体内涵。她认为，阳明的"四步教法"

中的"立志"教法是根基,"勤学"教法是志向引导下的能力提升,"改过"教法是自我能力提升到一定程度上的自我修复,"责善"教法是自我修复能力基础上的生态提升力。扬州大学社会发展学院郭小军老师第二位作报告,他报告的主题是"体用有无视域中的阳明四句教及其衍化"。他认为,阳明的四句教将体与用、有与无统摄为一,形成有无合一的体系。本体与工夫、先验与后天、顿悟与渐修、敬畏与洒落的有机融合构成极具张力的理论系统,体现了阳明心学的圆熟思想。阳明之后,王门后学迅速衍化,既发展了王学,又逐渐消解了阳明心学并使之走向终结。第三位报告人是西南医科大学人文与管理学院陈屹副教授,他的报告讨论了明清学术中的"尽心知性"说的不同解释路径。他提出,明清之际的王夫之对孟子的"尽心知性"说,通过区分"心"的两种内涵提出了"知性而后能尽心"和"尽心然后能知性"的两种解释,这表明了理学和心学的不同解释路径。他与陈确、黄宗羲等人兼知行而言尽心,代表了明清之际重力行实践的学风转变。戴震、焦循从人文实证主义的方法论视野重新界定了"心""性""天"的内涵,更将孟子的仁政和王道思想有机融入到"尽心知性"的心性论思想中。贵州师范大学阳明文化研究院的鹿博副教授第四位作报告,她认为,性命论在晚明清初儒学转型进程中呈现极为复杂的发展形态:在晚明三教合流的趋势中,部分儒者所持性命论主张具有对佛、道思想极高程度的包容力,由此引发大规模的"正统""异端"之争;在心学修正思潮中,东林学派及之后刘宗周对传统儒学"性命"之说秉持更为严肃的坚守态度,如此,"性命"的客观义、超越义得到强调;清初,在形上学渐趋没落之际,部分儒学人士对"性命"的诠释多从"材质之性"谈起——侧重对现实人生延续及发展等诉求的考量,此时性命论"天"字义渐次流失,"命"的世俗义得到落实。第五位作报告的学者是湖北大学哲学学院龚开喻老师,他的报告以陶望龄的生死观的不同面向为核心。他认为,陶望龄有关生死的议题是儒学的内在向度:只有在活着的时候笃实做道德工夫,才能在临终时坦然不散乱。在这个根本追求下,陶望龄试图会通儒释,并有意识地亲师取友,以互相启发、鼓励;陶望龄的生死观是向女性开放的,并认为女性也可以通过学习和践履达到了脱生死的境界。苏州大学哲学系程雅君教授第六位作报告，他讨论了方以智的中医哲学思想。他认为方以智的中医哲学思想主要包括四个方面：（1）因物征理："医固一大物理之囊龠"；（2）辩证思维："正当合二求一，而后知一在二中"；（3）天人命运共同体："心治则身治，身治则国治矣"；（4）通几质测：指出中西医各有其长，亦各有其短，中西医应在"哲学"的高度上融会贯通。第四分会场的最后一位报告人，同时也是本次会议的最后一位报告者是武汉大学哲学学院博士生付子轩，她的论文以中晚明生死观的发展与三教会通的关系为主题。她认为，生死问题是中晚明诸儒共同关注的问题，当时生死问题的讨论确实呈现出三教会通的趋势，从佛道两教中吸收了很多思想资源，但本质上遵循宋明儒学发展的内在理路，最终指向也是以儒家的道德理想人格为归宿，是克服贪生怕死之情，使人能够贯彻道德本心的思想探索，体现了三教归儒的总体趋势。

四、总结与展望

在精彩的一天半的论文报告与热烈讨论后，本次研讨会落下帷幕。闭幕式由扬州大学社会发展学院程海霞副院长主持，武汉大学文明对话高等研究院院长吴根友教授致闭幕词。吴教授首先感谢主办方、承办方、协办方辛勤的组织工作，让两个单位联合举办的会议如此精彩而成功；随后，吴教授对会议进行了总结，他指出，选择在扬州举办明清哲学的会议是天时地利人和之举。从 2018 年至今，来扬州举办学术会议已经筹划了三年，今年终于成行；最后，他对本次会议的举办模式高度肯定，并对未来的合作寄予期望，希望该研讨会能够以一年一次的方式举办，逐步形成系列会议。

本次会议的主要召集人和负责人——扬州大学社会发展学院哲学系樊沁永老师与文学院王逊老师也作了总结发言，感谢远道而来的专家学者参加本次会议，并期盼未来常来常往，多多切磋交流。

会议最后，华东师范大学哲学系刘梁剑教授以仿照《兰亭序》总结了本次会议："烟花三月，惠风和畅，广陵故郡，舍雅人清，师友切磋，其乐也融……"；扬州大学社会发展学院郭小军老师也吟诗一首表达参会的喜悦之情："通经达道诚一事，人文实证并双峰。金声玉振清且远，有情天地更从容……。"本次研讨会在专家学者的热烈掌声中闭幕。

刘旭（武汉大学哲学学院）

一带一路视域下的文明对话

    2021 年 6 月 26—27 日，"一带一路视域下的文明对话研讨会"在线上召开。此次会议由武汉大学文明对话高等研究院、兰州大学哲学社会学院主办，武汉大学哲学学院、湖北省重点人文基地武汉大学比较哲学与文化战略研究中心、《科学·经济·社会》编辑部、甘肃省少数民族文化教育促进会、甘肃三源陇商房地产开发有限公司等协办。来自国内 20 余所知名高校和科研机构的 30 多名专家学者就大会主题发表了精彩的发言，展开了热烈的讨论。

    26 日上午，兰州大学哲学社会学院院长陈声柏教授主持了会议的开幕式，兰州大学哲学社会学院书记孙立国和武汉大学文明对话高等研究院院长吴根友教授分别致开幕词。孙书记对与会人员表达了诚挚的欢迎，对会议的如期召开表示祝贺。他希望，有机会能够在线下齐聚多元文明荟萃的兰州，进行更加深入的文明对话，与大家一道致力于构建学术命运共同体。吴院长在致辞中指出，这次会议"主要体现了当代中国人视角下的文明对话"。他从中国文明自身的内部文化交流以及与外来文化的碰撞、融合两个维度勾勒了中华文化交流史上的文明对话现象。他认为，文明对话是不可阻挡的历史趋势，学者们应当自觉地参与到这一精神活动中，为"逐步消除文明中之间的代差，自觉地保存文明的种差"尽应有之责。

    武汉大学哲学学院李巍、刘沁两位老师担任了第一组会议的支持人。北京大学哲学系王中江教授认为，中国"天下主义"精神至少涵盖了四个方面的内容：首先，它是一个不断变化的自然地理的、空间的概念，具有内外之分、华夷之辨的取向；其次，它是一个最大的共同体的概念，其实质是公共性；再次，它是一个由个人到国家的相爱和平等的概念；最后，它在文化和价值上强调共同性和普适性。他还指出，天道正义论和心同理同是"天下主义"的建构之基。武汉大学哲学学院吴根友教授从文明的概念和文明观作为讨论起点，介绍了马克思、恩格斯是如何从辩证的历史唯物主义的立场揭示并批判了资产阶级文明的两面性。在多元文明交流互鉴的现实层面，他从五个角度阐述了中国文明与"一带一路"沿线多元文明的相处之道，主张以新的工商业化为基础，采用新的思维方式、文明理论展开新的文明对话，追求人类文化的共同繁荣。武汉大学中国传统文化研究中心王林伟副教授从海德格尔的诊断切入，区分了东西方两种不同的形而上学形态。他分析了哲学作为定学、智慧作为慧学之间的差异性，进而得出结论：西方思想的开端是哲学形态，而东方思想的开端则是智慧形态。但是，他认为，两种形态有根源上的相通之处，并从中西语境中的形而上学和哲学智慧之本义进行了说明。最后，他提出以定慧双修之学作为两种超越方式的会通之道。大连理工大学人文与社会科学学部讲师姜含琪侧重从"同"的概念辨析来理解"和"与"同"的辩证关系，进而明晰中国文化中的"和"思想。她从史伯的"和同之辨"出发分析了"同"的三个层次的内涵。她指出，"和"是基于异同辩证关系而开展的异中求同、求同存异的过程，中西之所以对"和"有不同的理解，时空观的差异是重要的原因之一。兰州大学历史文化学院敏敬教授从词源学的角度考察了"冲突"的含义，提出了两种文明冲突划分标准。依据表现形式，可以分为隐性冲突和显性冲突；依据内容，可以分为观念冲突和利益冲突。这四种冲突之间有着内在的关联，如隐性冲突可以转化为显性冲突，观念冲突往往是隐性的，利益的冲突则是显性的。基于这种划分及其联系，他提出要防止文明冲突由隐性向显性转换，反对"文明中心论"；防止利益冲突激化和不可调和，反对霸权思维和强权政治。

兰州大学哲学社会学院张美宏教授认为生存问题也是人类文明的一个重要面向，他基于"类情"现象的考察，具体从生存方式的认定、生存依据的普遍确立以及真善美统一的生存实践三个方面分享了中国古代哲学在生存问题上的智慧，并且翔实地分析了儒家与道家在这些方面的异同。他还指出，虽然西方没有"类情"这个术语，但是有相似的表达系统。兰州大学哲学社会学院方锡良副教授着眼于中国饮食伦理，探究了中国传统饮食文化的丰富内涵与伦理意蕴，反思了多种因素所带来的现代饮食伦理挑战及其回应。他提出要以扩容增量、提质增效和交流融通三大原则来积极构建健康持续、丰富多样、开放融通、富有生机与活力的中国饮食伦理文化大厦，探寻中国饮食伦理之道，进而服务于人们的生活需要和人类命运共同体的建构。华中科技大学哲学学院王博博士从现代哲学的视角考察了王夫之的"通"论思想，并从天人、社会历史、人（物）我关系及知行四个方面展开了哲学论述。他认为，王夫之创造性地诠释了"通"的概念，不仅继承和发展了中国传统"通"论的思想；另一方面，对于我们反思中国传统哲学中的诸种"合一"之说以及中国古代智慧的现代价值具有重要的启迪意义。武汉大学哲学学院博士生刘思源分享了明清之际的知识分类问题。他从宏观的视野介绍了中西方的知识分类传统及其差异，以艾儒略的《西学凡》为案例考察了西方知识分类思想的"东渐"及其效应。他指出，明清时期至少存在四部分类法、词章义理考据三分法以及西方的知识分类体系三种知识分类模式，最后从现代人文学科建制和教育的角度对中国传统知识分类进行了反思。

26 日下午，暨南大学哲学研究所黄燕强和扬州大学社会发展学院樊沁永主持了第二组的会议发言和讨论。中山大学哲学系龚隽教授基于双重脉络从思想史的角度讨论了李提摩太翻译《起信论》的历史背景、动因，以及来华基督教和佛教的关系。他认为，这一英译工作背后有鲜明的新教意识，实质上是借助《起信论》对东亚佛教进行基督教式的建构。他特别指出了《起信论》翻译中的"洋格义"，表明李提摩太的翻译原则是有意用基督教的话语代替佛教，认为李提摩太把《起信论》的翻译转化成了文化重构的政策性议题。北京大学哲学系王颂注意到了章太炎在《齐物论释序》中的一个说法，由此从比较哲学的角度来考察华严学与庄学是否有会通之处。他从佛教思想史的角度分析了章太炎论述"名言"在佛教义理上的依据，并给出了具体的例证说明。他认为，章太炎从语言的角度找到了会通庄学与佛学的钥匙，通过综合运用唯识、大乘、如来藏等经典的论述来说明语言的局限性，主张破除对语言的执着和消解是非分辨以达到"齐物"的境界。武汉大学哲学学院讲师沈庭介绍了晚清至 1937 年这段时期中国佛教与南亚佛教的交流。他用一系列史实梳理了中国与南亚近代佛教交流网络的形成，将其分为四个步骤。他指出，"原始佛教"一词来自于日本佛教界，由木村泰贤等日本学者输入中国。但是在太虚、法舫等人的语境中，"原始佛教"成为一个融合了多种因素，并带有褒义的价值判断的复合概念。他认为，中国佛教和锡兰、日本佛教同处近代亚洲佛教的场域，会调适出一套处理彼此关系的策略和方式。温州大学哲学与社会发展研究所孙邦金教授认为，当今世界全球化与反全球化并存，全球性的地方化运动方兴未艾。他从三个维度强调了地方的涵义，认为反向思考地方具有重要意义，提出"世界—地方"分析范式或可成为文明对话的一种方法论。他指出，近代以来中西文化的走向有所不同，在今天应当让西方文化"再地方化"，让中国文化"再全球化"。要在清楚认识中国文化的地方性基础上，充分汲取中国哲学的传统资源，积极参与世界文明对话。兰州大学哲学社会学院彭战果教授认为，儒、道、佛均强调功夫的修持，其方法中隐含了内在超越的功夫模式。虽然"内在超越"概念的提出是用来解释儒家思想，但同时可以为儒、道、佛的功夫提供一个共同的模式。他把这一模式具体分为三种：儒家德性主体内在超越之路，道教内丹学自然生命内在超越之路，佛教奢摩他证成内在超越之路。

西安外事学院国学系张丰乾教授通过考察《汉书》指出丝绸之路不仅促进了物品交易，也跟沿路国家之间的相互攻伐密切相关，而且在推广德行文教方面发挥了重要的作用。他认为，西域无论在地理上还是风俗上都有一定的独立性，并以此为前提与中原地区保持互动，他以《大唐西域记》为例介绍了"丝绸之路"与文明互鉴。最后提出"西域文明"是否可以作为一种独立的文明形态进行研究的问题，供学者讨论。兰州大学哲学社会学院讲师田宝祥从文化学的视角讨论了

"一带一路"视域下陇东文化的拓展与转化。他认为王符《潜夫论》与陇东文化构成了一种共振，其中的文化哲学思想可以运用到陇东文化的深化上，目标在于挖掘传统文化资源使其能以文化产品、产业的方式得以呈现。他指出，《潜夫论》为陇东文化提供了思想资源，"一带一路"则提供了现实政策的支撑，并以陇剧为例展开了详细的说明。兰州大学法学院马明贤教授认为，西方文明、中华文明、伊斯兰文明对世界文化的发展都产生了重要的作用，不可片面强调其中一种文明的角色。他在报告中以伊斯兰文明为中心，介绍了三种文明对话的历史。他指出，两次"百年翻译运动"生动体现了伊斯兰文明和西方文明的对话，但这一对话在18世纪以后遇到了挫折。伊斯兰文明与中华文明的对话相比于前者更加融洽，在人文精神和伦理思想上具有共性。他提出要在最共通的价值上加紧三种文明的对话以适应全球化的要求。中共甘肃省委党校甘肃发展研究院副院长马桂芬指出目前"一带一路"在政治、经济、外交等各方面已经取得了辉煌的成就，但是文明、宗教对话和交流的平台和机制尚未充分建立起来。她用数据说明了"一带一路"上的宗教现状，介绍了佛教、基督教、伊斯兰教和道教在古今丝绸之路上的交流互鉴情形，认为宗教可以从文明交流、文明互鉴、文明共存三个方面助推"一带一路"的建设。武汉大学哲学学院博士生徐衍认为，对生死问题的解释是憨山德清建构本体论的逻辑起点，他的本体学说融摄了唯识本体、禅宗自性本体和中国佛教佛性本体等思想资源。憨山吸收了古唯识和今唯识的思想，更加强调"心"的作用；继承和发展了六祖慧能的自性说，认为禅宗的自性非外道神我；融合了天台宗和华严宗的佛性理论。他指出，憨山的本体论建构较为系统，但是在解释人们的现实生活上存在着困难。

27日上午，孙邦金和沈庭两位老师主持了第三组的会议。深圳大学哲学系问永宁教授认为，回教苏菲派和全真道在教义和宗教功修方面可以互通。在教义上，道教是泛神论，而苏菲派也有泛神论的倾向，在道通为一的层面两者不矛盾。在修行方式上，苏菲派肉体的修行近乎全真道的命功修行，精神的修炼则近乎全真道的性功修行。他指出，清代著名道士刘一明受到了苏菲派的影响，而且用翔实的材料阐明了道教吸收了很多外来因素，回教思想与儒释道的关系较为密切，它们之间有可沟通之处。兰州大学历史文化学院杨文炯教授讨论的主题是伊儒会通。在他看来，作为媒介和方法的"一带一路"有助于我们今天自我理解"中国性"问题，伊儒会通提供了一个历史样本。他从三个方面论述了伊儒会通如何可能，列举了七个代表人物具体而微地阐发了历史上伊儒是如何会通的，并根据田野调查介绍了现代的伊儒会通情况。他指出，中国传统文化是儒释道伊四教合一互补的"一室四间"结构，而非"一室三间"结构。兰州大学哲学社会学院丁士仁教授认为，中国伊斯兰哲学可以与阿拉伯伊斯兰哲学、波斯伊斯兰哲学相媲美，"三一说"是中国伊斯兰哲学的核心思想。他以王岱舆的"三一说"为切入点，阐述了阿拉伯、波斯伊斯兰哲学与宋明理学的交融，剖析了中国伊斯兰哲学的特征：具有新柏拉图主义的框架；具有波斯"照明主义"的倾向；具有"万有一体论"的内核；吸收了宋明理学的表述。他的结论是王岱舆继承了阿拉伯、波斯伊斯兰哲学的"三一说"，又创造性地把"真一""数一"和"体一"合而为一。兰州大学历史文化学院周传斌教授分享了清代全真道龙门派宗师刘一明与伊斯兰教的对话。他指出刘一明通过仙留丈人与伊斯兰教产生了交集，刘氏学习与接受了苏菲本体论和宇宙发生论的基本学说，并将其引入了道教的修炼体系。刘一明的经历是道教与伊斯兰教对话、交流历史的重要体现，这表明了清代西北陕甘一带儒、释、道、回宗教人士的民间私人互动十分频繁和深入，中国苏菲修士也有着稳定的跨宗教学习和对话的传统。中国人民大学佛教与宗教学理论研究所张雪松副教授认为，参与公益事业是向普通民众彰显宗教有用性的重要途径，也是宗教组织的重要功能，构建宗教界是为了使各自独立的宗教有隶属关系，进而与现代民族国家相适应。他对民国时期伊、佛两教社会公益事业进行了对比性的历史考察，指出近代中国宗教兴办社会公益事业存在着同质性问题。

西北师范大学哲学学院贺更粹教授认为，从历史语境上看，回儒之所以能够融通儒家义理与回教经义具有深刻的政治文化背景和必然性。从"以儒诠回"的意义生成上看，主要体现在以儒家仁德之"天"诠释回族"真主"信仰、以儒家仁义礼智之性诠释回族性命、以儒家"五常"会通回族"五功"、仁为"人极"
又归于"真一"等。"以儒诠回"这一文化融通活动，客观上推动了回族文化与
以儒家文化的深层次融合，为今天构建民族共同体意识提供了启示。西北民族大
学法学院讲师敏振海从内、外部原因分析了明清时期以儒释经的背景，认为以儒
释经之所以可能的依据在于中国文化的包容性和开放性、伊斯兰教的本土化特征
以及两种文化存在相通之处。随后，他以《天方典礼》为个案从法学的视角剖析
了伊斯兰法文化的中国化。最后他从五个方面论述了以儒、释、经对当前伊斯兰
法文化中国化的启示。西北民族大学历史文化学院买合苏提·色来木副教授从文
献学的角度介绍了"雅琳收藏"中的察合台文文献及其相关研究。"雅琳收藏"
中共有600多件文献，其中有460多件察合台文文献，涉及文学、宗教、经济、
历史等多方面内容。在"雅琳收藏"的155部宗教文献中有18部与基督教有关的
文献，这些文献对于我们了解当时外国人的民间习俗、生活习惯、各种仪式以及
当地人们和传教士的关系具有重要价值。兰州理工大学经济管理学院马建威教授
从经济哲学的角度，分析了伊斯兰教和基督教的经济思想。他指出，《古兰经》
制定了组织人类经济生活的明确框架，为伊斯兰经济提供了理想的模式。伊斯兰
经济思想的宗旨是从经济上引导人们向善。此外，他从人、财富及分配、供应需
求、政府、金融等方面详细地比较了伊斯兰教和基督教的经济思想。

27日下午，王林伟和彭战果两位老师主持了最后一组会议。深圳大学哲学系
景海峰教授指出世界上的不同文明都存在着由古典到现代的知识形态的转换，西
方的圣经释义和中国古代对儒家经典的解释都是围绕各自的经典以解经学的方法
展开。由于经典性质的不同，解释经典的具体方式及其历史进程，由此发展出来
的经典解释学面貌也有所差异。从圣经释义学和中国古典经学的近代转化和遭遇
来看，两者都面临着知识重构的问题，但是它们的前提又有所区别。这种比较有
助于促进文明之间的理解与对话。暨南大学哲学研究所高华平教授认为，不同文
化的交融不应以"同化"为目标，"同化"的思维方式必然会导致"文明的冲
突"。他强调，中西文化对话应当在正视各自长处与不足的基础上寻找最大公约

数展开交流。中国文化与西方文化最接近的就是"墨学",这可能是中西文化交流的新渠道。他还指出,未来的中西方的"文明对话"既不是"西化""中化",也不是"拿来主义",应该在自愿平等的基础上追求"和而不同""美美与共"。暨南大学哲学研究所黄燕强副教授聚焦熊十力的"原儒"及其经子关系论,他指出,熊十力在《原儒》中阐述了自己对一些时代问题的思考,可以扼要地概括为儒学的源流及其贞定、儒家的学统及其重建、确认《易》为中国哲学之源、论证诸子为儒学之流裔四个方面。事实上熊十力是以回归原典的方式,重建了"四经"系统,据此建构了新的经学思想体系。兰州大学哲学社会学院张睿明副教授认为,熊十力的"量论"是其新唯识思想的核心,其"量论"知识论的建立借助了康德的"范畴"。她指出,胡塞尔的科学的宗教精神进一步发展了康德形而上学的神学,把康德目的论的至善实现为一种存在论的至善,而海德格尔从现象学为神学开启了一条新的道路。她还阐述了一种实存主义的神学是如何实现的。武汉大学哲学学院李巍教授关注的是西方哲学的汉语研究,他指出,本体论是西方哲学的专属门类,但本体论的基本问题却非西方哲学专属。研究中国哲学对何物存在的理解既有助于我们对中国思想有进一步的知识性了解,也有助于研究西方哲学。他以"Being"的翻译为案例,认为中国人并不把"存在"理解为一种抽象的普遍的性质,而是倾向理解为关系。他指出,导致我们读不懂西方哲学文本的原因并非完全是因为翻译的问题,很可能是不理解"存在"的中文意思。因此,他希望学者们能对我们工作语言本身进行辨析和反思。

武汉大学哲学学院廖璨璨副教授以明末方氏学派对西学的借鉴与批判为个例,讨论了中西文化交流中的文本诠释与哲学表达问题。他把方以智的"质测通几"还原到"格物穷理"的晚明叙事背景之中,借此用三个典型案例分析了中西方哲学思想的碰撞和冲突以及方氏学派对两者的调适和会通。她认为,在格物穷理和气论问题上,体现了方氏学派对中西哲学的调和互补;而在先天后天、太极和理的问题上,则体现了一种批判态度。武汉大学哲学学院讲师刘沁立足于比较哲学的立场,对朱熹哲学与黑格尔哲学对话之可能展开了论述。她认为,朱熹哲学中有与黑格尔相似的辩证思维精神，说明了辩证法作为一种哲学精神和哲学逻辑具有普遍性和真理性。她指出，朱熹哲学和黑格尔哲学在方法论上具有差异性，由此可以延伸到可言与无言的本体论差异，这一本体论差异的根源在于必然与"不测"。朱子与黑格尔在建构形而上学时的差异性恰恰为朱熹哲学反哺黑格尔哲学提供了可能性。武汉大学哲学学院博士生祝捷指出，"反因"思想是桐城方氏易学的核心思想，方以智在继承其父方孔炤"反因"思想的基础上，将其进一步发展为自己哲学思想的重要方法论。她通过文本分析从相反相因、摄用归体、体用双泯三个角度总结了方以智的"反因"思想，进而指出不能将方以智的辩证法思想简单地比附为黑格尔的辩证法，两者有根本不同之处。武汉大学哲学学院博士生刘旭讨论了利玛窦的身魂关系，他通过考察利玛窦的灵魂学说指出利玛窦的灵魂论并非亚里士多德主义的，而是转述了阿奎那的神学思想。他认为，阿奎那虽然继承了亚里士多德哲学，但是改造了亚里士多德的灵魂学说，尤其是赋予了灵魂论上帝存在和灵魂永存不朽两大内容。随后，他阐述了利玛窦是如何在《天主实义》中以阿奎那的灵魂论与中国士人辩论的。扬州大学哲学系讲师樊沁永从三个方面分析了徐梵澄的精神哲学："精神哲学"不是"哲学"的下位概念，它不同于宗教信仰，也不同于神秘主义。他指出，徐先生在考察了中、西、印三种文化传统后提出了"精神哲学三系说"，其中包含了徐先生对西方和印度文化的反思，同时可以看出他对儒释道精神哲学的深刻理解，并由此凸显了陆王心学一系，归根结底是"三系归儒"。

与会学者围绕会议主题从不同的专业领域、角度和立场进行了精彩的发言，涉及的话题众多、内容极其丰富。与会学者表示，学者们的视野开阔，论述涵盖古今中外，不仅让我们了解到了陇东等地方文化，也加深了对伊斯兰教的认识，对于一带一路视域下的文明对话之可能、途径及其意义有了多维度、更加深刻的理解和把握。如孙邦金教授注意到，东南沿海地方跟基督教的沟通、对话较多，而西北地区与伊斯兰教、道教的交流较多，这彰显出了文明对话的一种区域特色，值得关注。此外，学者们也根据自己的研究专长和兴趣对相关问题进行了深入地讨论和交流。如张丰乾教授指出，"类万物之情"的"情"可能是指情状、情况。张美宏教授的回应是，"类万物之情"是《周易》的说法，自己所说的"类情"是采用《史记》的说法，更加侧重生存状态的指涉和描述，在这一点上，两者应当是有相通之处。景海峰教授发言结束后，黄燕强副教授提问道："儒家的经典系统是不断变化、扩大的，这与西方唯有《圣经》不同．如何理解这种现象？"景教授认为，儒家的经典形态是与世俗性知识的涵盖面相联系的，这与《圣经》展示的人与神的关系的唯一性有所区别。在现代转型的过程中，儒家的四书五经或十三经更加适合世俗化走向的要求。针对李巍教授的发言，吴老师提出"如何看待'汉语哲学'这一说法"的问题。李教授回应道，自己倾向用"中文哲学"这一提法，但是对于以汉语为工作语言的学者而言，如果要塑造自己讲述哲学的语言，"汉语哲学"可能是未来努力的方向。他不同意冯友兰先生的观点，进而认为用什么语言讲哲学并非是偶然和外在的。除此之外，学者们还围绕三教会通，以及伊斯兰教及其哲学等诸多问题展开了交流，在讨论中不断碰撞出思想的火花。

所有与会学者发言和讨论结束后，吴根友教授主持了会议的闭幕式。在闭幕式上张美宏、沈庭、丁士仁、廖璨璨四位老师分别就各组的会议发言和讨论情况进行了学术总结。此次一带一路视域下的文明对话研讨会圆满落幕。

刘思源（武汉大学）